千古第一完人典籍

# 曾文正公精选集

（上）

曾国藩 著　肖淑琛 译著

中国文史出版社

图书在版编目（CIP）数据

曾文正公精选集 ：全3册 /（清）曾国藩著 ；肖淑琛译著. -- 北京 ：中国文史出版社，2015.1
ISBN 978-7-5034-6056-2

Ⅰ. ①曾… Ⅱ. ①曾… ②肖… Ⅲ. ①曾国藩（1811～1872）－文集 Ⅳ. ①Z425.2

中国版本图书馆CIP数据核字（2015）第032428号

责任编辑：戴小璇
封面设计：孙希前

出版发行：中国文史出版社
网　　址：www.chinawenshi.net
社　　址：北京市西城区太平桥大街23号　邮编：100811
电　　话：010-66173572　66168268　66192736（发行部）
传　　真：010-66192703
印　　装：北京毅峰迅捷印刷有限公司
经　　销：全国新华书店
开　　本：1/16
印　　张：96.5　字数：914千字
版　　次：2015年5月北京第1版
印　　次：2015年5月第1次印刷
定　　价：168.00元（全三册）

# 前言

曾国藩（1811～1872年），字伯函，号涤生，是中国历史上最有影响的人物之一。他的人生，他的智慧和思想，以及他的人格修炼，深深影响了近现代乃至当代中国人。有的评论者说：如果以人物断代的话，曾国藩是中国古代历史上的最后一人，近代历史上的第一人。

曾国藩一生恪守了中国传统儒家的“正心、修身、齐家、治国、平天下”思想，可谓做人做官的典范，被世人誉为“千古第一完人”

曾国藩用其短短六十一年的峥嵘岁月，便已成就了“立德”、“立功”、“立言”三不朽，无怪乎连盖世伟人毛泽东都曾口出“予于近人，独服曾文正”之言。

正由于他一生显赫，德高望重，对自己、对家人严格自律，对朋友、对同僚雅量友爱，对事业、对岗位执着忠贞，因此百年之后，其人其名不仅未曾随巨变而衰微，研习崇尚之风反倒大有渐长之势。曾国藩的著作，是毛泽东和蒋介石唯一共同推崇的案头之书。毛泽东认为，曾国藩的功业、文章、为人、思想点滴之处皆可以为后世取法。韶山纪念馆馆藏的光绪年出版的《曾国藩家书》扉页上，更是数卷皆有毛泽东亲书的“咏之珍藏”字样。蒋介石也多次提及：“曾文正家书及书礼，为任何政治家所必读。”

《曾文正公精选集》萃选《曾文正公全集》里的精华编辑而成，包含：年谱、求阙斋日记类钞、家书、文集、鸣原堂论文、求阙斋读书录、书札、经史百家杂钞、经史百家简编、十八家诗抄、诗集、杂著、奏稿、批牍等，涵盖了曾国藩一生所学、所思及所为，今日盛传的各种曾国藩相关书籍，莫不出于此集。通过此套经典，读者终于可以见证“千古第一完人”是如何练就的，同时也可以领略曾国藩“正心、修身、齐家、治国、平天下”的终极学问。

# 目录

## 曾文正公年谱

## 求阙斋日记类钞

## 曾胡兵语录



## 挺经

## 曾文正公日记

## 冰鉴



## 曾文正公奏稿

# 曾文正公年谱

## 卷一　公生至四十二岁

公讳国藩，字伯涵，号涤生，湖南湘乡人，曾氏祖籍衡阳。国初有孟学公者，始迁湘乡荷塘都之大界里，再传至元吉公，族姓渐多，资产渐殖，遂为湘乡人。元吉公之仲子曰辅臣公者，公之高祖也。曾祖讳竟希，诰赠光禄大夫，妣彭氏，诰赠一品夫人。祖讳玉屏，字星冈，诰封中宪大夫，累赠光禄大夫。妣王氏，诰封恭人，累赠一品夫人。考讳麟书，字竹亭，湘乡市学生员，诰封中宪大夫，累封光禄大夫。妣江氏，诰封恭人，累封一品夫人。仲父讳鼎尊，早卒。叔父讳骥云，字高轩，以公官《贝也》封光禄大夫。星冈公以嘉庆戊辰年迁居白杨坪。公兄弟五人，女兄弟四人。公则竹亭公之长子也。

【辛未】嘉庆十六年，公生。

公生十月十一日亥时，时竟希公在堂，寿几七十矣。是夜梦有巨蟒盘旋空中，旋绕于宅之左右，已而入室庭，蹲踞良久。公惊而寤，闻曾孙生，适如梦时，大喜曰："是家之祥。曾氏门闾行将大矣。"宅后旧有古树，为藤所缠，树已槁，而藤日益大且茂，矫若虬龙，树叶苍翠，垂荫一亩，亦世所罕见者。

【壬申】嘉庆十七年，公二岁。

竟希公孝友敦笃，为乡里所敬。年七十，见曾孙，极欣爱之。

【癸酉】嘉庆十八年，公三岁。

公幼小时，状貌端重。自初生至三岁，庭户不闻啼泣声。母江太夫人勤操作，不恒顾复。每日依祖母王太夫人纺车之侧，花开鸟语，注目流眄，状若有所会悟。王太夫人尤奇之。

【甲戌】嘉庆十九年，公四岁。

六月，妹国蕙生。

【乙亥】嘉庆二十年，公五岁。

冬十月，受学于庭，诵读颖悟，竟希公益钟爱之。

【丙子】嘉庆二十一年，公六岁。

公在家塾，以陈雁门先生为公问字师。十月，竟希公薨，寿七十有四，葬西？充山。公哭泣甚哀，执丧若成人。

【丁丑】嘉庆二十二年，公七岁。

竹亭公猝然儒者，屡应童子试未售，绩学不怠，名其塾曰利见斋。课徒十余人，训诱专勤。公禀学于庭者凡八年。

【戊寅】嘉庆二十三年，公八岁。

八月，妹国芝生。

【己卯】嘉庆二十四年，公九岁。

是年读《五经》毕，始为时文帖括之学。

【庚辰】嘉庆二十五年，公十岁。

五月，公弟国潢生，竹亭公笑谓公曰："汝今有弟矣。"命作时文一道，题曰"兄弟怡情"，公文成，竹亭公喜甚，曰："文中有至性语，必能以孝友承其家矣！"

【辛巳】道光元年，公十一岁。

【壬午】道光二年，公十二岁。

五月，公弟国华生。

【癸未】道光三年，公十三岁。

【甲申】道光四年，公十四岁。

衡阳廪生欧阳沧溟先生凝祉与竹亭公友善，常来家塾，见公所为试艺，亟赏之。竹亭公请试以题，先生以《共登青云梯》命为试律。诗成，先生览而称善曰："是固金华殿中人语也。"因以女许字焉。是岁，始从竹亭公至长沙省城应童子试。八月，公弟国荃生。

【乙酉】道光五年，公十五岁。

竹亭公设馆同族家塾，曰锡麒斋。公从受读《周礼》、《仪礼》，成诵，兼及《史记》、《文选》。

【丙戌】道光六年，公十六岁。

应长沙府试，取前列第七名。

【丁亥】道光七年，公十七岁。

【戊子】道光八年，公十八岁。

九月，公弟国葆生。

【己丑】道光九年，公十九岁。

竹亭公设馆石鱼之百鲁庵，公从。

【庚寅】道光十年，公二十岁。

九月，公季妹生。肄业于衡阳唐氏家塾，从事汪觉庵先生。公姊国兰出阁，适王氏，婿名鹏远。

【辛卯】道光十一年，公二十一岁。

公自衡阳还家塾，冬月，肄业本邑涟滨书院。山长刘元堂先生，名象履，见公诗文，叹赏不止，以为大器。

【壬辰】道光十二年，公二十二岁。

竹亭公以府试案首入湘乡市学。公从应试，备取，以佾生注册，试罢还居家塾利见斋。

【癸巳】道光十三年，公二十三岁。

本年科试，入县学。时公名子城，提督学政为岳公镇南。竹亭公年四十有三，应童试十七次，始补生员，积苦力学，授徒家塾者二十年，至是深喜公之继起而早获售也。

十二月，欧阳夫人来归。

【甲午】道光十四年，公二十四岁。

肄业岳麓书院，山长为欧阳坦斋先生。公以能诗文，名噪甚，试辄第一。是科领乡荐，中式第三十六名举人。（本科乡式《四书》首题《疑思问，忿思难，见得思义》，次题《武王缵太王、王季、文王之绪》，三题《智譬则巧也，圣譬则力也，出射于百步之外也》。诗题《赋得翦得秋光入卷来》。座主为徐公云瑞、许公乃安，房考官为张公启庚。）

十一月入都。是岁始见刘公蓉于朱氏学舍，与语大悦，因为留信宿乃别。

【乙未】道光十五年，公二十五岁。

公寓长沙郡馆，会试不售，留京师读书，研究经史，尤好昌黎韩氏之文，慨然思蹑而从之。治古文词自此始。

【丙申】道光十六年，公二十六岁。

会试再报罢，出都为江南之游。同邑易公作梅官睢宁知县，因过访之。由清江、扬州、金陵溯江而归。公久寓京师，窘甚，从易公贷百金，过金陵尽以购书，不足则质衣裘以益之。比归里，陈所购廿三史。竹亭公问所自来，且喜且诫之曰："尔借钱买书，吾不惜为汝弥缝，但能悉心读之，斯不负耳。"公闻而悚息。由是清晨起读，中夜而休，泛览百家，足不出户者几一年。

【丁酉】道光十七年，公二十七岁。

公闻浏阳文庙用古乐，诣浏阳市，与其邑举人贺以南等谘考声音律吕之源流，留两月乃归。

过长沙，适刘公蓉与湘阴郭公嵩焘均在省城应试，相见欢甚，纵谈今古，昕夕无间。留月余，始各别去。公妹国蕙出阁，适王氏，婿名待聘。

十月，公生子，命名桢第。

十二月，公谋入都会试，无以为资，称贷于族戚家，携钱三十二缗以行，抵都中，余三缗耳。时公车寒苦者，无以逾公矣！

【戊戌】道光十八年，公二十八岁。

正月，入都门寓内城西登墀堂。本科会试，钦派大总裁大学士穆彰阿公及朱公士彦、吴公文？、廖公鸿荃。（钦命《四书》首题《言必信，行必果》。次题《万物并育而不相害。道并行而不相悖》。三题《颂其诗，读其书，不知其人可乎？是以论其世也，是尚友也》。诗题赋得《泉细寒声生夜壑》。）公中式第三十八名进士。房考官季公芝昌。同乡中试者五人，宁乡梅公钟澍、茶陵陈公源衮，尤公至好。

四月，正大光明殿复试一等，殿试三甲第四十二名，赐同进士出身。朝考一等第三名，进呈宣宗，拔置第二名。

五月初二日引见，改翰林院庶吉士。公少时器宇卓荦，不随流俗，既入词垣，遂毅然有效法前贤，澄清天下之志。读书自为课程，编摩记注，分为五门：曰"茶余偶谈"，曰"过隙影"，曰"馈贫粮"，曰"诗文钞"，曰"诗文草"。时有论述，不以示人。读书务内自毖，亦性然也。中式后，更名国藩。

八月请假出都，与凌公玉垣、郭公嵩焘偕行。道出襄樊，舟次安陆，遇大风，邻舟数十，鲜有完者，公舟独无恙。

十二月抵家。曾氏自占籍衡阳以来，无以科名显者，星冈公始督课子姓受学。宾礼文士。公遂以是年成进士，入翰林，星冈公年六十，健在，后公官至学士，堂上犹重庆。至侍郎，星冈公犹及见之。京朝官无及其盛者。公之以翰林归也，亲友踵门而贺，竹亭公治酒款客。比酒罢，星冈公语竹亭公曰："吾家以农为业，虽富贵，毋失其旧。彼为翰林，事业方长，吾家中食用无使关问，以累其心。"自是以后，公官京师十余年，未尝知有家累也。

【己亥】道光十九年，公二十九岁。

正月，乡里天行痘证大作，公季妹及子桢第皆染痘殇。季妹年十岁，桢第生甫十五月也。

四月，公至衡阳。

五月，至耒阳县，谒杜工部祠堂，遂至永兴。有曾纪诗者，执贽愿从事，公为书勖之以学。

六月，还至耒阳。舟行出昭阳河，至清泉县之泉溪市，还寓石鼓书院，数日乃抵家。议修谱牒，清查源流。

八月，公由邵阳至武冈州，还至新化及安化县之蓝田市。

十月，抵家。公妹国芝出阁，适朱氏，婿名咏春。公弟国华出继叔父高轩公为后。

十一月初二日，子纪泽生。是日启行北上，竹亭公、高轩公送之长沙。

十二月，由汉口行。次罗山县，遇大雪，遂留度岁。是岁始为日记，逐日记注所行之事及所读之书，名曰《过隙影》。公会试座师朱文定公士彦卒于位。

【庚子】道光二十年，公三十岁。

正月，由罗山启行，至周家口，换车入都。寓宣武门外南横街千佛庵，与同年陈公源衮、梅公钟澍联课为诗赋。

四月，移寓淀园挂甲屯，十七日，散馆。（钦命题"正大光明殿赋"，以执两用中怀永图为韵，诗题赋得"人情以为田"。取列二等第十九名，引见授职检讨。是科散馆，改部属者二人，改知县者三人，余皆留馆。）

六月，移寓果子巷万顺客店，病热危剧，几不救。同寓湘潭欧阳小岑先生兆熊，经理护持，六安吴公廷栋为之诊治。八月初，病渐减，始能食粥。

九月，乃大愈。钦派顺天乡试磨勘官。

十月，移寓达子营之关侯庙，与同年编修钱振伦同寓。

十二月，移寓棉花六条胡同路北。竹亭公入都，公夫人欧阳氏、公弟国荃、子纪泽从入都。

【辛丑】道光二十一年，公三十一岁。

正月元日，入大内，随班朝贺。嗣是岁以为常。初十日，偕同乡京官至淀园递摺谢恩，为湖南岳、常、澧各处被水缓征，借给籽种。去岁大西洋英吉利国兵陷定海，宣宗命大学士琦善往广东查办。是月报英吉利攻破沙角炮台，直逼虎门。上通谕中外，授奕山为靖逆将军，隆文、扬芳为参赞大臣，琦善革职。

闰三月，竹亭公出都还湘。

五月，梅公钟澍在都病故。公为经理其丧，委曲周至。

六月，管理长沙府会馆事。益阳胡公达源卒，公作诔词挽之。

七月，皇上御门侍班。善化唐公鉴由江宁藩司入官太常寺卿，公从讲求为学之方。时方详鉴前史，求经世之学，兼治诗古文词，分门记录。唐公专以义理之学相勖，公遂以朱子之书为日课，始肄力于宋学矣。

八月，移寓绳匠胡同北头路东。

十月，充国史馆协修官。二十八日，偕同乡京官递摺谢恩，为岳州水灾蠲免钱粮。公寓书善化贺公长龄，自陈其所学所志。

十一月十五日，公长女生，后适湘潭袁氏，婿名秉桢。公弟国荃肄业京寓，公为之讲课。

【壬寅】道光二十二年，公三十二岁。

公益致力程朱之学，同时蒙古倭仁公、六安吴公廷栋、昆明何公桂珍、窦公序、仁和邵公懿辰及陈公源衮等，往复讨论，以实学相砥砺。其为日记，力求改过，多痛自刻责之言。每日必有记录，是为日课。每月中作诗、古文若干篇，是为月课。凡课程十有二条：一曰主敬，二曰静坐，三曰早起，四曰读书不二，五曰读史，六曰谨言，七曰养气，八曰保身，九曰日知所亡，十曰月无忘所能，十一曰作字，十二曰夜不出门。

是春，英吉利洋船驶入镇江，沿江诸城多不守，和议成后，乃退出海口。

七月，公弟国荃出都。公送之都门外卢沟桥，以诗为别。有句云：“辰君平正午君奇，屈指老沅真白眉。”公弟国潢生庚辰岁，国华生壬午岁，国荃字沅甫也。

【癸卯】道光二十三年，公三十三岁。

三月初十日，上御正大光明殿考试翰詹。（钦命题《如石投水赋》，以陈善闭邪谓之敬为韵。《烹阿封即墨论》，诗题赋得《半窗残月有莺啼》。）钦定一等五人：万青黎、殷寿彭、张芾、萧良城、罗？衍。公列二等第一名。十四日引见，奉旨以翰林院侍讲升用。

五月，考试差。

六月，钦命公充四川正考官，以赵楫副之。

七月，公第二女生。公出都，行至保定府，病暑不能食，扶病而行。

闰七月，行至西安。李公星沅时为陕西巡抚，延之署中，治医药，数日病渐愈，即启行入蜀。

八月初四日，抵成都，接准吏部咨文，已于七月十五日补授翰林院侍讲之缺，具呈四川总督宝兴公代奏谢恩摺。（是科四川乡试首题《不知言，无以知人也》，次题《体群臣也，子庶民也》，三题《人有不为也，而后可以有为》。诗题赋得《万点蜀山尖》。）揭晓得士宋文观等六十二名，副榜十二名如例。

九月二十一日，由成都回节。

十一月二十日，抵都门复命，充文渊阁校理。

公居京师四年矣，宦况清苦，力行节俭，而遇穷困及有疾病死亡者，资助必丰。四川差竣，得俸千金寄家，为馈遗族姻之用。

【甲辰】道光二十四年，公三十四岁。

正月，陈公源衮之妻易安人病卒于京寓。其子远济生甫一月，公携之宅中，雇乳媪字养之，以次女许字之。

二月，侍班于文渊阁，赞经筵大典。

三月二十四日，移寓前门内碾儿胡同西头路北。

四月，考试差。五月初十日，奉上谕："翰林院自持读下，詹事府自洗马以下，每日召见二员。"公于二十日召见勤政殿，派充翰林院教习庶吉士。

八月，新宁江公忠源以公车留京师，因郭公嵩焘求见公。江公素以任侠自喜，不事绳检。公与语市井琐事，酣笑移时。江公出，公目送之，回顾嵩焘曰："京师求如此人才不可得。"既而曰："是人必立功名于天下，然当以节义死。"时承平日久，闻者或骇之。江公自是遂师事公。二十八日，公第三女生，后适罗氏忠节公泽南之子，名兆升。九月，分校庶常馆。

十二月初七日，上御门，转补翰林院侍读。公作字初学颜、柳帖，在词垣兼临褚帖。于诗则五、七古学杜、韩，近体专学杜，而于苏、黄之古诗，温、李之近体，亦最为致力。还书家中，训勉兄弟，以立志有恒为本，作《五箴》以自警：一曰立志，二曰居敬，三曰主敬，四曰谨言，五曰有恒。公子纪泽是岁入家塾，塾师为长沙冯树堂先生卓怀。

【乙巳】道光二十五年，公三十五岁。

三月，钦派会试同考官。签分第十八房，荐卷六十四本，中试周士炳等十有九人。是科湖南中式八人，皆长沙府籍。贵州中式之黄辅相与侄彭年二人，原籍醴陵。而状元为萧锦忠，朝元为孙鼎臣。去秋乡试，南元为周寿昌，亦于是科入翰林。公时管理长沙郡馆事，题名之日，公为联语云："同科十进士，庆榜三名元。"盖佳话也。

五月初二日，上御门，公升授詹事府右春坊右庶子。次日具摺谢恩，召见于勤政殿。

六月，转补左庶子。夏间癣疾发，至秋微愈。自是以往，癣疾恒作，以至老年，未得全瘳也。

九月，公弟国潢、国华入都。二十四日，上御门，升授翰林院侍讲学士。次日具摺谢恩，召见。宣宗时，每岁举行御门之典至四、五次，京朝官缺，多以其日简放，示爵人于朝，与众共之之意。合肥李公鸿章，本年家子也，中甲辰科举人，是年入都会试，受业公门。公大器重之。

十月初十日，皇太后万寿。十五日颁恩诏于太和殿，公祖父母、父母以公官皆封中宪大夫、恭人。

十一月，唐公鉴乞假回湖南。公为校刻其所著《学案小识》一书。

十二月十二日，补日讲起居注官。二十二日，充文渊阁直阁事。公名位渐显，而堂上重庆，门祚鼎盛。公每以盈满为戒，自名其书舍曰"求阙斋"。其说云："求阙于他事，而求全于堂上也。"同乡京官及公车在都门者，遇疾患穷窘之事，恒有求于公。公尝谓："银钱则量力资助，办事则竭力经营。"人莫不称厚焉。

【丙午】道光二十六年，公三十六岁。

公与弟国潢、国华相砥砺于学，有如师友。为国华纳资入监，应顺天乡试。

五月，考试差。

九月十八日，公第四女生，后适湘阴郭氏郭公嵩焘之子，名刚基。夏秋之交，公病肺热，僦居城南报国寺，闭门静坐，携金坛段氏所注《说文解字》一书，以供披览。汉阳刘公传莹，精考据之学，好为深沉之思，与公尤莫逆，每从于寺舍，兀坐相对竟日。刘公谓近代儒者崇尚考据，敝精神费日力而无当于身心，恒以详说反约之旨交相勖勉。寺前有祠一所，祀昆山顾亭林先生。

十月，公在寺为诗五首赠刘公，以明其志之所向。公尝谓近世所学者，不以身心切近为务，恒视一时之风尚以为程而趋之，不数年风尚稍变，又弃其所业，以趋于新。如汉学、宋学、辞章、经济，以及一技一艺之流，皆各有门户，更迭为盛衰，论其原皆圣道所存，苟一念希天下之誉，校没世之名，则适以自丧其守，而为害于世。公与刘公传莹讨论务本之学，而规切友朋，劝诫后进，一以此意为兢兢焉。公在京所为诗古文，不自存录，随时散佚。是冬以后，乃稍择而存之。公弟国华应乡试未售，仍留京肄业。公弟国潢赍覃恩诰命南归。十月二十一日，领同乡京官具摺谢恩，为湖南濒湖围田水灾，奉旨蠲缓钱粮。湖南水灾，迭奉恩旨，至是初用公名领衔奏事。

十一月，闻祖妣王恭人之讣。请假两月，设次成服。恭人殁以九月十八日，寿八十岁。

十二月葬湘乡二十四都木兜冲。

【丁未】道光二十七年，公三十七岁。

三月，移寓南横街路北。四月二十七日，奉旨考试翰詹。（钦命题《远佞赋》，以清问下民常厥德为韵。《君子慎独论》。诗题《赋得澡身浴德》。）公名列二等第四名。

五月引见，奉旨记名遇缺题奏，赏大卷缎二件。

六月，奉旨升授内阁学士，兼礼部侍郎衔。次日，递摺谢恩，召勤政殿。钦派考试汉教习阅卷大臣，取士咸安宫学教习黄文璧等十三名，景山官学刘绍先等十五名，宗学郭昆焘等十五名，觉罗官学崔斌等三十名，八旗学张春第等四十八名。

七月，公弟国荃以府试案首入湘乡市学。

十月，钦派武会试正总裁，中式杨登魁等六十四人。又派殿试读卷大臣。凡武进士弓矢技勇，上亲阅之，派大臣及兵部尚书、侍郎等侍班。十月二十日，领同乡京官具摺谢恩，为沅澧一带水灾奉旨蠲缓钱粮。

十二月初九日，又递摺谢恩，为三厅欠收缓征屯田。是岁，山东、河南亢旱，盗贼蜂起，两省大吏交部严议。钦差柏俊、陈孚恩前往捕盗，平之。李公鸿章、郭公嵩焘、李公宗义均以是科成进士。

【戊申】道光二十八年，公三十八岁。

正月初八日，领同乡京官具摺谢恩，为上年水灾借给籽种。

二月二十四日，子纪鸿生。汉阳刘公传莹移病归籍，公为文以送之。

七月，公弟国荃科试一等，补廪膳生。

九月十四日，领同乡京官具摺谢恩，因水灾奉旨抚恤。十八日，钦派稽查中书科事务。公官至卿贰，名望渐崇，而好学不倦。其于朝章国故，如《会典》、《通礼》诸书，尤所究心。又采辑古今名臣大儒言论，分条编录为《曾氏家训长编》，分修身、齐家、治国为三门，其目三十有二。公尝谓古人无所云经济之学、治世之术，壹衷于礼而已。秦文恭公《五礼通考》，综括天下之事，而于食货之政稍缺，乃取盐课、海运、钱法、河堤各事，抄辑近时奏议之切当时务者，别为六卷，以补秦氏所未备。又采国史列传及先辈文集中志状之属，分门编录，条分近代学术，用桐城姚氏之说，以义理、考据、词章三者为目，依汇辑之。星冈公病风痹逾年，公令弟国华出都还湖南。

十月，闻刘公传莹以病卒于家，公设位哭之，为墓志一篇、家传一篇，刻石寄其家。刘公所著述无成篇，独于金氏《孟子集注考证》中，搜得朱子所编《孟子要略》一书，公为校刻行于世。二十三日，领同乡京官具摺谢恩，为本年水灾之区奉旨蠲缓钱粮。公官京师十年，俸薄不给于用，取资称贷；及官侍郎，每岁以其所得俸银数十两为高堂甘旨之奉，兼以周族戚之贫者。

【己酉】道光二十九年，公三十九岁。

正月初九日，率同乡京官具摺谢恩，为灾区借给籽种。二十二日，奉旨升授礼部右侍郎。次日具摺谢恩，召见，上嘉勉焉。公勤于供职，署中办事无虚日。八日一至淀园该班奏事，有事加班，不待期日。在部司员，咸服其条理精密。三月十四，值班召见。三十日，又召见。每有奏对，恒称上意。礼部、翰林院、詹事府署中，皆有土地祠，祠皆祀先儒韩愈。礼部之祠，复有孔子木主，胥吏相沿，莫知所自。公取木主焚化，而为文以祀韩子，辩证其谬。夏，督修长沙府会馆，旋又修湖广会馆，位置亭榭，有纡余卓牵之观。

八月初二日，奉旨兼署兵部右侍郎。二十五日，钦派宗室举人复试阅卷大臣。

九月十七日，钦派顺天乡试复试阅卷大臣。十月初四日，钦派顺天武乡试较射大臣。武乡试分四围，王大臣分较。公所较中试者五十二名。二十六日，率同乡京官具摺谢恩，为水灾奉旨蠲缓钱粮。是岁东南各省大水，民饥，江南、浙江、湖北均展期，九月举行乡试。湖南贼匪李沅发倡乱于新宁，戕官据城，分扰黔、粤边境，粤逆亦从此萌芽矣。先是，江公忠源在籍，擒获会匪雷再浩，遂以知县拣发浙江署秀水县事，办理赈灾及保甲，甚得民誉。公闻新宁之乱，恐匪党寻仇及江公之家，遂致书江公，劝其弃官以赴家难。未几而贼党溃窜，江公家亦无损焉。

十一月十五日，闻祖考星冈公之讣，请假两月，设位成服。星冈公之卒以十月初四日，寿七十有六岁，葬于八斗冲，迁王恭人之柩附葬。

十二月十一日，孝和睿皇后升遐。公以礼部职任所在，不俟假满，即日入内供办。其署中他事，仍不与闻。

【庚戌】道光三十年，公四十岁。

正月十四日，宣宗成皇帝升遐。朱谕遗命四条，其中无用郊配、无用庙附二条，文宗嗣位，谕令臣工详议具奏。十五日，奉移孝和睿皇后梓宫于漪春园。十六日，谕臣下议行三年丧礼。二十三日，召见，咨以大礼。二十六日，上御太和殿，颁登极诏书。二十七日，王大臣九卿集议，复奏郊配、庙附二事。公专摺具奏，称：遗命无用庙附一条，考古准今，万难遵从；无用郊配一条，不敢从者有二，不敢违者有三。疏对甚晰。时恭遇登极覃恩，加一级；请封三代，皆封荣禄大夫。公以本身妻室应得封典，〈贝也〉封叔父母。

二月初二日，内赐遗念衣一件、玉佩一事。是日奉移大行皇帝梓宫于圆明园正大光明殿。初六日，奉上谕："侍郎曾国藩所奏，颇有是处；其余京堂及科道等所奏，各纾己见，殊少折中。各摺均著发还。"钦此。初七日召见，公奏对甚详，上益嘉之。初八日奉上谕"九卿科道有言事之责者，于用人行政一切事宜，皆得据实直陈，封章密奏"等因。钦此。

三月，公递应诏陈言一摺。奏称：用人行政，二者并重。然凡百庶政，著有成宪，未可轻议。今日所当讲求，唯在用人一端。人才有转移之道，有培养之方，有考察之法，三者不可废一。皇上春秋鼎盛，与圣祖仁皇帝讲学之年相似，请俟二十七月后，举行逐日进讲之例，亦请广开言路，借臣工章奏，以为考核人才之具。疏入，奉上谕："礼部侍郎曾国藩奏陈用人之策，朕详加披览，剀切明辨，切中情事，深堪嘉纳。连日左副都御史文瑞、大理寺卿倭仁、通政使罗衍等，各陈时事，朕四降旨褒嘉。其通政副使王庆云、鸿胪寺少卿刘良驹及科道等摺分别准行交议。如该侍郎摺内所请保举人才、广收直言，迭经降旨宣示，谅各大小臣工必能激发天良，弼予郅治。惟称日讲为求治之本，我圣祖仁皇帝登极之初，即命儒臣逐日进讲，寒暑无间，朕绍承丕业，夙夜孜孜，景仰前徽，勉思继述，著于百日后举行日讲。所有一切应行事宜，著名该衙门察例详议以闻。"钦此。初四日，奏入春以来，雨泽稀少，农田待泽孔殷、亟请设坛祈祷，以迎和甘，而慰民望一摺。十二日，孝和睿皇后升附覃恩，公呈请本身妻室封典。十五日，公弟国潢入都，相见极欢。时以职务繁剧，不遑兼顾家事，悉以属公弟经理。十九日下淀园，恭送孝和睿皇后梓宫奉安昌陵。

四月初四日，奏陈日讲事宜，补前摺所未备，凡十四条。其于讲官员数，进讲之地，所讲之书，陈讲之道，以及讲官仪节体制等事，皆详考圣祖御制文集会典，与国史列传各书。先定大概规模，于赞助圣学之中，寓陶成人才之意，犹前疏中之指也。十二日，宣宗成皇帝升配，覃恩加二级，请封三代，皆封光禄大夫，公仍以本身妻室应得封典〈贝也〉封叔父母。十七日，钦派会试复试阅卷大臣。十九日，移寓贾家胡同南头路西。二十九日，钦派朝考阅卷大臣，是科入馆选者五十八人。是月，湖南新宁贼酋李沅发就擒，槛送京师斩之。上年收复新宁，巡抚冯公德馨奏报李逆死于乱军中。春间李逆复出，冯德馨逮问遣戍，诏以骆秉章为湖南巡抚。

五月初二日，公第五女生，后殇。十四日，在署考试各省优贡。时奉旨令部院九卿各举贤才，公疏荐五人。奏称李棠阶以学政归家，囊橐萧然，品学纯粹，可备讲幄之选；吴廷栋不欺屋漏，才能干济，远识深谋，可当大任；王庆云闳才精识，脚脚踏实，可膺疆圉之寄；严正基洞悉民隐，才能济变；江忠源忠义耿耿，爱民如子。

六月初四日，奉旨兼署工部左侍郎。十四日，钦派朝考拔贡阅卷大臣，是科取士二百余人。

七月，公弟国葆以县试案首入湘乡市学，年二十有三岁，与公入学之年同。公每绾部务，悉取则例，博综详考，准以事理之宜。事至剖断无滞。其在工部，尤究心方舆之学，左图右书，钩校不倦，于山川险要、河漕水利诸大政详求折中。

八月十一日，召见，询以工部职务。公奏对详悉，移时乃退。二十一日，钦派考试国子监学正学录阅卷大臣，取士五十名，引见记名者二十人。

九月十八日，恭送宣宗成皇帝梓宫奉安墓陵，钦派梓宫前恭捧册宝大臣。二十四日，飨奠礼毕，礼部堂官各加二级。二十五日，具摺谢恩。次日，皇上驻跸秋兰行宫，谕随扈各员均加一级。

十月，回銮，奉旨兼署兵部左侍郎。

十一月十三日，领同乡京官具摺谢恩，为水灾州县蠲缓钱粮。

十二月二十二日，礼部奏元旦礼节。朱批严饬礼部堂官，分别交部议处察议。寻奉旨准予抵销处分。

是年夏间，广西贼匪大起，巨股数十。六月，逆首洪秀全与其党杨秀清、萧朝贵等起于桂平市之金田村，为数最众且悍。诏以向荣为广西提督，起用林则徐为钦差大臣，驰赴广西督剿，以前云南提督张必禄督师会剿，广西巡抚郑祖琛革职。既而林文忠公则徐卒于道，张武壮公必禄至浔州亦卒，诏以李星沅为钦差大臣，以周天爵署广西巡抚。

【辛亥】咸丰元年，公四十一岁。

正月初十日，领同乡京官具摺谢恩，为上年灾区借给籽种。十四日，上祗谒墓陵，行初周年礼，礼部堂官悉从，公奉旨派留署办事。

二月，上谕广州副都统乌兰太驰往广西帮办军务。二十六日，公弟国潢出都还湖南。粤西贼势益炽。

三月，上命大学士赛尚阿为钦差大臣，前赴广西督师，以都统巴清德、副都统达洪阿为之副。初九日，公奏简练军实以裕国用一摺。奏称：天下大患，一在国用不足，一在兵伍不精。近者广西军兴，纷纷征调，该省额兵竟无一足用者，他省可推而知。当此饷项奇绌，唯有量加裁汰，痛加训练，庶饷不虚糜，而兵归实用。谨抄录乾隆增兵，嘉庆、道光减兵三案进呈。疏入，召见，嘉其切中时弊，谕以俟广西事定，再行办理，疏留中。十四日，礼部奏请以宋臣李纲从祀孔子庙廷。时福建巡抚徐继畬原奏称李纲所著书有《周易传》、《论语说》二种，公复查得纲所著《中兴至言》、《建炎类编》、《乘闲志》、《预备志》各书，文渊阁著录者《梁溪集》、《建炎时政记》二种。奉旨准其从祀，在先儒胡安国之次。

四月二十六日，公奏《敬陈圣德三端预防流弊》一摺。维时上孜孜求治，在廷臣僚，鲜以逆耳之言进者。广西军事日棘，赛尚阿公以端揆大臣出而督师，中外惊慑。公意欲为人臣者趋尚骨鲠，培其风节，养其威棱，遇有事变，乃可倚之以折冲捍患，不至畏葸退缩。公所陈多切直之语，疏入时，恐犯不测之罪。上谕："曾国藩条陈一摺，朕详加披览，意在陈善责难，预防流弊，虽迂腐欠通，意尚可取。朕自即位以来，凡大小臣工章奏，于国计民生用人行政诸大端有所补裨者，无不立见施行；即敷陈理道，有益身心者，均著置左右，用备省览；其或窒碍难行，亦有驳斥者，亦有明白宣谕者，欲求献纳之实，非徒沽纳谏之名，岂遂以'毋庸议'三字置之不论也？伊所奏，除广西地利兵机已查办外，余或语涉过激，未能持平；或仅见偏端，拘执太甚。念其意在进言，朕亦不加斥责。至所论人君一念自矜，必至喜谀恶直等语，颇为切要。自维藐躬德薄，夙夜孜孜，时存检身不及之念，若因一二过当之言不加节取，采纳不广，是即骄矜之萌。朕思为君之难，诸臣亦当思为臣之不易，交相咨儆，坐言起行，庶国家可收实效也。"钦此。公是疏得奉优旨，时称盛事焉。是月，李文恭公星沅卒于军。

五月，诏授邹鸣鹤为广西巡抚。十八日，唐公鉴入都，召见十余次，极耆儒晚遇之荣。二十六日，公奉旨兼署刑部左侍郎，次日具摺谢恩，并以前疏激直未获咎戾，具申感激之意。

六月，赛尚阿公抵桂林，疏调江公忠源随营差遣。江公方丁忧在籍，应调赴粤。乌兰太公一见而极重之，留于幕府，每事必咨焉。复委募楚勇五百人助剿，是为湖南乡勇出境剿贼之始。公前官翰林时，与倭仁公、唐公鉴辈讲学，逐日记注，中辍数年。刘公传莹为公书斋额曰“养德养身绵绵穆穆之室”，至是公乃仿程氏读书日程之意，为日记曰《绵绵穆穆之室日记》。其说曰：“自戒惧而约之，以至于极中，而天地位，此绵绵者由动以之静也。自谨独而精之，以至于极和，而万物育，此穆穆者由静以之动也。由静之动，有神主之；由动之静，有鬼司之。终始往来，一以贯之。”每日自课以八事：曰读书，曰静坐，曰属文，曰作字，曰办公，曰课子，曰对客，曰复信。触事有见，则别识于其眉。

八月，钦派顺天乡试搜检大臣。公兼摄刑曹，职务繁委，值班奏事，入署办公，益无虚日。退食之暇，手不释卷，于经世之务及在朝掌故，分汇记录，凡十有八门。大学士琦善公在新疆办理番案得罪，钦差大臣萨迎阿公前往查办，奏请将琦善交刑部治罪，奉旨逮问。

闰八月，琦善至京师，入刑曹，钦派军机大臣三法司会审。琦善自供摺千余言，谓由萨迎阿之陷害。在廷诸公亦颇咎萨公原奏之过。当时萨公代琦善任，未旋京邸。会审之际，琦善争辩不已。军机章京邵懿辰驳诘供词十九事，诸公不之省，乃议传萨公所随带查办之司员四人，赴法堂与琦善对讯，至有议反坐者，公独曰：“琦善虽位至将相，然既奉旨查办，则研鞫乃其职分；司员职位虽卑，无有传入廷尉与犯官对质之理。若因此得罚，将来大员有罪，谁敢过问者？且谕旨但令会审琦善，未闻讯即司员，必欲传讯，当奏请奉旨然后可。”争之甚力，词气抗厉，四坐为之悚动，其事遂已。广西逆匪窜陷永安州城，僭伪王号。赛尚阿公督师由桂林进剿。二十一日，上御门，闻永安失守之警，督兵将帅。皆奉旨申饬。二十六日，礼部考送军机章京。二十九日，刑部考送军机章京。

九月初一日，领同乡京官具摺谢恩，为水灾州县豁免钱粮。

十月十二日，钦派顺天武乡试大主考，以沈公兆霖为之副。是科中式武举一百六十六名。十七日，试竣复命，召见。十一月初三日，监视郊坛开工。十九日，领同乡京官具摺谢恩，为新宁县经兵乱，奉旨蠲免钱粮与仓谷之未完者；又因武陵等州县水灾蠲缓钱粮。

十二月十八日，公奏备陈民间疾苦一摺。奏称：国贫不足患，惟民心涣散则为大患。目前之急务，其大端有三：一曰银价太昂，钱粮难纳；二曰盗贼太众，良民难安；三曰冤狱太多，民气难伸。其时银价昂贵，朝野均以为苦。

宣宗曾饬部院衙门、各省督抚议变通平价之法。公疏于弭盗贼请狱讼二条请申谕外省，思所以更张之。其平银价一条，即于次日续递银钱并用章程一摺。奏称：十年以来，中外臣工奏疏言钱法者，不为不多，臣之所深服者，惟吴文熔、刘良驹、朱尊三疏，谨就三臣原奏，参以管见，拟章程凡六条，并抄录吴文？等原疏，进呈御览。奉旨交户部议奏。二十六日，监视墓陵隧道开工。是岁，公选录古今体诗凡十八家，又选录古文辞百篇，以见提要。

【壬子】咸丰二年，公四十二岁。

正月二十四日，奉旨兼署吏部左侍郎，次日具摺谢恩。

二月十九日，随扈祇谒墓陵。是月，广西永安州贼窜出，官军大挫，总兵官长瑞等四人阵亡。贼扑攻桂林省城，都统武壮公乌兰太追贼至将军桥阵亡。江公忠源之军，初与乌公偕，至是回籍，益募楚勇赴桂林防剿。

三月初二日，奉宣宗成皇帝永安地宫，上行虞祭礼回銮。初七日，奉神牌升附，颁恩诏于太和门。初八日，率同乡京官递摺谢恩，为豁免屯丁实欠。钦派会试搜检大臣。十一日，广西警报至都下，奉旨乌兰太、向荣交部严加议处，赛尚阿交部议处。公赴部会议，以军务关系重大，议处罪名宜从重者，不当比照成例。会议罢后，公专摺奏请从严议处，诏改从宽典焉。十八日，礼部奏请以宋臣韩琦从祀孔子庙廷。二十七日，奉旨派恭送太庙册宝。三十日，公第六女生，后字衡山聂氏，婿名缉规。欧阳夫人之兄柄铨入都。是时粤匪猖獗，河工未合，京畿亢旱，人情惊惧。上诏求直言，内阁学士胜保上疏失检，交部严议，部议降三级调用。公奏请特旨宽免胜保处分以广言路一摺。上纳用焉，疏留中。

四月初一日，宣宗成皇帝升配，诏礼部诸臣各加一级。广西省城解围，贼窜陷全州，入湖南境，掠民船将浮湘而下。江公忠源以楚勇破之于蓑衣渡。

五月，贼窜陷道州。

六月十二日，钦命充江西乡试正考官。次日递摺谢恩。附片奏请试竣工后，赏假两月回籍省亲。公自己亥之冬入都供职十多年，由翰林七迁至侍郎，眷遇甚隆，中间星冈公衰老疾笃屡恩乞假归省，于势未得。至是得江西试差，乃请假回籍，朱批允之。二十四日，驰驿出都。二十九日，过河间府，吴公廷栋权守河间，相见于途次。

七月十三日，道过宿州。周公天爵方引病在籍，以函约公相见于旅店，纵谈今古，自夜达旦，乃别去。二十五日，行抵安徽太和县境小池驿，闻讣：江太夫人于六月十二日薨逝。公大恸，改服奔丧，取道黄梅县，觅舟未得，乃乘小舟渡江，至九江府城，雇舟溯江西上。贼于六月由道州窜出，陷桂阳州。是月陷郴州，由安仁、醴陵下犯长沙省城。湖南各郡旧有会匪蠢焉欲动。湘乡尤多匪踪，县令朱孙诒缉治甚勤，礼请邑中儒士罗公泽南、李公续宾兄弟、王公鑫、刘公蓉等，团结乡勇，加以训练，而竹亭公以乡老巨望总其成。是时乡团以湘乡为称首。

八月十一日，公舟至黄州登陆。十三日，抵武昌。常公大醇为湖北巡抚，来唁。公始闻逆匪扑长沙之警。十四日，由武昌启行，十八日，抵岳州，取道湘阴、宁乡。二十三日，抵家哭殡，旋谒星冈公墓。逆贼大股均至长沙，官军亦渐集。江公忠源于南门外近贼垒为营，贼不得逞。诏以张亮基为湖南巡抚。张公入守长沙，以左公宗棠入赞军幕。

九月十三日，江太夫人葬于下腰里宅后山内。贼用地道轰长沙城，官军拒却之。时承平日久，骤经兵乱，人心惧怯，伪言四起，虽未见贼之地亦相率挈家惊走。公在家遇乡里人，则教之以保守之方、镇静之道。赛尚阿公至长沙，奉旨逮问。以徐文绢为钦差大臣，督兵剿贼。

十月，长沙围解。贼渡湘西窜宁乡、益阳，东出临资口，大掠民船，窜湘阴，陷岳州。官军数自长沙拔营追之。

十一月，贼船蔽江而下，陷汉阳府城。张公亮基于贼退后搜捕土匪甚严。留江公忠源之楚勇二千人驻省城防守，札委湘乡罗泽南、王鑫等招募湘勇千人入省垣防守。时巴陵匪徒晏仲武等作乱，江公忠源以楚勇往讨擒之。是月，湖南巡抚奉上谕："前任丁忧侍郎曾国藩籍隶湘乡，于湖南地方人情自必熟悉，著该抚传旨，令其帮同办理本省团练乡民搜查土匪诸事务，伊必尽力，不负委任"等因。钦此。

十二月，武昌省城失守，湖北巡抚常文节公大醇等殉难。十三日，公奉到寄谕，草疏恳请在家终制，并具呈请巡抚张公代奏，缮就未发，适张公专弁以函致公，告武汉失守，人心惶恐，恳公一出。郭公嵩焘至公家，力劝出保桑梓。公乃毁前疏，于十七日起行，二十一日抵长沙，与张公亮基筹商，一以查办匪徒为急务。二十二日，拜摺敬陈团练乡民搜查土匪大概规模；且称长沙省城兵力单薄，行伍空虚，不足以资守御，因于省城立一大团，就各县曾经训练之乡民招募来省，实力操练，既足资以剿捕土匪，于防守省城不无裨益。是摺奉朱批："知道了，悉心办理，以资防剿。"钦此。公又附片奏称：臣在京供职十有四年，今岁归来，祖父母之墓已有宿草，臣母之葬亦未尽礼。若遽弃庭闱出而莅事，万分不忍。请俟贼氛稍息，团防之事办有头绪，即当回籍守制，以遂乌私。维时罗公泽南，领所招湘乡练勇三营，已至省城，仿前明戚继光束伍成法，逐日操练，公为之酌定训练章程，故疏中及之。其后良将辈出，实滥觞于此。浏阳会匪煽乱，号曰征义堂，其匪酋为周国瑜，聚党逾万人。江公忠源以楚勇往，出其不意，一战破平之。武昌陷后，诏授向荣为钦差大臣，徐广缙逮问，前湖广总督程矞采革职；诏以张亮基署总督，又特命琦善为钦差大臣，偕直隶提督陈金绶、内阁学士胜保督兵驰赴楚豫之交，堵贼北窜；又以两江总督陆建瀛为钦差大臣，出省堵剿。

## 卷二　公四十三岁

【癸丑】咸丰三年，公四十三岁。

正月，公在长沙督办街团，委在籍江苏候补知州黄廷瓒、安徽候补知县曹光汉编查保甲，以书函劝谕，不用公牍告示。又以书遍致各府州县士绅。其大致以为团练之难，莫难于集费，宜择地择人而行之；目前急务，唯在清查保甲，分别良莠，以锄暴为安良之法，遇有匪徒，密函以告，即行设法掩拿处办，庶几省文移之烦，可期无案不破。其书中有“不要钱、不怕死”二语，公所自矢者，一时称颂之。十一日，张公亮基赴湖北署总督任，江公忠源从行，其楚勇留长沙者，江公忠济、刘公长佑接统之。二十二日，耒阳、常宁报有匪徒啸聚白沙堡，扰及嘉禾境。公调派刘长佑、李辅朝带楚勇五百，王鑫带湘勇三百，二十五日启行追剿。未至，而常、耒之匪闻风先溃。适衡山县境之草市土匪窃发，楚勇、湘勇留衡山，一战平之。

二月初三日，奉上谕“封疆大吏剪除百恶即可保卫善良，著该署督抚等认真查办，并著会同在籍侍郎曾国藩体察地方情形，应如何设法团练以资保卫之处，悉心妥筹办理”等因。钦此。十二日，公奏严办土匪以靖地方一摺。奏称：湖南会匪名目甚多，近年有司掩饰弥缝，任其猖獗，非严刑峻法无以销遏、乱萌。时公于长沙城中鱼塘口为行辕，设审案局，委候补知州刘建德、照磨严良承审，拿获匪徒，立予严讯，用巡抚令旗即行正法，或即毙之杖下。分别会匪、教匪、盗匪及寻常痞匪名目，按情罪以处办。公意纯用重法以锄强暴，而残忍严酷之名，在所不辞也。是疏入，奉朱批：“办理土匪，必须从严，务期根株净尽。”钦此。初，贼之犯长沙也，调集各省兵勇数万人，既而追贼东下，其余丁散勇逗留湖南，或十百人为群，出没附近屯墟，湘水行船上下，辄以兵差为名强封之，而诈索其财。商旅畏惮，百物几不通。会捕得强封民船之川兵三人，径行斩决，枭示江干。由是游手敛迹，风帆畅行无阻。贼陷武、汉两城后，大掠民船数千艘，于正月上旬括掠丁壮妇女数十万人，驱入舟中，顺流而下，旌旗蔽江，沿江城镇皆失守。

十一日，陷九江府城，十七日，陷安庆省城，二月初十日，攻陷江宁省城，将军忠勇公祥厚、总督陆公建瀛等殉难。贼遂据为伪都，僭伪号，造宫殿，分其党林凤祥等北窜。二十一日，陷镇江府。二十三日，陷扬州府。皆踞守之。向公荣总统各路兵勇十余万追至金陵，而城已陷，遂驻营城外。琦善公率领北方各路官兵攻围扬州。是为江南、江北两大营。刘公长佑等既破衡山土匪，余党窜入攸县界，遂督勇追剿。而安仁县土匪又起，劫狱烧官署，在籍候选知州张荣组带镇勇数百，与楚勇会剿平之。江公忠源赴鄂，寻奉旨授湖北臬司，又奉旨令赴江南大营帮办军务。江公上书于公，言今日办贼之法，必合江、楚、皖各省，造战船数百艘，调闽、广水师数千人，先肃清江面，而后三城可复，否则沿江各省后患方长。公治水师之议，萌芽于是矣。湖北崇阳、通城两县匪徒大起，聚党数千人。江公领兵勇于三月初旬回南剿捕，公饬江忠济带所部楚勇由平江前往会剿。

初五日，刘公长佑楚勇回长沙，公亦饬其驰赴崇、通会剿。三战而匪徒歼焉。江公遂尽挈楚勇下赴江南。省城所招湘乡练勇千余人，署巡抚潘公铎议汰之还乡。公前调取三百余人，以王鑫领之，剿土匪于衡、永各属。其留未汰者，操练无虚日。塔齐布公方署长沙营都司，忠勇冠时，人鲜知者。公一见大奇之，委密捕巨盗数名，皆克获。千总诸殿元领辰勇数百人，亦经公所识拔。公委塔齐布兼管领辰勇，与湘勇会同操练，胆技精强，遂成劲旅。三月，潘公铎具摺告病。骆公秉章仍奉旨署湖巡抚，以四月十一日到任，奏委塔齐部署抚标中军参将。各州县捕送匪徒来省者渐多，严刑鞫讯，日有斩枭杖毙之案，前后所戮者二百余名，湘中匪徒闻风敛迹。李公瀚章以己酉选拔朝考，出公门下，时署湖南益阳市事，上书于公，劝以缓刑，公未之从也。安化县属蓝田市有串子会匪聚众谋乱，公饬湘乡市知县朱孙诒以练勇往捕，擒百余人，事乃解。桂东县有江、广边界匪徒窜入，城陷，公与骆公札委张荣组带三厅兵勇往剿，又调候补道夏廷樾督湘勇七百余人继之。未几，桂东平。骆公增募湘勇一营，以监生邹寿璋领之。欧阳夫人挈子女出都还湘，夫人之兄柄铨随行。

五月初三日，抵长沙，寻归湘乡。公弟国葆募湘勇一营，驻扎长沙南门外。江公忠源奏请招练楚勇三千，赴江南助剿。奉旨允之。公因函致江会以之弟忠、忠淑与宝庆府知府魁联，令招宝勇，湘乡市知县朱孙诒令招湘勇，来省操练，然后遣赴大营，与江公旧部会成一军，以壮其势。江公以四月初七日，由鄂东下，行抵九江，值贼船数百，自金陵上窜，再陷安庆，直抵湖口，势趋南昌省城。江公方驻守九江，十日即驰至南昌，筹备防守。部署粗定，而贼抵城下，设法堵御，贼不得逞。江公飞檄请援于湖南，湘中闻邻省之警，人心惶恐。公初拟六月归行小祥之祭，而湘省官绅并倚公为防守。公乃札张荣组驻营永州，王鑫驻营郴州，以防南路土匪；而调夏廷樾、罗泽南以湘勇回省。适奉到寄谕，因金陵贼船驶赴上游，有回攻长沙，兼扰南昌之语，有旨令各省督抚严防，并令公与骆公会筹防御。骆公咨提督鲍起豹调兵来省，并札饬所募宝勇、湘勇三千人留省城听调。

六月十二日，公与骆公会奏办理防堵事宜一摺。公又专摺奏称：搜拿土匪，随时正法。省局委员添派候补知县厉云官审讯各案，粗有头绪。臣母丧初周，拟回籍修小祥之礼。适闻粤贼回窜江西，臣应留省城会筹防堵，不敢以事权不属，军旅未娴，稍存推诿。是日又与骆公会摺奏参长沙协副将清德，请旨革职，以儆疲玩而肃军政。又专摺奏保署抚标中军参将塔齐布、千总诸殿元，恳恩破格超擢，并称二人日后有临阵退缩之事，即将臣一并治罪。附片特参副将清德行耽安逸，不理营务等款，请交部从重治罪。江忠淑募新宁勇千人，朱孙诒募湘乡勇千二百人，均抵长沙。公檄江忠淑由浏阳赴江西，朱孙诒由醴陵赴江西，夏廷樾、郭嵩焘、罗泽南以兵勇千四百人，由醴陵继进。合计援江兵勇三千六百人，是为湘勇出境剿贼之始。

二十二日，公与骆公会奏拨派兵勇赴江西援剿一摺。湖南调各路兵勇防守省城者数千人，塔齐布逐日抽调操阅，暑雨不辍，公亟奖其勤。提督鲍起豹至省城，乃宣言盛夏操兵之非，由是营伍咸怨塔公以及于公，时复与湘勇争讧。公所奏参之副将清德，乃依附鲍起豹，而与塔齐布为仇者。公前疏入，二十九日奉到上谕："塔齐布着赏给副将衔，诸殿元以守备补用，先换顶戴，以示奖励。"钦此。又奉上谕："曾国藩奏请将性耽安逸、不理营务之副将革职治罪一摺，清德著革职拿问，交张亮基、骆秉章讯明定拟具奏”等因。钦此。由是兵伍益怨公矣。

七月，公以省城筹防之事粗备，援江之师已成行，遂回籍省亲。家居数日，复出至省垣。时新宁勇援江者，行抵瑞州，遇警而溃，至义宁复行召集以进。湘勇援江者，以七月十九日抵南昌，二十四日与贼战，小挫，阵亡营官谢邦翰、易良干、罗信东、罗镇南四人，湘勇死者八十余人。罗公泽南以诸生讲学，湘人多从受业者，是役阵亡各员，皆罗公弟子也。贼攻南昌，屡以地道轰城，官军堵之。江公忠源复以书致公，谓长江上下，任贼船游弈往来，我兵无敢过问者。

今日之急，唯当先办船炮，击水上之贼。时郭公嵩焘在江公幕中，力主水师之议。文宗寄谕各督抚，亦屡及之。公商之巡抚骆公，奏请敕调广东琼州红单船放出大洋，由崇明入江口，以击贼于下游；调广东内江快蟹拖罟船，由梧州府江溯漓水，过斗门，浮湘而下，出大江，以收上下夹击之效。长江水师之议，自此始。湖南营兵与湘勇断断不和。七月十三日，提标兵与湘勇械斗，公但将湘勇棍责。

八月初四日，永顺协兵与辰勇械斗。公咨提督请按治军法，未行也。初六夜，永顺协兵掌号执仗至参将署，欲害塔齐布公。塔公匿菜圃草中以免。兵众毁其房室。旋出至公所馆抚署侧射圃中，大哗，骆公步出谕饬之，乃解。时有劝公据实参奏者。公曰：“为臣子者，不能为国家弭乱，反以琐事上渎君父之听，于心未安也。”二月中，曾经奏请移驻衡、宝二郡，就近剿办土匪。遂定计移驻衡州以避之。因与骆公商调塔齐布领宝勇、辰勇八百人，益以抚标兵，移驻醴陵；调邹寿璋领湘勇驻浏阳，以防江西之贼；调训导储玫躬所领湘勇一营，往郴州以防土匪；公弟国葆率所领湘勇上驻衡州。

八月十三日，公具摺奏言，湖南衡、永、郴、桂各属为匪徒聚集之薮，数月以来，聚众为乱，巨案迭出，臣即日移驻衡州，就近调遣。附片奏调委员厉云官等随往差遣。十四日，公由长沙起行，绕道湘乡，抵家省亲，以二十七日抵衡州府。先是，南路土匪屡起，次第剿平。江西吉安府属土匪大起，太和、安福二县失守，江公忠源派罗泽南以湘勇往剿，大破之，擒斩数千，克复两城。余匪溃窜湖南界，茶陵、安仁皆不守。公乃调塔齐布以兵勇往剿，平之。王公鑫驻营郴州，闻江西援军营官阵亡之信，欲回籍募勇，赴江西剿贼，以抒公愤而复私仇。上书于公，词气慷慨。公嘉其义，札令来衡州面商以讨贼之事。公言今日大弊，在于兵勇不和，败不相救。而其不和之故，由于征调之时，彼处数百，此处数十，东抽西拨，卒与卒不相习，将与将不相知。地势乖隔，劳逸不均，彼营出队，而此营袖手旁观，或哆口而笑，欲以平贼，安可得哉！今欲扫除更张，非万众一心不可。拟再募勇数千，与援江各营合成一军，交江公忠源统之以平贼。

八月二十二日，江西省城解严。贼窜陷九江府湖口县，仍陷安庆省城，皆踞之。复分股上窜湖北。张公亮基以兵五千人扼守田家镇，贼至则大溃。江公忠源间道驰援，战不利，北屯广济。贼因上犯鄂渚。张公亮基奉旨调任山东巡抚，以吴文为湖广总督。吴公者，公会试座师也。九月初，由黔赴鄂，道出长沙，以书招公至省垣相见。公以军事方殷，未遑离次。吴公星驰赴任。时贼已陷黄州、汉阳，北扰德安，南及兴国、湖南，岳州戒严。骆公秉章驰书与公谋防堵。公以茶陵、安仁既平，札调塔齐布等军速赴长沙，并调援江之湘勇同援。二十七日，奉到上谕："长江上游，武昌最为扼要，若稍有疏虞，则全楚震动。著骆秉章、曾国藩选派兵勇，并酌拨炮船，派委得力镇将驰赴下游，与吴文？等会合剿办，力遏贼冲，毋稍延误。"钦此。

十月初三日，奉上谕："曾国藩团练乡勇，甚为得力，剿平土匪，业经卓有成效。著酌带练勇，驰赴湖北。所需军饷等项，著骆秉章筹拨供支。两湖唇齿相依，自应不分畛域，一体统筹也。"钦此。王公鑫募湘勇，初议欲为援江诸军复仇，既而闻贼窜湖北之警，骆公因札令募勇三千，赴防省城。公见王鑫气太锐而难专用也，既为书以戒之。又函致骆公，言兵贵精不贵多，新集之勇，未经训练，见贼易溃，且饷糈难继，宜加裁汰。骆公未能用。维时罗公泽南由吉安率勇回湘。李公续宾分领一营，战功卓著。又有杨虎臣、康景徽所带湘勇二营，先后自江西回抵长沙，会以王鑫新募之勇所调兵勇，赴防省城者，不下万人。

总督吴公到鄂，屡请援师。时又奉上谕："武昌情形万分危急，着曾国藩遵照前旨，赶紧督带兵勇船炮，驶赴下游会剿，以为武昌策应"等因。钦此。公商之骆公，请饬王鑫带所招湘勇赴鄂。旋以贼船东窜，湖北解严，湘勇亦未北行也。公言今之办贼，不难于添兵，而难于筹饷；不难于募勇，而难于带勇之人；不难于陆战，而难于水战。江公忠源之守南昌也，派夏廷樾、郭嵩焘在樟树镇制造木数十具，载炮于其上，拟冲贼船。甫成，将发，而贼退出鄱湖。至是公亦于衡州仿造冲，既试之水面，钝滞难用。乃买民船改造炮船。

二十四日，公具摺奏言：武昌既已解严，臣暂缓赴鄂，并请筹备战船，合力堵剿。该匪以舟楫为巢穴，长江千里，任其横行。欲加攻剿，唯以战船为第一先务。臣即在衡州试行赶办，果有头绪，即亲自统带，驶赴下游。是疏奉朱批："所虑甚是，汝能斟酌缓急，甚属可嘉。"钦此。时广东解江南大营饷银过长沙。公附片奏，请截留四万两，以为筹办炮船、招募水勇之资。湘勇营制，以三百六十人为一营，每营用长夫百四十人，合为五百。公之选将领，以四科为格：一曰才堪治民，二曰不畏死，三曰不急名利，四曰耐辛苦。公欲募成六千之数，合江公忠源旧部，足成万人。甫立此议，江公遂奏请以公所练六千人出省剿贼。奉上谕："湖北情形紧要，已有旨令江忠源暂留剿贼。着曾国藩即将选募之楚勇六千名，酌配炮械，筹雇船只，由该侍郎督带驶出洞庭湖，由大江迎头截剿，肃清江面贼船。想曾国藩与江忠源必能统筹全局也。"钦此。鄂中兵勇前防田家镇者，溃后或逃窜湘中，劫掠行旅。公捕得，即斩以徇，民赖以安。是月，公致书湘乡人士，议建忠义祠于县城，祀援江阵亡营官四人，而以湘勇附祀焉。江公忠源回军汉阳，奉旨授安徽巡抚，并谕令楚、皖一体斟酌缓急，相机进剿。时贼已距安庆，议建卢州为省会。工部侍郎吕文节公贤基在籍办治团练。贼自舒桐北窜，吕公迎剿阵亡。周文忠公天爵亦卒于家。江公见鄂贼甫退，皖事尤棘，力疾提师北趋卢州。行至六安，病甚。

十一月，奉上谕："宋晋奏曾国藩乡望素孚，人乐为用，请饬挑选练勇，雇觅船只，顺流东下，与江忠源水路夹击，速殄贼氛等语。现在安徽逆匪，势甚披猖，连陷桐城、舒城，逼近卢郡，吕贤基业经殉难，江忠源患病，皖省情形危急，总由江面无水师战船拦截追剿，任令贼？宗往来自如，以致逆匪日肆鸱张，该侍郎前奏亦曾筹虑及此。着即赶办船只炮位，并前募勇六千，由该侍郎统带，自洞庭湖驶入大江，顺流东下，与江忠源水陆夹击。该侍郎忠诚素著，兼有胆识，朕所素知，必能统筹全局，不负委任也。"钦此。前此寄谕，有肃清江面之语。各省亦苦贼？宗飙忽，公壹以水师为急。所造木，既不可用，水师舟舰，无人经见，并为此举，相顾色戒。公日夜苦思，博采众议。岳州营守备成名标、广西候补同知褚汝航、知县夏銮等，先后奉委托公行辕。公留置戎幕，遂询知拖罟、长龙、快蟹、舢板各船式，纠集衡、永工匠，依式制造。公研精覃思，不遗余力。彭公玉麟、杨公载福来营，公弟国葆亟称两人之才，公拔而用之。广西巡抚劳公崇光解炮二百尊赴鄂，道出衡州。时田镇防兵已溃，公因截留其炮位并护解之水手，以备教练水师之用。公以湖南库款不敷提用，其募练之饷，恃劝捐接济。公选派员绅，设局于各州县，不用官牍，以防抑勒。自刊军功执照，用抚藩钤印，自六品至九品，按赀填给。常宁县土匪起，县城失守。公调千总周凤山、公弟国葆，带勇往剿。

十一日，贼窜踞羊泉洞，又调张荣组、储玫躬带勇会剿。十四日，陷嘉禾，犯蓝山，又窜踞道州之四庵桥。公又添调邹寿璋、魏崇德带勇往剿。各营与贼战，均有斩获，而储玫躬之功为多。公与巡抚骆公会奏常宁土匪滋事戕官现已派勇往剿拿获首要各犯一摺。二十六日，公具摺奏言：筹备水陆各勇，驰赴安徽会剿，而船炮水军一时未能就绪。前经奉旨，特派广西右江道张敬修购办夷炮、广炮千尊，并带工匠，自粤来楚。臣专候该道来楚，乃可成行。附片奏请设立水路粮台，提用湖南漕米二、三万石，以资军食。又附片奏请经手劝捐之款，准归入筹饷新例，随时发给部照，以免捐生观望不前之弊。公前拟募陆勇六千，本以付江公忠源统带。寻奉旨筹备水师，始建水、陆万人，大举东征之计，先派江公之弟忠带勇一千名赴皖，公则经营战舰，规造炮船二百号，雇民船二百以从其后，船行中流，陆兵则夹江而下。其规划大举入市。庶事草创，经费繁钜，有求弗应，则与巡抚骆公书函往复。骆公委曲应付，渐以就绪。公尝以蚊虻负山、商距驰河自况；又尝有精卫填海、杜鹃泣山之语。盖公之水师为肃清东南之基本，而是年冬间，最为盘错艰难之会矣。

十二月初一日，委褚汝航至湘潭分设一厂，监造战船。其衡州船厂，委成名标监督之。造船大者快蟹，次曰长龙。又购民间钓钩船，改修以为炮船。褚公又依式添造舢板、小艇数十号。两厂之船，往来比较，互相质证，各用其长。潭厂所造，尤坚利矣。贼船回窜湖北，仍陷黄州。公致书于总督吴公，言今日南北两省，且以坚守省会为主，必俟水师办成，乃可以言剿。湖北巡抚崇纶公奏参督臣闭城株守，奉旨切责。吴公乃出，督师于黄州。吴公遗书于公。其略云："吾意坚守，待君东下，自是正办。今为人所逼，以一死报国，无复他望。君所练水、陆各军，必俟稍有把握，而后可以出而应敌。不可以吾故，率尔东下。东南大局，恃君一人，务以持重为意，恐此后无有继者。吾与君所处，固不同也。"公得书，深忧之。骆公秉章调罗泽南等湘勇二营，溯湘而上，会剿土匪。初十日，抵衡州。公与罗公商榷兵事，更定陆军营制，以五百人为一营，每营四哨，每哨八队，亲兵一哨六队，火器刀矛，各居其半。每营用长夫百八十人，营官、哨官、队长以至勇夫薪粮，分毫悉经手定。刊立营制数十条，营规亦数十条。自此以后，湘勇转战遍于各省，一依公所定规制行之。广东协拨鄂饷七万两，委员解楚，道出郴、桂。适永兴土匪起，公乃令罗泽南带勇迎护粤饷，剿捕土匪，平之。公前奏一疏，

于十六日奉到朱批："现在安省待援甚急，若必偏执己见，则太觉迟缓。朕知汝尚能激发天良，故特命汝赴援以济燃眉。今观汝奏，直以数省军务一

身克当。试问汝之才力能乎？否乎？平时漫自矜诩，以为无出己之右者。及至临事，果能尽符其言甚好；若稍涉张皇，岂不贻笑于天下？著设法赶紧赴援，能早一步，即得一步之益。汝能自担重任，迥非畏葸者比。言既出诸汝口，必须尽如所言，办与朕看。”钦此。公于二十一日具疏，逐条陈明：其一，起行之期，必俟粤东解炮到楚，稍敷配用，即行起程；其一，黄州巴河，被贼宗占据，必先扫荡鄂境江面，乃能赴皖；其一，武昌为金陵上游，贼所必争，目今宜力保武昌，然后可以进剿；其一臣所练之勇，现在郴、桂一带剿办土匪，不能遽行撤回，俟来年正月船炮将齐之时，一并带赴下游。其后一条奏称：饷乏兵单，成效不敢必，唯有愚诚，不敢避死而已。与其将来毫无功绩，受大言欺君之罪，不如此时据实陈明，受畏葸不前之罪。疏入，奉朱批：“成败利钝，固不可逆睹。然汝之心可质天日，非独朕知。若甘受畏葸之罪，殊属非是。”钦此。公又具摺奏称：“衡、永、郴、桂一带，尚有一股会匪，剿捕未毕，余党尚多。此股会匪，实为湖南巨患，亦是臣经手未完之件。”奉朱批：“汝以在籍人员，能如是出力，已属可嘉。著知会抚臣剿办，或有汝素来深信之绅士，酌量办理亦可。”钦此。公又因衡阳、清泉两县，每用保甲催征银粮，民户抗欠，则追此保甲，而保甲亦包揽为奸，反置团防事于不理。公批饬两县，令但责成保甲稽查土匪，而催征仍责之吏役。亦于是摺附片陈奏。奉朱批：“此亟应改易者，着知照骆秉章将改办章程，速行复奏。”钦此。衡州府县差役，人数甚多，诈索乡闾，倚势作威。

公访得恶差数人诛戮之，不少宽贷。公于地方之事，知无不为，意在锄奸宄以安良善，不以侵官越俎为嫌也。江忠烈公忠源自六安力疾入守庐州府，贼纠党合围数重。刘长佑、江忠等以楚勇往援，及各路援军皆阻隔不得进。十二月十七日，府城陷，江公赴水死之，城中殉难者不能悉记。候补知府陈公源衮、知县邹公汉勋死尤烈。陈公者，公同年友；邹公者，亦公所推许也。船厂趱工，岁暮不息，成者过半。二十七日，公自衡州回籍省亲。

是年夏四月，贼党林凤祥自扬州掠众北窜，陷滁州，踞临淮关，复陷凤阳府。遂北窜河南，陷归德，扑开封省城，渡黄河。六月，围攻怀庆府。八月，窜入山西，陷平阳府，复出至临名关，陷深州。九月，犯天津府，跨静海、独流二城。江南大营向公荣、江北大营琦善公驻两城外围，攻经年，未得一战。内阁学士胜保公率兵追林逆一股，转战数千里。贼势飙忽不可遏。钦差大臣直隶总督讷尔经额督兵败贼于怀庆。贼之窜山西扰畿辅也。山西巡抚以下失守各员，与督兵之都统、提镇大员多获罪。诏授胜保为钦差大臣，逮讷尔经额治罪，特命惠亲王为奉命大将军，称科尔沁郡王僧格林沁为参赞大臣，会兵进剿，贼势少蹙。左都御史雷以诚募勇于扬州，并收捐，以济军饷。各省捐始于此。

## 卷三　公四十四岁

【甲寅】咸丰四年，公四十四岁。

正月初五日，公由家出抵衡州，督催船工，招募水勇。时湘中人未见水师，应募者少，乃招船户水手不怯风涛之民，用广西炮勇为之教习。快蟹船用桨工二十八人，橹八人；长龙船桨工十六人，橹四人；舢板船桨工十人。每船用炮手数人。又另置舱长一名，头工二名，柁工一名，副柁二名，其口粮较优。亦刊发营制一篇。吴文节公文督兵于黄州，驻营堵城，亟攻黄州不下。贼焚毁堵城营垒，吴公力战阵亡。贼船上犯武昌，戒严。十三日，奉到初二日上谕："前因贼扰安徽，迭次谕令曾国藩置办船炮，督带楚勇，由湖入江，与安徽水陆夹击。本日据袁甲三奏请令曾国藩督带兵勇船炮，由九江直赴安徽安庆，刻下贼数无多，或先复安庆，亦可断贼归路等语。庐州为南北要冲，现在为贼所据，必须乘喘息未定，赶紧进剿，遏贼纷窜之路。曾国藩制办船炮，并所募楚勇数千人，此时谅已齐备，着即遵旨，迅速由长江驶赴安徽，会同和春、福济，水陆并进，南北夹攻，迅殄逆氛，以慰廑念。"钦此。公既闻庐州失守，江公殉难，而探卒自鄂归者，亦报黄州堵城之败，公于时心逾迫矣。

二十六日，船厂毕工，成快蟹四十号，长龙五十号，舢板百五十号，拖罟一号，以为坐船。购民船改造成船者数十号，雇民船百数十号，以载辎重。募水勇五千人，分为十营。其五为正，其五为副。每营置一营官，又设帮办一人。在湘潭募水军四营，以褚汝航、夏銮、胡嘉垣、胡作霖为营官领之。衡州募六营，以成名标、诸殿元、杨载福、彭玉麟、邹汉章、龙献琛为营官领之。二十八日，自衡州起程，会师于湘潭，前、后、左、右、中营旗帜，各用其方色。陆勇五千余人，则以塔齐布、周凤山、朱孙诒、储玫躬、林源恩、邹吉琦、邹寿璋、杨名声及公弟国葆等领之。水路以褚汝航为各营总统，陆军以塔齐布为诸将先锋。粮台设于水次，载米一万二千石，煤一万八千石，盐四万斤，油三万斤，配炮五百尊，军械数千件，子药二十余万斤。应需之器物，应用之工匠，相随以行。辎重民船，亦给予旗帜枪炮，以助军势。合计员弁、兵勇、夫役一万七千余人，军容甚盛。作《讨粤匪檄文》一道，布告远近。贼船上窜，仍陷汉阳。湖北按察使唐公树义迎战，死之。贼上窜湖南境。

二月初一日，岳州失守。初二日，公在衡山舟次，奏报东征起程日期一摺，并奏陈水陆营制、粮台章程大概情形，并奏调署抚标中军参将塔齐布、耒阳县知县陈鉴源、平江县知县林源恩、善化县知县李瀚章等随同东征差遣。又附片代递唐树义遗摺一件。公之为是役也，水陆兼进，尤注重水师。自上年创为战船，每事必躬自考察，材木之坚脆，纵广之矩度，帆樯楼橹之位，火器之用，营阵之式，下至米盐细事，皆经于目而成于心。粮台设立八所，条综众务：曰文案所、内银钱所、外银钱所、军械所、火顺所、侦探所、发审所、采编所，皆委员司之。罗公泽南、李公续宾湘勇二营，留驻衡州，以防南路土匪，委知府张丞实督办捐局，以资接济。

时又奉到上谕"此时惟曾国藩统带炮船兵勇，迅速顺流而下，直抵武汉，可以扼贼之吭。此举关系南北大局，甚为紧要。此时水路进剿，专恃此军。该侍郎必能深悉紧急情形，兼程赴援"等因。钦此。贵州候补道益阳胡公林翼应前总督吴公之调，带练勇六百名由黔赴鄂，军抵金口。闻吴公阵亡，贼舟上犯，阻隔不能进。公商之巡抚骆公秉章，由湖南支给饷糈军械。并饬令回军，会剿岳州之贼。王公鑫所招湘勇在长沙者，不用公所定营制，有自树一帜之意。骆公札饬王鑫率所部先趋黄州。军未发而贼已由岳州窜湘阴，上踞靖港市，扰陷宁乡。

公舟师抵长沙，调陆路各营剿之。十五日，公具疏奏称，贼船上窜，东南大局，真堪痛哭。湖广江皖四省，止有臣处一支兵勇较多，每月需饷银近八万两，专恃劝捐，以济口食。现在湖南、江西、四川较为完善，请旨饬派大员办理捐谕，专济臣军之用。并言世小乱，则督兵较难于筹饷；世大乱，则筹饷更难于督兵。此次成师以出，已属竭力经营，若复饥疲溃散，此后不堪设想。附片奏胡林翼黔勇，暂令驻岳州附近地方，相机会剿。王鑫湘勇剿贼于乔口，败之。公所派陆营赵焕联、储玫躬、公弟国葆等，分投攻剿。储公玫躬击破贼大队于宁乡，旋因追贼阵亡。贼败溃下窜，公饬各营及战船追击之。

二十四日，公与骆公会奏逆船上窜派员前往分途截剿连获胜仗一摺，附片奏留胡林翼在楚剿贼，暂未能赴鄂。又附报官军收复湘阴乘胜追剿一片。于时奉到上谕：“曾国藩统带炮船遏，想已开行，着即兼程驰赴下游，迎头截剿。此时水路进攻，专恃湖南炮船，遏其凶焰，务须赶紧前进，勿稍延误。”钦此。又奉到上谕“本日据青麟奏称：探闻曾国藩带勇已距金口百有余里，贵州道胡林翼随同前来，现复退往上游，贼船飙忽上窜，急需出其不意，顺流轰击。该侍郎炮船早入楚北，胡林翼何以退守？著曾国藩饬知该道迅速前进，无稍迟延”等因。钦此。公乃专摺陈明胡林翼一军未能赴鄂留于湖南之由。并称胡林翼之才胜臣十倍，将来可倚以办贼。胡公之军回湖南境，崇阳、通城各属土匪四起，贼由兴国上窜，陷崇、通二邑，匪党大炽。公调胡公黔勇由平江往剿，平江县知县林源恩带员继之。胡公军至通城，请授予公，公又令塔齐布、周凤山等带勇往剿。贼退出岳州。王鑫湘勇先抵岳州，由蒲圻前进。公所派陆军三营亦抵岳州。公自统水军进剿。

三月初二日，抵岳州。初五日，公由驿具摺奏称：贼踪合数退出南省，臣现驻岳州，搜捕湖汉余匪，就近剿办崇、通股匪。上游肃清，则驰赴下游，庶无彼此牵掣之患。又具摺奏训导储玫躬，屡著战功，拟保以同知直隶州升用。该员冲锋遇害，恳恩准照同知直隶州例议恤。阵亡之勇目喻西林、文生杨华英均请一体议恤，以慰忠魂。附片奏：在籍道员蒋征蒲援助军饷，请先提银十万两，拨付臣营口粮，并请旨饬令该道员赴行营，总办粮台事务，以期呼应较灵。是日，公派战船搜捕西湖余匪。卫千总邹国彪遇贼掷火，烧伤而亡。初七日，北风大作，战船及辎重船在岳州湖畔者，漂沉二十四号，撞损数千号，勇夫多溺毙者。骆公秉章屡奉旨筹兵援鄂。

骆公于二月内奏称：湖南弁兵存数无多，历次剿办土匪及此次所派追剿贼匪者，俱系臣与曾国藩督饬士绅招募自练之壮勇，较为得力。该逆现窜湖南，鄂省情形较缓，拟俟南省剿办事竣，臣即派兵驰往鄂省跟踪追击。奉朱批：“楚南之贼明系分窜，现在湖北尚有多贼。曾国藩炮船原为肃清江面，第此时道路不通，暂可留在湖南剿办，亦不能专待事竣缓缓北上。楚南办有头绪，仍应速赴湖北为是。曾国藩素明大义，谅不敢专顾桑梓，置全局于不问。北重于南，皖、鄂重于楚南，此不易之局也。”钦此。湖北贼势方炽，武昌省城岌岌不保，公屡奉寄谕，饬令统领舟师，驰赴下游。谕旨又云“此时得力舟师，专恃曾国藩水上一军。倘涉迟滞，致令汉阳大股窜踞武昌，则江路更形阻隔。

朕既以剿贼重任付之曾国藩，一切军情，不为遥制”等因。公启行之初，派陆路劲军，由崇、通剿贼，欲以次扫荡，进援武昌。公自统水师，顺流而下。既至岳州，遇风沉损各船。而王鑫湘勇之前进者，初八日抵羊楼司，遇贼溃败，退回岳州。贼乘胜上犯。公弟国葆、邹寿璋、杨名声等营在岳州者，皆溃退入城。贼扑城甚急。

初十日，公急调炮船，齐赴岳州登岸击贼，拔出城中各营溃勇，乘风南返。十四日，泊长沙城外，贼船复上犯湘阴。公在衡州时，原任湖北巡抚杨健之孙杨江捐助军饷银二万两，公因奏请以杨键入祀乡贤祠。奉旨交部议处，部议革职，奉旨改为降二级调用。十五日，骆公奏岳州官失利、省城现筹防剿情形。王鑫革职，留营效力赎罪。十八日，公具摺奏陈：岳州陆军败溃，水师遇风坏船，力难应敌，恐战船洋炮反以资贼，遂乘风退保省城，皆由臣不谙军旅，调度乖方，请交部治罪。附片奏船只遇风沉损情形，邹国彪伤亡请恤。又奏探明前路贼情一片。官军在崇、通者，屡获胜仗，胡公林翼有初六日上塔市之胜，塔齐布公有十四日沙坪之胜。贼势受挫。值贼船上窜，长沙戒严。公乃调胡林翼、塔齐布两军旋省，委林源恩以平江勇扼守，防其南窜。

二十二日，奏报崇、通胜仗一摺。奏称：武昌以南等属州县，皆已为贼所踞，臣本拟痛剿崇、通一役，即可直抵鄂省，以资救援。不谓岳州一败，大股上窜，须酌撤通城之兵，回保长沙，此皆臣调度乖方所致也。公之回长沙也，竹亭公为书以诫公，谓其筑垒不坚，调军太散，皆取败之道。结阵之法，缉奸之法，皆宜加意讲求，尤以早起早食为要。自是以后，公每日未明而起，甫明而食，凡十余年如一日。贼船窜踞靖港市，复分股由陆路扰宁乡南及湘潭。二十七日，湘潭失守，贼于城外筑垒自固，于湘水上游掠民船数百号，竖立木城，以阻援师。二十八日，塔齐布公督军驰至湘潭，奋击贼营，大破之。连战四日夜，毙贼数千人。官军力战杀贼之多，实自此役始。二十九日，公派水师五营，驶赴湘潭助剿。

四月初一时，水师大破贼船于湘潭。陆军攻贼垒，尽破之。初二日，公自督战船四十号、陆勇八百人，击贼于靖港市。西南风发，水流迅急，不能停泊，为贼所乘。水勇溃散，战船为贼所焚，或掠以去。公自成师以出，竭力经营，初失利于岳州，继又挫败于靖港，愤极赴水两次，皆左右援救以出。而是日水师适破贼船于湘潭，连日报捷，军势少振。初三日，水师尽毁贼所掠船。塔齐布公会各军兜剿，屡破之。初五日，克复湘潭县城，贼乃大溃。自粤逆称乱以来，未受大创。湘潭一役，始经兵勇痛加剿洗，人人有杀贼之志矣。公之回长沙也，驻营南门外高峰寺。湘勇屡溃，恒为市井小人所诟侮，官绅之间，亦有讥弹者，公愤欲自裁者屡矣。公言古人用兵，先明功罪赏罚，今时事艰难，吾以义声倡导，乡人诸君，从我于危亡之地，非有所利也，故于法亦有所难施，所以两次致败，盖由于此。湘潭未捷之时，公与骆公会奏贼势全注湖南，大局堪虞，请旨速饬广东、贵州遄调兵勇来楚协剿一摺。

初十日，兵部火票递到前摺。奉上谕："曾国藩奏失州水陆各军接仗情形并自请治罪一摺。此次岳州水军，虽获小胜，唯因陆路失利，以致贼匪复行上窜，曾国藩统领水陆诸军，调度无方，实难辞咎，著交部严加议处。仍著督带师船，迅速进剿，克复岳州，即行赴援武昌，毋得再有延误。"钦此。又奉上谕："曾国藩所统各勇，为数过多，既须剿办粤逆，又须搜捕土匪。即如所奏，有拨赴平江、通城者，有拨赴临湘、蒲圻者，又有不能依限前进者。散布各处，照料既不能周，剿捕自难得力，一有败衄，人无固志，似此何能力图进取？此时肃清江面，专恃此军。曾国藩初次接仗，即有坐失，且战船被风沉损多只，何事机不顺若是！现在湖北待援孔亟，曾国藩以在籍绅士，若只专顾湖南，不为统筹全局之计，平日所以自许者安在？鲍起豹本系水师大员，何以不令督带舟师剿办贼匪，是否不能得力？且该提督何以陆路亦未带兵前进？著骆秉章查明具奏。"钦此。

十二日，公与骆公会奏官军击贼靖港互有胜负，贼由陆路攻陷湘潭，官军水陆夹击大获胜仗，巨股歼克复县城一摺。随摺奏保副将塔齐布、守备周凤山，同知褚汝航、知县夏銮、千总杨载福、文生彭玉麟、哨官张宏邦、训导江忠淑八员。是役以塔齐布公为功首，而水师立功，亦于是始著。公专摺奏：靖港战败，水师半溃，实由臣调度乖方，请交部从重治罪，并请特派大臣总统此军。臣未赴部之先，仍当力图补救。附片奏保塔齐布、褚汝航等数员，可分水、陆将领之任。奉上谕："屯聚靖港，逆船经曾国藩亲督舟师进剿，虽小有斩获，旋以风利水急，战船被焚，以致兵勇多有溃败。据曾国藩自请从重治罪，实属咎有应得。姑念湘潭全胜，水勇甚为出力，著加恩免其治罪，即行革职，仍赶紧督勇剿贼，戴罪自效。湖南提督鲍起豹自贼窜湖南以来，并未带兵出省，迭次奏报军务，仅止列衔会奏。提督有统辖全省官兵之责，似此株守无能，实属大负委任。鲍起豹着即革职，所有湖南提督印务，即著塔齐布暂行署理。该部知道。"钦此。又奉上谕："曾国藩统领舟师，屡有坐失，此摺所陈纰缪各情，朕亦不复过加谴责。现在所存水陆各勇，仅集有四千余人。若率以东下，诚恐兵力太单。该革员现复添修战船，换募水勇，据称一两月间当有起色。果能确有把握，亦尚不难转败为功。目下楚北贼踪，由应山窜回德安；随州之贼，亦回武汉。是鄂省望援甚急。该抚等务当饬督水陆各军，迅将此股败窜之匪歼灭净尽，兼可赴援武昌，以顾大局。”钦此。官军既复湘潭，余贼溃窜者擒捕殆尽，贼船在靖港者闻风下驶，岳州贼亦退出。公所造战船，经岳州之损，靖港之败，去其大半。旋委员于衡州、湘潭设两厂，续造船六十号，较前更加坚致。长沙亦设厂重修百数十号。已溃之勇丁，不复收集，别募水陆兵勇数千人。每船增设哨官一员。调罗泽南、李续宾带所部湘勇回长沙，又委增募湘勇数营。将领立功者，奖拔保奏，溃败者革退更置。奏调水师弁兵于两粤。广西巡抚委知府李孟群募水勇一千名，广东委派总兵陈辉龙带水师四百员名、炮一百尊，赴湖南会剿。规模重整，军容复壮矣。通城贼南犯，林源恩带勇堵之。公调江忠淑、陈鉴源等带勇会剿，破之。

五月初八日，公具摺恭谢天恩。奏称：臣屡奉谕旨，饬令迅速东下，数月之久，未能前进，复多坐失，且愧且憾。是以吁请治罪。乃蒙皇上俯从宽宥，贷其前愆。期其后效。臣现将水陆各军严汰另募，重整规模。一俟料理完毕，即星夜遄征，誓灭此贼，以雪挫败之耻，赎迟延之罪。又因前摺奉到批谕，有太不明白之语，附片复陈湘潭、宁乡、靖港三处贼踪来去、官兵胜败曲折情形。又附片奏请署提督塔齐布会师东下，出省剿贼。又奏称：臣系革职人员，此后出境剿贼，一切军情，必须随时奏报，请容臣专摺奏事。奉朱批：“准汝单衔奏事。”钦此。又奉上谕“曾国藩添募水陆兵勇，及新造重修战船，既据奏称，已可集事，则肃清江面之举，仍借此一军，以资得力。塔齐布胆识俱壮，堪膺剿贼之任。著骆秉章即饬统领弁兵，迅速出境。曾国藩与该署提督共办一事，尤应谋定后战，务期确有把握，万不可徒事孟浪，再致坐失”等因。钦此。贼既退出湖南，旋复上犯，陷华容，踞岳州，分扰洞庭之西湖。十三日，陷龙阳，掠民船，攻常德府。十六日，陷踞之。塔齐布公统带兵勇三千，先赴岳州进剿。公乃调胡林翼与周凤山、李辅朝等，带勇由益阳进剿常德。行抵龙阳，湖水骤涨。贼船乘水攻营，周凤山等小挫。胡公林翼督各勇回益阳，改道绕赴常德。

六月，船厂修造战船毕工。广东总兵陈辉龙到长沙，添造浅水拖罟二号。李孟群所募广西水勇千名，亦到长沙，与公所新募水勇日夜操练，克期进剿。汉阳之贼，于春初分股溯汉水，陷德安、随州。江汉城邑，大半残破。湖北学政侍郎青麟入守武昌，署巡抚事。将军台涌驻营随州，署总督事。贼于三月陷安陆府，四月陷荆门州，犯荆州府。将军官文公遣兵击却之。贼窜陷宜昌府。五月复下窜宜都、枝江，由太平口南入洞庭，与西湖股匪合并，陷澧州、安乡等城。青麟守武昌数月，城外贼踪四布，粮尽援绝，乃率饥军数千突围南出，就饷于长沙。贼遂陷武昌省城，踞之。公与骆公筹发饷银二万两，以赈鄂军，资遣至荆州。青麟奉旨正法，台涌革职。诏以杨霈署湖广总督。公水师既集，分三帮起碇。十三日，先遣褚汝航等四营击楫而下。陆师则以塔齐布公之军为中路，驻营于新墙。胡公林翼等军出西路，趋常德。江忠淑、林源恩等由平江追剿崇、通者为东路。先后进剿，合计兵勇数近二万。贼闻官军大至，遂退出常德、澧州各城，将所掠船尽集岳州踞守。公以新墙兵力稍单，调派罗泽南等以勇二千继进，又调周凤山等兵勇齐赴岳州。二十二日，塔齐布破贼于新墙，进逼岳州，晦日，水师破贼于南津港，贼乃宵遁。

七月初一日，官军收复岳州。初三日，贼船数百来犯，水师力战破之。初六日，公督水师后帮，由长沙起行，陈辉龙、李孟群率师继进。十一日，公会骆公衔驰奏水师克复岳州、越日大股续至，复被水师痛剿，全数歼灭，南省已无贼踪一摺，随摺奏保褚汝航、夏銮、彭玉麟、杨载福、何南青等五员。附片奏调浙江候补知县龚振麟来楚铸造炮位，接济舟师之用。又附片奏称：水师以造船置炮为最要，出征船舰，不无漂损。臣设衡州、长沙两处船厂，仍不停工，酌留水勇在长沙操演，预备接济，请旨饬催两广督臣赶紧解运夷炮数百尊来楚，以资攻剿。又附片奏报水师前后起行日期，并雇船载陆勇二千，以资护卫。奉朱批："览奏稍慰朕怀。汝能迅速东下，借此声威，或可扫除武汉之贼。朕日夜焦盼，忧思弥增，护船陆勇终恐未可深靠。"钦此。又奉上谕："此次克复岳州，大获胜仗，湖南逆踪业就肃清，江路已通，重湖无阻。即著塔齐布、曾国藩会督水陆兵勇，乘此声威，迅速东下，力捣武汉贼巢，以冀荡平群丑。"钦此。水师既克岳州，进破贼船于道林矶。十四日，贼船上犯，水师复破之于城陵矶。

十五日，公抵岳州。十六日，驰奏水师迭获胜仗、将犯岳之贼船全数歼灭一摺。随摺仍奏保褚汝航等五员，阵亡哨官秦国长请恤。是日公专差赍摺，奏请旨饬部颁发部监执照，以速捐务而济要需。现在臣与提臣塔齐布一军，水陆共计一万三千余人，月需饷银六七万两，万分焦灼。是以专差赴部，守领执照。水师乘风击贼船于城陵矶下，南风大作，官军失利，总兵陈壮勇公辉龙、游击沙公镇邦战殁，褚公汝航、夏公銮等驰救，亦阵亡。战船陷失者数十号，兵勇死伤甚多。十八日，塔齐布公陆军破贼于擂鼓台，阵斩贼目曾天养。

二十一日，驰奏水师失利陆军获胜一摺。阵亡总兵陈辉龙、道员褚汝航、同知夏銮、游击沙镇邦、千总何若、澧府经历唐嵘，均奏请恤。随摺奏保陆营将弁童添云、周岐山、黄明魁三人，并自请交部严加议处。其时水师营官道员李孟群之父李愍肃公卿谷在湖北署臬司任内殉难。公附片奏报李卿谷殉难情形，请照臬司例赐恤；并称其子孟群忠勇奋发，思报仇殄逆，请留营剿贼；并请从权统领水师前营，以专责成。奉上谕“览奏曷胜愤懑！曾国藩系在水路督战，视陈辉龙出队时，不能详慎调度。可见水上一军毫无节制，即治以贻误之罪，亦复何辞！惟曾国藩前经革职，此时亦不必交部严议，仍责令督饬水师将弁奋力攻剿，断不可因一挫之后，遂观望不前”等因。钦此。又奉上谕：“李孟群现在丁忧，著准其有留军营带勇剿贼。”钦此。贼屯聚城陵矶者，为数尚众，诸公殿元等击贼阵亡。二十六日，贼党大至，罗公泽南奋击破之。二十八日，湘勇由陆路进攻贼垒。二十九日，水师毁贼船于城陵矶，贼大溃。

闰七月初三日，驰奏岳州水陆官军四获胜仗一摺。随摺奏保知府罗泽南、守备杨名声、千总唐得升、李荣华四员，阵亡都司诸殿元、千总刘士宜请恤。奉上谕：“塔齐布、曾国藩自带兵以来，既未尝遇败而怯，定不致乘胜而骄，总宜于妥速之中，持以慎重，则楚省贼踪，渐可扫荡。”钦此。塔齐布公陆军初二日，攻破贼营十三座，杀贼二千余人。李公孟群、杨公载福等率水师以火焚贼船，乘胜攻击，尽平沿江两岸贼垒，穷追二百余里至嘉鱼县境，贼溃下窜。公督水军出江，进驻螺山。初九日，驰奏水陆两军大胜、贼垒尽平、大股歼贼一摺。随摺奏保周凤山、李续宾、何越？廷、佘星元、滕国献、萧捷三六员。

附片奏调湖北藩司夏廷樾总理行营粮台，暂驻岳州，以资转运。又附片奏称：新授四川臬司胡林翼，才大心细，为军中必不可少之员，请旨饬令该臬司管带黔勇，酌拨他路兵勇，自成一队，随同东征。知府罗泽南经江西抚臣咨调赴援，该员现带湘勇，屡次大捷，独当要隘，以寡胜众，亦请随同出境东征，免其赴援江省。贼之上犯也，濒江城市村镇，悉被残掠，岳州城陵矶以下，筑垒江岸，以图抗拒。至是水陆屡捷，乘势扫荡，贼垒悉平，难民焚香跪道以迎。公约束严明，秋毫不犯，解散胁从，抚恤疮痍。军抵湖北境，与将军官文公、总督杨公霈之军声息渐通。奉上谕：“塔齐布、曾国藩奏水陆官军大获胜仗一摺，办理甚合机宜。塔齐布着交部从优议叙，曾国藩著赏给三品顶戴，仍著统领水陆官军，直捣武汉，与杨霈所统官军会合，迅扫妖氛。”

钦此。骆公秉章具摺奏称：东南形势，利用舟楫。自逆贼掠取江湖舟舰以数万计，以致糜烂数省，凶焰日涨，军官坐受其困。自奉明诏，筹备舟师，始有湘潭、岳州诸大捷。疆圉危而复安，此舟师协剿之明效也。曾国藩所统水师船炮，本不为多；接仗失利，所失不少。现在曾国藩整军东下，统筹防剿大局，以船炮为最要。现饬绅民设局捐办船炮，以固本省藩篱，而资大营接济。又奏留胡林翼一军仍驻岳州。奉旨皆允之。贼之大股窜回武汉，而江岸支港汉湖，尚有余匪藏匿，崇阳踞贼数近两万，蒲圻、咸宁等县之匪倚崇阳为巢穴。公与塔布筹商，分路进剿。公督水军搜剿濒江贼船，进扼金口。贼屡来犯，击却之。塔公督陆军驰赴崇阳，连破贼卡。二十六日，破贼于羊楼司。贼败窜，塔公追剿，直抵崇阳。

八月初四日，克复崇阳县城。初九日，追击贼于咸宁，破之。荆州将军官文公所遣魁玉、杨昌泗等，带兵五千会于金口。水陆并势，复破贼于沌口。公于初四日驻军嘉鱼，驰奏水陆官军迭获胜仗及现筹剿办情形一摺，奉批谕："汝等自湘潭大捷后，屡次得手，有此声威，岂可自馁！惟利在速战，莫待两下相持。师劳饷乏，大有可虑处。塔齐布不致为崇阳一股牵制方好。"钦此。十一日，公进驻金口。十九日，驰奏崇阳克复、咸宁大获胜仗、水师连日接战获胜一摺。又奏恭谢天恩一摺。奏称：臣丁忧在籍，墨？从戎，常负疚于神明，不敢仰邀议叙，乃荷温纶宠锡，惭悚交增。嗣后湖南一军，再立功绩，无论何项褒荣，概不敢受奉。朱批："知道了。殊不必如此固执！汝能国而忘家，鞠躬尽瘁，正可慰汝亡亲之志。尽孝之道，莫大于是。酬庸褒绩，国家政令所在，断不能因汝一请，稍有参差。汝之隐衷，朕知之，天下无不知也。"钦此。胡公林翼军至通城，因骆公奏留，遂回驻岳州。塔齐布公、罗公泽南由咸宁北趋，击破贼党于横沟桥，与公会于金口。而崇阳余匪仍聚攻县城，陷之。公兼督水陆各军，分途进剿。公与塔齐布公、罗公泽南规划进取武昌之策。贼于城外洪山、花园两路皆驻重兵筑坚垒，罗公自请攻花园一路，塔公攻洪山一路。二十一日，罗公破贼垒九座，塔公亦破洪山贼垒，水师破毁贼船五百余号。二十二日，驰奏水陆续获胜仗现筹进兵武汉情形一摺。是日，水军奋击贼船，焚毁殆尽；陆军攻武汉城外贼垒，悉破平之，先后毙贼万余。二十三日，克复武昌省城，汉阳府城贼大溃，湖广总督杨公霈军汉阳以北。驰奏武汉克复大概情形。奉上谕："曾国藩等攻剿武汉情形尚未奏到，塔齐布路官兵，此时谅与曾国藩水陆合为一军，著俟杨霈抵省后商榷挑选精兵，水陆进剿，朕日盼捷音之至也。"钦此。二十七日，公驰奏水陆大捷、武昌汉阳两城同日克复一摺。奏称：臣等先后入城，镇抚孑黎，飞咨署督臣杨霈，迅速渡江，妥筹进剿。随摺奏保水军营官道员李孟群、游击杨载福、守备萧捷三、陆营将府知府罗泽南、知县李续宾、都司彭三元、守备唐得升、文生李光荣，并奏保荆州将领已革都统魁玉、总兵杨昌泗共十员。附片奏称：军务殷繁，差遣乏员，不能不兼用丁忧降革之员，从权办理。如果奋勉出力，仍当恳请天恩，一律保奖，以收后效而励戎行。又具摺奏：六、七月以来，水陆两军迭次胜仗，已奏请将员弁兵勇保奖，奉旨允准。谨分为三起，先将第一单汇列，并粮台各员，昼夜辛勤，经各营官开单请保，臣等核实，缮单恭呈御览。其武汉克复摺，奉朱批："览奏感慰实深。获此大胜，殊非意料所及。朕惟兢业自持，叩天速赦民劫也。另有旨。"钦此。奉上谕"此次克复两城，三日之内，焚舟千余，蹋平贼垒净尽。运筹决策，甚合机宜。允宜立沛殊恩，以酬劳勋：曾国藩著赏给二品顶戴，署理湖北巡抚，并加恩赏戴花翎；塔齐布著赏穿黄马褂，并赏给骑都尉世职"等因。钦此。又奉上谕"楚省大局已定，亟应分路进剿，由九江、安庆直抵金陵，扫清江面。应如何分兵前进，如何留兵防守，著杨霈、曾国藩、塔齐布妥筹商定，即行具奏。曾国藩以杀贼自任，必能谋定后战，计出万全。沿江剿贼之事，朕以责之曾国藩与塔齐布。楚省防贼回窜及搜捕江北等处余匪事宜，朕以责之杨霈。务当协力妥筹，不可稍存大意"等因。钦此。武汉既克，贼船在襄河者尚多，奔出汉口，以图下窜。公派魁玉、杨昌泗带兵进剿，而杨载福等以水师舢板数十号溯流驶入汉口，纵火焚贼船千余号，几近。三十日，驰奏水师搜剿襄河续获大胜一摺。奏称：战船用力甚少，成功甚多。江汉以上贼舟无几，从此一意东下，无牵制之虞。然臣细察大局，有可虑者数端：一在兵气之散佚，一在乱民之太多，一则军去湖南日远，军火银米输转为难，恐有缺乏溃散之患，不能不熟虑而缕陈之。附片奏请旨饬江西抚臣筹银八万两，广东、四川二省各筹银数万两，迅解行营。现因陆兵太单，拟添募陆勇二千，率以东下。又附片奏鄂省克复以后，查获贼中伪文卷，七月十八日，城陵矶之战，贼酋曾天养被殪情形，前奏未及详悉声明。又讯据贼供武汉贼情曲折，一并声明。奉上谕："曾国藩等以剿贼自任，虽当乘此机会，急思顺流而下，以次攻复沿江诸城，然须计出万全，谋定后战，方无挫衄虞。若能由九江、安庆直抵金陵，使长江数千里尽荡妖氛，则从征将弁，朕必破格施恩，以酬懋绩。"钦此。总督杨公霈自德安入驻武昌，时贼已退出黄州。南则踞兴国州，北则屯聚蕲州、广济，仍以船为巢穴。公与杨公会商进剿，分为三路：以塔齐布公统率湖南兵勇，进剿兴国、大治为南路，派提督桂明等领鄂省兵勇进剿蕲州、广济等处为北路，公自督水军浮江而下。

九月初七日，驰奏统筹三路进兵分别水陆先后直捣下游一摺。附片奏请饬谕陕西抚臣筹银二十四万两，解赴行营。又片奏参都司成名标监造船工，浮开款项，请革职查办。是日，又具摺汇保出力员弁兵勇第二单。奉上谕："曾国藩等奏统筹三路进兵直捣下游一摺。览奏布置各情，甚合机宜。以长江大局而论，楚北上游既已渐次肃清，则各路官军乘胜东趋，自成破竹之势。但兵机移步换形，贼情亦诡诈百出，总须出奇应变，步步为营，以免孤军深入，方操胜算。其桂明一军，较之楚南兵勇，强弱是否相当？倘彼强此弱，南岸被剿紧急，该逆必至伺隙北渡，该督等曾否虑及？此次东下之师，关系大局转机，务期成算在胸，相机筹办，能制贼而不为贼制，庶可次第廓清也！所请饬拨陕西饷银，已谕知王庆云照数筹拨，源源接济矣。"钦此。十三日，驰摺恭谢天恩，并奏陈：奉命署理湖北巡抚，于公事毫无所益，于臣心万难自安。臣统率水师，即日启行，于鄂垣善后事宜不能兼顾。且母丧未除，遽就官职，得罪名教，何以自立？是以不敢接受关防，仍由督臣收存。公前奉上谕"曾国藩虽系署任巡抚，而剿贼之事重于地方"等因。是摺未奏到时，奉上谕："曾国藩着赏给兵部侍郎衔，办理军务，毋庸署理湖北巡抚。陶恩培著补授湖北巡抚。未到任以前，著杨霈兼署。"钦此。是摺奏到，奉朱批："朕料汝必辞，又念及整师东下，署抚空有其名，故已降旨，令汝毋庸署湖北巡抚，赏给兵部侍郎衔。汝此奏虽不尽属固执，然官衔竟不书署抚，好名之过尚小，违旨之罪甚大，著严行申饬！"钦此。又奉上谕："曾国藩既无地方之责，即可专力进剿。但必须统筹全局，毋令逆匪南北纷窜，方为妥善。并随时知照江、皖各抚及托明阿、向荣等四路兜击，以期直捣金陵。固不可迁延观望，坐失事机；亦不可锐进贪功，致有贻误。谅曾国藩等必能兼权熟计，迅奏朕功也！"钦此。水师杨公载福领战船先行，公与李孟群等继进。南路陆营以十三日拔营进剿，北路陆军魁玉、杨昌泗等以十七日拔营。十九日，水师破贼于蕲州城下。二十一日，塔齐布公克复大冶县城，罗公泽南等克复兴国州城。公舟次黄州，按行前总督吴文节公堵城营垒，于其殉难之处，为文以祭之，词甚哀厉。（祭文稿今佚。）二十七日，公驻舟道士ɣ，驰奏陆军克复兴国、大冶，水师在蕲州胜仗一摺。附片奏探明贼踪，于田家镇坚垒抗拒，横江铁锁二道，拟先攻半壁山，夺其要隘。又具摺奏称：臣自入鄂城以来，采访舆论，佥谓武昌再陷之由，实因崇纶、台涌办理不善。督臣吴文？忠勤忧国，殉难甚烈，官民至今思之。即于前抚臣青麟，亦尚多哀怜之语，无怨憾之词。前任督抚优劣情形，以及年余之成败始末，关系东南大局，不敢不据实缕陈。又奏遵保出力员弁兵勇第三次汇单请奖一摺。奉上谕“蕲州贼势尚众，水师既经攻剿得手，何以桂明等陆路一军未能赶到？曾国藩经朕畀以剿贼重任，事权不可不专，自桂明以下文武各员，均归节制，倘有不遵调遣，或迁延畏葸贻误时机者，即著该侍郎专衔参奏，以肃戎行”等因。钦此。是月奉旨：“胡林翼调湖北按察使，杨载福补湖南常德协副将，罗泽南授浙江宁绍台道，均督勇剿贼。”钦此。二十九日，蕲州贼船上犯，杨公载福、彭公玉麟等纵火尽焚之。

十月初一日，罗公泽南陆军破贼于半壁山，夺其营栅。初四日，罗公泽南等大破贼于半壁山，歼贼逾万人。初五日，贼至，复击破之。初七日，驰奏陆军踏破半壁山贼垒水师续获胜仗一摺，阵亡员弁何如海、石炽然、徐国本请恤。附片专奏营官白人虎阵亡请恤。又片奏查明前湖北道员刘若殉难情形，请饬部议恤。又片奏军中子药概系湖南支应，今全军将出楚境，距湘省千数百里，请旨饬江西抚臣遴委干员，筹款开局，监制火药，铸造铁子铅弹，解营接济。是日，具摺谢恩赏兵部侍郎衔。附片陈明前摺未署署湖北巡抚新衔，奉批谕申饬，蒙恩宽宥，谨奏申谢。又代奏浙江宁绍台道罗泽南呈谢天恩，仍请留营剿办贼匪。初八日，水师攻贼船于蕲州，绕出贼前。初十日，贼船退至田家镇南岸，铁锁已为陆营湘勇斫断。杨公载福、彭公玉麟督水军于十三日攻断江中铁链，舟师飞桨而下，至郧穴纵火焚贼舟。适东南风大作，贼船四千五百余号皆尽，伏尸万数。田家镇北岸之贼大溃，毁营而遁。十四日，驰奏南路陆军大捷、毙贼万余、斫断江岸铁锁、水师屡获胜仗一摺。随摺奏保李续宾、彭三元、普承尧三员，阵亡千总萧吉祥请恤。附片奏陈贼踪遍扰，驿邮多梗，侦探难遣，文报难通，江、皖各营不克随时知照，请旨饬军械处，将江南、北大营现在情形及红单船现泊何处，随时示知行营，期通消息。奉朱批：“获此大胜，皆因汝等和衷共济，调度有方，故能将士用命，以少击众。朕披览之余，感慰莫能言喻，仍另有旨。”钦此。奉上谕“此次我军陆路夺取半壁山，水师屡获大胜，逆贼不敢复窥南岸，办理甚为得手。据奏北兵不甚得力，究竟桂明一军现在何处？何以未与南军会合？著杨霈亲督后军，迅速前进，为曾国藩等后路声援，不准稍有迁延，致滋贻误”等因。钦此。十四夜，蕲州之贼弃城窜去。水师追贼，船至九江城下。塔齐布公陆军破平南岸富池口贼垒。二十日，与罗公泽南率师渡江而北。二十一日，公舟次田家镇，驰奏官军水陆大捷、烧毁贼船四千余号、田家镇蕲州两处贼悉溃窜一摺。随摺奏保副将杨载福、同知彭玉麟、道员罗泽南、游击普承尧、水师将弁刘培元、秦国录、孙昌国、洪定升八员。附片奏报水师前队追逐贼？宗已至九江城外，陆军即日渡江北岸进剿。又片奏臣等一军，以肃清江面直捣金陵为主，设该逆旁窜他县，陆军竟难兼顾，请旨饬各路带兵大臣及各省督抚择要堵御，预防流贼之患。奉朱批：“续获此胜，皆因汝等筹划尽心，朕甚廑念。”钦此。又奉上谕：“曾国藩、塔齐布自岳州统师东下以来，沿江攻克城池，歼除丑类，所向克捷。缘由同心戮力，调度有方。节次披览奏章，朕心实深欣慰。在事文武员弁兵勇亦能人人用命，奋不顾身，尤堪嘉奖。”钦此。陆军渡江，循北岸而下。二十六日，遇贼于莲花桥，击破之。二十六日，克复广济县城。水师追击贼船，二十八日战于九江城外，破之。

十一月初一日，陆师破贼于双城驿。初三日，破贼于夏新桥。初四日，克复黄梅县城。初六日，驰奏莲花桥胜仗克复广济及水师九江胜仗一摺。阵亡将弁苏胜、郑沐、李金梁请恤。附片预报黄梅胜仗，并陈桂明一军未能会剿缘由。又附片奏蕲州州判魏作霖殉难，请恤。又片奏调湖南永州府知府张丞实来营，添募湘勇，交该守管带，以厚兵力。又附片奏报服关日期，现在办理军务，在营释服。是日具摺奏保克复武汉及兴国、大冶、蕲州各案水陆两军出力员弁兵勇共三百四十人，开单请奖。罗公泽南自黄梅拔营进剿，破贼于濯港。十一日，公驰奏双城驿、大河埔、夏新桥胜仗黄梅克复一摺。随摺奏保周发胜、佘星元、滕国献三弁，阵亡千总王映轸，请恤。附片奏濯港胜仗。又奏陈近日剿办情形一摺。奏称：九江贼船不多，我师两次苦战，未能大挫凶锋，皆因两岸贼营太多，水陆依护，抵拒甚力。我之水师与陆军隔绝，昼夜戒严，劳苦倍甚。并陈可恃者数端，可虑者说数端。时迭奉谕旨，令湖北、江西两省派兵会剿，总督杨公霈派桂明一军留驻黄州，魁玉、杨昌泗随同剿贼。蕲州以下，杨公霈自驻黄梅、广济之间。江西派臬司恽光宸、总兵赵如胜驻军九江境上。皆奉旨归公节制调度。又奉上谕：“杨霈奏克复广济、黄梅一摺，所叙进攻九江情形，似该郡贼党尚复不少。塔齐布渡江而北，南岸官军即不能得手，是江西陆路兵勇殊不足恃，塔齐布仍须渡回南岸。倘南北两岸专恃一塔齐布奔驰追剿，则湖北、江西两省官兵，岂不皆成虚设耶？”钦此。十二日，塔齐布公、罗公泽南等破贼于孔陇驿。十三日，小池口贼遁去。十四日，水师焚贼船，浔郡江面贼宗略尽。公即日进驻九江城外。十五日，塔公陆军抵小池口。水师击破贼船，进泊湖口。贼踞守九江，坚不可下。

十八日，陆军渡江南岸，驻营九江南门外。二十一日，驰奏濯港孔陇驿小池口胜仗、浔郡江面肃清，水师进扼湖口一摺。随摺奏保朱南桂、童添云二员。附片奏参鄂军营官李光荣所带川勇掳掠滋扰，请革职讯办。又片奏称：攻围九江陆兵单薄，湖北臬司胡林翼识略冠时，已札饬带勇二千，驻防田家镇，就近飞调该军来浔助剿；副将王国才、都司毕金科朴实勇敢，驭军有法，请拨带劲旅，交臣调遣；皖省道员何桂珍、知县李沛苍在六安等处带勇防剿，亦请归臣调遣。又片奏请旨饬江西抚臣赶造攻具，解交行营。均奉旨允准。又奉上谕："曾国藩、塔齐布运筹决胜，戮力同心，麾下战士率皆转战无前，争先用命，皆由曾国藩等调度有方。览奏之余，实堪嘉慰。曾国藩著赏穿黄马褂，并发去狐腿黄马褂一件，白玉四喜搬指一个，白玉巴图鲁翎管一枝，玉靶小刀一柄，火镰一把，交曾国藩祗领，以示优奖。"钦此。贼踞九江、湖口两域，浚濠坚垒，结木于湖口城下，以阻官军入湖之路，而别筑石于梅家洲，水陆相倚。贼舟屯踞大姑塘，扰犯南康府。二十一日，罗公泽南湘军渡江未毕，为贼所乘，回军击却之。彭公林翼军亦至，均驻九江城外。水军登岸攻贼，屡破之。贼每乘夜惊营，水师亦彻夜戒严。二月初一日，陆军合攻九江城，未克。初三日，驰奏水军屡获胜仗、陆军围逼浔城、现筹攻剿情形一摺。阵亡将弁曾献成、周福友、罗嘉典请恤。奉上谕："我军自肃清浔江进扼湖口以后，满拟九江郡城乘胜可克，乃连日焚毁贼船，蹋破贼垒。而该逆死党仍负固坚守，殊属凶悍。贼情变幻靡常，著曾国藩、塔齐布相机筹划，不可稍有孟浪，致误事机。"钦此。初六日，胡公林翼、罗公泽南击贼于梅家洲，破之。水师乘势攻破湖口木贼卡。初八日，童壮节公添云因攻城受伤，卒于军。初十日，水陆合攻湖口贼营，未克。十二日，水师舢板驶入内湖，焚贼舟数十号，乘胜追逐至大姑塘以上。贼复于湖口设卡筑垒增栅，以断其后。舢板船遂不得出。其在外江者，皆快蟹、长龙诸大船，掉运不灵，贼以小艇乘夜来袭，战船被焚者三十九号，余皆退回九江大营。十四日，驰奏九江、湖口水陆攻剿情形一摺。随摺奏保刘国斌、孙昌国二弁，阵亡参将童添云暨兵弁叶楚南、杨玉芳、黄韵南、姜凌浩请恤。水师既退，集九江城外湖口之贼分股渡江，踞小池口皖贼复上犯鄂境。公派周凤山陆营渡江，攻剿小池口贼垒，大挫而还。公急调胡林翼、罗泽南回援九江，驻营南岸官牌夹。二十五日，贼复以小艇夜袭水军，放火焚战船十余号。公座船陷于贼，文卷册牍俱失。公棹小舟驰入陆军以免。调舟师悉泊南岸，与罗公泽南湘勇陆营，紧相依护。粮台辎重各船皆退驶至郛穴，以上战舰亦多溃而上溯者。公愤极，欲策马赴敌以死，罗公泽南、刘公蓉及幕友等力止之。三十日，驰奏水师在内湖三获胜仗一摺，外江水师两次败挫一摺。奏称：水师屡获大捷，声威尤震。自至湖口苦战经月，忽有坐失，皆由臣国藩调度无方，请交部严加议处。水师阵亡将弁史久立、李允升、李选众、沈光荣、葛荣册及座船弁兵刘盛槐等请恤。奉上谕："水师锐气过甚，由湖口驶至姑塘以上，长龙、三板各船与外江师船隔绝，以致逆氛顿炽，两次被贼袭营，办理未为得手。曾国藩自出岳州以后，与塔齐布等协力同心，扫除群丑，此时偶有小挫，尚与大局无损。曾国藩自请严议之处，著加恩宽免。"钦此。杨公载福留郛穴养病，闻败，力疾而下，督战船拒贼却之。寻以病甚回籍。水军在外江者，李公孟群、彭公玉麟与陆军依岸而守；其入鄱湖者，营官萧捷三、段莹器、孙昌国、黄翼升等领之。由是水师遂有内湖、外江之分。

是岁正月，科尔沁郡王僧格林沁及胜保公督兵相破于独流。二月，破贼于阜城。三月，贼由安徽分股窜山东，陷临清州。四月，胜保公歼贼于临清，僧王大军克阜城。五月，贼陷高唐州，大兵围之。江北大军五去冬收复扬州，贼窜踞瓜洲。

是年二月，瞿威壮公腾龙阵亡于瓜洲。贼陷太平府，孙文节公铭恩死之。闰七月，江南官军克太平府，江督师文勤公琦善卒于军，江宁将军托明阿代其任。庐州陷后，皖北城邑多残破，诏以福济为安徽巡抚。江南大营复遣提督和春以兵援皖。五月，克六安州。捻匪乘乱起于皖、豫之交，副都御史袁公甲三督师驻临淮关防剿。何公桂珍奉旨授皖南兵备道。道阻不得之任，袁公委以带勇剿贼，驻于霍山。屡有功，欲西与楚军会合。公亦疏调来营，阻于贼而不能达。

# 卷四　公四十五岁至公五十岁

【乙卯】咸丰五年，公四十五岁。

正月，公驻罗泽南湘陆营中。贼既踞小池口，皖中大股续至，塔齐布公、罗公泽南率勇渡江击之，挫败而还。贼以一股循江北岸上窜蕲州，一股窜犯广济。官军溃退，总督杨公霈退驻汉口，又退守德安。贼至汉口，溯襄河大掠民船，武昌戒严，江、汉之间纷扰矣。公派臬司胡林翼、总兵王国才、都司石清吉领兵勇六千余人，先后回援武汉。李孟群以战船四十号溯江上驶，以援蕲、黄。初四日夜，东北风大作，巨浪撞击，水师老营战船在九江城外者，漂沉二十二号，撞损数十号。公乃饬外江炮船全赴鄂省，扼扎金口，李公孟群、彭公玉麟领之。而于沔阳州境之新堤镇，设立船厂，修补已损之船，添造舢板小艇。其陷入内湖之水师，闻老营被袭及大风坏船之警，相率赴南昌，巡抚陈公启迈给以口粮，抚而辑之，军心渐定。公自督陆军，急攻九江城，未克。贼屡出扑营，均击退之。初五日，拜摺恭谢天恩，上年十二月奉旨赏穿黄马褂等，并年终奉赏福字荷包银钱银锞食物等件。是日，驰奏陆军渡江挫于小池口、北岸贼踪大股上窜、并陈近日贼势军情一摺。奏称：目前局势可虑者多端，臣等一军进止机宜有万难者。初八日，驰摺奏报大风击坏战船，饬令全数赴鄂，并自陈办理错谬之处：一在武汉既克，未留重兵防守；一在九江未克，遽攻湖口，又遭风坏船，事机不顺。目前筹办之法凡四条：其一在鄂省添修外江水师，以固荆湘门户；其一飞饬鄂省兵勇胡林翼等军先后回援武昌；其一拟亲至南昌，修整内湖水师；其一围攻九江之陆军有进无退，攻克浔城，仍当鼓行东下，直捣金陵，以雪积愤。又奏浔城贼出扑营陆军获胜一摺。奉上谕“览奏殊深悬系，所称办理错误之处，如水师冲入内河，以致声势隔绝，诚不免锐进贪功。至武汉收复，未留后路声援一节，则其势本有不及，水陆两军全数进剿，犹恐兵力单弱，若彼时即分防武汉，兵数愈少，刻下更不知如何棘手！曾国藩等既定直捣金陵之计，即着迅速设法攻克九江，合军东下，毋得再存顾虑”等因。钦此。十二日，公由九江启行。十六日，抵南昌，谕营官萧捷三等抚辑众心。委员设局制造炮位子药，专供楚军炮船之用。是为楚师三局。派委员弁回湘增募水勇，拨用江省命造长战舰三十号，归入楚军，添造快蟹十余号。又委在籍候造知府刘于浔设立船厂，添造各船。署臬司邓仁坤总理船炮，支应各局。内湖水师，自成一军矣。援鄂之师，胡公林翼一军先发，抵鄂后驻军沌口。石公清吉之军继行。王公国才一军守领饷项，犹驻九江城外。贼出扑营，塔公合击破之。蕲州贼党由富池口渡江而南窜，踞兴国、通山、崇阳、通城、咸宁各城邑，扰陷殆遍，并扰及江西武宁县境，武昌戒严。陶公恩培入守武昌，飞书请援。公急调王国才一军，取道武宁，转战而前，以为之援。二十七日，驰奏九江陆军胜仗、内湖水师重加整理情朝形及调派鄂援剿情形一摺。附片奉奏江西署臬司邓仁坤经理船炮等各要务，于秋审事件势难兼顾，江西臬司恽光宸拟即调回本任，所带之勇归九江镇将居隆阿统辖。又片奏水师哨官万瑞书乘贼匪袭营之时，搬抢粮台银两，请旨饬湖南抚臣严拿正法。又奏保上年半壁山、田家镇、蕲州、广济、黄梅五案出力员弁勇一摺。奏称：武汉以下，复为贼踪往来之地，前此战功，竟成空虚。可愤可憾！然事机之不顺，调度之失宜，咎在臣等，而将士之劳勋究不可没。惟录其既往之功，冀作其将来之气。奉旨允之。又奉上谕：“楚北贼焰复燃，于曾国藩等剿贼机宜大有关系。此时唯有会合各兵迎贼攻剿，使曾国藩、塔齐布各军无腹背受敌之患，方为妥善。”钦此。二十八日，公在南昌，派大小战船六十余号进泊康山。贼在九江、湖口及江北小池口者，益浚濠增垒，守备益固。湖口之贼，由都昌窜陷饶州府，分犯乐平、景德镇、祁门、徽州，扰及广信之境。公调派罗公泽南统带湘勇三千，由南昌绕出湖东攻剿。又增募平江勇四千名，同出东路会剿。塔齐布公所统陆营在浔城者，仅五千人，但主坚守，不复仰攻矣。水师至武昌，泊舟城外，连遇大风，复多沈损，乃上泊金口，以扼贼上窜。胡公林翼一军。亦退驻金口。

二月，贼扑武昌省城。十七日，城陷，巡抚陶文节公恩培死之，各军驰援皆不及。二十七日，公驰奏统筹全局一摺。奏称：臣来江省，已逾月余，探悉各路贼情大略。论江、楚、皖三省全局，陆路必须劲兵四支，水路须兵两支，乃足以资剿办。江之北岸，自蕲水、广济、黄梅以达于太湖、宿松为一路，自汉口、黄、蕲循江岸而下达于小池口为一路。南岸自九江以上兴国、通山等属为西一路，湖口以下至于皖南为东一路。臣之水军，已分为两支，陆军者再分，则立形单弱，谨就目前急务，凡臣力所能办者，分条陈奏。并声明前月奏报，均未奉批谕，此次改由湖南绕出荆州驿递进京。附片奏称凤阳、临淮由寿州、光固以达于麻城、黄州，不过八百余里，请旨饬令袁甲三募勇五千，练成劲旅，驰出黄州，以通皖、鄂声息，以挽江北大局。又片奏水师大营被贼袭毁之时，座船被夺，文卷全失，其所领部照监照遗失数目，俟查明咨报。又片奏：臣军万余人，饷道梗阻，请旨饬拨江西漕折银两就近接济，并请闽浙两省每月各筹银二万两，解赴行营。是日，又奏恭谢天恩宽免处分一摺。时袁公甲三奉旨革职来京，公所筹四路分兵剿办之策，谕旨嘉之，亦未能行也。杨公霈军驻德安，贼复遍扰江、汉各城邑，由岳家口、仙桃镇窥犯荆、襄，荆州将军官文公拒却之。胡公林翼抵鄂后，擢授湖北藩司，寻奉旨署理湖北巡抚。水陆两军在金口者为数不多，而贼势益炽。鄂军在德安者屡败不振，饷尤绌无所出。胡公与李公孟群、彭公玉麟、王公国才等竭力守御，荆、湘，上游赖以稍安。江西新募平江勇至南康，公委幕中候选同知李元度管带操练。因调战船，前赴南康，令陆军紧相依护。公言此军之起源，专为肃清江面而设，陆军所以护水营，九江、湖口之坐失，皆以水师孤悬，与陆师远隔之故。时塔公军在浔城，罗公东剿广饶，不得合并。

三月，公在南昌登舟，督将弁操练，分起调赴南康，与平江勇水陆驻扼，使贼不得掠舟来往湖中：十九日，罗公泽南一军由贵溪进剿。二十日，击贼破之。二十一日，克弋阳县城。公两奉旨统筹全局。二十三日，复奏谨陈水陆军情一摺。奏称：臣等一军，水陆分为四支。回援武汉之师，距臣营在八百里外，江之两岸，仍为贼踞，欲以楚军回剿武汉，其难有三端：一则浔郡为长江腰膂，陆兵未可轻撤；一则内湖水师乘此春涨，可以由湖出江，所虑在既出以后孤悬无依；一则金口水陆诸军饷项缺乏，若再添师前往，更无可支拨，恐饷匮而有意外之虞。臣实乏良策，唯有坚扼中段，保全此军，以供皇上之驱策而已。奉上谕："行兵之道，合则力厚，分则力薄。自师船陷入鄱湖，贼匪再扰武汉，广饶一带，复有贼踪窜突。该侍郎等水陆两军，实有不能不分之势。该侍郎所谓千里驰逐，不如坚扼中段，所奏亦不为无见。当此上下皆贼，总宜计出万全，勿以浪战失机，勿以迟回误事。一切机宜，朕亦不为遥制。该侍郎不可因坐失之余，遂至束手无策，当激励军士，踊跃用命，谋定后动，勿负初心，以副委任。塔齐布攻剿九江，近日情形，未据奏及，岂为贼氛阻隔，竟不能声息相通耶？并著随时奏报，以纾悬系。"钦此。刑部侍郎黄公赞汤在籍，公于上年奏请督办江西劝捐，至是计捐银数四十余万两。公军入江西后，皆赖黄公筹捐银两接济。湖南协饷，专拨供湖北金口之师。公所请拨浙、闽协饷，以有警不时解到，公乃议借运浙盐，行销于江西、湖南。旧日淮南引地，川盐抵饷，仍请以黄公赞汤总理盐饷事务。江西巡抚陈公启迈与公谋调遣兵勇，意见多不合，饷尤掣肘。万载知县李皓，与其乡团举人彭寿颐，以团事互相控诉。公见彭寿颐，赏其才气可用，札调来营差遣。陈公乃收系彭寿颐，令臬司恽光宸严刑讯治之。以是尤多龃龉。二十三日，贼窜陷广信，罗公泽南由弋阳追剿破之。二十七日，克广信府城。贼窜入浙江境。公由南昌督水师进发，驻吴城镇。

四月初一日，驰奏罗泽南陆军克处复弋阳一摺，阵亡勇弁张以德、易传武、喻能益请恤。又奏陈湖北兵勇不可复用、大江北岸宜添劲旅一摺。奏称：自粤匪至鄂，迄今不满三载，而全军覆溃者五次，小溃小败，不可胜数。既溃之后，仍行收集兵勇，习为故常，恬不为怪。宜变易前辙，扫除而更新之。请饬下湖北督抚另立新军，涤除旧习，使江之北岸得两路足恃之兵，则不惟有益大局，即臣等水陆各军，亦有恃而不恐。奉寄谕："交湖广总督杨霈、署巡抚胡公林翼办理。"时鄂军屯聚德安，湘军回援武汉者为数不多。公屡函致胡公林翼，论东南大势，以武昌据金陵上游，为必争之地，宜厚集兵力，以图恢复。杨公载福伤病在籍，病稍痊，湖南巡抚骆公秉章委令招募水勇，又添造战船，赴鄂助剿。李公孟群补授湖北臬司。胡公委令添募陆勇，扼防金口，饷械均仰给于湘中，兵势稍振。是日，又奏请拨浙引用盐抵饷一摺。奏称：贼踞金陵，长江梗塞。淮南盐务，片引不行。奸民偷送贼中，贱售于各岸，江西、湖南民间皆食私盐。方今饷项缺乏，请旨饬拨浙盐三万引，设法运销于淮引口岸，以济军饷之不足。附片奏现当干戈扰攘，招商领运为难，拟仍用劝捐之法行之。请旨饬派在籍侍郎黄赞汤，在江西临江府属樟树镇设局，劝谕绅富，措资办运，并请浙江学政、侍郎万青，在浙督办盐运，江西道员史致谔、万启琛协理西省盐运，湖南盐法道裕麟、在籍知府黄廷瓒，协理楚省盐运。又将盐饷章程分条咨商户部，并咨商浙江巡抚及江西、湖南、湖北巡抚。户部议准。既而贼氛大扰，未能畅行也。公又奏湖北在籍礼部主事胡大任、江西在籍礼部主事甘晋，并办理臣军粮台，未能赴部当差，请饬吏部查明办理。是时南昌设立后路粮台，公委甘晋、李瀚章综理之。罗公泽南移军剿贼于景德镇。贼窜入徽州境，罗公乃移驻饶州，以图湖口。十二日，公驰奏陆军克复广信郡城一摺，奏保泽南转战千里，谋深勇沉，常能从容镇定，以少胜众，请交部从优议叙。十三日，军由吴城进驻南康，派前队船进泊青山，以攻湖口。十九日，贼由姑塘上犯，水师击之，挫败，退泊火焰山。二十一日，水师焚贼船于马家堰，于徐家埠，又追焚之于都昌城下，计百数十号。湖北兴国崇通等属贼党日炽。分股窜入江西境，陷踞义宁州，杀掠甚惨。

五月初八日，公派水师搜剿贼船于都昌。十三日，水师击贼船于青山，破之，追奔至鞋山以下。罗公泽南驻军饶州。浙江巡抚檄调湘军往徽州会剿，未行，而江西闻义宁之警，省城戒严。陈公启迈亟调军回南昌，罗公遂移军而西。二十一日，公驰奏内湖水师近日接仗情形一摺。附片奏：臣前在江省吴城，近在南康，与臣塔布信息常通。九江与南康仅隔一庐山，因贼匪时时窥伺，昼夜巡防，臣等二人不敢远离营次，屡约以匹马相见，而未能也。又称，罗泽南一军既须回省，则不能由都昌进剿湖口。东岸无陆兵，则水军孤悬可虑。奉上谕："该侍郎等务当统筹大局，谋勇兼施，以副朕望。"钦此。杨公载福督带舟师，由岳州出大江剿贼于蒲圻，会扎金口。三十日，内湖水师击贼于青山，破之，夺回拖罟大船，并获他船炮等。拖罟，即九江之败所失座船也。

六月初五日，湖南巡抚咨送万瑞书到案正法。十二日，驰奏水师胜仗、夺回拖罟大船一摺，阵亡外委苏光彩请恤。公又专摺奏参江西巡抚陈启迈劣迹较多、恐误大局一摺。奏称：臣与陈启迈同乡同年，同官翰林，向无嫌隙。自共事数月，观其颠倒错谬，迥改常度，深恐贻误全局，不敢不缕晰陈之。奉上谕："江西巡抚著文俊补授。未到任以前，着陆元良署理。陈启迈着即革职，按察使恽光宸先行撤任，听候新任巡抚文俊查办该抚。到任后，着即将曾国藩所参各情节逐款严查，据实具奏，不得稍有徇隐。"钦此。十三日，公派水师攻贼于徐家埠，委知县李锟带陆勇会剿，破之，毁船八十余号。塔齐布公陆军击贼于新坝，破之。十五日，水师攻贼卡梅家洲，冲出卡外，战船四号陷于贼，兵勇伤亡数十人。罗公泽南军至南昌。二十四日，拔营进剿义宁之贼。湖北德安府失守，杨霈退走襄阳，革职。官文公奉旨授湖广总督、钦差大臣，都统西凌河，由河南赴湖北督师，以攻德安。二十七日，塔齐布公与公相见于青山营次，会商攻剿之策。

七月初六日，驰奏浔城陆军胜仗、水师在徐家埠获胜湖口小挫一摺，阵亡将弁黄明魁、洪建勋、李文田请恤。附片奏浔郡陆营久无成功，日对坚城，顿兵糜饷。拟于七月臣与塔齐布移驻青山，渡湖而东，会剿湖口，是亦大局旋转之一策。又片奏新选湖北督粮道万启琛现在樟树镇协理盐饷事务，请暂缓赴任。罗公泽南陆军抵义宁。初八日，破贼于梁口。十三日，破贼于乾坑。十四日，大破贼于鳌岭鸡鸣山，毙匪六千余名。水师萧捷三等破贼于鞋山。李元度率平江勇渡湖而东。十五日，击贼于徐家埠，破之。罗公泽南陆军攻贼营，大破之。十六日，克复义宁州城。十八日，湖南提督忠武公塔齐布卒于军。十九日，公驰赴九江陆营，哭之恸，派副将周凤山接统其军。公亲巡营垒，抚定其众，派副将玉山等弁兵三百人护丧至南昌。李元度击贼于文桥。

二十一日，李元度攻贼于苏官渡，破之。二十三日，平江营与水师会攻湖口。破贼营数座，烧贼船几近。舟师驶出大江，仍回泊青山。是日，萧节愍公捷三阵亡。平江勇攻下钟山贼营，未克，仍驻军苏官渡。周凤山督军会操，贼出扑营，力战却之。公在大营中，复督众攻城，未克。二十四日，驰奏：提督塔齐布因病出缺，臣驰赴大营，料理丧事，兼统陆军，拊循士卒，保此劲旅。请旨将提臣塔齐布交部从优议恤，准于湖南省城建立专祠，以慰忠魂而洽民望。附片奏派广东罗定协副将周凤山统领全军，旋获胜仗，士气犹锐，可无涣散之虞。又附片奏报义宁、湖口水陆三路胜仗大略，当名将新失之际，而事机尚为顺利，军威尚足自振，堪以抑慰圣怀。公于是日闻萧捷三阵亡，即带陆勇数百名驰赴青山，抚定水勇。二十五日，公回驻南康水营，札调彭玉麟来江西督领内湖水师。二十七日，平江营击贼于流澌桥。二十八日，烧贼栅于柘矶。

八月初四日，贼扑平江营，拒却之。初七日，驰摺奏报罗泽南陆军攻剿义宁，迭次大胜，克复州城。随摺奏保罗泽南及李续宾、李杏春、唐训方、蒋益澧五员。又奏水陆两军攻剿湖口、迭获胜仗、湖内贼船几近一摺，阵亡都司萧捷三，请照副将例议恤。罗公泽南既克义宁，军威震于南服。是时湖南四境皆有贼氛，两粤匪徒攻陷郴州，逆焰尤盛。骆公秉章奏调湘军折回湖南剿贼，罗公由义宁策单骑谒公于南康舟次，指画吴、楚形势。谓方今欲图江、皖，必复武昌；欲图武昌，必先清岳、鄂之交。定计率军出崇、通以援武汉。公从其策。初八日，罗公渡湖，督平江勇攻湖口下钟山贼垒。未克。是日，水师击贼于海家洲，大败，失战船二十一号。其时江西之贼，唯存九江湖口两城、梅家洲下钟山两垒未克，坚踞不可攻。罗公旋至南康，谓湖口水陆官军但当坚守，不宜数数进攻，以顿兵损威，仍当俟江汉上游攻剿有效，以取建瓴之势。公又从之，饬水师勿事浪战，抽调九江大营宝勇千五百人并归罗公统带，由义宁进剿。十六日，罗公还义宁营。胡公林翼攻武昌未下，乃议先攻汉阳。由金口渡江，军于山，进攻汉阳。杨公载福、彭公玉麟率水师进泊沌口，毁贼船数百号。南岸崇、通各属之贼，攻金口李孟群陆营，陆营大溃。德安贼党回援汉阳，山陆营亦溃，惟沌口水师屹然未动。胡公度不可攻，率水军退驻新堤，以扼荆湘之路。委都司鲍超增募湘勇数千以为援。驰疏奏调罗泽南湘军援鄂，公已令罗公由义宁拔营前进矣。二十一日，驰奏陆军攻剿湖口胜仗水师小挫一摺。奏称：去年湖南水师靖港、城陵矶之役，均因风顺水利，不能收队，以致挫败。臣屡饬水营，不令顺风开仗，乃各弁勇轻进，致蹈覆辙。

请将营官吴嘉宾、秦国禄等分别撤革。阵亡千总葛维柱请恤。又奏调派罗泽南一军由崇、通回剿武汉一摺。附片奏：提臣塔齐布病故后，周凤山新领全军，尚为奋勉，臣令其专意防守，不图进取。又片奏派委员弁护送塔齐布灵柩。时长江梗塞，塔公之柩由南昌取道长沙、荆州以北也。公又专摺汇报安徽道员何桂珍在江北英山、蕲水、罗田等处剿贼胜仗。附片奏称蕲、黄、英、霍当楚皖之交，匪党最多，与粤逆勾结响应，何桂珍以二千饥疲之卒，转战于群盗出没之区，与地方绅民以信义相孚。请旨饬令何桂珍督办皖楚交界英山、麻城各处团练，严清土匪，实于大局有益。公前奏调何公一军归东征大营调遣，既而阻于贼，不得合并。何公提一旅，崎岖苦战，屡立战功，克英山、蕲水两城，斩贼目田金爵，而军饥饷匮，皖中大府不之恤，专恃劝捐米麦接济军食。频遣探卒，间关跋涉，抵公大营以求援。公为缕陈其战绩十余案，请旨授以团练之任，盖欲设法以援之，而势未能也。罗公泽南回义宁营，上书于公，申陈前议。公所调九江之宝勇，以参将彭三元、都司普承尧领之，并湘勇各营为五千人。刘公蓉在公幕中二年，至是亦从罗公军赴鄂。二十七日，由义宁州拔营，直趋通城。彭公玉麟接公札调，阻于贼未能前，公因委刘于浔暂统内湖水师。

九月初三日，公至青山巡视水陆各营。初五日，公驻屏风水营。具摺奏保陆军克复广信一案，水师肃清鄱湖一案。出力员弁兵勇，汇单请奖。附片请饬浙江巡抚补解五月以后饷银。又片奏：罗泽南一军去臣营日远，湖北抚臣胡林翼尚在江北，亦恐为贼氛所隔。拟令罗泽南自行具摺奏报军情。又奏称：臣自抵江西，整理水师已逾半年。师久无功，虚糜饷项，请交部严加议处。至助臣办理军务、实有劳绩、不可泯灭者：侍郎黄赞汤，督办捐输，力拯大局；南昌府知府史致谔，支应军需；候补知州李瀚章，办理粮台，权衡缓急；湖南巡抚骆秉章与其幕友同知左宗棠，一力维持，接济军饷，明料船炮；知府彭玉麟，保守金口，力能坚忍；主事胡大任，劝捐济饷，历险不渝；知府黄冕，造炮精利，实属有用之才。除黄赞汤、骆秉章未敢仰邀恩叙外，其史致谔等各员，拟归入义宁案内，开单保奏。奉上谕："曾国藩奏师久无功，自请严议，并保劳绩较多人员等语。兵部侍郎曾国藩督带水师，屡著战功。自到九江，虽未能迅即克复，而鄱湖贼匪已就肃清。所有自请严议之处，著加恩宽免。著刑部侍郎黄赞汤督办捐输，以济军饷，尤为出力，着加恩赏戴花翎。"钦此。初六日，公渡湖至苏官渡，巡视陆营。留二日，还屏风营。罗公泽南进攻通城。初六日，克之，贼大溃。十四日，进克崇阳县。二十三日，公驰奏罗泽南一军进剿获胜克复通城一摺，阵亡把总李懋勋请恤。附片奏探明湖北抚臣胡林翼驻扎嘉鱼县六溪口，与罗泽南之军声息可通，此后援鄂一军，由胡林翼转奏。又遵奏谕旨保举堪任总兵人员一摺。奏保副将杨载福、周凤山、参将彭三元三人。湖南兵勇援鄂者，至羊楼司大溃，江壮节公忠济殉难。罗公泽南驻军崇阳，派李公续宾等五营进剿羊楼司，旋派彭公三元等营进剿濠头堡。二十四日，贼大股来犯，彭勤勇公三元、李公杏克等阵亡，弁勇挫溃。二十六日，罗公督军至羊楼司，击贼破之。二十七日，奏到上谕："兵部右侍郎著曾国藩补授。曾国藩现在督办军务，兵部右侍郎著沈兆霖兼署。"钦此。夏秋之间，黔、粤匪徒侵扰湖南西南境，其东北岳、鄂之交，贼势正炽。公弟国潢、国华皆治团练于乡邑。公弟国荃考取是科优贡，亦办乡团。是月，广东匪徒自茶陵窜入吉安境，江西之西境又纷扰矣。

十月初三日，罗公泽南大破贼于羊楼司。十三日，胡公林翼至羊楼司会商军事。十七日，拔营进剿蒲圻。二十日，公具摺谢恩授兵部侍郎。又奏报罗泽南一军在濠头堡挫败，在羊楼峒获胜。阵亡参将彭三元、知府李杏春、将弁彭献杰、萧馥山、李光炽、刘碧山请恤。奏称：此次军情应由楚省具报，缘彭三元系臣军屡战得力之将，未便没其忠绩，是以仍行奏报。附片奏称：臣前请于湖南省城为塔齐布建立专祠，奉旨允准，应请以去年阵亡参将童添云及彭三元入祠祀。二十一日，罗公泽南克蒲圻，转战而前，师锐甚。杨公载福以水师破贼于金口。湖广总督官文公至德安，接受钦差大臣关防。都统西凌阿督兵力攻德安府城，克之，乘胜收复江北各城邑。官文公督各军进逼汉阳，收集王国才、李孟群陆营兵勇兼辖之，与南岸楚军为掎角之势。九江、湖口陆营数月无大战事，贼亦不以大股来犯。水师泊扎青山、屏风各岸，陆勇二营护之。公自驻屏风水营，不时巡视青山、苏官渡各营，一意严防，不事进剿。而贼酋石达开由湖北崇、通等处，纠合匪党，窜入江西境，陷踞新昌县。其在吉安境内匪徒连陷安福、分宜、万载等县，与石逆合股。于是赣水以西，乱民响应，众至十余万。瑞、临、袁、吉同时告警。署巡抚陆公元良调兵援剿，日不暇给，乃抽调湖口陆勇回援西路。

十一月初五日，九江贼出扑营，周凤山击却之。初七日，湖口贼出扑营，李元度击却之。初十日，贼陷瑞州府。十一日，陷临江府，攻扑袁州、吉安二府。四郡属邑大半失守，省城戒严。维时江西官军，西路则臬司周玉衡、总兵阿隆阿一军，援剿吉安；东路则道员耆龄、游击遮克敦布一军，防守饶州；其平江勇由湖口调回者，剿贼于瑞州。营官李锟、刘希洛阵亡，勇遂溃散。

陆公元良复调耆龄、遮克敦布之师回援。十五日，公调周凤山九江军回南昌，调水师防守省河，添调平江一营驻扎青山，以护水师。十七日，九江贼扑营，周凤山击却之。十八日，周凤山拔营回省。二十日，湖口贼扑营，李元度击却之。二十一日，公具摺谢恩宽免处分。又奏九江湖口陆师、青山水师接仗情形一摺。又奏逆匪攻陷瑞州、临江，逼近省垣，急调周凤山全军并抽拔水师驰往堵剿一摺。分条奏目前布置情形：其一，江省腹地别无重兵，不得不撤九江之军，先其所急；其一，江西水军单薄，抽调战船驶赴省河，防其东渡；其一，拟调罗泽南一军回驻通城，牵掣逆贼后路，亦可兼顾楚省；其一拟留遮克敦布一军防守东北四府，庶钱粮有可征之处，奏报有可通之路凡四条。又声明本年三月以后，奏报均由湖南驰递，此次道途梗塞，仍由浙江驰驿呈递。奏上谕："曾国藩、陆元着妥筹兼顾，万不可因有警信张皇失措，徒使兵勇有调拨之烦，转授贼以可乘之隙也。"钦此。又奉上谕："石逆所带贼党虽多，一经罗泽南痛剿，即连次挫败，可见兵力不在多寡，全在统领得人。曾国藩等着激励在事文武奋勉图功，殄此巨寇。至九江一路能否足资堵剿，倘有疏解，不特江西内地堪虞，并碍长江大局。该侍郎等不得顾此失彼，是为至要。"钦此。罗公泽南克咸宁县，大破贼于山坡，会师金口，进攻武昌。二十八日，大破城外贼垒，驻营于洪山。水师进泊沌口。三十日，贼陷袁州府城。彭公玉麟屡接公催调函牍，由衡州赴江西。值贼氛遍布，彭公间关微服，徒步七百余里，行抵南康。公见大喜，派领战船赴临江扼剿。何文贞公桂珍驻军英山，是月为降人李兆受所戕，皖中大吏不为奏请议恤。公闻而深痛之。

十二月初三日，九江贼出扑青山陆营。营官林湖恩、黄虎臣、胡应元等击却之。贼既踞临江，分股屯聚樟树镇。周凤山回至南昌。初四日，进击樟树镇，克之。刘于浔以水师毁贼之浮桥。初十日，周凤山陆军进剿新淦县城，克之。

十二日，驰奏九江、湖口、青山、姑塘水陆接仗情形，阵亡千总吕国恩请恤。附奏瑞州剿贼殉难之知县李锟、刘希洛二员，请加赠知府衔议恤。又附报樟树镇胜仗一征。十九日，驰奏周凤山一军会合水师、克复樟树镇、收得新淦县城一摺。又具摺汇保陆军克复义宁攻剿湖口两案，出力员弁兵勇，开单请奖。公每于军事孔棘之际，奖拔有功，优恤死伤。二者必详必慎。由是人心维系，军虽屡挫，气不少衰。江西巡抚文俊公到任。贼攻吉安，臬司周公玉衡入城，坚守经月，请援甚急。周凤山既克樟树，收新淦，将赴吉安。虑贼复至，拨派八百人回驻樟树，以护水师，扼防南昌之西南路。

是年正月，江苏巡抚吉尔杭阿攻克闵行区。僧王督军歼灭连镇之贼，擒贼酋林凤祥，槛送京师斩之。河北肃清。二月，僧王攻克高唐州。贼窜冯官屯，官军围之。四月，克之。山东肃清，官兵凯撤。七月，江南大营分兵克芜湖县。十月，安徽官军克庐州府，皖、鄂贼势少衰。吉尔杭阿公督师攻镇江，未克。苏州、浙江、湖北、湖南皆于是年仿办捐以济军饷，浸及于川、广矣。

【丙辰】咸丰六年，公四十六岁。

正月，公驻南康水营。初二日，贼扑樟树镇，陆营挫溃，营官岳炳荣走丰城；刘于浔以水师击贼船，破之。初三日，周凤山自新淦回援樟树，遇贼于瓦山，击破之。彭公玉麟水师至樟树镇。初七日，击贼船，破之。初九日，攻临江贼垒，又破之。先是，御史萧浚兰条陈江西军务，公奉谕旨责问。又奉兼顾临江及严扼九江之旨。公遂复奏缕陈各路军情一摺。奏称：瑞、临接近省城，臣与抚臣文俊商令周凤山一军先剿临江之贼。湖口、青山水陆存营至为单薄。九江之贼日夜环伺。又有湖北兴国土匪窜扰德安县，去来无常。勉力支撑，深虞决裂。臣军自岳州而下，水陆万余人，并为一支。今则分调为四、五支，其得力之将，如塔齐布中道殂谢，罗泽南、杨载福分往鄂省，不克合并。所以久困一隅，未能扫荡群丑。寸心焦灼，愧悚难名。江西西路四郡，贼踪遍扰，值冬春水落，赣水处处可涉。贼可于上游掠民船，兼造小艇，有东犯抚州扑省城之势。公饬令彭玉麟、刘于浔以战船往来扼截，饬周凤山一军驻扎樟树镇，与水师战船全力扼守。十八日，青山陆营出队击贼于九江，破之。二十二日，驰摺奏报周凤山分兵小挫，旋以全队击贼大胜，水师在樟树三获胜仗。附片奏报青山陆营同知林源恩、都司黄虎臣等击贼获胜，请奖拔数人，归案汇保。又奏：楚军在江西境内，每月需饷六万有奇，而入款约有三端：一曰拨用漕折，二曰督办捐输，三曰借运浙盐。今贼匪大势全注江西，漕折难以催征，捐输不能措办，盐引无处销售，来源俱竭，有坐困之势。惟查江苏闵行区商货云集，请旨饬令该省督抚转饬道府等官，于上海抽，拨解臣营，专济楚军之用。臣军无饥溃之虞，得专心于战守机宜，不复以请饷之奏屡渎圣聪也。公于上年奏议借运抵饷，及盐引到江时，贼氛大扰，不复行销。江楚之交，文报梗阻，不能通者累月。贼围攻吉安，外援不至。赣州周汝筠一军来援，阻于泰和之贼，不得前。文俊公派遮克敦布率勇赴援，行至乐安。二十五日，吉安府城失守，周贞恪公玉衡等死之。文俊公因令遮克敦布驻军乐安，扼抚、建之路。二十九日，青山水师击贼于姑塘，坐失战船六号。

二月初五日，奉到上谕“文俊甫经到任，于该省地势军情一时未能周悉。

现当万分棘手之时，倘布置稍疏，难免贻误。曾国藩自抵江西，为时已久，贼情亦所深悉。此时江西匪踪几欲蔓延全省，既不能处处调兵，又不能顾此失彼，自应择其最要之处，先为攻剿。着曾国藩与文俊妥速会商，务筹全局，不可徒事张皇，亦不可专顾一处。军情变幻靡常，大势所关，应从何处下手，则身在其间者，必能挈其纲领。该侍郎与该抚酌度机宜，即著会同驰奏，以慰廑念”等因。钦此。贼既陷吉安，大股东窜，江西官军溃于乐安。贼扑犯抚州、建昌，所属城邑多失守。十四日，扑樟树营，周凤山击破之。十七日，大股扑营，周凤山出击之，挫败。十八日，周凤山出队大败，营垒全陷，弁勇溃回南昌省城，人心大震，夺门奔走者，不可禁御，或相践以死。公亟棹舟赴省，途次闻警，飞调青山陆营赴南昌，调水师退扎吴城镇，调李元度一军由饶州绕回，进剿抚州之贼。二十日，公至南昌，收集溃勇暂统之。筹备守御，抚定居民，人心稍安。时自鄂渚以南，达于梅岭，贼踪绵亘千数百里，众号数十万。公遣弁勇怀密函赴楚请援，多为贼所截杀，不得达。湖南巡抚骆公秉章派委刘长佑、萧启江等募勇分道赴援。刘公长佑由醴陵克萍乡，萧公启江由浏阳攻万载。皆募死士，怀赍函牍，间行赴南昌，旬月而始达。公与文俊公会商军事，意见甚叶。二十一日，具摺会奏各路堵剿情形，并奏复谕旨垂询各件。奏称：江西全省，赣水中分，以樟树镇最为扼要。石逆久居临江，凶悍之贼必萃于此。意图尽披枝叶，困我省会。至德安县城，被贼窜踞，乃湖北新到之股匪。既乃窜入武宁，并归石逆。至周汝筠一军，不能救援吉安，拟令其退守赣州。赣郡天然雄镇，为古来必争之地，倘存疏虞，则两广、湖南股匪皆得以赣州为巢穴，后患不可胜言。请旨饬广东督抚迅派兵勇数千赴赣，会同战守，保此重镇，顾全大局。又奏江西贼氛日炽，岌岌将殆，请旨饬湖北抚臣速令罗泽南一军，兼程来江援剿。又奏江西需饷甚迫，请旨饬江苏督抚借拨上海关税银十万两，迅解江西，以济眉急。又片奏：臣国藩单舟晋省，途次闻周凤山全军挫败之警，飞调湖口、青山水陆各营同回省城，以固根本。公又专摺奏谢年终恩赐福字荷包等件。又奏捐输实官人员请给部照一摺。附片奏：布政司衔罗泽南、盐运司衔李续宾经湖北抚臣胡林翼奏请，给予二品、三品封典，奉特旨允准。臣军水陆员弁，奋勇出力，未经补缺者实不乏人，请照罗泽南、李续宾之例，容臣择尤照升阶咨请封典，以示鼓励。又片奏：水师在姑塘小挫，请将营官陈炳元、刘国宾参处，阵亡勇弁周华堂请恤。又奏：知府李瀚章、知县黎福畴、张秉均三员，在营闻讣丁忧，该员等办理臣军粮台，洵为得力熟手，仍请留营当差。二十二日，贼陷杭州府。二十九日，陷建昌府，分股由安仁、万年窜入徽州境。李元度带平江勇由湖口拔营至饶州，与耆龄会军驻守。公之调回青山诸军也，南康府亦没于贼。综计是时贼陷江西府城八，州县城邑五十有奇。屡分股党，南扑赣州，东扰广信。文报往来，饷需转运，仅广饶一路可通，亦时有贼踪焉。

三月初一日，奏报周凤山陆军在樟树镇挫败情形，请将副将周凤山革职，营官岳炳荣、黄玉芳分别参革，并自请交部议处。阵亡委员马丕庆、林长春、李清华请恤。附片奏称：广信一府，为奏报进京、江浙转饷之路，一有疏虞，四面梗塞，现调李元度一军由饶州绕回，进剿抚州，以保广信。上年九江、湖口水陆万余人，今全数撤入内地。前功尽弃，回首心伤，然舍此亦无他策。广东援防赣州之师，请旨再饬催迅速来江，并请饬浙、闽督抚严防窜越。公在南昌孤危之中，奏报军情，每以赣州、广信为急，是后全局之转机，亦赖两城之存也。初二日，贼犯吴城镇，水师击退之。初四日，彭公玉麟赴吴城水营督领防剿，分派水师扎饶州南河。公又派战船分扎省河及市汊，扼截防守。又与巡抚文俊公调派驻省城之平江勇二千人，委候选知府邓辅纶、同知林源恩带领进剿抚州，又派周凤山、毕金科等带勇随往会剿辅纶者，臬司邓公仁之子也。罗忠节公泽南攻武昌，未克，亲督队进攻受伤。初八日，卒于洪山营次。胡公林翼奏派李续宾接统湘军。公回省后，收集陆军，裁并训练，每日巡视操场。既而出居营盘，虽当士民惶恐之际，从容镇定。时以诗古文自娱，羽檄交驰，不废吟诵，作《陆师得胜歌》、《水师得胜歌》以教军士，于战守技艺、结营布阵诸法曲尽其理，弁勇咸传诵之。十一日，邓辅纶、林源恩击贼于罗溪。十二日，克进贤县城。彭公玉麟击贼于吴城，却之。十四日，水师破贼于涂家埠。二十日，李元度克东乡县城。二十二日，邓辅纶、周凤山等会军于东乡，公派都司黄虎臣带勇三营，赴吴城镇会水师。二十三日，克建昌县城。抚州贼扑东乡，李元度、林源恩等击破之。二十四日，黄虎臣回军南昌。二十五日，李元度等军进扎江桥，以攻抚州。二十六日，驰奏陆军平江营在湖口罗溪胜仗、克复进贤县城一摺，又奏吴城水师三获胜仗并水师分布各处情形一摺，又奏报湖南援军刘长佑等克复萍乡一摺。附片奏报：贼分大股窜至徽州、婺源一带，江西贼势稍分，剿办较易措手。又片奏：正月二十一日所奏折片，未奉批谕，想因贼氛方盛，中途沈失，请饬军机处抄录，寄交臣营。又专摺奏保樟树、新淦两案水军出力员弁，开单请奖；其陆军后来溃败，前功尽弃，应毋庸保奏，以示惩警。文俊公屡疏请援师，楚、粤、闽、浙各省督抚均奉寄谕，派拨兵勇赴江西援剿。方江西之初警也，众议请调罗公东南军回援。公函致胡公林翼、罗公泽南，谓东南大局，当力争上游，亟望武汉速克，水陆东下，不欲其奔驰于崇、通之郊，以援瑞、临也。及贼氛大炽，及从众议，奏调罗公湘勇驰回援剿，而罗公已伤亡。公弟国华奉竹亭公命，赴鄂请援师。胡公曾派知县刘腾鸿、刘连捷湘勇千五百人，同知吴坤修彪勇七百人，参将普承尧宝勇千四百人，交公弟国华总领之，以援江西。募勇夫怀蜡丸书，间行以达南昌。公始闻罗公之亡，鄂军之来援矣。二十七日，李元度、林源恩击抚州贼垒，破之。

四月初二日，平江军渡抚河，扎五里塘，进攻抚州，未克。初四日，调派黄虎臣陆军，又派刘于浔市汊水师，进攻瑞州。初八日，进攻未克。初九日，水师回泊市汊。黄虎臣剿奉新县之贼小挫，回军南昌。平江营连日攻抚州，未克。湖南援军刘公长佑等攻万载县贼，以大股踞守不下。湘击贼垒，尽平之。二十日，刘于浔领水师克丰城市。南昌省城附近各城邑均陷于贼，建昌、进贤、东乡、丰城四邑经官军收复，而贼踪犹往来不绝。二十一日，奏报李元度等军克复东乡破贼五营围攻抚州一摺，奏报黄虎臣等水陆两军克复建昌攻剿瑞州、奉新一摺。附片奏：臣请拨上海关税银两，经户部议驳，臣等何敢再渎。惟江西饷源已竭，补救无术，请旨仍饬江苏督抚于上海税项筹拨银十万两，以济急需。又片奏称：吉、袁、临、瑞、抚、建等府之贼，浚濠坚守，近者各县，亦有老贼踞守城池，盖欲使省会成坐困之势。目前剿办之法，惟当力保广、饶，通苏、杭之饷道；先剿抚、建，固闽、浙之藩篱。其南路赣州，必借广东之援；西路吉、袁，必借湖南之援。请旨饬催广东援兵，星驰逾岭，保全赣州，不胜荣幸。又奏江西士民请建罗泽南专祠以伸爱慕一摺。二十八日，杨公载福焚汉阳贼船几近。刘公长佑进军袁州。萧公启江攻万载。二十九日，克万载，进军合攻袁州。耆龄公一军防守饶州，贼屡犯境，公调派都司毕金科带勇千人，扎营童子渡以援之。建昌府城陷后，知府何超、团绅张家驹等，招勇谋收复。公派委都司黄虎臣、彭山屺、训导罗萱等带勇三千余名，驰往助也。

五月初一日，杨公载福督水军沿江下剿，破焚两岸贼船，贼溃，莫敢抵拒。初三日，水军直抵九江城外。初四日，回舟溯江旋鄂。公遣卒探知水军江面之捷，函告楚军各营，士气为之一振。抚州城贼踞守益坚，屡攻不克。建昌、临江之贼各分股来援城贼，亦屡出扑营。李元度等均击却之。十二日，黄虎臣等军至建昌，与何超、张家驹分途进攻。十三日，贼船犯吴城，彭公玉麟击却之。十五日，毕金科击贼于由墩，破之。十九日，贼援抚州，李元度等渡河击贼，破之。二十三日，公驰奏官军攻剿抚州情形一摺，又奏饶州防剿情形及毕金科在饶州胜仗。奏称：毕金科身先士卒，骁勇冠伦，军中称为塔齐布之亚。此次以少胜众，请赏加勇号。又奏建昌官绅办理防剿并由省城拨兵会剿一摺。附片奏报水师刘于浔克复丰城，彭玉麟吴城胜仗，水师分扎要地，均尚得力，但无陆军以辅之，只能扼守，未能进剿。又片奏报：湖南援军已至袁州，湖北援军已克咸宁而进两湖，集厚力以相拯救，贼亦出死力以相抗拒，臣等募长发探卒，蜡丸隐语，以通消息，但能知其大略，而不能详悉。浙江边防孔亟，不暇议及援江，福建援军亦未入境确信。每念赣州天险必争之地，非得厚援，终恐疏虞。恳恩饬下广东督抚，迅拨兵勇，保守赣州，不独江西之幸，亦广东之先著也。公是时注意赣州，而兵力不及，吁请援师。疏已三上矣。又奏：江西城池沦陷甚多。凡在地方有守土防汛之责者固应一律严办，其中不无情有可原之人，如建昌府知府何超、万载县知县李吉言、宜春市知县锡荣，此三人者，实系失守案内愧奋有为之员。臣等责令襄办一切，如果出力，再请宽免处分。黄虎臣等攻建昌，未克。二十八日，福建援军至建昌。副将陈上国、张从龙领之。公调派参将阿达春带勇赴饶州，与耆龄、毕金科合军防剿。公谓兵家以攻坚为最忌，再三谕饬各营将领，勿徒事仰攻，以损精锐，而贼踞城垒，亦以坚守为坐困我师之计。数月以来，无大战事可纪，惟力支危局，以待援师而已。江西学政廉兆纶奏陈江西军务，奏参臬司邓仁物议沸腾，其子捐职知府邓辅纶，本不知兵，不宜管带兵勇。公遂札撤邓辅纶解兵回省。周凤山督勇攻抚州久未下，自请间道回湘，招募旧部，以援江西。公批答许之。周凤山遂由建昌取道于闽、广，绕回湖南。其在抚州之勇，并归李元度、林源恩兼辖之。

六月初二日，建昌援贼大至，都司黄公虎臣阵亡。初五日，贼扑饶州，耆龄、毕金科、阿达春军皆败溃，府城失守。公闻警，急调建昌六营，彭山屺、罗萱、李大雄、胡应元等撤回抚州，仍调回南昌。学使廉兆纶方驻河口，公又与咨商，奏调建昌城外官兵撤赴广信防守，其福建援师在建昌者未撤也。十九日，彭公玉麟带水师收复南康府城。城荒不能守，乃回泊吴城镇。毕金科回南昌，整辑弁勇，仍赴饶州。公调派总兵居隆阿、都司林葆带勇会剿。二十二日，毕金科等力攻饶州，克之。公弟国华、总领刘腾鸿、普承尧、吴坤修等军，克咸宁、蒲圻、崇阳、通城四县，转战而前，暑雨不息，进抵江西境。十八日，克新昌。二十四日，克上高。二十九日，军抵瑞州城外，其锋锐甚。公闻上高之捷，急调彭山屺、李新华、滕加洪、胡应元等带勇四千，先后拔营，驰赴瑞州以迎之。南赣道汪报闰于春间剿贼泰和，失利，退守赣州。阿隆阿、遮克敦布均以溃兵入城协守。贼来扑犯郡城，屡拒却之。五月，广东援军抵赣州入守。是月，出攻贼，破平之。赣郡解严。三十日，驰奏抚州攻剿情形一摺，会剿建昌府城一摺，阵亡都司黄虎臣请恤。随摺奏保李大雄、胡应元、王永和三弁。又奏水师收复南康府城一摺。又奏报饶州失守旋经克复一摺。布政司耆龄专办饶防，与知府张澧瀚等均有应得处分，唯以克捷迅速，请免议。阵亡将弁李鹤龄、李遐龄请恤。附片奏报福建援江兵涌现到建昌者，已有二千六百人；湖北援师已克新昌、上高，两湖声息可通；广东援师，已入守赣州，当可保全要郡。先是，贼踪四布，赣、吉、袁、瑞声息久不达于南昌，至是音问渐通。贼至江西以来，水师扼剿屡胜，贼不得逞。乃于吉、袁、瑞、临各处造战船，制攻具，乘夏水涨盛时，齐举以赴南昌，于瑞河口、临河口、塘头、生米司皆为营垒。

七月初一日，贼舟下犯，刘于浔以水师击贼瑞河口，破之。湖北援军抵瑞州。初二日，扎营西门外。初三日，拔瑞州之南城，公之遣军迎援军也。贼之大股扰犯省河西岸，屯垒于沙井。初四日，营官羊瀛、万泰、胡应元、李大雄、滕加洪带勇五营，渡河击贼，破之。初五日，援军攻瑞州，未克。水师击生米司贼垒，贼溃走。初九日，彭山屺、李新华拔营赴瑞州。瑞州城贼屡出扑营，援军击却之。楚军中以刘公腾鸿谋勇最著。公所派彭山屺、羊瀛等带勇四千人，委彭山屺总理营务，又以训导罗萱兼理各营营务。十五日，军抵瑞州，与援师会合。公令罗萱与刘腾鸿合并为营，以联合江、楚两军之势。十七日，瑞州贼出扑营，江军稍却，刘腾鸿、普承尧击破之。公弟国华以暑月行师，得病甚剧，棹小舟至南昌见公，公为之悲喜。吴公坤修偕至南昌迎饷，还瑞州。公与文俊公筹拨银五千两，以犒援军。公弟国华留省养病，旬日渐愈。二十七日，瑞州贼出扑营，楚军、江军合击破之。彭公玉麟以水师击贼于南康，破走之。刘于浔水师击临河口贼船，破之。二十八日，水师攻临河口贼垒，悉平之。饶州之复，都司毕金科战功为最。藩司耆龄揭参毕金科，公与文俊公商调藩司回省复任，委毕金科驻军饶州防剿。楚军既至瑞州、新昌、上高仍为贼陷，吴坤修率勇收复二邑，回剿奉新，为援军之游兵。是月，有边钱会匪起于吉安、建昌之界，勾结粤匪游勇，有众千数百人，窜陷广昌、南丰、新城、泸溪，复窜贵溪市境。建昌府官军分途援剿，贼势飙忽不可遏。

八月初一日，贼大股援瑞州，城贼亦出扑营，官军迎击破之。初四日，瑞州军击贼垒，破之，贼溃走。楚军、江军立营始固。初七日，驰摺奏湖北援师进攻瑞州府城，江省派兵四千前往会合，屡获胜仗，江、楚之路渐通，全局转机，胥系乎此。奏保知县刘腾鸿谋勇为全军之冠，参将普承尧、同知吴坤修战功卓著，请将该员等分别保奖。曾国华系臣胞弟，未敢仰邀奖状。又奏刘于浔水师在瑞河口、临河口胜仗，彭玉麟水师在南康胜仗。随摺奏保刘于浔请赏戴花翎。又奏攻剿抚州胜仗一摺。附片奏请敕山西、陕西两省，每月各筹银三万两，拨解至江西瑞州等处，专供两湖援师之用。又奏虎字营哨长周万胜私逃回籍，请饬湖南抚臣严拿正法。又奏遵奉谕旨咨催广东提督昆寿赴江南大营，并奏称：江西贼势浩大，党类众多，刻下兵力不为不厚，鏖战不为不苦，迄未能克复要郡，挽回全局。臣惟当一意镇静，化大为小，以安军民之心。又具摺奏报赣州府城解严，并防守剿办情形，实为江省大局转旋之一端。又奏查明吉安府阵亡及殉难文武员弁，请从优议恤。又附报瑞州胜仗一片。建昌城外官军，设粮台于高碑店市。会匪窜陷新城，何超率领兵勇援剿。在建昌者，唯存福建援军。贼出犯营，闽军击却之。江西练勇曰广义营者，道员石景芬等领之，由广信赴贵溪迎剿会匪失利。匪徒大炽，由弋阳窜犯河口镇及铅山县，扑广信府城，吏民惊走，城为之空。署知府沈公葆桢登陴固守，飞函请援于浙江总兵饶公廷选。方驻防玉山，率浙兵二千赴援。十五日，浙军击贼于广信城外，破之。贼溃走和徽州境，广信以平。瑞州援贼既退，城贼犹时出犯，官军皆击却之。吴坤修军破贼于奉新，分军收复靖安、安义二县。公弟国华病痊愈，仍回瑞州营。公弟国荃在长沙招募湘勇千五百人，周凤山既抵长沙，募勇千七百人，黄公冕、夏公廷樾督领以行，由南路直趋吉安，是为楚军援江之第三支。（黄公冕时奉旨放吉安府知府。）三十日，驰奏官军攻围端州，屡获大胜，分军出剿奉新，收复靖安、安义二县。随摺奏保营务处彭山屺、罗萱，将领万泰、滕加洪、詹荣清、黄纯珍、黄在玉七员。阵亡千总黄兆麟请恤。又具摺奏报边钱会匪窜陷各属，围攻广信府城，浙兵援剿解围。奏称：近年以来，江西连陷数十郡县，皆因守土者先怀去志，惟沈葆侦守广信，独能申明大义，裨益全局，参将荣寿、知县杨升、千总胡再升协同坚守，请分别保奖。其在新城殉难之官绅杨坤、诸葛槐、马长山、吴毓浚、周光裕、陈德亮、陈济之、何彦琦八员名均请优恤。何超之妻薛氏及其女三人，仆婢八人，全家尽节，请旨旌表。仍请分别建祠立坊，以慰忠魂。又奏闽兵援剿建昌府前后获胜情形，阵亡兵弁曾瑞英请恤。附片奏闽兵都司玉亮在建昌军营病故，请照阵亡例议恤。又片奏请饬湖南抚臣筹拨硝磺火药十万斤，迅解来江，以资攻剿。又片奏：臣营发审委员李沛苍，系何桂珍军营差遣之员，因案革职，交部治罪，现在营中，实为得力，恳恩免其治罪，留营当差，仍饬确具亲供，咨皖定结。奉上谕："李沛苍着准其免罪，仍留江西军营，交曾国藩差遣。"钦此。

九月初三日，公至瑞州劳师。巡视营垒，刘公腾鸿治军严整，公深嘉奖之。李元度等军围攻抚州数月，大小五十余战，虽屡攻未克，而江西东路十余州县赖以屏蔽无患。广信、饶州，通苏、杭之道，许湾、河口，商贩所集，饷需器械，赖以接济。公饬诫平江各营一意坚守，且令其退扎十里之外，勿事进攻。李元度志在克城，未能从也。是月初二日，分军攻剿近县。初四日，收复宜黄县。初九日，收复崇仁县。抚州之贼，乃自城出扑营，复有援贼扰犯东乡至抚州。十七日，大营为贼扑陷，林公源恩等阵亡，李元度力战突围以走。崇仁贼势愈张，南昌戒严，广信、建昌皆震。二十日，公由瑞州营还至南昌。咨留浙军饶廷选驻防广信，调李元度收集溃勇，扼守贵溪以保河口，调吴坤修率勇赴广信。吴坤修为奉新绅民所留，未果往。二十七日，瑞州军分剿南路贼。二十八日，贼出扑营，击破之。连日与贼战，皆破之。上高县再陷，知县傅自铭阵亡。

十月初四日，瑞州分军收复上高县。初十日，军回瑞州，遇贼，击破之。十一日，驰奏瑞州胜仗收复上高一摺。阵亡知县傅自铭、守备詹荣清请恤。又奏抚州一军被贼扑陷一摺。李元度调度失宜，请以知县降补；殉难同知林源恩，请赏加道衔，照道员例议恤；营官唐得升、耿光宣、委员周尚桂，均请从优议恤。附片奏请旨饬浙江抚臣咨行总兵饶廷选率得胜之师，仍驻广信府城。臣等札饬李元度驻扎贵溪，则河口商民可以复业。饶廷选一军仍可策应四路，于浙江兵力无损，于江西筹饷有益。又片奏：新授吉安府知府黄冕与前任湖北藩司夏廷樾，在湖南劝捐募勇，规复吉安。已革副将周凤山，怀樟树挫败之耻，亦欲另募劲勇，力扫寇氛。两军合并，兵力较厚。臣等即饬径捣吉安，取上游建瓴之势。请饬颁布照两千张，发交黄冕、夏廷樾劝办捐输，专济此军之用，归臣处粮台报销。又片奏：江西捐输，请照湖南章程，以制钱千六百文抵银一两，俾捐生踊跃乐输，实于军饷有济。瑞州军攻城未克，贼之出入接济者，屡被各营截击，仍不能绝。刘公腾鸿等督率弁勇夫役，毁瑞州之南城，筑新垒二座，以劲兵五千人坚守；分调各军，分途雕剿，以扼截贼援。吴坤修击贼于奉新，屡破之。抚州既败，建昌之贼屡出扑营，江西兵勇、福建援军皆溃。二十五日，大营失陷，闽军副将陈上国等死之，张从龙领闽兵退回杉关。新干县复陷于贼。刘于浔以水师再克之。是月奉上谕："曾国藩、文俊自八月奏报瑞州、建昌胜仗之后，以及月余未见续报。前闻贼匪多回至金陵，而江西失陷，各郡尚无一处克复。据江、浙各省奏报，皆言金陵内乱，恐石逆不得志于皖、楚，势必窜入江西。该逆于诸贼之中最为凶悍，若令回窜江西，占据数郡，煽惑莠民，其势愈难收拾。著曾国藩等乘此贼心涣散之时，赶紧克复数城，使该逆退无所归，自不难穷蹙就擒。若徒事迁延，劳师縻饷，日久无功，朕即不遽加该侍郎等以贻误之罪，该侍郎等何颜对江西士民耶！又闻石达开与韦逆不睦，颇有投诚之意。倘向曾国藩处乞降，应如何处置之法，亦当预为筹划，经权互用，以收实效。现在仍将失陷各城先图攻克，使该逆无所凭借，不敢退至江西，是为至要。”钦此。

## 卷五　公五十一岁

【辛酉】咸丰十一年，公五十一岁。

正月，公在祁门营。初六日，贼由石埭县分二股，一由大洪岭窜入，一由大赤岭窜入，直趋祁门。公老营单薄，人心震恐，居民惊走。初七日，提督江长贵击贼于大洪岭，却之。初八日，公派唐义训、朱品隆出队，击贼于历口，破之，追剿出岭外。贼之内犯者歼焉。初九日，左公宗棠、鲍公超合击贼于洋塘，大破之。贼窜屯下隅坂，鲍超引军击之。贼之在祁门东路者，窜扰江西之玉山、铅山，攻扑广信府，内犯抚、建之境。公札饬刘于浔防守抚州，黄鸣珂守建昌，魏喻义防守南昌省城。左公宗棠一军仍驻景德镇，防剿婺源之贼。二十四日，驰奏左宗棠、鲍超两军扼守景德镇，迭获胜仗，会剿洋塘大捷一摺。又奏逆匪分犯大赤、大洪二岭进扑祁门老营，官军迎剿获胜追贼出岭一摺，附单汇奏阵亡员弁周芸亭等三十六人请恤。附片奏报皖南、江西贼势军情。又片奏请敕颁钦差大臣关防并令箭旗牌等件，由江西递至行营交领。二十六日，鲍超攻贼于黄麦铺，左公宗棠分军助剿，大破之。贼濒江下窜。总兵陈大富收复建德市，江西北路饶州、九江境内肃清。是月公作《解散歌》一首，流布陷贼之境，于难民之久困贼中者，曲达其苦衷。士民读之，莫不感泣，因此而自拔来归者颇多。

二月初八日，驰摺奏官军击贼黄麦铺大捷。奏称鲍超勇冠三军，每战必克，请以提督记名简放，阵亡守备曹有余请恤。附片奏逆匪李秀成一股由广信内犯，围攻建昌府城，意图窜江西腹地；陈玉成大股在皖北，亦须劲旅援剿。拟移驻东流、建德，防堵下游池州各股，而抽出鲍超一军为游击之师，视其尤急者而应援之。是日，具摺恭谢年终恩赏。初九日，张运兰、唐义训、朱品隆等击上溪口贼垒，破之，进攻休宁。十一日，收复林宁县城。胡公林翼移营太湖，合围安庆。贼酋陈玉成纠皖北大股犯霍山。总兵余际昌全军败溃。贼遂陷英山县，直趋湖北之蕲水，扑黄州府，陷之，分陷德安、随州。武汉戒严。李公续宜奉旨授安徽巡抚，率军回援鄂省。十七日，驰奏上溪口胜仗克复休宁一摺。道员张运兰请以按察使记名简放，总兵朱品隆、唐义训请柬授实缺，并奏保叶光岳、胡玉元、朱声隆、李公选、禹志涟五员。附片奏报江楚军情：江西抚州吃紧，省城震动，飞调鲍超一军由九江驰赴南昌，以固根本。臣因休宁新克，徽州可图，暂缓移营，仍驻徽境，当力攻徽郡，以通江浙之气而开米粮之路。二十三日，贼由榉根岭窜入箬坑，扑副将沈宝成之营于历口。其北路一股，由禾戍岭窜入，分扰各岭路。二十四日，提督江长贵击北路犯岭之贼，却之。二十五日，朱品隆援历口。二十六日，会剿箬坑之贼，破之。左公宗棠由景德镇移军进剿婺源窜贼，分军剿乐平窜贼，皆获胜。贼大股继至，左公驻军乐平之境。三十日，贼窜陷景德镇，总兵陈威肃公大富阵亡，全军挫溃。公所设转运粮台在景镇者，水师救获以免。是月，公于祁门修筑碉堡，设局督工。公每日亲出巡视，数旬而工毕。

三月初二日，公由祁门拔营。初三日，驻休宁。调张运兰、唐义训等军九千人集于休宁，分两路进攻徽州。初五日，唐义训军进攻失利而溃。维时景镇既失，祁、黟、休宁三县四面皆贼，米粮接济已断，公军有坐困之势。公商之各军统领、营官，拟再力攻徽州，以图克复。函致左公宗棠、鲍公超，令其夹攻景镇。十二日，公督各军进攻徽州，不克。贼出迎战，官军败退，夜还休宁。十三日，贼跟踪来犯。公闻警愤甚，自书遗教二千余言寄家，誓有进而无退。诸将力劝公回祁门。公乃饬张运兰、朱品隆两军坚守休宁。十八日，公回驻祁门。左公宗棠大破贼于范家村，驻军于乐平市。贼由景镇来犯，左公迭击破之，乘胜进剿，前后六获大捷，计杀贼逾万人。贼乃溃走浮梁。乐平一带肃清，转运道通，皖南军气稍伸矣。贼攻建昌、抚州两郡，皆坚守得完。贼乃西窜，陷吉安府，旋经官军收复。二十日，贼陷瑞州府城而踞之。贼酋陈玉成由鄂窜皖，连陷黄梅、宿松，以为安庆城贼之援。二十三日，公亟调鲍超一军渡江援剿。多隆阿公截剿援贼于桐城、怀宁之境，大破之。贼悉窜踞集贤关。二十四日，奏报上月箬坑、禾戍岭等处击贼胜仗一摺，又奏进攻徽州未能得手一摺。奏参营官总兵唐义训、副将沈宝成、同知朱声隆，其阵亡之副将叶光岳、胡玉元、千总梅魁员请恤。又奏报上月左宗棠一军分剿婺源、乐平等处先后接仗胜负情形一摺，阵亡游击陈明南、将弁陈石台、赵玉莲、曾文清、喻拔元、陈正彪请恤。又奏报景德镇失陷一摺。总兵陈大富力战捐躯，请照总兵例从优赐恤，并于南陵县建立专祠，以表忠进而留遗爱。所部将弁田应科、萧传科、胡占鳌、胡凤、熊定邦、吴定魁、罗廷材七员请恤。附片奏参婺源县团绅余述祖、黟县知县王峻、婺源知县申协煊，均请革职。又片奏江皖军情，贼匪约分四股，惟李秀成一股西窜，距祁门较远，其三股环绕祁门，无日不战，现已迭获大胜，皖南军务日有起色。惟安庆官军危急，已调派鲍超一军驰援，臣亦即日拔营，移驻东流，就近调度。二十六日，公由祁门拔营。饬派张运兰守休宁，朱品隆守祁门，江长贵、沈宝成等分守岭隘，暂辍进攻之谋，为坚守之计。公自率亲兵数百人以行。三十日，行抵建德市，鲍超迎见公。

四月初一日，公行抵东流县，按视鲍超霆字军营，饬催渡江会剿安庆援贼。初二日，驰奏左宗棠一军大破贼于乐平，景德、浮梁、鄱阳等处一律肃清一摺。阵亡副将罗近秋、游击史聿舟及其将弁李启昭、聂棠本、张致和、聂福申、孙绍凯请恤，伤亡将弁赵克振、周崇高、杨清和请恤。随摺保道员王开化、知县刘典二员，三品京堂左宗棠迭破巨股，振江皖之全局，勋绩甚伟，请御赏珍物，以示旌异。又附奏请将左宗棠改为帮办军务，俾事权渐属，储为大用。又附片奏：移驻东流，援助江北，臣所统全军皆留徽州境内，布置防守。左宗棠一军伺贼所向，跟踪追剿。是日，又具摺汇保左宗棠一军出力员弁，开单请奖。又具摺汇保鲍超一军出力员弁，开单请奖。初四日，接奉钦差大臣关防。初七日，拜印开用。初八日，谕文案委员书吏：凡军务地方公私函牍，分条呈送核阅。贼扑安庆官军营，杨公载福派水师助守。多隆阿公连战破贼，贼酋陈玉成遁走。其集贤关内贼垒十三座，公弟国荃掘长濠以困之，公弟贞干移营菱湖以扼之。鲍公超率军攻赤冈岭贼垒，悍贼坚守不下。胡公林翼调副将成大吉一军助剿，筑炮台进逼贼营，日夜攻之。左公宗棠追击贼于广信府境。贼窜入浙江，陷金华府及所属数城。瑞州踞贼分扰武宁、义宁、奉新、靖安等县，窜入湖北之境。

五月初一日，鲍超、成大吉合攻赤冈岭贼垒，破之，擒斩数千人。贼之由瑞州窜湖北者，分扰兴国、大治、通山、崇阳等属。初二日，胡公林翼调成大吉一军渡江剿之。鲍公超尽平赤冈岭贼垒，擒斩贼目刘？仓琳。初三日，讯失律营官李金？张光照，于军前斩之。徽州之贼犯羊栈岭，窜陷黟县。初五日，朱品隆、江长贵等攻黟县贼垒，破之，收复县城。初六日，张运兰、唐义训等击犯岭之贼，破之。初九日，诸军进剿庐村贼垒，破之。十三日，徽州之贼弃城遁去。十四日，张公运兰率军收复徽州府城。左公宗棠派军击败窜贼于鄱阳县，贼窜入浙境。胡公林翼自太湖拔营回鄂省援剿，与公期相见于华阳镇。公棹舟至香口候之。十五日，胡公来见，会议军政，统筹大局。留三日。时胡公已病咯血，公则癣疾大作，如官京师时。十八日，驰奏鲍超、成大吉围攻赤冈岭贼垒，悍贼悉数歼除一摺。随摺奏保吴亮才、周开锡、余大胜、颜绍荣、王衍庆、李文益、明兴、伍华瀚、曾昭仕、萧玉元十员，阵亡副将苏文彪等三十二员弁，开单请恤。又奏江南乡试未能举行一摺。附奏李金？张光照正法一片。又奏代递前太常卿唐鉴遗摺，奏请特旨赐谥。奉旨予谥确慎。十九日，公还东流营。左公宗棠由广信回军景德镇，值池州之贼窜陷建德市。二十二日，左公分军击贼，败之，收复建德城。二十四日，批饬鲍超引军击剿宿松、黄梅之贼。二十八日，驰奏逆匪犯岭袭陷黟县，旋经官军克复并乘胜收复徽州一摺。随摺奏保臬司张运兰、总兵唐义训、副将娄云庆、知县朱声隆，奏参参将袁国祥、黄朝升革职，不准留营。又奏遵旨酌保唐义训升署皖南镇总兵，江西知府姚体备以道员归于安徽补用，即令署理皖南道缺。又奏提督杨载福请假四月回籍省亲一摺。附片奏参霆营将弁郑阳和等分别降革。又片奏饬水师营官陈金鳌赴南赣镇总兵任。又片奏陈江、楚、皖三省贼势军情：安庆贼粮垂尽，必须力争此城，而后大局有挽回之望，金陵有恢复之期矣。

六月初一日，公弟国荃攻菱湖两岸贼垒，悉破平之，安庆城外贼营俱尽。福建汀州股匪窜江西境，又将窜徽州，左公宗棠由景德镇拔营赴婺源扼剿。贼犯祁门岭路，朱品隆击却之。胡公林翼回驻武昌，派成大吉等击贼，破之，收复武昌所属各城邑。初八日，奏水陆各军阵亡病故员弁汇案请恤一摺，单开一百二十一员名。又奏皖南、江西官军克复黟县、建德等城前后七案出力员弁开单汇保一摺。又具摺复奏：谕旨饬令左宗棠一军应援浙江。臣查徽州一郡，群贼环伺，防守为难，景德镇、婺源县皆皖浙扼要，战守事宜，均赖左宗棠就近维持。该军纵横策应七百余里，以目下形势而论，实不能分身就浙。附片奏新授广东按察使彭玉麟统带水师，扼要驻守，暂难赴任。又片奏遵旨查参江西藩司张集馨革职。十三日，缉获徽防将弁黄胜林，于军前斩之。贼酋李秀成一股，扰逼南昌省城。公调鲍超一军渡江，由九江进剿。十八日，驰奏钦奉谕旨复陈江西各路贼情。奏称：江西之贼凡五大股。其由皖境窜入者三股，惟李秀成一股深入江西腹地，占据瑞州，旁扰各属。其由两广窜入者二股。五股之中，或分或合，头绪迷离。并陈明斟酌缓急，调派援剿先后节次，以及饬调官军筹防江西南路大略情形。附奏江、楚、皖三省战守情形一片。又奏黄胜林正法一片。二十六日，左公宗棠分军迎剿窜贼于德兴市境，破之。贼败窜入浙境。

七月初四日，江苏巡抚薛焕委员赍送两江总督关防、两淮盐政印信到营。初六日，行礼拜印。公闻胡公林翼病甚剧，委弁至武昌馈药，且问之。十一日，湖北官军克复德安府城。贼酋陈玉成纠大股围扑太湖县，攻犯桐城围师。多隆阿公击却之。十八日，驰奏汇报左宗棠一军五、六两月战守情形一摺。又奏复陈恭亲王奕？等，奏请购买外洋船炮，实为今日救时之急务。附奏请调现泊上海之轮船，由长江驶赴安庆，就近察看试用。令楚军水师将弁预为练习，俟明年购到洋船，庶收驾轻就熟之功，即与抚臣文报往来，数日可达，不致淹滞。请饬下江苏抚臣薛焕迅派干员，押令上驶，以资演习。附片奏派委员弁购买口外战马八百匹，请饬部查验，免税放行。又片奏五月由驿拜发摺片，逾期已久，未奉批谕，请查驿递在何处沈失，照例办理。又奏报江、楚、皖军情一片。公弟国荃攻安庆城外石垒，尽拔之。贼以大股来扑营，公弟国荃坚守却之。鲍公超军渡九江进剿，贼退出瑞州，窜丰城。二十四日，鲍超引军追击于丰城西北岸，大破之，斩逾万人。贼由抚州东窜。二十七日，公弟国荃击援贼于城外，破走之。二十八日，专差奏报接印日期一摺。

八月初一日，公弟国荃克安庆省城，贼党歼焉。初二日，驰奏鲍超一军进援江西，在丰城大获胜仗一摺。奏称：鲍超盛暑鏖兵，所向克捷，立功最伟，请赏赍珍物，以示旌异。随摺保宋国永、陈由立、黄庆等十七员，阵亡知州袁观丰、都司殷雄亮请恤。附片奏报克复安庆省城大概情形，称：楚军围攻安庆，已逾两年，画谋决策，皆胡林翼一人所定，卒得克此坚城，歼除悍贼。臣即日前往部署，其详细情形，另由官文、胡林翼、李续宜会衔具奏。初三日，多隆阿公克复桐城市。初五日，杨公载福派水师克复池州府城，杨公谒辞回籍。初七日，公舟抵安庆。初八日，公与公弟国荃、贞干入安庆城省，巡视城垣，安抚士民，治行馆廨署。搜擒降贼之知县孙润于军前斩之。多隆阿公分军克舒城、宿松、黄梅等县。初十日，驰报水师克复池州进攻铜陵一摺。附片奏：

各营欠饷过多，请旨饬江西每月拨解漕折银五万两，筹清欠饷，并请江西停解各省协饷。所有地丁入款，漕折税，先清本省守兵及臣处征兵欠饷，以免决裂之患。是日，接奉批摺及赞襄政务王大臣咨文，惊闻七月十六日文宗显皇帝龙驭上宾。公恸哭失声，自以十余年来，受上知遇，值四方多难，圣心无日不在忧勤惕厉之中。现值安庆克复，军务方有转机，不及以捷报博玉几末命之欢，尤为感恸无已。十一日，湖北官军克广济县，旋收复蕲州、蕲水等城。十二日，水师进克铜陵县。十七日，贼扑浙江严州，府城失守。十八日，接奉哀诏。乃设次于安庆城中，率文武员弁成服哭临三日，日三哭。鲍公超追贼至抚州，贼窜贵溪、双港、湖坊、河口一带，与闽广股匪合并，其数犹众。鲍公追剿，连战破之。二十二日，大破贼于双港，平贼垒八十余座，擒斩万余人。二十三日，克铅山县，追剿河口，贼悉溃窜浙境。江西全省肃清。二十四日，湖北官军克复黄州府城。二十六日，胡文忠公林翼卒于武昌。公闻胡公之卒也，悲悼不已。谓胡公赤心以忧国家，小心以事友生，苦心以护诸将，天下宁复有似斯人者哉！二十七日，专弁赍奏恭慰大孝一摺。官文公奏请以李续宜署湖北巡抚，奉旨调授湖北巡抚彭公玉麟补授安徽巡抚，毛公鸿宾补授湖南巡抚。

九月初二日，公弟国荃督军循江北岸而下，派道员刘连捷等进军庐江县，总兵黄翼升以淮扬水师顺流下驶。初九日，公驰摺奏鲍超一军，追剿江西股匪于湖坊、河口等处，大获胜仗，克复铅山县城，江西全省一律肃清，阵亡将弁王友得、黄友胜等十一名请恤。随摺保谭胜达、明兴、李文益、刘玉堂等十一员。附奏称提督鲍超转战三省，风驰电掣，骁勇罕匹，请旨授提督实缺，其部将宋国永、陈由立、黄庆、娄云庆、张玉田等，请授总兵实缺，以示奖励。又奏："臣移驻安庆省城，酌派司道大员分任责成"一摺，附片奏：张运兰奉旨补授福建按察使，例应赴任，该司带勇，徽州防剿吃紧，无人可以接办，请俟军务稍平，再请陛见。又奏报孙润正法一片。十六日，公弟国荃克泥汉口贼垒。十九日，克神塘河贼垒。官文公会奏安庆克复情形。奉上谕："曾国藩调度有方，著加恩赏加太子少保衔。"钦此。又奉上谕："官文等另片奏曾国荃等于围攻安庆时，智勇兼施。道员曾国荃著赏加布政使衔，以按察使记名，遇缺题奏，并加恩赏穿黄马褂，以示优奖。候选训导曾贞干著免选本班，以同知直隶州知州尽先选用，并赏戴花翎"等因。钦此。又奉上谕："官文等奏请将殉难道员予谥等语。候选同知曾国华前在三河殉难，今其兄曾国藩、其弟曾国荃、曾贞干率师剿贼，克复安庆。一门忠义，深堪嘉尚。曾国华着加恩予谥，以彰忠烈。”钦此。二十日，公弟国荃克复无为州城。二十一日，公作《劝诫浅语》十六条，营官、僚属、委员、绅士各四条。二十二日，查阅城上防守兵勇，巡视城堞及城外营垒。二十三日，公弟国荃克运漕镇。时外洋轮船由上海驶至汉口者渐多，上下往来，一日千里，奸商往往雇民船载货，系于其后，拖带以行，借免课税厘金，亦或借以资贼。公咨行通商衙门，称盐茶为货税大宗，饷源所赖，请照会上海洋商，毋得揽带民船货物。寿州练总苗沛霖亦捻匪之党，前岁与李世忠先后受抚，督师胜保公叠次奏保，补授四川川北道，加布政使衔。李世忠升任江南提督，帮办军务。苗沛霖与在籍办团之员外郎孙家泰等为仇，率其党围攻寿州。巡抚翁同书屡出谕之，苗沛霖不退。孙家泰等自杀，苗沛霖攻陷寿州。袁公甲三派李世忠以兵击之。诏命公移得胜之军分讨苗逆。二十九日，公弟国荃克东关贼垒，前后所克城镇，派军扼守，乃还安庆。是月浙江之贼陷绍兴、处州二府城，其余州县属邑，蹂躏殆遍。

十月初一日，公弟国荃还至安庆，商定增募湘勇直捣金陵之计。湖北官军克随州城。初三日，颁发捐输章程。扎派委员，按人填给。札饬水师营官严拿游勇。出示抚恤殉难员绅家属，被难流亡之士民召集复业，清查房产争讼。左公宗棠军至广信。公调鲍超一军回皖，进军青阳，调朱品隆、唐义训等军进剿石埭，规复宁国。初六日，接奉遗诏，设次行礼。公弟国荃回湘增募湘勇六千人。初十日，彭公玉麟至安庆见公。彭公时奉安徽巡抚之命，具疏力辞。十四日，公具摺奏陈湖北抚臣胡林翼忠勤尽瘁，勋绩最多，乞饬付国史馆，查照施行。又驰摺奏报水陆各军克复铜陵县、无为州、运漕镇并沿江要隘三处，随摺奏保王明山、黄翼升、李朝斌等二十员。附片奏官军攻克运漕以后，本可直捣金陵，惟深入腹地，人数单薄，应令曾国荃添募湘勇六千，替出各城防守之师，进剿巢和，与下游都兴阿一军联络剿办，易于得势。又奏保知府陈成补安庆知府一摺。附片奏前办皖南军务张芾所有文卷簿领，均因徽郡失陷，毁焚无存，请免造报。又片奏称：军兴十载，凡地方查办馈贼资粮受伪官职之案，徒为奸吏讼棍讹索之柄，江西新建县候通选判程迪昌迭次以馈贼重罚诬告善良，请将程迪昌革职严办，以儆刁风。又片奏皖南督办团练在籍编修宋梦兰、知府张韶南与其子张同生均以积劳病故请恤。浙江杭、湖两郡，久被贼扑，岌岌不保，公咨商左公宗棠由广信进军衢州，以援浙江，调派张运兰防徽之军及江西东境防守之师，均归左公调遣。江苏官绅栖保闵行区。十六日，钱公鼎铭由轮船赴安庆，见公痛哭，以请援师，且呈递官绅公函。谓吴中有可乘之机，而不能持久者三端：曰乡团、曰枪船、曰内应是也；有仅完之士而不能持久者三城：曰镇江、曰湖州、曰上海是也。公见而悲之。时饷乏兵单，楚军无可分拨，与李公鸿章筹议，期以来年二月济师。十八日，奉上谕："钦差大臣两江总督曾国藩著统辖江苏、安徽、江西三省，并浙江全省军务。所有四省巡抚提镇以下各官，悉归节制。浙江军务，著杭州将军瑞昌帮办，并著曾国藩速饬太常寺卿左宗棠驰赴浙江，剿办贼匪。浙省提镇以下各官，均归左宗棠调遣。"钦此。二十六日，专摺奏谢天恩加宫保衔。又代奏弟国荃、贞干谢恩晋秩一摺。又奏谢弟国华奉旨予谥恩一摺。是月湖北全境肃清，官文公调派成大吉等军进驻霍山，以规寿州。刘公蓉奉旨署四川布政使。

十一月初二日，公巡视安庆城垣，度地拟建试院一区，令上下江分闱乡试，既而不果。多隆阿公收复三河镇。十四日，奉到节制四省之旨，旋又奉酌保封疆将帅人才之旨，又奉察看江苏巡抚薛焕、浙江巡抚王有龄能否胜任据实具奏之旨。公自以任大责重，值时事之艰难，弥觉惕然不敢自安。十六日，驰摺奏左宗棠一军定议援浙，请将广信、徽、饶诸军统归节制，以一事权。该处一切军情，即由左宗棠自行奏报，以昭迅速。信郡钱粮。河口、景德镇，拨归左宗棠经收。其防剿进止，均由左宗棠相机办理。又具摺奏保江西署藩司李桓留办粮台，并请敕效军机处记名，以藩、臬两司遇缺题奏。又具摺奏保道员万启琛署理安徽按察使、李榕署理江宁盐巡道，均随同驻安庆，筹办善后事宜。附片奏新授衢州镇总兵朱品隆现调令会合鲍超一军，进攻宁国，暂难赴任。又片奏：两江政务殷繁，现在行营一无成案可查，所有刑名钱谷及盐员武职补缺与地方寻常事件，应由臣衙门循例具题者，请暂行展缓，抑或改题为奏，以归简易。是日，又奏水陆各军攻克赤冈岭、菱湖贼垒克复安庆省城三案出力员弁开单请奖一摺。又奏克复休宁、黟县及徽州府城迭次攻剿各岭隘出力员弁开单请奖一摺。又奏行营采访忠义第四案，附片奏刑部主事柯钺之母柯王氏骂贼殉难，请建专坊。又查明柯氏一门殉节者五名，列为第五案。二十五日，奏辞节制浙江省一摺。奏称：臣自受任两江以来，祁门被困，仅得自全；至于安庆之克，悉赖鄂军之功，胡林翼筹划于前，多隆阿苦战于后，非臣所能为力。江苏乃职分应办之事，尚无一兵一卒达于苏境。乃蒙宠遇非常，节制四省，自顾菲材，实难胜任。左宗棠之才，实可独当一面，即毋庸臣兼统浙省，苟思虑所能到，才力所能及，必与左宗棠合谋，不分畛域，不必有节制之名，而后尽心于浙事也。又具摺复奏查明苏浙两省抚臣优劣情形，奏参候补盐运使金安清请即革职。附片奏保道员李鸿章可膺封疆重寄，现在臣处统带水军，请酌拨陆军数千人，驶赴下游，以资援剿，又奏保提督鲍超功绩甚伟，请赏穿黄马褂，以示旌异。又片奏常州一郡士尚节义，多可用之材，就所知者，奏保周腾虎、刘翰清、赵烈文、方骏谟、华衡芳、徐寿六员名，请量材录用。二十六日，奉到大行颁赏遗念衣服一箱。公拜领行礼谢恩。浙江贼攻扑徽州，左公宗棠派军援剿。公调朱品隆回军援徽。是月贼攻杭州，张忠壮公玉良阵亡。贼分陷宁波、台州各府城。二十八日，杭州省城失守，将军忠壮公瑞昌、巡抚王壮愍公有龄、总兵饶壮勇公廷选等皆死之。

十二月，鲍公超击贼于青阳，屡破之，进攻县城未克。张公运兰病甚回籍，其弟运桂代领其军守徽州。朱品隆军至，击贼破之。十七日，奏遵旨筹商苗沛霖剿抚情形：该练逆迹昭彰，断无再抚之理。现楚军剿办粤逆，难以同时并举，须俟庐州克后，与袁甲三临淮之师联络，乃可并力剿苗。彭玉麟素统水师，舍舟登陆，用违其长，且江面太长，照料非易。该抚两次奏请开缺，应请旨另简大员接任皖抚，俾得乃领水师，于南北大局，两有裨益。又奉遵旨派员赴上海押解革员何桂清来京候讯一片。又奏得鲍超一军攻克安庆贼垒肃清江西全省两案出力员弁开单请奖一摺。十八日，恭接登极诏书。是日，驰奏：浙江省城失守，徽郡被围，臣奉援浙之命，赴救莫及，请交部严加议处。谨统筹全局，力图补救之策，分条陈奏：其一，浙江全省惟衢州一府可以图存，左宗棠一军，先固江皖边防，再筹进剿；其一，请敕下闽浙督臣庆端速派劲旅，严守浦城，俾贼不得由闽境而窜江西；其一，请调广西臬司蒋益沣带领所部五六千人迅赴浙江，随同左宗棠筹办防剿，道员陈士杰带勇驰赴安庆，听候调遣，并请将该二员补授苏、浙两省实缺；其一请饬下闽广督抚，粤海关、闽海关按月筹拨银十三万两，解交左宗棠军营。附片奏团练一法，不能剿大股悍贼，请将江南团练大臣裁撤。又奏左宗棠一军乐平、建德、德兴等处大捷，出力员弁，汇案请奖。附片奏布政使衔道员王开化积劳病故，请照布政使例从优赐恤予谥。奉旨予谥贞介。二十六日，朱品隆等大破贼于徽州，左公宗棠分军破贼于大鳙岭。徽境肃清。二十七日，奉到上谕："曾国藩奏接奉节制江、浙等四省军务沥陈恳辞一摺，谦卑逊顺，具见悃忱真挚，有古大臣之风，深堪嘉尚。江浙军情，本属相关一气，凡该大臣思虑所到，谅无不协力同心，相资为理。节制一事，该大臣其毋再固辞。"钦此。侍郎宋公晋奏请饬川、楚、江、皖五省会剿粤逆，诏公与官文、李续宜等详议。公会奏称：增兵必先增饷，非一省所能为力，必须五省合力筹划，众志一心，方于事有实济。现拟咨商各省详议饷数。是月公弟国荃奉旨赏加头品顶戴，左公宗棠授浙江巡抚，沈公葆桢授江西巡抚，李公桓授江西藩司，暂署巡抚，彭公玉麟以兵部侍郎候补。诏公酌保皖抚。安庆复后，公至省城，招徕士人，修葺敬敷书院，每月按期课试，校阅文艺，其优等者捐廉以奖之。于嘉惠寒士之中，寓识拔才俊之意。皖中人士，莫不感奋。公札司道设立善后局，安抚遗黎，清查保甲，刊发《劝诫浅语》十六条。分设谷米局及制造火药子弹各局，委员司之。又设内军械所，制造洋枪洋炮，广储军实。委员查核民田，分别荒熟。其已垦者，暂令按亩出钱四百文，以助军饷，谓之抵征。除日，派忠义局委员协同街团绅士施放钱米，以赈饥民。

是岁亲王僧格林沁与兵部侍郎胜保，皆奉旨授钦差大臣，督师剿办捻匪。内阁学士毛昶熙，奉旨督办河南团练。提督冯子材办镇江军务，以副都统魁玉为帮办。

## 卷六　公五十二岁

【壬戌】同治元年，公五十二岁。

正月，公在安庆。初一日，内阁奉上谕："曾国藩著以两江总督协办大学士。"钦此。又奉上谕："曾国藩节制四省，昨又简授协办大学士，其敷乃腹心，弼予郅治，朕实有厚望焉。"钦此。初十日，奏遵旨保皖抚大员一摺。又奏再陈下情力辞节制浙江军务一摺。奏称：图浙之道，必以广信为运粮之路，以严州为进兵之路。现在惟左宗棠一军不能遽达于严州，必俟蒋益沣之军到衢州后，两路并进，取势渐紧。所以规复浙江者在此，所以保全江西、皖南者亦在此，至臣所以再三渎陈不愿节制四省者，非因浙事既已决裂有诿过之意，实因权位太重，恐开斯世争权竞势之风，兼防他日外重内轻之渐。机话甚微，关系甚大。又奏遵旨保举李朝斌、喻俊明、任星元、丁泗滨四员堪胜水师总兵之任。附片奏前浙江巡抚罗遵殿殉难杭州，已奉旨赐恤，旋经御史高延祜奏请撤销恤典。苛刻之论，殊欠公允。仍请从优赐恤，并将随同殉难之家属等一并旌恤，以彰忠节。王有龄以粮尽援绝，见危授命。其在任时，迭被参劾，难保无身后之訾议，请并从优议恤，以为以死勤事者劝。又片奏参安徽巡抚翁同书酿成苗逆之祸，两次失守，不能殉节。请旨革职议罪，不敢因其门第鼎盛，稍为迁就。又片奏报徽郡解围及各路军情大概。是日，奉到谕旨，李续宜调安徽巡抚，严树森调湖北巡抚。钦颁令箭、令旗、王命旗牌到营。十一日，批饬江西藩司停止州县吏摊捐之案。公谓地方亲民之官，必须令其旷然无累，然后可责之以民事，不至苛取民财也。十七日，公奉到协办大学士之旨。公弟国荃授江浙臬司，蒋益沣授浙江藩司，陈士杰授江苏臬司。鲍超补浙江提督，并赏穿黄马褂。从公奏也。二十日，左公宗棠击贼于开化县，破之。二十一日，新购外洋火轮船一号到安庆。公出阅视，派委员弁管带，配以兵勇，于江西试行之。二十二日，拜摺恭谢天恩。附片奏称：自去秋以来，臣一门之内迭荷殊恩，感激之余，继以悚惧。恳求于金陵未克以前，不再加恩于臣家，庶可以保全功名，永承圣眷。前此迭奉保荐督抚大员之旨。封疆将帅，乃朝廷举措之大权，岂敢干预？疆臣既有征伐之权，不当更分黜陟之柄，不特臣一人为然。凡为督抚者，辨之不可不早，所以预防外重内轻之渐，兼杜植私树党之端。庶几纪纲弥肃，朝廷愈尊矣。贼窜吴淞口，上海告急。镇江府城屡被贼攻扑。又分股渡江，扑江浦、浦口官军营盘。赵公景贤坚守湖州府城一年有余，粮援俱断，文报亦梗阻不得达。大学士翁公心存奏苏中士民结团抗贼，望曾国藩如慈父母，请饬该大臣派一素能办贼之员，驰往援剿。侍郎宋公晋条陈恢复江南大略。是时公屡奉筹划全局派援江浙之旨，于是日具奏：浙江之事，必俟左宗棠进攻严州，蒋益沣进驻衢州，鲍超进抵宁国，乃有下手之处。江苏之事，必先清江北，次乃江南。现催李鸿章募练淮勇，酌拨湘军数营，驶赴下游，察看情形，再行驰奏。江浙贼势浩大，尽占富庶之区，财力与人数皆数倍于官军，不敢过求速效，以至偾事。又奏徽州官军胜仗郡城解围一摺，随摺奏保张运桂、朱品隆、唐义训、刘松山等十三员，阵亡参将黄和鸣等四十六员名，开单请恤。附片奏鲍超一军，在青阳大获胜仗，阵亡弁勇唐泗和等十一名请恤。又片奏江苏绅士议借洋兵剿贼之事：上海本通商之地，借洋兵以保守人财则可，若令攻剿苏州、金陵代复中国之疆土则不可。盖以现在攻城，我无助剿之师，将来克城，又无防守之师，专恃洋兵，洋人或见德而生怨望，不可不虑。维时上海已设立公局，会同洋人防守。公咨商巡抚薛焕，言苏州、金陵非可以幸袭而得，目前权宜之计，只可惜兵防守沪城，尤当坦然以至诚相与，不可稍涉猜疑，致碍大局。其函致苏州绅士，言之尤详。二十四日，奉到上谕："贼氛日炽，而该大臣等章奏寥寥，南服缅怀，殊深廑念。其如何统筹全局，缓急兼权，著将一切机宜，随时驰奏，以纾悬系。"钦此。李公鸿章募淮勇到安庆，公为定营伍之法。器械之用、薪粮之数，悉仿湘勇章程，亦用楚军营规以训练之，拨湘勇数营以助之。两省将卒，若出于一家然，公所教也。二十六日，咨濒江各省督抚商定长江通商章程。饬善后局查办保甲。公自核定门牌团册之式。是月，李世忠收复江浦、浦口二城。贼纠捻匪围攻颍州府，胜保公督师援之。彭公玉麟补授兵部右侍郎。

二月初二日，公拜摺奏称：忝列戎行，奏报甚少，其所以自守者，盖亦有故：一则不轻奏谣传之言，一则不轻奏未定之事，一则不轻奏预计之说。因此三者，遂蹈迟延之咎。臣忝非常之遇，倚任弥重，延访更殷。嗣后拟十日奏事一次，有急则加班具奏。所有谕旨垂询之件，谨分条详复，其一，计曾国荃、杨载福、张运兰回营之期；其一，李鸿章募练淮勇，二月可以成军，拟由陆路驰至镇江；其一，攻捣金陵，必先清后路，脚跟已稳，而后可进；其一，李续宜筹派兵勇，援颍州之路；其一，左宗棠援剿浙江，必从衢、严之间下手；其一，上海筹借洋兵，以助防守之法。凡六条。饬安庆藩司核定金卡局支发军饷坐支章程。初四日，阅视李公鸿章营勇及所部程学启、滕嗣林等营。多隆阿公大破贼于庐州城外，尽平贼垒。初五日，奉到上谕："曾国藩沥陈下情遵保皖抚各摺片，具见该大臣虑远思深，实深嘉悦，已明白宣示，仍令该大臣节制四省矣。朝廷黜陟之权，原非封疆大吏所能侵越。第该大臣简任纶扉，督师江皖，膺股肱心膂之寄，朕畴咨岳牧，延访甚殷，该大臣图济时艰，不当稍有避嫌之见，方合古大臣知无不言之义。嗣后如有所知，不妨密封呈进，以备采择。"钦此。同日奉上谕："曾国藩晓畅戎机，公忠体国，中外咸知。当此江浙军务吃紧，生灵涂炭，若非曾国藩之悃忱真挚，岂能轻假事权！所有江南、安徽、江西、浙江四省巡抚提镇以下，仍归曾国藩节制。该大臣务当以军务为重，力图攻剿，以拯生民于水火之中，毋许再行固辞。"钦此。时又因三载考绩之典，奉上谕："大学士湖广总督官文，久任封圻，虚怀延揽，于吏治戎行均能整饬，著交部从优议叙。协办大学士两江总督曾国藩，督军办贼，勤劳罔懈，于江皖地方，迭复名城，战功卓著，甄拔所部将士，贤能称职，前经简授协办大学士，仍着交部从优议叙。四川总督骆秉章，前在湖南巡抚任内，剿办贼匪，不分畛域，其所荐举人才，尤为有裨实用，自升任川督，办理丹棱股匪及整顿地方，均能妥速，著赏加太子少保衔，用示嘉奖。”钦此。初六日，专弁入都，赍奏登极贺表。初八日，张公运兰假满还皖。初九日，李公续宜抵任来见。公派提督成大吉等进军固始，以援颍州。左公宗棠击贼于遂安县，大破之，克复县城。初十日，拜发万寿贺摺，专弁入都。又代弟国荃奏谢天恩一摺。十二日，驰摺奏安徽省城仍宜设于安庆，前此改建庐州，系一时权宜之计。安庆处滨江适中之地，足资控制。至大江水师战船千余号，炮位三千余尊，逐年积累，成此巨观。事定之后，江防仍不宜撤，请专设长江水师提督一员，添设将弁额缺若干，均候吏、兵二部详复议奏。附片奏：江海虽同一水面，而风涛气候各殊。楚军水勇战船，但可用之江面，未可以出重洋。臣料粤逆所掠江楚之民，必无遽能纵横海上之事。又附片奏浙江衢河浅窄，不宜水军，江西刘于浔水师专防本省汛地，不能赴浙援剿。又奏采访忠义第六案，附片奏委员王敬恩请恤。十五日，公弟国荃至安庆，所募湘勇以次集于皖境。是日，奉到上谕：“江苏布政使著曾国荃补授，即赴新任，毋庸来京请训。该员系两江总督曾国藩之弟，例应回避，惟该省军务紧要，需员办理，著毋庸回避，以资得力。”钦此。又以李元度补援浙江臬司。二十二日，拜摺代弟国荃奏谢天恩。附片奏参新授臬司李元度请革职，交左宗棠差遣。又具摺分条奏报军情：其一曾国荃募勇已经抵皖，饬令进剿巢县、含山一带；其一，李鸿章带勇，拟会同曾国荃，攻剿江边一路，冲过贼中，以期速达镇江；其一，多隆阿进攻庐郡大捷，伤亡亦多，需稍事休息，再图进取；其一，李续宜派兵援颍情形，由李续宜具奏；其一，左宗棠剿贼大捷，克遂安城，由左宗棠详报；其一，援浙之军，必须蒋益沣到后，乃能合力兜剿；其一，湖州孤悬贼中，无路赴援，唯闻城中粮米足支数月，或可保全；其一，徽州解围后，改令朱品隆接防郡城，派张运兰老湘营为游击之师；其一，上海有高桥、萧塘之捷，当可保全，冯子材仍守镇江。凡九条。公出城巡阅新到之湘勇七营。二十四日，公弟国荃启行，督军沿江岸进剿。李公鸿章成军八千人，拟濒江而下，傍贼垒冲过，以援镇江。计未决。二十八日，上海官绅钱公鼎铭等筹银十八万两，雇洋人轮船七号，驶赴安庆，以迎李公鸿章之师。定以三次载赴上海。是日，上海官绅借洋兵连破贼于浦东，贼少却。胜保公督兵援颍州解围。

三月初一日，札调张运兰扼婺源白沙关，以防贼窜江西之路。初七日，鲍公超击援贼于青阳城外，破之。初八日，李公鸿章领所部勇第一起三千人，由安庆附轮舟启行赴沪。公拜摺奏谢京察从优议叙恩。又驰报李鸿章一军改由轮船赴沪启程日期一摺。又驰摺奏称：东南寇氛，蔓延日久，生灵之涂炭深矣！臣受命两年，无一兵达于苏境，无一旅进攻宁国。左宗棠苦战衢、严，独任其难，不克分兵往助。赵景贤困守湖州，贤贞盖世，不克设法往援。徒有兼辖之名，并无统筹之实。倘蒙圣恩收回成命，俾臣稍释神魂之震惧，尤感圣慈之曲尽矣！又查广东一省，财力殷富，为东南之冠，请特派大员，驰赴广东办理，专供苏、浙、皖三省之饷。附片奏浙江殉难提督饶廷选，请于广信府建立专祠。又附片奏报各路军情。又片奏新授河南归德总兵萧孚泗，现在曾国荃军营随同进剿；记名总兵陈由立，经河南抚臣奏调，现在鲍超军营，围剿青阳。该二员仍留原营，均未便饬赴河南。十三日，公弟贞干破贼于荻港旧县、三山夹等处，贼垒皆平。十四日，李公鸿章所部勇第二起由安庆启行。公派黄翼升附轮船赴上海，察看下游地势贼情。李公续宜赴六安州督师，以规颍寿。十五日，公弟国荃破贼于望城冈。十六日，鲍公超克复青阳县城。十八日，公弟国荃破贼于铜城闸。十九日，克雍家镇贼垒。二十日，克巢县、含山二城。二十一日，公弟贞干克复繁昌县城。二十二日，公弟国荃克复和州城。鲍公超连克石埭、太平二县城。左公宗棠剿贼于江山、常山之境，连战破之。二十三日，公弟国荃攻克裕溪口。二十四日，攻克西梁山沿江北岸贼垒，悉破平之。公驰摺奏报青阳克复，随摺奏保娄云庆、冯标等二十七员，阵亡将弁罗春鹏、李遇春等十七员名，开单请恤。随片奏水陆各军破贼于荻港、旧县、三山等处，一律肃清，阵亡将弁刘照志、王虞廷、刘华泗三名请恤。又片陈报皖浙各路军情。又具摺复奏：江浙绅士请借洋兵规复苏、常各属城邑，臣谬膺重寄，治军无状，致使苏省士民迫于水深火热之中，为此不择之呼吁。此皆臣之咎也。以目前之贼势，度臣处之兵力，纵使洋人转战内地，实无大枝劲旅与之会剿，尤为可愧。请饬下总理衙门照会洋人，定议于先，或不至责怨于后。又奏拟结普承尧罪名一摺。二十七日，公弟贞干破贼于鲁港。二十八日，鲍公超克复泾县。公札饬鲍超派兵援湖州。三十日，公弟贞干克复南陵县城李鸿章全军抵上海，奉旨，署理江苏巡抚薛焕授通商大臣，专办中外交涉事件。诏以副都御史晏端书赴广东办理金税务。是日，金陵贼党渡江北窜，都兴阿等军击破之。维时公统制各军，公弟国荃循江北岸，至于和州；公弟贞干循江南岸；至于南陵，彭公玉麟派水军中江而下助剿两岸。是为直捣金陵之师。李公鸿章领湘、淮陆勇，佐以黄翼升淮扬水师，突过贼境。是为援剿苏、沪之师。大江以北，多隆阿公为围攻庐州之师，李公续宜有派援颍州之师。大江以南，鲍公超为进攻宁国之师，张公运兰等为防剿徽州之师，左公宗棠为规复全浙之师。十道并出，皆受成于公。公建节于安庆，居中控驭，广轮数千里。此外如袁公甲三及李世忠淮上之师，都兴阿公防江北之师，冯子材、魁玉守镇江之师，或不出自楚军，或不归公节制，均奉旨统筹兼顾。军书辐辏，英彦风驱，上而朝端倚畀之隆，下而薄海想望之切，洵千载一时矣！

四月初二日，张公运兰等军克旌德县城。初四日，公驰摺奏水陆各军克复北岸巢县、含山、和州三城，夺铜城闸、雍家镇、裕溪口、西梁山四要隘。随摺奏保李成谋、李朝斌、刘连捷、张胜禄等二十四员。又摺奏官军击败大股贼众于三山夹，乘胜攻克繁昌县城。随摺奏保曾正明、黄润昌等七员。附片奏报：南陵克服，统计沿江南岸克城池九座、关隘五处，并报庐州、宁国、湖州等处军情。又驰摺奏鲍超一军连破贼垒，克复石埭、太平、泾县三城，阵亡将弁刘兰桂等二十四员名请恤。又奏遵查闽浙总督庆端事迹一摺。初五日，水师进攻金柱关。初六日，公出阅湘勇操演。初七日，巡视谷米局、火药局。十五日，驰摺奏水陆各军会克鲁港，陆师攻克南陵县城，彭玉麟驰赴下游铜陵、西梁山一带察看进兵形势。又奏报徽州防军克复旌德县城一摺。又奏江南乡试现难举行仍请展缓酌办一摺。附片请开复余述祖革职处分。多隆阿公攻克庐州府城，贼溃走寿州，多公追击，大破之。贼酋陈玉成自投寿州，苗沛霖缚献胜保公军前斩之。二十日，公弟国荃引军渡江南岸，会合水陆各军，克太平府城。二十一日，攻克金柱关、东梁山贼寨。二十二日，克复芜湖县城，水师进攻江岸贼垒，下抵大胜关。公核定赈厂章程，给予饥民钱米，毋或不均。出示晓谕城厢内外居民，绥辑约束。李公鸿章会洋兵收复青浦、奉贤二城。三十日，奉到上谕："该大臣调度有方，深堪嘉尚。曾国荃等宣力戎行，连克要隘，洵足以褫贼魄而快人心。若不量予恩施，将何以昭激劝？头品顶戴江苏布政使曾国荃，著交部从优议叙。候选同知直隶州知州曾贞干，著赏给迅勇巴图鲁名号，以示鼓励。朝廷赏功罚罪，一秉大公，非独有厚于该大臣也。该大臣惟当督饬曾国荃等乘胜进攻，尽歼丑类，同膺懋赏，毋再固辞。"钦此。是日都兴阿公军破贼于扬州，李世忠追击窜贼，破之。江北肃清。浙江官军收复台州府城，上海洋兵由海道收复宁波府城，浙东之贼少衰。皖北之贼由河南窜入陕西境。陕中乱作，回民交讧。诏多隆阿移军入秦。公与官文公商留多公部将石清吉等十营防守庐州。

五月初三日，公驰摺奏水陆各军克复太平府城、芜湖县城、金柱关、东梁山要隘，开单奏保王明山、李成谋、李朝斌等二十七员。附片奏保道员黄冕、李瀚章、赵焕联等九员，前往广东随同晏端书办理分卡，抽收税金。又附片复奏奉旨筹议江苏巡抚宜驻镇江，居适中之地。扼形胜之区，责成新任巡抚李鸿章办理。又片奏结莫祥芝参案，留营差委。是日，又具密摺复陈胜保、袁甲三办理军务优劣情形，请责成李续宜专办安徽军务。其时曾奉密谕，饬公筹议也。湖州失守，赵忠节公景贤被执不屈，其后死于苏州。公弟国荃攻克大胜头、秣陵关、三汊河贼垒，会合水师攻克头关、江心洲、蒲包洲贼垒，遂进军金陵城外，驻营雨花台。初四日，鲍公超击贼于寒亭、管家轿等处，大破之。初五日，核减江西丁漕规费，永定章程。初十日，核定皖南茶引捐章程，出示晓谕茶商，期归画一。十三日，课试在皖委员。公弟国荃破贼于六郎桥。十五日，鲍公超破贼于抱龙冈，越敬亭山进攻宁国府。十七日，驰摺奏官军水陆并进，迭复秣关、江心洲等要隘六处，官军驻金陵之雨花台。附片奏报浙江、徽、宁等处军情，并称曾国荃一军进逼金陵，屯扎南面一隅，洪逆见惯不惊，无惧之意。此时宜以全力会办江南，先复财赋之区，则各省可以次剿办矣。又奏特参私行远扬之将领以肃军纪一摺：鲍超所部营官陈由立、余大胜、郑阳和均保至总镇，任意远扬，请将该员等革职。并请敕下湖南抚臣，派员押回皖南原营，通谕各路军营，不准辄留投效将弁。以惩跋扈之风，杜效尤之渐。附片密陈军营积习，设法惩究，并请将分统霆营宋国永授以总兵实缺。又片奏查复冯子材所部兵勇滋事情形。十九日，驰摺奏鲍超一军，进攻宁郡，破贼于寒亭、管家桥等处，逆垒悉平，阵亡将弁郑永福等十八员名请恤。附片奏淮扬镇总兵黄翼升统带水师战船，于本月十二日驶过金陵、前赴镇江、上海一带，请令其接署江南水师提督员缺，节制松、沪各军。又片奏参江西河口委员向绍先弊混巧取，请即革职。又奏遵查克复沿江两岸城隘出力员弁六案，并保开单请奖一摺。二十日，出示晓谕江西通省军民，札饬各府州县，永定征收丁漕画一章程。二十三日，杨公载福假满回营，至安庆公，寻出视水师于金陵。李世忠降众凡数万人，不领官饷，专两淮盐利，委员至安庆请饷。公筹拨军火银米以给之，世忠感悦。二十八日，拜发万寿贺摺，又专奏代弟国荃、贞干恭谢天恩一摺。是月李公鸿章收复南汇区、川沙厅，贼大股犯青浦、嘉定，洋兵败退，上海戒严。李公鸿章击败于虹桥，大破之。松江围解，沪防亦解严。李公屡奉移驻镇江之旨。至是以上海军务吃紧，遂奏请直攻苏州，不复移军矣。

六月初三日，公与彭公玉麟修元臣余忠宣公墓。工毕，诣墓前致祭。时皖省印委各务悬缺以待人乏员差委。公定以每日接见州县佐杂三人，与之久谈，而训之以吏治。西洋兵既为贼所败，遂有调印度兵来沪大举会剿之说。公接总理衙门咨文，深恐江浙士民大遭蹂躏，慨然忧之。初六日，具摺复奏：

请勿裁撤南洋通商大臣之缺，改为长江通商大臣，专办濒江四省中外交涉事件。所有广东、闽、浙三省，即由监督道员经理。又奏拣员署理安徽各府州县之缺，开单呈览。附片奏称：安徽地方渐次克复，急需讲求吏治，请敕下吏部，于本年新进士、拔贡两班掣签分发之时，皖省多分十数员，庶几正途较盛，气象一新。又片奏上海贼氛四逼，李鸿章不能移驻镇江，多隆阿统军入陕，不克会剿金陵。并附陈鲍超、曾国荃两军大概情形。又片奏新授甘肃臬司刘于浔在江西本省防务紧要，暂难赴任。又奏报江西绅商捐饷开单请奖一摺。公弟国荃击援贼却之。初十日，金陵大营营官张壮勇公胜禄击贼阵亡。十五日，鲍公超攻克宁国府城。贼目洪容海以宁国市城归顺，鲍公抚纳之，因其众收复广德州城。公饬鲍超选留降众二千人，其余设法遣散。十六日，金陵贼大股扑营，公弟国荃击退之。公咨复总理衙门，力陈借印度兵助剿之为害，宜设辞以谢之。二十二日，具摺奏称：洋人有另调印度兵来秋间大举之说，臣以此事函商左宗棠、李鸿章二人，皆称洋人未必果有其事。然既有所闻，宜由总理衙门与在京公使查询确实，然后申大义以谢之，陈利害以劝之。如其不见听，则须申明前议，进攻无助剿之师，克城无防守之卒。吾方以全力与粤匪相持，不宜再树大敌，惟当以谦退忠信相与，不事猜疑，免生枝节，庶有忍有济也。附片奏报宁国克复及各路军情。又片奏浙江失守，降贼之员林福祥、刘齐昂、米兴朝请由左宗棠讯明正法。又片奏提督江长贵请假回籍葬亲，所部各营暂令唐义训兼辖，酌量遣撤，以节饷需。又奏采访忠义第七案一摺。附片奏阳湖、休宁等县绅士杨锡嘉、汪念祖、胡泽顺等殉难情形，汇入第七案，分别请赐旌恤。是月公次子纪鸿以县试案首入学。

七月初二日，驰摺奏金陵陆军屡却悍贼，阵亡总兵张胜禄，请从优议恤，将弁刘永祥、鄢兰亭二员请恤。又奏鲍超一军围攻宁国克复府城详细情形，出力员弁开单请奖，阵亡将弁马胜奎、楚训武等十二员名请恤。附片奏贼目洪容海投诚，酌筹招纳。又具摺奏查明江西被害州县蠲免钱粮分数。附片奏请恩旨豁免江西各州县历年摊捐之款，俾州县无赔偿之虞，而民间无科勒之苦，吏治可臻上理。又附奏奉谕旨择保西北各省藩臬人员一片。又请暂缓江南、江西三省军政一片。初四日，查阅轮船机器。初六日，李公续宜闻讣丁忧，公兼署安徽巡抚印务。李公以所部成大吉、萧庆衍、蒋凝学、毛有铭等军归公调度。初十日，公驰摺奏安徽抚臣李续宜闻讣丁忧，请按照胡林翼丁忧之例，赏假数月，仍令回皖署理抚篆。附片奏报近日军情梗概。又奏采访忠义第八案。又奏请暂缓江南武闱乡试。又片奏杨载福更名岳斌。夏秋之间，署雨失时，疾疫大作，各路军营多染疾病。皖南诸军为最甚，死亡甚多，浙江大营次之，金陵大营亦染疫病。皆暂事休息，未遑攻剿也。十七日，左公宗棠击贼于油埠破之。袁公甲三告病卸任。奉旨授李续宜为钦差大臣，督办安徽全省军务。二十一日，公具摺代李续宜奏陈请假回籍治丧，仍请仿胡林翼之例。袁甲三、李续宜驻扎之处，路近而较速；臣奏报往返，取道湖北、河南，道梗而较迟。兹开呈前三次拜发摺片，以备查核有无疏失之处，并陈明各路军营疾病过多，未能进剿情形。袁公甲三委员押解已草盐运使金安清等至安庆，归公讯办。其李世忠全军，归公节制调遣。李公续宜奏报丁忧之疏未入，接奉督师之旨，李公病已逾月矣。是月奉上谕："该抚现丁母忧，着即在军营穿孝，改为署理巡抚，毋庸赏假回籍"钦此。又奉上谕"钦差大臣科尔沁博多勒噶台亲王僧格林沁着统辖山东、河南全省军务，并调度直隶、山西两省防兵。所有剿匪事宜，即著会商钦差大臣李续宜妥为筹办"等因。钦此。又奉上谕："胜保著以钦差大臣，督办陕西军务。"钦此。于是多隆阿公一军，有旨令公酌量调度江北里下河一带，镇江冯子材一军，皆有旨令公统筹兼顾矣。李公鸿章克青浦城，分军会洋兵渡海入浙江境，收复余姚市。蒋公益沣领湘勇五千人，由长沙启行，取道江西以赴浙。

八月初二日，出示谕乡民扑蝗。初三日，李公续宜至安庆。苗沛霖退出寿州城及正阳关，李公续宜派蒋凝学引军入守寿州。萧庆衍守霍邱县。成大吉、毛有铭两军分守三河尖及固始县。总兵王载道留守六安州城，而自扶病回省城，见公商奏，力请回籍。捻匪犯颍州境，各军连击破之。十二日，驰奏迭奉谕旨分条复陈一摺：其一，多隆阿一军，援秦之局，中变回鄂，当驻扎南阳一带，鄂、豫、秦三省交会之处，为游击之师。其一，里下河之防，请责成都兴阿严密防堵。现商令杨岳斌亲赴下游，察看布置，又拟赶造太湖水师战船，防剿苏、松，腾出黄翼升水军，专防淮扬，以符原议。其一，李世忠军众五六万人，据有城池，自为风气，擅淮盐税金之厚利，势难绳以法律。且其击退贼股，功未可没，拟姑循其旧，不设机心，不禁遏其利，不拒绝其求，但不甚资其力，亦不轻调其兵，暗销其予智自雄之气，将来或不至于决裂。其一，李鸿章不能离沪移驻镇江，应责成冯子材耐苦坚守，不做出剿之计。凡四条。附片奏称：曾国荃、鲍超、左宗棠各营，皆因患病者多，未能攻剿。李续宜患病未愈，继以哀毁，肌肉全瘦，若不令离营回籍，恐难速痊。是以该抚自奏陈情，未便劝阻。又奏筹办广德州受降事宜一摺。洪容海降众数万，但令选留三千人，编立五营，余皆资遣回籍，请给洪容海游击虚衔，其部下头目等，请分别给予顶戴。附片奏豫省派员招募湘勇一节，请停止以节靡费。又片请旨饬江西循照前案，按月拨解漕折银四万两，协济徽、宁饷需。又奏采访忠义第九案。附奏烈妇焦王氏等汇案请旌一片。李公续宜陈情疏入，奉旨赏假百日，回籍假满，仍出督师。以唐训方署理安徽巡抚，袁公甲三仍留督防临淮。广德州降众叛乱，洪容海率其党一万人自拔奔回宁国。二十九日，公驰奏遵旨查复湖北抚臣严树森被参各款一摺，附奏遵旨查复江苏巡抚薛焕被参各款一片。又因何桂清逮讯时，呈出司道公禀请退守苏州一节。奉旨饬将薛焕、查文经等查明参办。公具摺奏称：督抚权重，由来已久，司道以下，承迎风旨，不敢违拒，若此类者，毋庸深究。疆吏以城守为大节，不当以僚属一言为进止；大臣以心迹定罪状，不必以公禀有无为权衡。附片奏广德州降众复叛，现筹办理情形：贼之大股，将并窜皖南，而鲍超、张运兰、朱品隆等军疾疫大作，张运桂已病故，左宗棠军病者过半，曾国荃金陵营中染病者亦逾万数，深恐羸卒不足以当强寇，皆由臣以菲材妄窃高位，上干鬼神之谴，莫救厄运之灾，中夜以思，不胜焦灼。公每日以吏事、军事、饷事、文事分条分时，以次清理，定为日课。是日贼犯上海，李鸿章力战，破贼于七宝街。洋兵克慈溪市。浙江官军收复处州府。左公宗棠击贼于龙游县，大破之。

闰八月初四日，定江西局章程。是时税金收数渐减，公札饬各卡局委员比较每月收数，以增减为优劣。十一日，葬桐城儒士方东树、戴均衡、苏厚子等六人，皆因乱未葬者。并为立石，以表其墓。十二日，驰摺奏唐训方暂署皖抚，仍应驻扎临淮，接统袁甲三一军，使楚、皖官军联为一气。附片奏陈：大江以南，疾疫盛行，宁国境内最甚，金陵、徽州、衢州次之，水师及上海、芜湖各军亦皆厉疫繁兴，死亡相继。鲍超一军，死者数千，其猛将如黄庆、伍华瀚等先后物故，鲍超、张运兰、杨岳斌皆染病甚重。皖南道姚体备、营务处甘晋，则一病不起。天降大戾，近世罕闻，噩耗频来，心胆俱碎。若被贼匪扑犯，战守俱无把握，甚至欲逃走以待再振而不可得。臣自度薄德菲材，不足以挽厄运而支危局，请旨简派在京亲信大臣驰赴江南，分重大之责任，挽艰难之气数，庶几补救于万一，臣断不敢稍存推诿，致误戎机。奉上谕："朝廷信用楚军，以曾国藩忠勇发于至诚，推心置腹，倚以挽救东南全局，自诸军进逼，金陵逆匪老巢已成阱槛。唯以艰难时会，诚不易得，迭经寄谕，总以毋徒求效旦夕，惟当立足不败之地，以俟可乘之机，矧兹疾疫繁兴，各军将士疫病之余，讵忍重加督责？该大臣惟宜愈矢忠诚，拊循加意，使军心益固，邪气潜除。各营病疫将士，其各传旨，优加存问。本应明降谕旨慰劳，诚以事关军务，或恐人心疑惧，奸宄从而生心，贼人转益张其凶焰。我国家深仁厚泽二百余年，当此艰危时势，又益以疾疫流行，将士摧折，深虑堕士气而长寇氛。此无可如何之事，非该大臣一人之咎。意者朝廷政事，多所阙失，足以上干天和。惟当齐心默祷，以祈全消？戾。我君臣当痛自刻责，实力实心，勉图禳救之方，为民请命，以冀天心转移，事机就顺。至天灾流行，必无偏及各营将士，既当其中，贼中亦岂能独无传染？该大臣郁愤之余，未追探询。刻下在京，固无可简派之人，环顾中外，才力气量如曾国藩者，一时亦实难其选。该大臣素尝学问，时势艰难，尤当任以毅力，矢以小心，仍不容一息稍懈也。”钦此。公接奉此旨，读之泣下。十七日，专差奏皖南加广学额中额一摺，请奖徽州捐生一摺，报销淮北课盐一摺。二十日，苏州贼大股援金陵，围扑官军营盘。贼结垒二百余座，日夜环攻。公弟国荃力战御力。鲍公超军挫于新河庄。贼犯宁国府，鲍公入城拒守。二十三日，公李续宜启行回籍，唐公训方到任。二十四日，拜发万寿贺摺。二十七日，驰摺奏陈皖北一带楚军单薄，不能分拨，李续宜所部将领五人，才位相埒，难相统驭。并陈明苗沛霖诡谲多端，不易言抚，惟赦其罪而不资其力，犹不失为中策。附片奏报：金陵、宁国两处军营被贼大股扑犯，将领士卒皆为病所苦，防守尚无把握。总由微臣德薄位尊，莫挽厄运之故，忧惶无已。又片奏：臣军前调黑龙江马队二百余员名，随同转战，屡有功绩，因水土不宜，抱病者多，应资遣回旗，以资休息。是月，蒋公益沣军至浙江，克复寿昌县城。

九月初一日，安徽藩司马新贻奉旨暂统临淮官军。初六日，宁国市城失守。十二日，公驰奏汇报各路军情一摺：雨花台营垒贼以大股百道环攻，此金陵之可虑也；宁国之贼，欲由间道上犯江西，此宁国之可虑也；小丹阳之贼，由东坝拖过战船，时图出江，冲断江中粮路，此水师之可虑也；河南捻匪窜扰鄂境，有取道皖北回援金陵之说，而皖北各城空虚，深恐逆踪阑入，此皖北之可虑也。现在调派各军，移缓就急，力图挽救。惟皖北地广兵单，现调提督成大吉一军，由三河尖驰赴英、霍，相机防剿。仍请敕下多隆阿迅速东还，驻军舒桐，兼顾皖、鄂两省，大局幸甚。附片奏报宁国市城失守，徽州、旌德两城首当其冲。唐义训守徽州，朱品隆守旌德，两处兵力皆单，未知能坚守否。又片奏：江西省厘务，数月以来，解数寥寥，藩司李醒总办粮台，兼管二局，经理不善，已添委甘肃臬司刘于浔访察商情，署盐道孙长绂专司月报，整顿积弊。臣统军过多，欠饷太久，徒受揽江右利权之名，究无济苏皖饥军之实，不能不力图补救之法。又片奏查明巢湖水师营官黄国尧于咸丰八年在庐郡阵亡情形，请从优议恤。时贼船过东坝者，分布固城、南漪诸湖，欲冲出大江，杨公岳斌力疾扼守金柱关。公派陆军数营，往助防守。金陵之贼，环雨花台官军营盘日夜猛攻，挟西洋开花炮，自空中击下，呼声动地。公弟国荃督军苦守不退，面受枪子伤，血流交颐，仍裹创巡营，以安众心。公弟贞干驻营江干力战以通馈运。大营军火，赖以接济，与贼相持兼旬。初五日，击贼破之。十二日，击贼又破之。攻扑之势稍衰。都兴阿公派兵千八百人渡江助守。公念湘军疾疫之余，继以大股逼犯，恐局势决裂，日夕彷徨，寝不安席者数旬，而江西协饷多掣肘，公益忧之。十四日，公作《三字箴》，其清字箴曰："名利两淡，寡欲清心，一介不苟，鬼伏神钦。"慎字箴曰："战战兢兢，死而后已，行有不得，反求诸己。"勤字箴曰："手眼具到，心力交瘁，困知勉行，夜以继日。"公言此十二语，当守以终身，遇大忧患大拂逆之时，庶以此免于尤悔耳。十八日，水陆军合击贼于金柱关，大破之。二十一日，连击破之，毁贼船几近。金陵之贼，开地道，用火药轰官军垒壁。公弟国荃力战，拒破之。令军士于营内掘隧以迎之，贼不得逞。李世忠攻贼于九州，禀请分兵援金陵。公批札止之。二十七日，驰奏汇报军情一摺，金陵、宁国、芜湖、金柱关战守大概，并陈明调度各军，有与前奏不符者，视乎各路缓急之形。又奏采访忠义第十案。附片奏宿州二郎山练总马维敏、乔元功结寨御贼，为贼攻陷，殉难者二千余人。请照阵亡例，赐恤建祠，以褒忠节。又奏绩溪县孝烈妇胡程氏请旌一片。是月，李公鸿章克嘉定区城。贼复犯青浦，李公大破贼于四江口，沪防肃清。贼攻镇江，冯子材破贼于汤冈。多隆阿公督师入陕西。

十月初五日，公弟国荃击贼，大破之，俘斩数万。自闰月二十日以后，贼三十余万围扑营盘，百计攻轰，公弟国荃苦守四十六日，至是大捷，贼乃解围窜江北。十一日，唐公训方启行赴临淮关，袁公甲三回籍。十二日，公驰摺奏水陆官军迭获胜仗，力保芜湖、金柱关要隘，贼舟存留无几，江介肃清，阵亡副将郭明鳌请照提督例议恤，将弁洪得胜、王明元请恤。又摺奏毛有铭一军，在颍州西路迭破捻圩，毁其老巢，仍回驻皖、豫边境。附片奏报金陵扑营之贼解退，芜湖等处，防守稳固。前奏可虑者四端，今三患稍舒，所虑专在宁国一路，若能支持一月，新募之勇渐集，或能力遏凶氛。是日，又具摺奏保鲍超一军迭克青阳、石埭等四城，出力员弁开单请奖。又奏保曾国荃一军迭克太平、芜湖等各城隘出力员弁，开单请奖。附片奏称：保案所开之员，有随后病故者。鲍公超军在宁国府，贼扰湾，断其粮路。公派陆军由繁昌、南陵护陆运以接济之。贼攻旌德县，公咨商左公宗棠，调所部王文瑞一军援旌德。十七日，贼大股攻扑九州李世忠之营，旋渡江北窜。十八日，张公运兰离营至安庆见公。公令其买舟回籍养病，其所部老湘营，以总兵易开俊、刘松山分领之。朱品隆等军破贼于旌德。十九日，贼解围去。湘军在寿州正阳防守者，时为苗练所杀害。僧王督师河南，奏请抚苗以剿捻。苗沛霖上书僧王，极诋楚军之失。公察苗沛霖有意挑衅，恐其沮坏大局也。又因皖北兵单，贼方北窜，调蒋凝学一军移营而南，毛有铭、萧庆衍等军皆移驻庐州之境，以避苗练，即以防皖境也。二十七日，驰摺奏缕陈金陵官军苦守四十六日，力战解围情形，道员刘连捷等七十三员开单请奖，阵亡副将倪桂等二百七员名开单请恤。附片奏：金陵援贼虽退，伤亡将卒太多。宁国、旌德两城，同时吃紧。自金陵以至徽州，地段太长，贼股太众，皖北十余城，毫无准备。实恐溃败决裂，尽堕前功。仍请简派大臣会办诸务，稍分臣之责任。又片奏湘勇驻防寿州正阳关，与苗练逼处太近，挑衅构怨，无有已时。刻下皖北正苦无调防之兵，拟撤出蒋凝学一军，并抽拔霍邱防兵，调防庐州、巢县一带，以遂苗练之私，以成僧格林沁急欲灭捻之志。是日，又具摺奏保张运兰、朱品隆、唐义训战守徽州军中出力员弁，开单请奖。附片奏张运兰因病回籍，请旨将易开俊、刘松山二员授总后实缺，以资钤束。又奏请展缓三省查阅营伍之期一摺。贼之窜江北者，攻和州，陷含山县。二十八日，陷巢县。公乃札留新募淮勇之张树声、吴长庆等军暂缓赴沪，分守无为州及庐江县，调霍邱之湘军驻防舒城。公弟国荃派军回守西梁山，寻又派军扎东梁山。广德州贼窜隐绩溪县。是月浙东官军会洋兵收复上虞、嵊县、新昌三城。江忠补授安徽布政使。

十一月初一日，贼陷和州。初二日，唐义训、王文瑞收复绩溪县。初三日，旌德之贼窜扰太平、黟县之境，直趋祁门。初四日，贼围泾县，易开俊引军入城守御，却之。初七日，祁门县失守。初八日，奉上谕："江苏布政使曾国荃著赏给江绸黄马褂料一件、小卷江绸袍料一件、白玉喜字翎管一枝、白玉柄小刀一把。曾贞干著加恩以知府用。"钦此。初十日，唐义训、王文瑞收复祁门县城。贼回窜石埭。十二日，公驰奏汇报军情一摺，江北含山、巢县、和州失守，调度防剿，并陈明宁国各军战守情形，绩溪、旌德、太平、黟县贼踪，奏称：秋冬以来，群盗如毛，南北环逼，前奏请多隆阿移师东剿，今则秦人方痛深水火，何敢渎请？惟请饬贵州提督江忠义统率所部赴皖防剿，大局幸甚。附片奏报祁门失守。又片奏撤回蒋凝学一军分防颍州、霍邱两处，调毛有铭、萧庆衍两军移驻舒城，以防贼上窜。是日，又具摺奏保水师迭克沿江城隘出力员弁，开单请奖。又摺奏浙江省城失守时溃走之副将陈步高等，讯明定拟。十八日，公弟靖毅公贞干卒于军。是日奉到以知府用之旨。公出城巡视盐河，委弁勇修濠墙一百八十六丈，核定工程。十九日，水师破贼于三汊河。二十日，鲍超闻讣丁忧。公以宁国军情紧急，批令在营穿孝。二十一日，公出城巡视城濠。二十二日，闻靖毅公之卒，公哭之恸，派弁赴金陵护其丧。二十七日，驰奏钦奉谕旨分条复陈一摺：其一，毛有铭、萧庆衍之军由舒城拔营，取道巢湖之南，进攻运漕镇。其一，李世忠军于九州。此次贼窜北岸，该提督亦屡接战，有所斩擒，惟贼股太众，未能堵截。其一，曾贞干已于十八日病故。由臣德薄，殃及手足。其芜湖要地，留防兵力尚厚。其一，洋将白齐文奉调赴援金陵。该将迁延不进，且毫无纪律，应由李鸿章严行惩办，其一，查贼酋李秀成踪迹。其一，催李续宜销假回营。凡六条。又奏旌德、泾县解围、绩溪祁门克复一摺。奏保王文瑞、王开琳等五员，阵亡总兵胡太旗、参将刘永胜、游击张仁兴请恤。附片奏宁国一带军务渐稳，鲍超丁母忧，请毋庸开缺，改为署理。又摺奏结金安清、汪耀奎参案。又奏采访忠义第十一案。附片奏定远县练总陈鼎霈等殉难请恤。贼自金陵解退后，其一股复由东坝拖过战船，以图出江。公所派水陆防军，破之于护驾墩，毁贼船二百余号。鲍公超击贼于马头镇杨柳铺，大破之。是月，左公宗棠克复严州府城，李公鸿章克复常熟县城，多隆阿公奉旨授钦差大臣，接受关防，胜保革职逮问。

十二月初五日，石埭贼窜隐青阳县，朱品隆弃旌德不守，移剿青阳。初九日，靖毅公灵柩过安庆。公出迎，抚棺恸哭，入城受吊。初十日，水师击三汊河贼垒，破之。萧庆衍等会水师克运漕镇。公调蒋凝学一军移驻舒城。十二日，具摺奏遵旨筹派水师将弁兵勇演习轮船火器，奏保总兵蔡国祥堪以统辖，参将盛永清等七员堪以分领。又申明楚军水勇难以出洋，轮船配用楚勇，须坚守前议，但用之于江面。又摺奏贼由九州分股上犯李世忠一军堵战获胜情形，请敕下山西巡抚，将应解月饷迅解该营，以资接济。阵亡副将程自有、汪德喜、知县胡学诗请恤。附片奏报各路军情。又片奏调道员隋藏珠回营当差。是日，又具摺奏保李继宜所部成大吉、萧庆衍等军援剿颍州、霍邱出力员弁，开单请奖。又摺奏夏秋以来，厉疫繁兴，将士官吏婴疾而殒命者，殆以万计。其中功绩卓著者九十六员名汇案开单请恤，张运桂、黄庆、伍华瀚、沈宝成、周成南五员功绩尤多，请从祀湖南昭忠祠。附片奏武瀚之父文生武宏鉴，于咸丰四年在宁乡阵亡请恤。十三日，奉到上谕“曾国藩一门忠义，不避艰险，兄弟均在行间，为国操劳，深为嘉悦。不料曾贞干遽尔病故，览奏曷胜悼惜”等因。钦此。又奉上谕：“曾贞干自赴江南军营，屡著战功，朝廷早欲擢用，因曾国藩再三恳辞，拟俟江宁克复后从优奖励。兹以力疾督战，积劳病故，悼惜殊深。虽未经曾国藩奏请给恤，而曾贞干系效力疆场战功卓著之员，着即追赠按察使，即照按察使军营立功后病故例议恤，以示优异。”钦此。十六日，公作季弟墓志一篇。二十日，靖毅公灵柩登舟回湘，公行遣奠礼。毛有铭一军进剿巢县芙蓉岭，小挫。宣城市属之金宝圩，为贼所攻陷，杀掠甚惨。其练众及难民之脱出者，公给银米以赈之，编立营伍，安置于芜湖县，凡数千人。二十一日，公弟国荃击贼于谷里村六郎桥，破之。二十二日，萧庆衍击贼于铜城闸，连破之。二十三日，青阳之贼窜回石埭。二十四日，具摺代弟国荃、贞干奏谢天恩。二十五日，朱品隆军收复青阳县城。二十七日，复奏钦奉谕旨并案条陈一摺：其一，寿州撤回湘军以后，苗练尚无据城以叛之迹，正宜推诚相待，毋庸派兵戍守，使反侧者无以自安；其一，李世忠骄亢任性，目前无甚格，将来或须示以检制。其一，杨岳斌军守金柱关以防东坝贼船，彭玉麟驻守裕溪口以防巢湖贼股，战争方急，不能移扎下游江面。其一，洋人用兵，其长处在器械精坚，步武齐整，其短处在口粮太重。若使官军学习其法，恐未得其长而先图增饷。其一，金陵贼势方强，未易言抚。至其自拔来归，当禁约军士，不得妄加杀戮，以寻向化之路。凡五条。附片奏报水师攻三汊河，陆军克运漕镇，及金陵官军胜仗，皖南各路军情。又奏保湖南东征筹饷局出力官绅开单请奖一摺。附片奏保江西补用道黄冕、湖南署藩司恽世临主持东征饷事，尤为出力，请旨优奖。是月贼又由东坝拖过战船，以窥芜湖。于是贼船过东坝者，前后三起。

是岁，发逆、捻匪纠合大股迭犯湖北之西北境，官文公调楚军击退，全楚肃清。骆公秉章、刘公蓉调派湘军，大破贼酋石达开于叙州之境。江公忠义剿匪于湖南、广西之境。毛公鸿宾檄调回湘，募楚勇万人以援皖。都统富明阿帮办江北军务，吴公棠署漕运总督。

# 卷七　公五十三岁

【癸亥】同治二年，公五十三岁。

正月，公在安庆。初二日，接奉年终赏福字、荷包、钱锞、食物等项，再加赏寿字一张。贼大股围攻泾县，易开俊等守御却之。初五日，鲍公超驰援泾县。初六日，击贼大破之。初七日，贼解围去，鲍公追击破之。十二日，驰摺奏克复运漕镇，进剿巢县铜城闸接仗情形，阵亡总兵彭星占请优恤，将弁胡得胜、刘义胜、陈东祥、谢齐备、吕鸿榜、李春生请恤。附片奏报青阳收复，泾县大捷，并搜获伪文。苏省大股有再犯江北上窥皖楚之说。又具摺奏谢弟贞干赠恤恩。附片奏保叶兆兰委署皖南道缺。二十七日，驰摺详报鲍超一军破贼于马头镇、杨柳铺，进援泾县，大捷解围，阵亡参将罗国才等六十七员弁开单请恤。附片奏易开俊等保守泾县情形，阵亡参将倪昌明等五十一员弁，开单请恤。又片奏：宁国金宝圩被贼攻破，芜湖金柱关防守难以松劲，九州江面有贼船赶渡，臣当驶赴金陵，察看前敌。是日，又代奏江南提督李世忠自请褫职立功以赎胜保之罪一摺。二十八日，公由安庆登舟启行。二十九日，泊池州登岸，揽视池州形势。是月，左公宗棠克复金华、绍兴两府城，汤溪、龙游、兰溪、永康、武义、浦江、桐庐各县，浙东肃清。

二月初一日，贼犯金柱关，水陆官军击破之。贼逼近宁国府城，刘松山守御却之。鲍公超克西河贼垒，击贼大破之。初二日，击贼连破之。梅岭、马家园、小淮窑、麒麟山等处贼垒尽平，宁国近城百里之地肃清。初三日，贼扑九州，李世忠营盘失陷。贼渡江攻陷浦口城。公舟泊芜湖，彭公玉麟来见公。初四日，公登岸按视芜湖城守，行泊金柱关，杨公岳斌见公。初五日，公舟泊大胜关，杨公岳斌从。水师攻克湾贼垒。初六日，公登陆驻雨花台大营。与公弟国荃按行各垒，传见各将弁慰劳之。十一日，公还舟次。十二日，驰奏查阅沿江各军现抵金陵恭报近日军情一摺。十五日，奏谢年终恩赏一摺，年终密考一摺，学政加考一片。公坐舢板船探视九州贼垒，回舟溯江按视三汊河营垒。石埭之贼大股窜青阳，鲍公超引军援剿。贼由建德窜扰江西彭泽、鄱阳之境。太平县贼窜入徽州境，扰及黟县、祁门。十五日，攻扑休宁县城。又有浙江于潜、昌化一股，亦窜入徽境，郡城戒严。左公宗棠派刘典一军援徽州。十六日，公舟泊乌江，按视杨公岳斌水师老营扼守之处。贼大股扑犯金柱关，官军水陆合击，大破之于查家湾。贼乃却退。渡江之贼陷江浦县城。十八日，公舟泊金柱关，入小河，巡视水陆各营。十九日，行视东、西梁山防军营盘，舟泊裕溪口。二十一日，换小舟入自裕溪口，按视运漕镇无为州军营。二十三日，由神塘河出大江，回舟次。二十七日，舟次大通镇。驰奏由金陵回皖沿途查阅恭报近日军情一摺。附片奏陈：臣巡阅诸军，详观贼势，揽南北之形势，察天人之征应，窃以为可惧者数端，可喜者亦数端：江岸驻民，避居江心洲渚之上，死亡枕藉；苏浙之田，多未耕种，贼无所掠食，一意图窜江西，窥皖浙已复之土，恐其变为流贼，更难收拾；李世忠心迹难信。皆可惧之端也。金陵之贼，粮源已竭，贼居不耕之地，其势必穷，无能久之理；东南要隘多为我有，水陆军将颇能和衷，百姓仰戴皇仁，沦肌浃髓，久困水火之中，不闻怨咨之语。此皆可喜之端也。附片奏新授安徽臬司万启琛请暂缓入都陛见。又具摺汇报水陆各军阵亡、伤亡、病故员弁一百八十九名，开单请恤。附片奏前祁门县知县唐治，咸丰四年在任死节，请建祠祁门。又奏采访忠义第十二案。附片奏舒城练总韦斌殉难请恤，并该团男妇等百四十七人。二十八日，公回至安庆。公舟往来江中，见洲渚之上皆难民所聚，编葺苇茅以为庐。一不戒于火，延烧数里，相率露处，呼号求救之声，至不忍闻。公以贼踪蹂躏各处，无可安置之地，因札善后局委员议赈恤之。是月，僧王擒捻酋张洛行，斩之。刘公长佑由两广总督调任直隶总督，航海以北，达于畿疆。

三月初二日，贼自江浦上犯，围毛有铭、刘连捷两军于石涧埠。公弟国荃派道员彭毓橘等领军三千余人，上援无为州。沈公葆桢调派江西各军扼守景德镇、东平县等处，防剿徽、池窜贼，派委同知王沐领军进援徽州。初八日，公急调鲍超一军渡江而北，援石涧埠。初十日，芜湖水陆各军克黄池贼垒。十一日，悉以内河要隘，毁贼舟净尽，贼遁走金宝圩、溧水、丹阳一带，金柱关防务解严。刘典、王文瑞、王沐会击贼于徽州休宁境，大破之。十二日，驰摺奏鲍超一军大获胜仗，攻克宁国近城诸要隘，阵亡参将李芳非等二十六员弁开单请恤。又摺奏：贼渡九州，李世忠营盘及浦口、江浦两城失陷，请将李世忠革职，不准留营，并自请交部严议。附片抄呈李世忠咨文二道。并称李世忠前此曾立功绩，此次力竭战败，亦足以雪物议。谓其道贼之诬，恐其怀疑生怨，激成他变。仍求明降谕旨，示以宽大，毋庸革职，仍准留营，奖其前功，责其后效，则恩出于朝廷，而怨归于臣等。彼必感激图报，不生疑贰。又片报皖南皖北近日军情。奏称江之南岸，徽州与江西同警；江之北岸，下游与上游同警。调度无方，实深忧灼。又奏保王吉、彭楚汉、周惠堂、谭胜达四员堪胜水师总兵之任一摺。疏入。奉上谕：“李世忠著加恩撤去帮办军务，免其革职，以示薄惩。”钦此。十七日，萧庆衍、彭毓橘、毛有铭、刘连捷合击贼于石涧埠，大破之。刘典、王文瑞、王沐克黟县城。十八日，苗沛霖复叛，引其党围攻寿州。知州毛维翼坚守。十九日，贼大股围攻庐江县，二十一日，贼围攻舒城县，蒋凝学御却之。二十二日，朱品隆攻石埭之贼，破之。发、捻大股由湖北下窜，围攻桐城市，提督周宽世御却之。贼窜孔城镇，合并大股窜六安州。二十四日，贼围六安州。二十五日，刘公典击贼于徽州，破之。徽境肃清。贼悉窜归浙江。江西之贼扰及浮梁，沈公葆桢调回王沐一军剿之。二十七日，驰摺详报芜湖金柱关水陆各军累月苦战情形，阵亡游击姜固国等三十六员弁开单请恤。附片奏报皖南、江西、皖北、湖北贼势军情：该逆蓄谋甚狡，无非欲掣动官军之势，以解金陵之围。苗练叛迹大露，事变迭生，忧愤何极！又摺奏拣调良员留皖补用，并请本科新进士即用知县一班，多发数员来皖，以资差委。附片奏保代理无为州知州穆其琛坚忍镇定，保守危城，厥功甚伟，请即补该州实缺。又奏采访忠义第十三案。是月，李公鸿章克太仓州城，公弟国荃奉旨补授浙江巡抚，左公宗棠奉旨升授闽浙总督，兼署浙江巡抚，万启琛授江苏藩司，马新贻授安徽臬司，郭嵩焘授两淮运司。李公鸿章奏陈公弟贞干战绩。奉到上谕：“曾贞干著加恩照二品例议恤，并准其予谥，于本籍及死事地方建立专祠，仍宣付史馆，特予立传，以彰忠尽。”钦此。

四月，公调鲍超、刘连捷等军援六安。初二日，贼解围东窜，鲍公引军追击之。初七日，鲍公超等陆军、彭公玉麟等水师会克东关贼垒。初十日，克铜城闸。十二日，驰摺奏石涧埠、庐江、桐城、舒城六安州先后解围情形，随摺奏保刘连捷、毛有铭等六员，阵亡参将黄仁亲等十一员弁请恤。附片报近日军情。奏称：徽郡防兵单薄，是臣布置最疏之处。贼之窜鄱阳者逼近浮梁，江西之门户可虑。皖北之贼悉数东趋，并未西犯鄂疆，即属大局之幸。现檄鲍超等进兵追击，檄调蒋凝学、毛有铭、成大吉等会师寿州，共讨苗党。是日，又具摺奏江、楚各省本淮盐引地，被邻私侵占日久，非一蹴所能规复，查核现在情形，暂难改办官运。又片奏在籍侍讲吕锦文在宁国办理团防，捐输被参各款，查明复奏。又奏采访忠义第十四案。时都统富明阿驻军江北，派委知府杜文澜试办官运淮盐，行销于楚岸。十八日，易开俊击贼于泾县，破之。朱品隆击贼于青阳，破之。二十二日，具摺奏谢天恩：臣弟国荃补授浙江巡抚，兄弟均当大任，受恩愈重，报称愈难，请开浙抚一缺，以藩司效力行间。附奏新授江苏藩司万启琛呈请开缺一片。又以弟贞干奉旨加衔议恤予谥建专祠奏谢天恩一摺。鲍公超等军克复巢县城。公派李榕一军渡江而南援池州。二十三日，克建德市城。二十四日，鲍公超等军克含山县城，进克和州城。皖北之贼全退。二十七日，驰摺奏水陆军官会克东关、铜城闸两隘，阵亡勇弁彭胜华、曾彩云、胡德云、石太和请恤。附片奏报军情称：兵事迟钝，半由饷需奇绌。鲍超、毛有铭两军均有饷匮逃散之事。臣治军九年，不敢轻上请饷之奏，不欲以危词上烦圣听，又不欲以苦语涣散军心。兹只因有勇丁逃溃之案，不得不据实密陈。请于九江洋税项下，月拨银三万两，以济皖饷，并请特派大员来南，稍分臣之责任。是日，又具摺奏保雨花台解围案内出力员弁，开单请奖。附片奏新授云南迤东道黄冕，现办东征筹饷局务，请缓赴任，并拟调该道来营，面商淮盐事例，与运使郭嵩焘会筹鹾政。又片奏凤台县知县蔡锷被苗练戕害，请恤。公之初任两江也，奏拨江西漕折银两，以供徽、宁防军之饷。至是沈公葆桢奏留供江西本省防军，经户部议准。公既失此巨款，于是筹饷之请，词气迫切，而请柬大臣以分责任之疏，已三上矣。公弟国荃攻破雨花台贼垒及金陵南门外石垒共十座，皆坚垒也。调彭毓橘一军回金陵大营。寿州知州毛维翼固守州城，兵少粮尽，坚守不懈。毛有铭、蒋凝学两军赴援，营于九里沟，阻于捻匪，未能进。皖南之地，经乱最久，人相食者数月。公闻之，愀然自咎，常曰："乱世而当大任，人生之至不幸也。"是月，李公鸿章克昆山县城。骆公秉章擒贼酋石达开，斩之。粤逆自永安州起事，始封之五伪王者，至是尽毙矣。

五月初三日，易开俊击贼于泾县，破之。初五日，江北之贼由九州渡江而南。公调成大吉、周宽世两军进援寿州，调李朝斌领水师赴上海，腾出黄翼升水军溯江入淮，以为临淮官军之助。初七日，李榕军援剿湖口县。初十日，李朝斌水师东下浦口，扼截渡江之贼。贼大半不能渡。杨公岳斌以水师入浦口，收复江浦县城。鲍公超、刘连捷等陆军沿江追剿，与水师夹击，贼之未渡者歼焉，伏尸数万。江北肃清。十二日，驰摺奏报金陵官军攻克雨花台伪城及聚宝门外诸石垒，随摺奏保总兵李臣典、晏澧周等八员。又奏报水陆会克巢县、含山、和州三城，随摺奏保成发翔、彭毓橘、萧庆衍等十员，阵亡参将陈邦荣等十二员弁请恤。附片奏报皖南、江西军情，寿州危急，调派水陆官军援剿，势恐不及。十三日，公弟国荃、杨公岳斌、彭公玉麟水陆会克下关、草鞋夹、燕子矶贼垒。李朝斌、成发翔、刘连捷等军攻九州贼垒，力战大破之，杀贼二万人，弁勇伤亡者亦二千人。十五日，攻克九州，江面贼宗净尽。鲍公超等陆军渡江，会攻金陵。公自奉肃清江面之旨，营造舟师，至是十载。全功乃竟。长江上下，一律肃清。公由安庆发银一万两，犒赏是役将卒。芜湖陆军吴坤修等击贼，破之。进收金宝圩。易开俊、刘松山击贼于泾县，连破之。十八日，公弟国荃攻长干桥贼垒，破之。二十三日，朱品隆击贼于青阳，连破之。二十六日，刘典、王文瑞会江西官军击贼于陶溪渡，破之。景德镇、鄱阳县肃清，贼并归湖口。二十七日，驰摺奏水陆各军会克江浦、浦口、草鞋夹、燕子矶诸城垒，力破九州一关，江面一律肃清。随摺奏保总兵喻俊明、丁泗滨等二十六员，阵亡副将邬桂芳、胡俊友请恤。附片奏报皖南、江西及寿州军情，金陵城大贼众，合围不易，必须严断接济贼粮之船。请敕下总理衙门，照会西洋各国，不得于金陵城外停泊轮船。又摺奏鲍超一军克宁国府与泾县、西河胜仗出力员弁三案，并保开单请奖。又摺奏保毛有铭一军迭破颍西捻圩，会克运漕镇出力员弁，开单请奖。附片举劾江西局委员。江公忠义领楚勇至江西，由九江渡军进剿湖口。是月，公与李公鸿章会奏请旨核减苏州松江两府、太仓州浮粮。

六月初二日，奉到上谕："曾国藩奏为伊弟国荃恳辞巡抚恩命，并曾国荃奏恳收回成命以开缺藩司专办军务各一摺。该大臣等受宠若惊，固辞恩命，洵属至诚，而朝廷懋赏懋官，权衡悉当。现在军事方亟，时局孔艰，凡在臣工，正宜黾勉效忠，共期宏济。该大臣惟当督率曾国荃忠诚报国，以副委任，正不必渎辞朝命也。"钦此。公子纪泽来安庆省公。江西官军韩进春挫于洋塘，湖口贼势复张。江公忠义与李榕军力击之，贼稍戢。鲍公超攻钟山贼垒，破之，回驻江干。军人多病，未能进剿。初四日，苗练陷寿州，知州毛公维翼死之。成大吉驻守三河尖，周宽世、毛有铭等退守六安州境。十二日，驰摺奏金陵围师布置情形：寿州失陷，现图补救之法。知州毛维翼亮节孤忠，请旨追赠道员，从优议恤。臣调度各军，顾此失彼，请交部严加议处。道员蒋凝学、提督成大吉赴救不力，请撤去升衔勇号，以示惩儆。又具摺奏请裁南洋通商大臣一缺，高各省督抚兼理华洋交涉事件。附片奏委员采买口外战马二千四百匹，请敕兵部查验免税放行。十六日，石埭贼窜陷黟县。十八日，刘公典等军收复黟县，贼退归石埭。十九日，江公忠义与李榕军击贼于坚山，破之。二十二日，专摺奏采访忠义第十五案。附片奏歙县殉难绅士程枚功请恤，并其家属十人。二十七日，驰奏汇报各路军情一摺：金陵城下，暂难合围。皖南、江西滨江滨湖，一片逆氛。苗逆既破寿州，围攻蒙城益急。鞭长莫及，徒深忧灼。附片奏马新贻远在蒙城，势方危急，其安徽臬司印务，委万启琛暂行署理。是月，李公鸿章克吴江市城。毛公鸿宾升授两广总督，奏调张运兰募勇赴粤。

七月初三日，江公忠义等军攻贼于湖口之文桥，克之。贼滨江下窜，江西全境肃清。郭公嵩焘奉旨赏三品顶戴，署广东巡抚。李榕补授浙江盐运使司。初八日，公弟国荃克印子山贼垒。十二日，驰奏汇报各路军情一摺：其一，群贼援救金陵，则苏、常等处或有可乘之机；其一，张运兰奉调入粤，原部老湘营现分守宁国府、泾县两城最要之地，未可掣动，应令该臬司另募新勇；其一，太平、石埭之贼，逾岭窜入黟县，王文瑞一战克之，剿办极速；其一，江忠义、李榕两军剿平湖口之贼，即令由皖南进取东坝；其一，李世忠一军近颇愧悟敛抑，其与苗逆积怨甚深，若坦然相处，当不至别生枝节；其一，周宽世、蒋凝学、成大吉、毛有铭各军防守要害，难以掣动，此外实无劲旅可援蒙城。凡六条。附片奏黄翼升水师赴援临淮，应令李朝斌接署江南提督印务。又片奏陕西巡抚奏请筹拨陕省饷盐一案：现在苗逆叛乱，淮河梗阻，盐无可运之道，请毋庸置议。又奏采访忠义第十六案。歙县殉难绅士汪士勋请恤，并其家属。十七日，吴公坤修击贼于双斗门，破之。二十日，贼由江西下窜者，大股围攻青阳县。朱品隆力疾督军苦守。二十七日，驰摺奏报湖口各军迭挫贼锋，会克文桥贼巢，群贼遁走，阵亡将弁张仪卿等十三名请恤。附片奏报金陵、芜湖、青阳军情及淮甸水陆布置情形。又具摺奏保芜湖金柱关水陆防守攻克湾址、黄池出力员弁，开单请奖。附片奏江西茶商照办落地税，又奏参庐江知县吴燮和革职一摺。三十日，公弟国荃攻上方桥贼垒，克之。是月，李公鸿章攻克太湖贼营，进军苏州。袁端敏公甲三卒于家。公编录《训诂小记》、《雅训杂记》，每日记录数则，以为常课。

八月十一日，易开俊、刘松山击贼于泾县，破之。十二日，驰奏迭奉谕旨复陈一摺。奏称：近淮诸军扼要防守，难以调动。皖南各军，援剿方亟，不能调赴淮上。李世忠一军，调以剿苗，亦不可恃。俟皖南军势稍松，当另筹劲旅，驰往临淮会剿。附片奏查获武职周瑞、知县贾连城勾通苗逆，请革职讯办。公弟国荃攻江东桥贼垒，克之。十八日，贼袭攻宁国府，刘松山自泾县回援破之。公调鲍超一军由金陵上援青阳。二十四日，易开俊击贼于泾县，破之。二十七日，驰摺奏报金陵陆军攻克上方桥、江东桥诸坚垒，一律毁平。附片奏报青阳、泾县等处军情：目下皖南群盗如毛，几与去年冬月相似。寿州苗党凶焰复炽。周宽世、成大吉、蒋凝学、毛有铭等势均力敌，不相统属。

李续宜病势日深，暂难东下，深恐军志不齐，贻误大局。请旨饬降调道员金国琛驰赴皖北军营，综理周宽世等四军营务处，必能调护联络，无涣散之虞。又片奏上年奏派委员经理广东税金，仍应调回各原省当差，候补知县丁日昌等调回皖营，仍请酌予保奖。朱品隆苦守青阳县城，凡三十八日。江公忠义一军，所部道员席宝田一军，李榕一军，先后赴援，击贼，大破之，杀贼万人。贼解去，并归石埭、太平一带。自江面梗阻以来，湖南北借食川盐粤盐，江西借食浙盐，两淮引地皆失。至是江面肃清，公乃咨谋于谙悉盐务之委员杜文澜等，议复旧日引地，先行试办官运淮盐，行销于江西一岸，核定西岸票盐章程，招商领运。是月，李公鸿章分军克江阴县城，左公宗棠克富阳市城。调刘典、王文瑞引军回浙，进攻杭州。唐公训方奉旨总统皖北各军，刘公蓉授陕西巡抚。

九月初八日，易开俊击贼于泾县，破之。十二日，驰摺奏朱品隆苦守青阳，援师大捷，立解城围，阵亡将弁李殿华、许和山等十六员弁请恤，江忠义、李榕、朱品隆、席宝田等开单保奖。附片奏报：蒙城文报渐通，可期解围；刘典回浙，徽州防兵单弱；鲍超军至南陵，进规东坝；江忠义等分兵以攻石埭太平之贼。但使皖南各股悉数驱除，则军势顺矣。十九日，公弟国荃分军克博望镇贼垒，尽平之。二十二日，具摺奏陈京仓需米甚殷，遵照部议，悉心妥筹，并详陈近年事势，不得仍拘成例，拟将漕运、盐引二大政变通办理。附片奏请将道员黄冕留于苏皖，经理漕政、盐务。又片报皖鄂军情。维时黄冕至安庆见公，禀请于皖省设立米盐互市一局，招湖南米商运米至皖，由皖设法运至上海，以达于天津；招两淮盐商运盐至皖，与楚中米商交易而退。是为盐漕二政变通之法，既而不果行。二十四日，公弟国荃攻克上方门、高桥门、土山、方山、七瓮桥等处贼垒，凡二十余座。二十五日，进克中和桥贼垒。二十七日，驰摺奏报宁国、泾县防军迭获胜仗，阵亡勇弁邓光武、雷国英请恤。又摺奏讯结已革总兵黄彬被参一案。公弟国荃克秣陵关伪城。于是金陵西南、东南两面往来之路已断，官军渐已合围。是月奉到文宗御制诗文集。二十八日，专摺奏谢天恩。石埭贼目古隆贤率众投诚，官军收复石埭、太平二城。易开俊收复旌德县城。彭公玉麟水师克水阳、新河庄等处贼垒。二十九日，欧阳夫人率眷属到署。是月，捻匪窜扰湖北德安、蕲、黄之境，官文公调成大吉、石清吉两军赴鄂援剿。

十月初一日，彭公玉麟水师克沧溪长乐镇贼垒。初二日，收复高淳县城。初三日，易开俊收复宁国市，蒋凝学、成大吉收复颍上县。初六日，公弟国荃攻金陵城东贼卡五处，贼垒二十余座，悉破平之。初七日，鲍公超会水师克东坝。十二日，驰摺奏金陵陆师迭克东南沿河八隘，并复秣陵关伪城，渐成合围之局。又摺奏贼众就抚，收复石埭、太平、旌德三城，请将降人古隆贤赏给虚衔顶戴。附片奏报淮上军情：皖南水陆官军攻克东坝，得此要隘，皖南可冀肃清，金陵、苏州攻剿之事较有把握。又片奏查明石埭、太平、旌德、宁国四县前后失陷原委。又摺奏保金陵一军迭克城隘出力员弁六案，并保开单请奖。鲍公超军克建平县，收复溧水县，派营官宋国永招抚广德州贼，未下。江公忠义引军回驻江西饶州境。十五日，公弟国荃领萧庆衍等军扼扎孝陵卫。僧王军至淮北，苗沛霖众溃走死，蒙城解围，练党瓦解。唐公训方收复淮南各城邑。公核定楚岸皖岸票盐章程，刊发委员，招商办运。二十七日，驰摺奏水陆官军剿抚兼施，迭复水阳、东坝等要隘，高淳、溧水、宁国、建平四县，现派鲍超扼守东坝，调各军分守城隘。请将就抚之张胜禄等三人赏给虚衔顶戴。附片报提督王明山丁忧回籍。是日，又具摺密陈彭玉麟战绩，并奏报金陵大营将领李臣典等四员，请补提镇实缺。皖南经乱，凋残特甚。收复后，公亟派员散赈贫民，每县筹银数千两，采买耕牛籽种，颁给乡农，民大感悦，流亡渐复。是月，李公鸿章克复苏州省城。公奉旨交部从优议叙。李勇毅公续宜卒于家。江忠调四川布政使。

十一月初五日，金陵官军治地道轰城，未克。十二日，具摺汇奏李世忠一军迭破苗逆各圩，会克怀远县，请开复革职处分。附片奏报金陵城东百余里内，一律肃清，贼之粮路已断。长淮一带颍上、正阳、寿州、下蔡均已收复。又摺奏保肃清皖北水陆出力员弁，四案，并保开单请奖。又代奏提督杨岳斌请回籍养亲一摺。又具摺奏保员外郎范泰亨、御史周学、知府陈成、孙衣言、同知李鸿裔、知县邓瑶、涂宗瀛、黎庶昌、训导向师棣九员，皆学行修饬，可备任使。是日奉到谕：“兵部侍郎彭玉麟著加恩赏穿黄马褂，以示优奖。”钦此。从公奏也。十三日，金陵城贼出扑营，公弟国荃击破之。十六日，贼于城外修筑营垒，又击破之。贼大股犯建平、溧水二城，官军守御却之。公日课：于晡后，披阅诗古文词，读诵经子一卷，时读《孟子》书，分四条编记——一曰性道至言，二曰廉节大防，三曰抗心高望，四曰切己反求。二十七日，具摺汇奏水陆阵亡、伤亡、在营病故员弁，凡八百四十三员名，开单请恤。周万倬、曾正明二员，请从祀湖南昭忠祠。又摺奏安徽抚臣李续宜病故，录其临终遗书呈览，以明忠愤悱恻之忱。附片奏报贼酋李秀成自苏州逸出，已入金陵；官军攻城获胜二次，并调派各军，严防江西边境。又奏采访忠义第十七案。附片奏定远县人陈鼎霈合族殉难，男妇七十六人，汇请分别旌恤。二十八日，接见安庆所属各邑新入学生员七百余名。是月，李公鸿章克无锡市城，分军入浙江境，克平湖、嘉善、海盐等县。

十二月初二日，建多宝仓，积贮谷米，核定敛散章程。初十日，核定皖南开垦荒田章程。十二日，驰奏迭奉谕旨分条复陈一摺：其一，查明李世忠在寿州、下蔡，与提督陈国瑞争功构衅之案；其一，查明蒋凝学收复正阳关时，与副将康锦文兵勇开炮误伤之案；其一，贼之大股分屯梅渚，意在夺关上窜，鲍超力扼东坝，暂不能进取，以合金陵之围；其一，周宽世军调回安庆防守，毛有铭军移驻皖南，作游击之师，成大吉、石清吉两军现赴鄂省，或能拨赴陕西，应由官文调度。凡四条。又摺奏保江西肃清，青阳解围，在事出力员弁汇单请奖。附片奏陈明李世忠近日情状。二十日，委员蔡国祥新造小轮船一号成，公登船试行江面。二十七日，拜摺奏谢天恩交部优叙。并奏陈近日军情：贼之大股图犯江西，已飞咨左宗棠、沈葆桢并力扼守，以保上游完善之区，金陵贼气尚固，一时恐难速克。又摺奏保攻克九州肃清江面水师出力员弁，开单请奖。附片奏总兵喻吉三请加提督衔，简授实缺。又摺奏讯明周瑞、贾连城通苗一案，查无实据，应请毋庸置议。是月，江诚恪公忠义卒于军，唐公训方经僧王奏参，奉旨以藩司降补，乔公松年补授安徽巡抚。

## 卷八　公五十四岁

【甲子】同治三年，公五十四岁。

正月，公在安庆。初六日，贼由宁国市上窜，陷绩溪县。初九日，唐义训引军收复绩溪，追贼于歙县南境破之。贼窜遂安、开化之境，势趋江西。十二日，奏规复淮南盐务一摺。奏称江路肃清，运道畅行无阻，所有楚西各岸，力图整理，而筹办之难有二大端：一则邻私浸灌太久，积重难返，不能骤禁；一则卡设立太多，诸军仰食，不能概裁。按今日时势，仿昔年成法，唯有疏销轻本，保价杜私四者，实力讲求行之，以渐期于课饷，两有裨益。附片奏报近日军情：金陵城贼为负隅死守之谋，其一股由宁国窜绩溪，意在冲过徽州，直上江西。又摺奏讯结贪鄙营私之将弁张禄等，请革职永不叙用。时苏浙田荒未耕已久，官军攻剿，收复大半，贼饥无所得食，乃突窜徽、浙之交，就食于江西。十七日，贼大股续窜绩溪，与遂安股匪分扰婺源、玉山，遂窜广丰、铅山一带，广饶抚建皆为戒严。二十一日，公弟国荃攻克钟山石垒——伪号天保城，遂调派各军，分扼太平门、神策门，城围乃合。二十七日，驰摺奏贼陷绩溪，旋经收复。毛有铭一军由安庆渡江，计可抵徽。沈葆桢所派席宝田、韩进春两军亦可到防。饬各军扼要防堵，力保江西藩篱。附片奏江宁藩司万启琛应赴江北督办粮台，安徽臬司英翰驻蒙、宿一带襄办剿捻，请催马新贻赴藩司任，委何署臬司一缺。附片奏陈李世忠近日情形，已交出五河县城，撤遣所部弁勇，发给饷盐，资以回籍，不致再有滋扰。又片奏江楚米价昂贵，本届湖南漕米，请仍解折色到部，就近采办，以归简易。二十八日，专奏恭谢年终恩赏一摺，年终密考一摺，学政声名一片。是月，李公鸿章克宜兴县城，左公宗棠克桐乡县城。都兴阿公奉旨移防绥远城，诏公拣派得力之员接统其军。河南发、捻股匪窜扰湖北之境。

二月初三日，核定江宁七属扬州、仪征等处盐务章程。初九日，席宝田收复金溪县城。十二日，驰摺奏金陵官军攻克钟山伪城，遂合城围，贼之外援将绝，粮米无多，唯是围师不满五万，分布九十余里，而贼众数十万，深有穷寇奔突之虞。附片奏浙境股匪觅食偷生，锐意上窜，绝不反顾，势将蔓延江西腹地，窥伺抚、建两郡。溧阳老巢新为苏军所破，其党归并湖州。目下湖州贼数极多，若窜江西，毫无阻隔，防兵单薄，势实可虞。又片奏：臣所部各军，添募益多，将才益少，类皆朴谨自守之员，实乏统率一路之选。其都兴阿所部一军，请特简大员接统。其水师红单船等，即由臣兼辖，酌量裁撤，以节靡费。十五日，乔公松年至安庆见公，接受巡抚关防，出防临淮。贼退出广德州城，并入湖州。鲍公超进军攻句容。江西之贼窜扰抚、建各属邑。十八日，席宝田破贼于建昌城外。十九日，李世忠委其部将王廷瑞、陈自明二员，到安庆禀请交出各城，遣散所部，以三月为期。公奖慰而遣之。二十七日，具摺奏筹议江苏、安徽等省绿营额兵，经乱之后散亡殆尽。已溃之卒不准收伍，孱弱之兵即予裁撤，弁目出缺，停缓叙补，统俟军事大定，乃复旧制。庶几兵归实用，饷不虚糜。又摺奏湖北防务正殷，提督江长贵请饬赴本任。附片奏：金陵城贼放出老弱妇女万余人，为节省米粮之计；湖州群匪?集，皆思上犯江西，以觅生路；江西抚、建股匪人数实众。请饬下闽、粤、两湖一体严防，免致变成流寇，又烦兵力。江忠义旧部，交江忠朝统带。又片遵旨提讯江西知县石昌猷一案，派委刑部郎中孙尚绂会审。又片奏保道员忠廉署理两淮盐运使，堪以胜任。又片奏李世忠呈请克期遣散滁州等处兵勇，酌留千余人，交总兵陈自明统带。又与沈公葆桢会奏查参江西委员万永熙革职。是月，李公鸿章分军克溧阳市城，又克浙江嘉兴府城。程忠烈公学启受伤，旋卒于苏州。程公初陷贼中，投诚后，经公弟国荃拔擢立功，苏省之复，战功为多。左公宗棠攻克杭州省城，余杭县城贼并入湖州，踞守不下。都兴阿公领马队北上。富明阿公署江宁将军，接办扬州防务，派军渡江，会冯子材之军进攻丹阳。

三月初五日，鲍公超攻破三垒贼卡。初七日，克句容县城。初九日，克宝堰贼垒五座。周宽世军中营官杨复成侵吞军饷。公亲提讯得实，于军前斩之。江西贼势日众，沈公葆桢奏请截留江西税金，专充本省之饷，户部议准。公接户部咨文，深忧之。十二日，驰摺奏：江西牙，仍应归臣处经收，以竟金陵将蒇之功。附片奏报军情：金陵城贼坚忍不下，句容克复，贼之外援将尽；江西之贼，扰犯南丰、新城、广昌之境。又摺奏结水师巡江酿命一案。又奏采访忠义第十八案。十三日，浙江之贼，续窜徽州，唐义训、毛有铭击贼小挫。十四日，贼扑徽州城，官军击却之。十五日，奉到上谕："协办大学士两江总督曾国藩督军剿贼，节制东南数省，尽心区画，地方以次削平，举贤任能，克资群力，著交部从优议叙。"钦此。是岁京察行省督抚奉优叙之旨者，曰官文公，曰骆公秉章，曰左公宗棠，曰李公鸿章。凡五人。十七日，唐义训、毛有铭两军击贼于杨村，官军大挫。贼势日炽，大股窜婺源，入江西境。公调朱品隆军驰援徽州，调鲍超军回东坝，调周宽世、金国琛两军渡江进驻饶州之境。二十日，鲍公超收复金坛县城。公既上江西一疏，词气抗厉，于是沈公葆桢亦奏请开缺，诏慰留之。户部议以江西牙厘之半拨归金陵皖南大营，以其半留供本省之饷。公以是时金陵未克，江西流寇复盛，统军甚多，需饷甚巨，既恐饷匮以致军事决裂，又以握兵符掌利权为时所忌，遂有功遂身退之志矣。二十五日，驰摺奏鲍超一军，克句容县，生擒二酋，毁五贼垒。随摺奏保总兵冯标、谭胜达、唐仁廉等二十员，阵亡知府田芬、参将阳茂泰等六员请恤。附片奏徽州军败，遍地贼氛，前队已窜江西，续至者络绎不绝。金陵围师，责成曾国荃经理，傥坚城幸克，即由曾国荃、彭玉麟、杨岳斌三衔驰奏大概，以慰圣怀。陕西汉中发、捻各匪窜犯鄂豫之境，图解金陵之围。

江面上下，皆宜筹防。又片奏身患呕吐眩晕之症，请假一月，在营调理。又片奏降补藩司唐训方请假回籍省墓。又片奏浙江盐运使李榕暂缓赴任，留营剿贼。又奏杨复成正法一摺。二十七日，专摺奏谢京察优叙恩。是日奉到寄谕："总理衙门奏拨轮船经费改解京师一款，为银五十万两有奇，先行拨解金陵军营，以资散放。"二十八日，核定淮北票盐章程。是月，左公宗棠克武康、德清、石门三县城。江西官军克高碑店市城，贼窜入福建边境。陕西发逆合捻匪窜湖北。成大吉击贼于樊城，破之。贼窜河南境。西安将军忠勇公多隆阿卒于营次。

四月初三日，设立书局，定刊书章程。江南、浙江自宋以来，为文学之邦，士绅家多藏书，其镂板甚精致，经兵燹后，书籍荡然。公招徕剞劂之工，在安庆设局，以次刊刻经史各种，延请绩学之士汪士铎、莫友芝、刘毓松、张文虎等分任校勘。初九日，彭公玉麟过安庆见公。旋赴九江防守。十二日，驰奏徽州防军坐失，未能遏贼西窜，自请交部严加议处，唐议训、毛有铭分别革降，阵亡将弁金茂荣、李祖祥等十三员名请恤。又摺奏鲍超一军克复金坛。随摺奏保游击张遇春一员，出亡将弁鲍昌龄、宋连升、王正礼请恤。又摺奏江北一律肃清，提督李世忠遣散部众，次第交出全椒、天长、来安、滁州、六合五城，呈请开缺，回籍葬亲，恳恩准予开缺回籍，保全令名。所遗江南提督一缺，恳迅赐简放，以重职守。附片奏：接准户部文称湖北、湖南、四川、江西、广东、江苏每月协供臣营之饷，为数甚巨。查核湖南一省，除东征局半外，无有奏守协解之款。去夏奏拨江西洋税，旋即退还广东税金，系臣所最抱疚之端，然本年仅解过九万两。江苏税金，系臣职分应筹之饷，本年亦仅解过三万两。四川、湖北两省，则并无协解臣台之款。户部所指六省供饷，不知以何处奏咨为据，遂疑臣广揽利权，收支巨款。臣以庸愚，谬当重任，局势过大，头绪太多，论兵则已成强弩之末，论饷则久为无米之炊，万一竭蹶颠覆，亦何能当此重咎？恳恩饬将皖北军饷，责成乔松年、吴棠、富明阿共筹之，其萧庆衍、毛有铭等数军原支鄂饷，请饬下官文、严树森一力供支，俾臣得少减谋饷忧灼之情，不胜大幸。又片奏报军情：金陵一军，开地道以攻城，伤亡弁勇近三千人，此时唯有严围猛攻，力禁接济之法；江西续窜入之贼，又将延扰腹地；发捻巨股，突过随、枣，意在假道皖鄂，东援金陵。彭玉麟现赴上游，防扼江面，惟皖北兵单，空虚可虑。又片奏江西南康知县石昌猷供词支吾，请革职以凭严讯。十四日，丹阳之贼上窜。鲍公超截击，大破之。常州之贼窜至徽州境，唐义训、毛有铭、金国琛截击破之，余匪窜江西。十九日，奉上谕："曾国藩奏徽军坐失，自请严议之处，著加恩宽免。"钦此。又奉上谕："江南提督，著李朝斌补授。江南水师提督，著黄翼升补授。江南淮扬镇总兵员缺，著阳利见补授。"钦此。二十七日，驰摺奏报鲍超截击丹阳之贼大胜。又奏苏贼续窜徽州，官军击剿获胜，擒斩解散过其大半。附片奏称：苏浙群贼由徽上窜者，约分六起：第一起现踞江西之南丰，分窜福建汀州之境；第二起延于铅山、湖坊等处；第三起攻扑抚州，退据许湾；第四起则为徽军所败，入江境者人数无多，而广德、湖州各贼酋尚有二起，图犯徽境，并入江西。目下军情，以江西为最重。又摺奏请展缓江南本科乡试。附片奏陈：臣于上月请假，现已期满，病势未能遽痊。惟湖北贼势下窜，金陵围师，江西群贼，均在危疑震撼之际，已力疾强起，照常治事。是月，江西赣水以东，广信、抚州、建昌、宁都各属，贼踪遍扰，失陷十数城。江西官军、浙江援军破贼于玉山，又破之于抚州城外，又破之于弋阳、贵溪等处，而贼势未衰。张公运兰军在广东，奉旨饬赴福建臬司任，率勇至闽境防剿。李公鸿章克常州府城，扬州、镇江官军会克丹阳县城。江苏全境毕平，唯金陵未克。李公鸿章拨派刘铭传等军进守句容、东坝。公乃调鲍超一军循江而上，援剿江西。杨公岳斌奉旨督办皖南、江西军务，刘公典帮办军务。李朝斌领太湖水师攻湖州城外贼垒，破之。李公鸿章委员解到上海饷银二十二万两。公以其十三万两解付金陵大营，以五万两给付鲍超军营，以四万两留安庆粮台。贼之窜湖北者，人数极众，护军统领贞恪公舒保阵亡。僧王击贼于随州，破之。逆首洪秀全于二十七日服毒自毙，李秀成立其子坚守金陵，秘不发丧，虽城中贼亦不知也。

五月初六日，专摺恭谢天恩宽免严议。鲍公超军由芜湖拔营，上援江西。杨公岳斌领水师陆军共万人，援江西。初十日，来安庆见公。旋赴江西督剿。公派提督黄翼升接领水军，扼攻金陵。十二日，驰摺奏：浙江提督鲍超请假四个月，回四川籍葬亲，该军将弁，即令杨岳斌统率以行，必可指挥如意。恳恩俯念鲍超苦战功多，俾得成归之礼，展乌私之谊，弥彰圣朝孝治之隆。附片奏报军情：湖州、广德尚为贼踞；江西省城戒严，调派水陆各军入省防守；鄂省发、捻下窜，距皖甚近，调李榕等军渡江北防。疏入。奉上谕"曾国藩奏带兵大员请假葬亲一摺，乃明降谕旨，命鲍超俟金陵攻克、江皖肃清，再行给假回籍，以遂孝思"等因。钦此。十四日，奉到寄谕"令李鸿章会军攻金陵"。公即日具咨李公催之。十七日，鲍公超军至九江，寻至南昌，与沈公葆桢商度防剿，所部一军由瑞州进剿。二十二日，驰摺奏称：苏、常既克，本拟咨请李鸿章亲来金陵会剿。前接李鸿章来文，言将士太劳，宜少休息，待湖州克后，再行拨兵助攻金陵等语。不知者，谓臣弟国荃贪独得之美名，忌同列之分功，非臣兄弟区区报国之意。今幸钦奉寄谕，已恭录具咨加函催请。臣本欲前往金陵督剿，因皖中防剿吃紧，未可暂离，恳恩饬催李鸿章速赴金陵，实为至幸。二十七日，驰摺奏：续奉谕旨，飞催李鸿章会剿金陵。前此奉拨轮船经费一项，已解到银二十万两，分拨各军，转瞬已罄。不敢谓筹饷之太少，而深悔募勇之太多，惴惴焉恐生他变，或误大局。既望李鸿章统兵来助，尤望其携饷以相遗也。并奏称：杨岳斌、鲍超均赴江西，兵力极厚；改调周宽世一军，令赴皖北，以防鄂省东窜之贼；拟令陈国瑞驻扎寿州，处淮南江北适中之地，为游击之师，仍当防守要区，严扼江面，以免掣动金陵全局。附片奏：臣于前年曾请添设长江水师提提督，旋经部臣议准。此次钦奉谕旨，李朝斌补授江南提督，自系李世忠所遗之缺；黄翼升所补水师提督，当系长江新设之缺。应请敕部撰拟字样，新铸印信，颁发来南，以昭信守。又具摺奏保鲍超一军迭克东坝、句容、金坛三案出力员弁，汇单请奖。又奏保高淳、溧水各城水陆会攻克复出力员弁，汇单请奖。二十八日，核定石昌猷案卷。江西道员周汝筠禀讦石昌猷袒匪杀良一案，卷宗繁委，公亲讯数次，委藩司马新贻、臬司何福、道员勒方琦与奏委之郎中孙尚绂反复研鞫。至是定案拟结。三十日，公弟国荃攻克龙膊子山阴坚垒——伪号地堡城，遂督军日夜环攻，不少休息。是月，李公鸿章克浙江长兴县城。湖北捻匪窜扰英山、霍山之境。杨公岳斌奉旨授陕甘总督。

六月初八日，复讯周汝筠、石昌猷一案。十二日，驰摺奏称：旬日以来历奉寄谕，殷殷指示，不外迅剿金陵及皖北、江西两路军务。所有近日筹办情形，分条详复：其一，李鸿章平日任事最勇，进兵最速，此次会攻金陵，稍涉迟滞，盖无避嫌之意，殆有让功之心；其一，中外匪徒，仍有偷济贼粮军火之事，自合围以来，搜查防范，何敢信其绝无疏漏唯当谆饬各营，加意严防而已；其一，发、捻东趋，窜入英山境内，调派江南岸各军驰赴皖北，目下不能速到；其一，安庆人心震动，未可轻离，俟皖北稍安，即当前赴金陵，会商剿办。凡四条。十六日，金陵官军治地道成，轰陷城垣二十余丈。公弟国荃督领将弁冲杀入城，围攻伪宫城。即日由驿八百里驰报金陵克复大概情形。是夜攻克内城，搜杀三日夜。十九日，擒贼酋李秀成、洪仁达。贼党死者十余万人。公闻捷后，喜极而悲者，良久乃已。二十三日，会衔由驿六百里加紧驰奏克复金陵全股悍贼尽数歼灭详细情形一摺。奏称：金陵一军，围攻二载有奇，前后死于疾疫者万余人，死于战阵者八、九千人，令人悲涕，不堪回首。臣等忝窃兵符，遭逢际会，既恸我文宗不及目睹献〈酋或〉告成之日，又念生灵涂炭，为时过久。惟当始终慎勉，扫荡余匪，以苏孑遗之困，而分宵旰之忧。此次应奖应恤人员，另缮清单，吁恳恩施。二十四日，公由安庆登舟，由火轮船驶赴下游，泊采石矶。二十五日，抵金陵大营，见诸将领慰劳之，亲讯贼酋李秀成，札委员弁访求咸丰三年城陷时殉难员绅遗骨。二十六日，奉到上谕："杨岳斌、彭玉麟、曾国荃驰奏克复金陵大概情形一摺。逆首洪秀全等以数十万逆众久踞金陵，负隅死守。曾国荃等督兵围攻，所部不满五万，两载以来，将城外贼垒悉数扫荡。兹复于炎风烈日之中，伤亡枕藉之余，并力猛攻，克拔坚城，非曾国藩调度有方，曾国荃及各将士踊跃用命，不能建此奇勋。披览之余，曷胜欣慰。此次立功诸臣，将伪城攻破，巨憝就擒，即行渥沛恩施，同膺懋赏。"钦此。二十七日，公巡视金陵城垣地道攻入之处，按行城外各军营垒。二十八日，军士将洪秀全逆尸舁之江干，公亲验而焚之。二十九日，奉上谕"本日官文、曾国藩由六百里加紧红旗奏捷克复江宁省城一摺，览奏之余，实与天下臣民同深嘉悦。此次洪逆倡乱粤西，于今十有五年，窃据江宁亦十二年，蹂躏十数省，沦陷数百城，卒能次第荡平，殄除元恶，该领兵大臣等栉风沐雨，艰苦备尝，允宜特沛殊恩，用酬劳勋。钦差大臣协办大学士两江总督曾国藩，自咸丰三年在湖南首倡团练，创立舟师，与塔齐布、罗泽南等屡建殊功，保全湖南郡县，克复武汉等城，肃清江西全境。东征以来，由宿松克潜山、太湖，进驻祁门，迭复徽州郡县，遂拔安庆省城，以为根本，分檄水陆将士规复下游州郡。兹幸大功告蒇，逆首诛锄，实由该大臣筹策无遗，谋勇兼备，知人善任，调度得宜。曾国藩着加恩赏加太子太保衔，赐封一等侯爵，世袭罔替，并赏戴双眼花翎。浙江巡抚曾国荃以诸生从戎，随同曾国藩剿贼数省，功绩颇著。咸丰十年，由湘募勇，克复安庆省城；同治元、二年，连克巢县、含山、和州等处，率水陆各营进逼金陵，驻扎雨花台，攻拔伪城，贼众围营，苦守数月，奋力击退；本年正月，克钟山石垒，遂合江宁之围，督率将士鏖战，开挖地道，躬冒矢石，半月之久，未经撤队。克复全城，殄除首恶，实属坚忍耐劳，公忠体国。曾国荃著赏加太子少保衔，赐封一等伯爵，并赏戴双眼花翎"等因。钦此。其同案奉旨锡封者：提督李臣典一等子爵，萧孚泗一等男爵，均赏戴双眼花翎；提督黄翼升、张诗日等，总兵朱洪章、熊登武等，按察使刘连捷等，凡百二十余员，均奉旨奖状。其阵亡总兵郭鹏程、王绍羲、副将陈万胜等十六员，奉旨优恤。皆公前疏所请也。同日又奉上谕：

“粤逆久踞江宁，负隅抗拒，实为从来未有之悍寇。此次水陆各军于溽暑炎蒸之际，猛力环攻，迅克坚城，悍党悉除，渠魁就缚，非曾国藩运筹决策督率有方，曾国荃等躬冒矢石鼓勇先登，末由建此奇功，成乃丕绩。朝廷嘉悦之怀，实难尽述。除曾国藩等已加恩锡封外，其出力员弁兵勇，并著查明保奏，候旨施恩。发去银牌四百面，著曾国藩、曾国荃等择其功绩最著者，先行颁给，以励戎行。”钦此。同日又奉旨赏赉东南各路统兵大帅及封疆大臣，普加异数。钦差大臣僧王、官文公、李公鸿章、杨公岳斌、彭公玉麟、骆公秉章、鲍公超等各有差。左公宗棠、沈公葆桢等也有待也。是月，左公宗棠克孝丰县城。萧公孚泗闻讣丁忧。

七月初一日，阅视金陵城北伪城伪垒及官军所开地道之处，派委员庞际云、知府李鸿裔，会讯李秀成，令其自书供词，前后凡四万余字。初二日，李忠壮公臣典卒于军。金陵之克，以李公为战功之首，公弟国荃恸惜之。初四日，周视金陵城垣，委员修筑，定议裁撤湘勇，设善后局，抚恤难民。鲍公超击贼于抚州许湾，大破之，杀贼四万人，贼大溃。初六日，公亲讯贼供，诛李秀成、洪仁达、洪仁发三名。初七日，驰摺奏：洪秀全、李秀成二贼酋分别处治，伪幼主洪福查无实在下落。李秀成供词，谨抄送军机处，以备查考。历年以来，中外纷传逆贼之富，金银如海，乃克复老巢，而全无货财，实出意计之外。目下筹办善后事宜，需银甚急，为款甚巨，如抚恤灾民，修理城垣，驻防满营，皆善后之大端。其余百绪繁兴，左支右绌，欣喜之余，翻增焦灼。金陵之克，贼所造宫殿行馆，皆为官军所毁。公乃于水西门内择房屋稍完者，委员葺治，以为衙署。幼逆洪福遁走广德，贼党争迎之。初十日，公设酒于城内，宴犒诸将领。十一日，鲍公超收复东乡、金溪两县城。十二日，江忠朝等克复崇仁、宜黄两县城，江西东路贼势稍衰。十三日，公札撤湘勇二万五千人，留万人防守金陵，留万五千人，派委刘连捷、朱洪章、朱南桂等领之，以为皖南北游击之师。咨湖北、湖南督抚筹拨撤勇欠饷。十六日，专摺奏谢天恩踢封侯爵，并赍所获伪金、玉印三方，咨送军机处。十七日，巡视江南贡院，委员修葺。出示晓谕士民复业，核定金陵房产章程。凡八条。二十日，驰摺奏福建陆路提督萧孚泗闻讣丁忧，请开缺回籍。又摺奏一等子爵李臣典病故请恤，并将李臣典战功开列清单，录呈御览，请于江西之吉安府及安庆、金陵建立专祠。附片奏李秀成业经正法，未及槛送京师；洪秀全戮尸焚化，未及传首各省。又片奏保金陵各军将领熊登武、朱南桂、张诗日、伍维寿、朱洪章皆有独当一路之才，请次第简放提镇实缺。现守宁国之总兵刘松山，足以独当一面，亦后起之将才也。又片奏：近岁以来，但见增勇，不见裁撤，无论食何省之饷，所吸者皆斯民之脂膏，所损者皆国家之元气。前此贼氛方盛，不得已而增募，以救一时之急。今幸大局粗定，因与臣弟国荃商定，将金陵全军裁撤其半；镇江冯子材之兵，全行裁撤；扬州富明阿一军，暂难遂撤。军兴日久，各有厌苦兵间之意，但使欠饷有着，当不至别生枝节。并陈明曾国荃克城之后困惫病状，姑在金陵调养，料理善后。“臣即日回安庆一次，布置上游军事。江西军事得手，即由杨岳斌主稿会奏”。公拜摺后，登舟上溯。二十五日，舟泊铜陵夹。咨广东督抚停止税金，还归本省经收。札委钱鼎铭、丁日昌等办上海捐输，分拨松沪税金，以济军饷。鲍公超军克复南丰县，续克高碑店市，招降数万人。贼党南窜，南、赣、宁都三郡戒严，浸及闽粤之境矣。二十七日，李公鸿章、左公宗棠，会克湖州府城。二十八日，公再抵安庆。二十九日，驰摺奏广东税金一款：两年以来，深资馈运，私衷耿耿，如负重疚。请旨饬下广东督抚，截至本年八月止，毋庸再解。并请照一百二十万两之数，加广该省乡试文武永远中额四名，以彰粤人急公之义。附片奏称：湘勇招募之初，选择乡里农民，有业者多，无根者少，但使欠饷有着，当可安静回籍。昨奉谕旨，有挑补额兵一条，恐湖南之民，必不愿补三江绿营之额，臣以为勇则遣回籍，兵则另募土著，各返本而复始，庶经久而可行。至寄谕饬查洪福实在下落，应俟查明续奏。又片奏补送李秀成供词。又片奏报军情：江西兵威大振，无须添派援军；所虑者皖南之广德，皖北之英、霍，现在陈国瑞进剿麻城，英翰进扎商城，蒋凝学进扎英山，李榕调防桐城，布置尚密，但无大支劲旅痛加剿洗耳。是日，具摺奏结周汝筠、石昌猷一案。左公宗棠克安吉县城。浙江全省皆平。李公鸿章派刘铭传一军克复广德州城。贼党挟洪福遁走宁国山中。是月，僧王由豫入楚，击剿发、捻各匪，破之。

八月初一日，湖州、广德之贼窜徽州南境，刘松山截击破之。初三日，左公宗棠截击窜贼于昌化、淳安之境，大破之，斩贼目黄文金。初七日，唐义训、易开俊截击窜贼于歙县南境，破之。初九日，易开俊击贼大破之。

十三日，驰奏钦奉谕旨分条复陈一摺：其一江宁省城贼踞最久，居民流亡尚未复业，委记名臬司黄润昌赶紧兴修贡院，庶冀士子云集，商民亦可渐归。其一驻防旗营，俟贡院工竣，以次修理。旗兵现存八百余人，俟营房粗定，再议挑补足额。其一苏皖两省疆舆跨越江淮，据御史陈廷经陈请变通画江分省。臣以为军事、吏事之兴废，视疆吏之贤否，不必轻改成宪。其一杨岳斌应赴陕西新任，江西军务，应令鲍超专顾北路，刘典、席宝田、王文瑞、江忠朝等分剿南路，不必另派督办大员。其一皖北吃紧，飞催刘连捷等渡江防剿。凡五条。附片奏委道员庞际云署江宁盐巡道缺，仍饬办善后局。又其摺奏保克复金陵陆军出力员弁，开单请奖，阵亡、伤亡、病故员弁五百一名，开单请恤。附片奏称：臣自任两江督师，东征数年，奏保积至二十二案之多，军务倥偬，未及按名注考。恳敕部将臣军保案，均照原单一体注册。又附片密奏：大功粗立，臣兄弟及前后文武各员均叨窃殊恩异数，追思昔年患难与共之人，其存者，如李元度一员，独抱向隅之感；其没者，如江忠源、何桂珍、刘腾鸿、毕金科四人，皆有私衷抱疚之端，谨略陈一二，恳请恩旨。十四日，易开俊击窜贼，破之。十六日，唐义训、金国琛击窜贼，破之，余匪挟洪福窜入江西广信之境。浙江官军追击之。十七日，专摺进呈安徽全省地图，并《长江图说》，奏称：知府刘翰清、县丞方骏谟淹雅详慎，臣派委该二员细查详绘，装成全册，恭呈御览。贼围扑英山县，蒋凝学固守击贼破之。刘连捷、朱洪章、朱南桂领湘勇万余人渡江而北。公调派湘勇由桐城进剿英山，调派李榕、王可升、何绍彩等军八千人，由六安进援霍山。二十七日，驰摺代奏：臣弟国荃病势日增，请开缺回籍调理。又摺奏湖州、广德败贼并犯歙南，官军截剿屡胜，阵亡参将唐远请恤。附片奏长江水师新定规模，应责成彭玉麟周历巡察，区画一切。其安庆善后事宜，札饬藩司马新贻、臬司何福、总兵喻吉三会同妥办。又片奏报江西、皖北军情，调军剿办，并报定期起程，驻扎江宁旧治。又奏截停淮北饷盐规复票盐旧制一摺。是月，杨公岳斌赴赣州督师防剿，王文瑞克复雩都县城。

九月初一日，公由安庆登舟启行赴金陵。初八日，舟抵金陵，黄公润昌监修贡院工毕。初九日，公入城阅视贡院工程。初十日，入居署中，核定安徽全省丁漕征收章程。是日奉到上谕："曾国荃督兵数载，克复江宁省城，伟绩丰功，朝廷甚资倚畀。第栉风沐雨，辛苦备尝，致病势日见增剧。若不俯如所请，不足以示体恤。已明降谕旨，准曾国荃开缺回籍，并发去人参六两，以资调理。该抚其安心静摄，擅自保卫，一俟病就痊愈，即行来京陛见，以备倚任。所有江宁善后事宜，即着曾国藩驰往江宁，斟酌机宜，妥筹办理。"钦此。同日奉到上谕："浙江巡抚，著马新贻补授。英翰著补授安徽布政使。安徽按察使，著何补授。"钦此。十一日，驰摺奏江南贡院修建工竣，已通饬各属，出示晓谕，定于十一月举行乡试。两江人士，闻风鼓舞，流亡旋归，商贾云集，请旨简放考官。附片奏札饬江西藩司赶办江南朱墨卷各一万八千套，定期解赴金陵。又片奏札调藩司万启琛回驻江守，运司忠廉由泰州移驻扬州。湖北发、捻大股围英山城。蒋凝学坚守，贼退。其一股趋太湖。刘连捷等军至太湖，贼均退回湖北蕲水、罗田之境。公札调朱南桂、朱洪章二军驻宿松、太湖，刘连捷一军驻安庆。二十日，公弟国荃奉旨诣明孝陵致祭。江西、浙江官军会击窜贼于广信府境，大破之。洪福遁走石城。江西东境肃清。二十五日，席宝田军追擒幼逆洪福，送南昌斩之。二十六日，设发审局。二十七日，驰摺奏报官军驱贼出境，全皖肃清。随摺奏保易开俊、唐义训、刘松山、金国琛四员。又具摺奏续保彭玉麟水军、王可陆军青阳、溧水、高淳、东坝各案，出力员弁，开单请奖。又奏续保江忠义、席保田两军青阳案内出力员弁，开单请奖。

是日，又具摺奏称：安徽界连楚北，自楚师入境，迭复郡邑，按亩捐钱，支应兵差，百姓苦之。安庆克后，停止亩捐，改办抵征。现在札饬一律开办丁漕，所有从前收过抵征项下，应专案作正报销。二十八日，札派乡试内外官员。

是月，鲍公超击贼于宁都州城外，大破之，州城解围。贼溃窜闽粤境。江西全省皆平。左公宗棠奉旨赐封一等伯爵，鲍公超一等子爵。杨公岳斌由赣州回南昌省城，奏请回湘增募陆勇赴甘肃剿办。贼之窜广东者，攻扑南雄州；其窜闽者，陷武平县城，张忠毅公运兰死之。贼遂遍扰汀州属境，陷漳州府城而踞之。湖北发、捻大股围扑蕲水官军营盘，石威毅公清吉阵亡。

十月初一日，公弟国荃登舟回湘，公送之至采石矶乃还。初四日，公还署。初五日，专摺奏谢弟国荃开缺恩旨。又奏谢弟国华、贞干各加赏恩。初七日，考试督署书吏。李公鸿章委员解到上海协饷银十七万两，支发江皖各路湘军欠饷。公定议撤遣湘勇，什去八九。十二日，具摺代奏提督鲍超请假六个月，驰回四川本籍，亲营丧事，兼养伤病，令其部将宋国永、娄云庆分领霆营之众。附片奏金陵遣撤勇丁，先后回籍，沿途安帖。并报皖鄂军情，檄调刘连捷等军赴鄂援剿；调易开俊一军渡江，而北与李榕、王可升等为后路策应之师。又奏采访忠义第十九案。附片奏安庆通判达凌阿在寿州殉难请恤，苏州从九品蒋映杓、训导梅振镳请恤，并其家属十一人。十三日，奉上谕：“现在江宁已臻底平，军务业经蒇事，即着曾国藩酌带所部，前赴皖鄂交界督兵剿贼，务其迅速前进，勿少延缓。李鸿章前赴江宁，暂署总督篆务。江苏巡抚，著吴棠暂行署理。”钦此。十七日，李公鸿章到金陵见公。公与商裁退楚军，进用淮勇。檄调刘铭传、李鸿章等引淮军渡江而北，上援皖鄂。十九日，奉上谕：“曾国藩奏提督鲍超遵奉前旨请假葬亲一摺，已明降谕旨，赏假两月，回籍经理丧事矣。现在甘肃军务未蒇，新疆回匪日益蔓延，非得勇略出群如鲍超者前往剿办，恐难壁垒一新。著曾国藩传旨鲍超，令其俟假期一满，即行由川起程，出关剿办回匪。其旧部兵勇及得力将弁，准其酌量奏调，随带同行。从前回疆用兵，杨遇春即系川省土著，立功边域，彪炳旗常。鲍超务当督率诸军，肃清西陲，威扬万里，以与前贤后先辉映。该提督忠勇性成，接奉此旨，必即遵行，以副朝廷委任。”钦此。二十二日，奏遵旨驰赴皖鄂交界督兵剿贼一摺。奏称：臣用兵十载，未尝亲临前敌，自揣临阵指挥，非其所长。此次拟仍驻扎安庆、六安等处，派刘连捷等入鄂，听候官文调遣。檄调淮勇两军随臣西上，更资得力。附片沥陈才力竭蹷，难胜重任，楚军出征过久，渐成强弩之末，不如淮勇之方锐。一俟皖鄂肃清，即请开缺，调理病躯，仍当效力行间，料理经手事件。如军饷之报销，撤勇之欠饷，安置降将部众，区画长江水师营汛，皆分内应了之事也。又摺奏请于江宁省城，建立昭忠祠，汇祀湘军阵亡病故将士。附片奏广东、江西税金全归本省经收，唯留饶州、景德镇厘金之半，拨解祁门粮台，以充皖南五军之饷。二十五日，作《修治金陵城垣缺口碑记》一篇，立石于龙膊子山下官军攻入之处。二十七日，奏报淮南征收盐课第一案。是月，僧王军击贼，大破之。官文公、乔公松年调派各军，防剿招抚数万人，余贼窜德安。广东贼陷嘉应州城、大埔县城，与闽省汀、漳之贼延扰凡数百里。左公宗棠移驻衢州，调派刘典等军分道入闽进剿。钦命刘琨典试江南，以平步青副之。十一月初一日，委员择地修建昭忠祠、靖毅公祠。设工程局委员监督工役，次第修复学宫及群祀祠宇。初三日，交卸总督关防。初五日，奉到上谕：“皖省一律肃清，楚境余贼由黄、孝窜德安一带，逆数无多，楚军可敷剿办。曾国藩毋庸前赴安庆，亦无须交卸督篆，仍驻扎金陵，妥筹调度。李鸿章现在入闱监临，俟出闱后，仍回江苏巡抚本任。”钦此。初六日，诣贡院迎主考官入闱。初八日，得前总督陆公建瀛遗骸，改棺重殓，公出城吊而祭之。初十日，作《家训四条》。十七日，李公鸿章派弁送还总督关防，公接印回任。十八日，驰摺奏交卸督篆遵旨仍回本任日期。奏称：鄂、豫、皖三省，均捻匪往来熟径，刘连捷等军宜以黄州上巴河为老营，派吴坤修料理营务；刘铭传等军宜以三河尖固始为老营，派李鹤章料理营务。又摺奏续保克复金陵水陆各军随营筹饷各员弁，汇单请奖。又片奏请敕部添铸淮扬镇总兵新印，颁发来营。又片奏国子监典籍钱继文，前在金陵殉难请恤。二十二日，会考江南拔贡、优贡。

十二月初三日，马公新贻过金陵见公。旋赴浙江任。初六日，李公鸿章还苏州。十三日，奏迭奉谕旨分条复陈一摺：其一，前明孝陵勘估工程，目下无此巨款，应稍缓筹办；其一，李秀成供词，前有删节之处，补钞进呈；其一，张国梁忠骸，访求未得；其一，江北粮台，每月收银不过五万两，酌解甘省及留供皖军之数；其一，池州知府范先谟调省察看。凡五条。附片奏保四品京堂胡大任，请旨简用。又片奏云南东道黄冕请开缺。又片奏知府范泰亨、主事柯钺均在营积劳病故，请恤。是日，又奏复御史刘毓楠条陈淮北盐务一摺，附请展缓江南武乡试一片。十五日，乡试揭晓，公入闱钤榜，取士二百七十三名。二十八日，奏迭奉谕旨分条复陈一摺：其一，剿办捻匪，宜用淮勇，人地相宜，淮军所用火器，须由水路运送河南，以周家口为都会；其一，西路军务，宜先清甘肃，次及关外，楚勇离甘太远，不如川勇较近，宜用川北保宁、龙安两府之人，与甘肃风气不甚相远，臣处饷项奇绌，不能协济鲍军；其一，楚勇必须多撤，金陵守兵，已裁去七千人，朱品隆、唐义训、刘连捷等军应即先撤，庶腾出有用之饷，以济西征之师。凡三条。附片奏陈何桂珍、刘腾鸿、毕金科三员忠绩，请赐谥以表示来兹。是日，又具摺奏请蠲免安徽州县钱粮杂税，并将各州县克复年月、被扰轻重，分别开单呈览。附片奏金坛、溧阳、丹阳、宜兴、荆溪五县被贼蹂躏最甚，请豁免两年钱漕。又片奏递进江南乡试题名录。是冬，捻匪由湖北襄阳窜扰河南之境，僧王督师追击，连获胜仗，而贼势飙忽不可制。福建之贼踞漳州，左公宗棠督师入闽攻剿。

## 卷九　公五十五岁

【乙丑】同治四年，公五十五岁。

正月，金陵昭忠祠成。初十日，公率僚属致祭。

十四日，具摺奏两淮运使忠廉因病出缺，拣委道员李宗羲署理，请旨简放。附片奏江南乡试新中举人来江宁请咨者，随时通融，缮给咨文，以凭迅速起程会试，请敕礼部查照。又片奏寿春镇总兵易开俊调援皖北就近赴任。又奏采访忠义第二十案。附片奏石埭县训导朱彦升请恤，并其家属二十人。二十日，设粥厂，令湘勇煮粥，以食饥民。二十一日，拜摺专奏恭谢年终恩赏。又奏循例密陈文武考语一摺，三省学政声名一片。又奏采访忠义第二十一案。

二月初三日，作《江忠烈公神道碑》。初八日，道饬委员籴买积谷以备荒。十四日，具摺奏易开俊、刘松山两军坚守宁国、泾县出力员弁，开单请奖，并陈明应保之案，久未奏保，自请交部议处。又汇案奏参藐法滋事之将弁江发云等，请革职讯办。又摺奏上年奉拨轮船经费银五十一万余两，全数解清，汇入军饷案内报部。二十日，核定收养贫民章程，议挑补绿营弁兵章程。二十三日，前云贵总督潘忠毅公铎之柩自云南还葬，过金陵，公遣弁护送回籍。二十七日，专摺奏营中欠饷，遵照部议新章，发给饷票，准照实银报捐请奖。又奏酌度江宁现在情形，城外龙江关、西新关两处，暂缓开关征税，俟商民复业，再行奏复旧制。附片奏江、安两省武营遗缺，请通融借补。札委工程局员修葺江南钟山书院、尊经书院。是月奉上谕："上年江宁克复后，曾国荃因病陈请开缺回籍，当经降旨，令该抚病痊即行来京陛见。迄今已及半载，该抚病体当可渐次就愈。朝廷以该抚功绩昭著，且年力盛强，正强借资倚任。著曾国藩传知曾国荃，如病已就痊，即行来京陛见。现当勤求治理需才孔亟之时，该抚慎勿遽萌功成身退之志，以副期望。"钦此。彭公玉麟奉旨署漕运总督，吴公棠署两广总督，李公瀚章援湖南巡抚。李公鸿章派提督郭松林等军，由海道赴福建厦门助剿漳州之贼。杨公岳斌募湘勇五千成军，由长沙启行赴甘肃。公方议裁撤湖南东征局，于是杨公奏请改为西征局，充甘肃军饷。贵州巡抚张公亮基，亦请以东征局饷协解黔中。

三月十五日，奏统筹滇黔大局一折。奏称：行军之道不一，而进兵必有根本之地，筹饷必有责成之人。谋滇者当以蜀为根本，即以饷事责之四川总督；谋黔者当以湘为根本，即以饷事责之湖南巡抚。湘蜀两省物力有限，倘任滇黔之饷，则甘肃之饷，应责之江浙等省，不敢有所推诿。又奏福建汀漳道彭毓橘因病未能赴任，请开缺。附片李世忠前后捐助军饷银十五万九千余两，请并入河南捐款，为将来加广中额之地。又附片奏：湖南设立东征局，当时实由黄冕主持，因此大招物议。上年金陵幸克，臣即议定期裁撤东征局。湘中商民，人咸知之。今杨岳斌请改供西征之饷，滇黔各省，亦指请协解。臣既奏停江广税金，而于桑梓独食其言，且令黄冕专受其谤，有甚不安于心者，谨先事沥陈。俟四月间，即专摺奏请裁停东征局务，另由江南筹解甘饷，俾湘民沾高厚之恩，臣亦稍释隐微之疚。又片奏称：新疆之地，大漠苦寒，艰险异常，鲍超威严有余，恩信不足。倘出关以后，部曲离怨，必为回众所轻。一有坐失，全局震动，后人更视关外为畏途矣。且甘肃未平，遽谋新疆，则后路之根本不稳。鲍超历年苦战，臣岂忍忘其大功而摘其小过？唯有仰恳圣慈，饬令鲍超随同都兴阿、杨岳斌先清内地，再行出关，不宜轻于一发。不独鲍超一军为然，自古有事塞外者，未有不慎于始谋者也。又片奏：臣弟国荃病尚未痊愈。钦奉寄谕，已恭录传知。时有御史朱镇奏参湖南兵勇在江南骚扰情形，请即遣散回籍。公于是札饬各军，大加裁撤，在金陵者，仅存四营而已。

二十五日，具摺奏续保攻克金陵水师员弁，开单请奖。附片奏彭玉麟固辞署漕运总督之任，并陈明捻匪飙忽，恐南入江境，调张树声一军驻清江浦，调刘铭传、周盛波两军由六安移防徐、宿。时彭公玉麟已专奏力辞新任，而捻匪窜山东境，蔓延曹州、济宁一带，徐州清江皆防窜越。吴公棠亦以防务留清江，未赴两广之任。二十七日，公登舟出江泊瓜洲。二十八日，登焦山，彭公玉麟从。二十九日，渡江登北固山，览京口形势。旋登金山，回瓜洲，查阅盐河工程。

四月初一日，方抵扬州。运司李宗羲禀商盐政务。设盐栈于瓜洲之新河口，以利捆运。裁减江北卡，改定江北务章程。初三日，还金陵署。十五日，具摺奏黄翼升水师、张树声淮军已到清江防所，刘铭传、周盛波日内当抵邳、宿之境。又摺奏前漕督袁甲三先经奉旨于临淮建立专祠，旋因案撤销，请仍准建复。附片奏皖南镇总兵唐义训开缺，以总兵刘松山、道员金国琛办理徽、宁防务。该二员蒙恩授甘肃镇道实缺，并催令赴任，请暂留皖南，仍即以刘松山调补皖南镇实缺。又片奏新授安徽臬司李宗羲暂留两淮之任，整理盐务。二十日，核定瓜洲盐栈章程。二十一日，接奉廷寄书公爵加称曰毅勇侯。鲍公超回川后，所部霆字营分为两军。其一总兵娄云庆领之入闽，其一总兵宋国永领之赴蜀，将率以出关也。入闽之军，在上杭县大哗，回向江西索饷。江西藩司孙长绂急发银六万两，迎解于军前，众稍定。入蜀一军，行至湖北金口登岸，哗溃为乱，窜陷咸宁县，扰犯江西、湖南边境。李公瀚章调军平之。公久虑霆营之有变，至是闻警，适如前疏所虑。为之怃然，忧念不已。僧王追击捻匪至于山东，日驰百数十里不息，捻匪势亦飙忽，迭奉谕旨，以持重为戒。公亦具密疏，请令僧邸一军稍休暇以养锐，疏未上也。二十四日，忠亲王僧格林沁在曹州中伏阵亡。兖豫之间贼势益张，远近人心，为之惶骇。二十五日，公接见洋人，议江南通商事宜。是月，公与李公鸿章会奏遵旨核减苏松等属浮粮一摺。郑公敦谨奉旨授湖北巡抚，吴昌寿调河南巡抚。

五月初一日，驰摺奏迭奉谕旨，复陈大略：其一，鲍超霆营溃叛之故。固惮万里长征之苦，实由积年欠饷之多，已飞咨鲍超迅赴鄂中调停解散。檄调刘连捷等军南渡九江，咨彭玉麟调派水师扼防江西。其一，水师炮船宜用于长江大川之中，若运河水窄岸高，断难施展。黄河与大江，船式迥殊，水性亦异，宜由山东、河南抚臣另造舢板，分防黄、运两河，则畿辅永无捻患。凡二条。附片奏称：金口霆营叛乱，容有别情，至娄云庆一军在闽鼓噪，则系因饥生变，实无他故。臣不在江西，不能筹发欠饷，又明知霆营出关，必将生变，不能及早奏请停调，至酿今日之祸，皆由臣区画不善，恩信不孚，无可辞咎。容俟查明原委，自请严处。又代奏陕西臬司陈谢恩一摺，奏请应否陛见。初二日，奏到寄谕。令公出省至淮、徐一带，督率水陆援军，相机剿贼。初三日，公闻僧王阵亡之警。奉到上谕："钦差大臣协办大学士两江总督一等毅勇侯国藩着即前赴山东一带，督兵剿贼，两江总督著李鸿章暂行署理，江苏巡抚着刘郇膏暂行护理。"钦此。又奉上谕"曾国藩着即携带钦差大臣关防，统领所部各军星夜出省，前赴山东督剿"等因。钦此。初五日，奉到寄谕一道，初七日，奉到寄谕二道。皆催公迅速启程。初九日，驰摺奏遵旨前赴山东剿贼，沥陈万难迅速情形：金陵楚勇裁撤殆尽，仅存三千人，作为护卫亲兵，此外惟调刘松山宁国一军，如楚勇不愿远征，臣亦不复相强。淮勇如刘铭传等军，人数尚少，不敷分拨，当酌带将弁，另募徐州勇丁。以楚军之规制，开齐兖之风气，期以数月训练成军，此其不能迅速者一也。捻匪积年掳掠，战马极多，驰聚平原，其锋甚锐，臣不能强驱步兵，以当骑贼，亦拟在徐州添练马队，派员前赴古北口采买战马，加以训练，此其不能迅速者二也。扼贼北窜，惟恃黄河天险，若兴办黄河水师，亦须数月乃能就绪，此其不能迅速者三也。直隶一省，宜另筹防兵分守河岸，不宜令河南之兵兼顾河北。僧格林沁剿办此贼，一年以来，周历湖北、安徽、河南、江苏、山东五省，臣接办此贼，断不能兼顾五省，不特不能至湖北也，即齐、豫、苏、皖四省，亦不能处处兼顾。如以徐州为老营，则山东只能办兖、沂、曹、济四郡，河南只能办归、陈两郡，江苏只能办淮、徐、海三郡，安徽只能办庐、凤、颍、泗四郡。此十三府州者，纵横千里，捻匪出没最熟之区。以此责臣督办，而以其余责成本省督抚，则汛地各有专属，军务渐有归宿。此贼已成流寇，飘忽靡常，宜各练有定之兵，乃可制无定之贼。方今贤帅新陨，剧寇方张，臣不能速援山东，不能兼顾畿辅，为谋迂缓，骇人听闻，殆不免物议纷腾，交章责备。然筹思累日，计必出此，谨直陈刍荛，以备采择。附片奏称：精力日衰，不任艰巨，更事愈久，心胆愈小。疏中所陈专力十三府州者，自问能言之而不能行之。恳恩另简知兵大员，督办北路军务，稍宽臣之责任，臣仍当以闲散人员效力行间。又摺奏保张树声补徐海道缺，吴世熊补淮扬道缺。僧王没后，将军国瑞革职留营，接护其军，并护钦差大臣关防，军心不固。公亟调刘铭传一军赴济宁以助之，李公鸿章调派道员潘鼎新领淮勇五千人，由轮船航海赴天津，以卫畿辅。是日，奉到上谕："钦差大臣协办大学士两江总督一等毅勇侯曾国藩，现赴山东一带督师剿贼，所有直隶、山东、河南三省旗绿各营及地方文武员弁，均著归曾国藩节制调遣，如该地方文武不遵调度者，即由该大臣指名严参。"钦此。寻又奉督率亲军轻骑就道兼程北上之旨。于时公定计撤退湘军，进用淮军。酌留金陵湘勇四营，增募千人，凡六营，委道员罗麓森等领之，以为亲兵，随同北征。其余湘军在江南者，全行撤遣回籍。十三日，驰奏钦奉谕旨谨陈筹办情形并请收回成命一摺。奏称：潘鼎新一军，由轮船驰赴天津，可以壮畿辅之威，可以补臣迂缓之过，目前局势似可无虞。至于节制三省，臣实不能肩此巨任；即才力十倍于臣者，亦不必有节制三省之名。并称河北宜责成直隶总督另筹防兵，不宜调南岸之师，往来渡黄，疲于奔命。各省巡抚，亦宜另筹防兵，不可使剿捻之师追逐千里，永无归宿。反复申明前疏之说。附片奏潘鼎新、刘铭传、张树声、周盛波等四军皆系淮勇，经李鸿章兄弟苦心训练而成者。已调甘凉道李鸿章办理行营营务处，请旨准开甘凉道缺。并令李鸿章之季弟李昭庆赴营差遣。又片奏镇江、扬州水陆防军撤遣已竣，所有原设粮台，一并裁撤，另设报销局，造册报销。又片奏咸丰三年，江宁城陷，将军祥厚等殉难，布政使祁宿藻先在围城中积劳病故，已奉旨优恤，仍请将祁宿藻附祀祥厚专祠。二十一日，公诣晋臣卞忠贞公祠，祠新葺成也。二十二日，李公鸿章至金陵，公交卸总督关防。二十三日，奉到上谕："曾国藩恳辞节制三省之命，具见谦抑为怀，不自满假。该大臣更事既多，成效夙著，若非节制直、东、豫三省，恐呼应未能灵通，勿再固辞。"钦此。二十四日，驰摺奏报交卸督篆带兵出省日期，并报捻匪回窜皖、豫、山东，情形渐松，当无渡河北犯之虑。又摺奏保肃清皖南出力员弁，开单请奖。附片奏：本年二月，提督鲍超委员赴口外采办战马八百匹。今鲍超出关之行，已因兵变而中止。应请敕下兵部，令此项马匹径赴山东，解臣行营，俾资练习。又片奏裁撤湖南东征局，其湖南协甘之饷，由抚臣李瀚章酌筹协解。又具摺奏报淮南盐课收数第二案。附片奏：两淮盐课拨解京饷之银五万两，请改解臣营，以应急需。又奏查得已故两江总督陆建瀛遗骸，护送回籍。二十五日，公由金陵登舟，饬北征六营湘军即日拔队启行。其所撤遣各湘勇，委员押令，悉数溯江西上，毋得停留。二十八日，公舟解缆渡江，彭公玉麟从。公与彭公核定长江水师章程。是月，唐义川、金国琛所部徽州防军索饷鼓噪。刘公长佑驻军开州，督造防河战船。左公宗棠克漳州府城。苏省所派郭松林等军克漳浦县城。福建全省皆平，贼窜广东之境。刘公坤一奉旨授江西巡抚。

闰五月初一日，公舟泊瓜洲。初三日，泊扬州。札委知府彭嘉玉办理江宁粮台。初八日，抵清江浦。十一日，驰摺奏捻匪南趋安徽，藩司英翰在雉河集被围，调水师入洪泽湖，以达临淮；调刘铭传、周盛波回援皖北。又片奏道员罗麓森委办营务处。又片奏力辞节制三省，恳请收回成命。十二日，札委淮扬道吴世熊办理转运粮台。维时捻酋四人，曰张总愚、曰任柱、曰牛洪、曰赖文光，赖逆则粤匪之党也。四股匪徒数十万，马数万匹，分合不常，往来飙忽。官军追逐，或求一战而不可得，甚或委弃军火粟马以资贼。大河以南，淮、汉以北，蹂躏数千里。公既奏定专办十三府州，扼要驻军，不事驰逐。其用湘、淮各军火器饷需，由水道转运，以江南为根本，以清江为枢纽，溯淮、颍而上者达于临淮关、周家口，溯运河而上者达于徐州、济宁州。治军转饷之规，与前此北方官军迥殊矣。札撤徐州镇总兵詹启纶一军，遣散回籍。出示晓谕淮北民圩，严缉奸匪。二十日，刘松山军到清江浦。二十一日，驰摺奏：群贼全萃皖境，英翰突出重围以求援。寿春镇总兵易开俊目疾增剧，拟亲率湘军赴临淮驻扎，就近调度。派刘松山兼统易开俊之军。臣初奏四省十三府州之地，安徽以临淮为老营，河南以周家口为老营，江苏以徐州为老营，山东以济宁为老营，各驻重兵，多储粮械，一处有急，三处往援，有首尾呼应之象，无疲于奔命之虞，或可以速补迟，徐图功效。至于目前诸将，刘铭传、潘鼎新均可独当一面，张树声、周盛波两军合当一面，刘松山、易开俊合当一面。另派郎中李昭庆训练马队，合以亲王旧部，同为游击之师。又摺奏派委浙江运司李榕前赴济宁，承领国瑞交代事件，并迎提亲王旧部军马，赴徐州调遣。饬潘鼎新一军移驻济宁，会同李榕料理接管。附片奏：钦奉寄谕，陈国瑞、刘铭传曾有互斗之案，饬臣斟酌，妥为调派。现在刘铭传授剿皖北，应令陈国瑞暂驻河南境，不宜共事一处，以杜诸军内讧之渐。又片奏总兵陈国瑞优劣事迹，请旨饬归河南巡抚节制调遣。是日前摺递回，奉到上谕："曾国藩因节制三省，任大责重，复恳请收回成命，具见谦抑之忱。第贼氛猖獗，时事孔艰，事权不专，则一切调度事宜，深恐呼应不灵。该大臣惟当力任艰巨，与三省督抚和衷筹划，将此股贼众克期殄灭。彼时三省军务既平，自可毋庸该督节制。既为其实，毋避其名，万不可稍存过虑之心，再有渎请。”钦此。二十二日，公由清江登舟换用淮船。二十六日，渡洪泽湖。二十八日，舟泊五河。驰摺奏皖境一片逆氛，非马队不足以制胜。请将寄谕拨交河南之马队，一起凡四百九十六员名，调赴皖北助剿。附片申陈：精力衰颓，军势单弱，尚未开总督两江之缺，而更增节制三省之名，耿耿寸衷，如负重疚。恳收回成命，但责臣以会办剿捻，自当通力合作，不敢稍分畛域。如不蒙俞允，更当累疏渎陈，不辞严谴。二十九日，公舟抵临淮关驻营。是月，安徽雉河集解围，贼窜河南许州境。湖北蒋凝学一军奉调赴甘肃，行至襄阳哗溃。六月初六日，批总兵陈国瑞禀牍凡二千余言，称其所能，而历数其过失。申明禁约，凡三条：一曰不扰民，二曰不私斗，三曰不梗令。词旨严切。陈国瑞复禀，未能遵公约束也。初八日，乔公松年来见公。初十日，出示晓谕：“亳州、蒙城、宿州、永城四属民圩，分别良莠，擒送捻匪赴军营者，重赏。并委员会同州县严拿匪徒，就地惩办。十二日，与乔公松年驰摺会奏援军大捷，雉河解围。附片专奏陈州府库存银二十万两，拟与江苏、安徽、河南分拨各五万两，给付军营，其李鸿章应得之饷，即就近拨发刘铭传等军用饷。十三日，公移驻陆营。时淮水盛涨，各营多移淮南岸以避水。公营在北岸，筑堤以捍之。公弟国荃奉旨授山西巡抚。二十四日，奉到上谕：“曾国荃已简授山西巡抚，曾国藩当嘱该抚勉图报效，作速赴任，勿以病辞。”钦此。是月，贼西窜南阳、襄、陕一带。

七月初八日，驰奏钦奉谕旨复陈一摺。奏称雉河解围以后，贼分两路西窜。檄调刘铭传全军驰赴周家口，添调马队以助之。山东拨交马队二起，系曹南新挫之余，人马俱疲，必须在徐州大加整理。细观贼情，已成流寇，若贼流，而官兵。与之俱流，则节节尾追，招招落后。臣坚持初议，以有定之兵，制无定之寇。令刘铭传驻周家口，张树声驻徐州，刘松山驻临淮，潘鼎新驻济宁，贼至则迎头击之。请敕下河南、湖北督抚，于豫之巩、洛、宛、邓，楚之随、枣、黄、麻，各驻劲兵一枝，专重迎剿，不事尾追，庶几渐有归宿。且此贼有不甚似流寇者，蒙、亳老巢田庐尚在，贼尚眷恋，既设法以遏其流，又拟查办民圩，以清其源。谨将告示一道，抄呈御览。又摺奏徽、休防军索饷哗噪，已饬查拿侵饷之营官、倡乱之勇丁，认真严办。请将唐义训、金国琛交部议处。皖南道张凤翥措置不善，先行撤任。并奏自请交部议处。附片奏委吴坤修署皖南道缺。又摺奏扬防凯撤，借用漕折银两，目前无款归还，请旨敕部暂缓催提。又奏谢弟国荃授山西巡抚恩，并陈明近日病状，未知现在是否痊愈，已恭录谕旨，驰函家中，嘱其勉图报效。十五日，奉到上谕："曾国藩身任统帅，责无旁贷。前经迭谕该大臣筹拨一军，兼顾晋省。并令刘铭传等军驰赴豫省北路，绕出贼前，防贼窜越秦恶之路。又令派拨马队驰赴豫境助剿，复以贼去徐郡甚远，令该大臣酌量前进驻扎。乃该大臣日久迄无奏报，于近来皖豫军情及各路如何布置情形，均未陈奏，历次所奉谕旨，亦未答复，实属疲玩因循。若欲借此获咎，冀卸节制三省仔肩，何以仰副朝廷倚任之重？该大臣公忠体国之心，何忍出此"等因。钦此。十八日，公渡淮按视刘松山老湘营。二十三日，巡视凤阳府城，行诣明陵。二十四日，驰奏钦奉谕旨复陈一摺。奏称：周家口八面受敌，最为扼要。刘铭传将略较优，人数较多，故以周家口重任付之。至秦晋边防五百余里，实非该军所能遍防，若令其西去，则无益于晋，而有损于豫。且湘淮各军不惯面食，军火炮械，挽运维艰。今河南等省用兵，全不讲求转运，粮械缺乏，莫肯尽力。顷在临淮檄委编修张锡嵘招募淮勇，专取能食麦面杂粮之人，冀备他日征剿西北之用。至于节制三省之命，臣已三疏固辞。自念赋性颛愚，即一省已难专任，然受恩深重，虽数省亦当统筹。计捻匪可到之处，约有八省，皇上饬臣兼顾晋省，已在节制三省之外，而外间之责望尚不止此，臣何以堪此重任？又何能当此重咎？恳敕下九卿科道、八省督抚，会议剿捻事宜，各抒所见，恭请宸断，定一不可改易之策，大局幸甚！至臣之不轻奏报，曾于同治元年具奏陈明，迄今不改此度。若欲因此获咎以谢仔肩，则生平所志所学，断不肯如此取巧。又摺奏徐州镇总兵詹启纶、寿春镇总兵易开俊均因病开缺，请旨简放，以重职守。又摺奏总兵陈国瑞与已革总兵郭宝昌，同为亲王军翼长，曹南之役，未能救护主将，该总兵同罪异罚，补行纠参，请撤去帮办军务，革去黄马褂，责令戴罪立功，以示薄惩而观后效。附片密陈前月给予陈国端批牍及陈国瑞禀复之词，尚无诚心悔过之意，原牍均抄送军机处备查。又片奏保总兵董凤高、李祥和二员，请补徐州、寿春两缺。是日公拜摺后，登舟启行赴徐州。二十六日，舟泊泗州。二十八日，登陆启行，宿灵璧县。三十日，宿宿州。是月，贼窜湖北境。公弟国荃具摺辞山西巡抚之命，陈？入都调授山西臬司，专办防务，得专摺奏事。

八月初四日，公抵徐州府。初八日，专摺奏查明宁国府宣城市金宝圩殉难绅民，汇案开单，请分别旌恤。十六日，出城点验马队，阅视操练。十七日，驰摺奏移驻徐州，整理马队。计马队已到徐州者前后四起，饬营务处李昭庆等认真挑选，编立队伍，配齐器械，换补马匹，其老病死废者概行遣撤回旗。并奏报捻匪回窜皖境，调派各军赴颍州会剿。附片奏称此次实收到战马七百七十七匹，管解各官，异常劳瘁，应请奖状。二十四日，按视张树声淮军营垒。二十八日，阅淮军操演阵法。是月，迭奉寄谕，令公移驻许州，节制皖、鄂、豫三省军务，居中调度。捻匪任柱、牛洪、赖文光，由颍州、陈州窜山东之曹州，张总愚一股尚留屯南阳之境。

九月初一日，驰摺奏刘铭传一军迭获胜仗，贼东窜曹州，趋重东路。调徐州全军赴山东会剿，调临淮军接防徐州，调周盛波移驻归德。惟马队无多，久未办成游击之师，自问尚无破寇之术。附片奏金国琛所部勇丁闹饷一案，尚未讯办就绪，不能赴甘肃巩秦阶道之任。又片奏湖北军务，请仍全归官文节制调遣。初三日，核定马勇营制营规及马步合队章程。十五日，贼破辛家寨，徐州戒严。十九日，驰摺奏：接奉寄谕，欲令李鸿章亲带杨鼎勋等驰赴河、洛，将豫西股匪扑灭，兼顾山、陕门户，而以吴棠署理两江总督，李宗羲、丁日昌递署漕督苏抚，饬臣函商，迅速复奏。又奉寄谕，令鲍超驰赴河南，归臣节制各等因。查近日贼势东趋，距徐城不远，当以全力专顾东路，已调郭松林、杨鼎勋两军防剿沂海一带。若李鸿章视师河洛，别无可调之军，以带赴西路。近闻闽粤兵威大振，发逆穷蹙，若令鲍超改赴河南，实为有益于豫。至李宗羲、丁日昌权领封圻，未免嫌其过骤。数年以来，皇上求才若渴，于疆臣保荐人员破格超迁，外间疑为非常之才，责备吹求，于是台谏弹劾生风，并归咎于原保之员。若令循资渐进，少为回翔，则刻员不至见妒于同僚，而言路亦不至仇视于疆吏，实有裨于中外和衷之道。且庙堂之黜陟赏罚，非阃外诸臣所宜干预。今以督抚要缺，谕令臣等往返函商，尤觉非宜，因不俟李鸿章、吴棠商定，直抒管见。附片奏报贼势南趋，有回雉河老巢之说，张总愚一股已近湖北之境。是时陕西巡抚刘公蓉为御史陈廷经所劾，疏词激切，获谴甚重云。是月张总愚窜湖北境，回窜河南。福建官军进克广东镇平县，贼踞嘉应州城。左公宗棠奉旨节制广东、江西各军，出境督剿，三省官军合围嘉应州。鲍公超新募湘勇一军赴江、广会剿。

十月初九日，按视李昭庆所部马队步队，饬令训练成军，以出为游击之师。十一日，驰摺奏徐州官军击贼获胜，贼仍窜山东，潘鼎新破贼于丰县，回驻济宁。附片奏：贼所以注重山东者，以运河东岸平衍富饶，不似河南之荒瘠。臣所以注重东路者，以山东北邻畿辅，天下之根本也；南邻江苏，湘淮各军之根本也。霜降以后，水落冰坚，河防尤急，请敕下直隶督臣严冬春之防，只可增兵，断难减戍。若贼回窜开封以西，当调大支游击之师赴豫会剿。附片奏保吉林协领春寿、营总穆隆阿开复处分。又奏四川训导唐焕章留营差遣。是时张总愚股匪由郏县、禹州东窜开封之境，任柱、牛洪、赖文光等股由曹州西窜，与张总愚合股，扰犯襄城、舞阳，势趋鄂境。三十日，驰摺奏捻匪西窜，周盛波在宁陵击贼获胜，刘铭传在扶沟击贼获胜。现在贼势谋扰湖北，檄饬徐州马步各军分驻周家口，腾出刘铭传一军为游击之师，不复拘泥十三府州之说，随贼所向，跟踪追剿。李昭庆所领万人，俟鞍马齐备，即令驰赴河南，纵横追剿。附片奏资遣吉林、黑龙江、察哈尔应撤官兵九百员名，起程回旗，参领三栋阿等病故请恤。又奏抵军办捐委员前广东臬司龄椿病故请恤。又片奏预筹鲍超一军进兵之路，须以襄阳为老营，由湖北粮台照料银米军火。是月，公读《左氏传》，记录分类事目。

十一月初七日，核定长江水师永远章程及营制营规等，阅两旬核毕。徐州、铜山、沛县之境，有微山湖涸出地一区，咸丰四五年间，山东曹州之民因河水泛溢，避水南徙，占据其地，其后来者益多至数万人，占田浸广。地方官因为按亩征税充饷，号曰湖团，与沛县居民屡有争讼械斗之案。捻匪东窜之时，与湖团相勾引，沛民诣公行辕控诉。公批饬严拿通捻之团民，讯明惩治，委员赴山东察看团民原籍之地，设法资遣回籍。二十七日，驰摺奏称：捻匪全数西窜，本拟进驻周家口，因李昭庆一军鞍马未齐，未能前进。又因铜、沛湖团一案，与剿捻之事大有关系，俟料理安插有序，即当赴豫督剿。并奏粤中贼氛尚炽，悍党数万窜陷嘉应州，鲍超已由赣州进剿，暂难改调赴豫。又摺奏讯明徽州闹饷一案，分别拟结，并将两军十七营全行遣撤回籍。附片奏前皖南道张凤翥病故请恤，水师营官提督成发翔病故请恤。是月，张总愚窜湖北襄阳边境，任柱、牛洪等股由光、固窜安徽颍州边境，旋窜入鄂。

十二月初二日，湖北成大吉军在麻城溃叛，捻匪乘之，江汉以北贼氛肆扰，蔓延数百里。十三日，按视张锡嵘淮北新营，详定长江水师营制事宜。二十五日，公子纪泽自金陵来营省视。二十八日，驰摺奏两路捻党全萃湖北，又有叛勇之变，檄调刘铭传率军援楚。又奏会议长江水师营制事宜。凡水师事宜三十条，营制二十四条。又摺奏遵旨查明河南巡抚吴昌寿、总兵张曜等被参各款。又奏遵旨密查山东巡抚阎敬铭、藩司丁宝桢被参各款。附片密奏称：山东、河南居四战之地，阎敬铭、吴昌寿二人，军务均非所长，而情形各自不同，谨抄录河南绅士原禀呈览。是月，公批结沛县湖团各案，将安分之唐团、赵团等六团留住徐州，通捻之王团、刁团等勒限撤归本籍。出示晓谕土客各民安业。湖北襄樊之贼，张总愚一股回窜南阳。是岁郑公敦谨调户部侍郎，李公鹤年授湖北巡抚，张公树声援直隶臬司，均未赴任。张公所部树字营淮勇，以其弟总兵张树珊领之。

## 卷十　公五十六岁至公五十七岁

【丙寅】同治五年，公五十六岁。

正月，公在徐州营。初十日，专摺奏谢年终恩赏。派委刘松山率军督遣王团、刁团回山东原籍。十四日，驰摺奏酌拨现防徐州之马队二起，共计九百余人，驰赴奉天省城，剿捕马贼，听候文祥调遣。附片奏调侍讲学士刘秉璋来营襄办军务。又片奏报湖北军情吃紧，张总愚折回河南，有东窜之意。湖团撤遣事竣，即调李昭庆军驰赴周家口。又片奏知县向师棣在营病故请恤。二十八日，刘铭传军克湖北黄陂县城，贼窜河南。是月，左公宗棠督诸军克复嘉应州城。鲍公超追剿窜贼，至大嶂岭破之，招降二万余人。粤逆尽灭，东南底平。左公宗棠暂驻广东境，筹办善后。公弟国荃奉旨授湖北巡抚，李公鹤年调补河南巡抚。三十日，奉到上谕："刻下捻匪窜扰湖北边境，防剿正当吃紧。曾国荃素娴军旅，朝廷为地择人，正资倚任，且湘赴鄂，相去甚近。著曾国藩、李瀚章即行知照该抚，迅速驰赴新任，力图报称，不得稍存推诿之念，有负属望。"钦此。

二月初八日，驰摺奏结湖团历年讼案，剖别是非，平情论断，不分土民客民，但分孰良孰莠。王团、刁团业已全数徙去，安静回籍，酌定善后事宜，饬地方官次第经理：一曰酌给钱文，以恤已逐之团；二曰设立官长，以安留住之团；三曰拨还田亩，以平土民之心，并请将骂贼殉难之团绅唐守忠、唐锡彤、唐振海三名优恤建坊，以为草莽效忠者劝。又具摺奏谢天恩，已知照臣弟国荃招募旧部，迅赴新任。又摺奏浙江衢州镇总兵朱品隆、河南归德镇总兵朱南桂均请开缺。又奏保总兵唐殿魁、徐尊？二员。附片奏报视师山东起程日期。

又片奏张树声经手营务，俟料检完毕，即起程北上，赴直隶臬司任。又片奏阵亡总兵夏金标请恤。初九日，由徐州拔营启行。十五日，宿邹县，谒亚圣孟子庙，接见孟氏宗子孟广均。是日驰摺奏报刘铭传一军援鄂，克复黄陂县城。随摺奏保刘铭传及其营官唐殿魁、刘盛藻等十九员，阵亡勇弁陈福禄、张思聪、李先道、钱万桂请恤。十六日，行次曲阜市，谒至圣先师庙，见衍圣公孔祥珂，观金丝堂彝器，谒复圣颜子庙。十七日，偕衍圣公孔祥珂出谒圣林及述圣子思子墓。十八日，宿兖州府。十九日，至济宁州。丁公宝桢护理山东巡抚，来济宁见公。二十一日，阅视潘鼎新一军操演。二十八日，巡视运河、泗水形势。是月，牛洪、任柱、赖文光由湖北窜河南汝宁，扰及颍州、陈州境。张总愚一股窜山东曹州。

三月初五日，驰摺奏报：张总愚大股东窜，调潘鼎新全军堵剿，李昭庆军来山东会剿，调徐州杨鼎勋军护卫孔林。任、赖等股回窜皖、豫之界，锐志东趋。刘铭传、周盛波合力剿办。查捻逆西逼楚疆，东趋海岱，相去动三千里，马步以数万计，必须鲍超、刘秉璋、刘松山等多成数路游击之师，乃足以布远势。臣现驻济宁，就近调度，东事定后，再行赴豫。又摺奏遵调鲍超一军北来剿捻，请饬江西月解七万两，湖北月解二万两，江苏月解二万五千两，专供鲍超霆营之饷。请饬左宗棠、刘坤一将江闽各军分别遣撤，次第销兵，以靖民气。臣自抵临淮，察看皖豫等省行军，每以柴草细故，兵民成仇，因令各营发价购买，不得妄取丝毫。鲍超所部，颇有骚扰之名，今筹定有着之款，于襄阳设粮台，委员支应，俾得专精办贼，且申明纪律，秋毫无犯，乃能军民一气，一以保全鲍超之令名，一以拊循河南之赤子，关系甚重。二十一日，驰摺奏汇报山东近日军情，潘鼎新、李昭庆两军剿贼胜负情形。任、赖等逆续窜曹州之境，张逆屯于濮范之境，一片贼氛。刘铭传、周盛波两军追贼均抵东境。现在调派各军严扼运河，刘松山军来济宁会剿。阵亡将弁刘洪盛、裴兆宏二十八员名请恤。又摺奏报刘铭传、张树珊两军，在皖豫之境，剿贼获胜，阵亡将弁胡凤喈、刘得发请恤。附片奏东豫两省车辆甚少，难于雇觅，派员前赴张家口采买骆驼五百匹来营应用，请饬部援照买马成案，免税放行。又附片沥陈：此股捻匪奔突六省，攻剿十年，久成流寇之症。中外论者，或轻此贼，以为不足平；各路奏报，每多粉饰虚浮，或并无战事，而开单请奖。臣受命剿贼，已满十月，制寇之方，尚无把握，终夜以思，且忧且愧。愿我皇上弗轻视此贼，博储将才，求为可继，稽核奏报，戒其勿欺，庶凭圣主朝乾夕惕之怀，以救中原火热水深之厄。又奏称督师有年，损折将士甚多，凡当时未及奏报，漏未请恤之员弁，统计阵亡者一百四十四员名，伤亡七员名，病故者二百五十员名，汇开清单，恳恩敕部分别议恤，以慰忠魂。是月，公弟国荃到湖北巡抚任，李公鹤年到河南巡抚任。捻匪由山东南窜淮、徐之境。

四月初三日，阎公敬铭来济宁见公。初七日，驰摺奏报：捻匪自山东回窜，刘铭传、周盛波等军追剿迭胜。并陈明潘鼎新一军力战保全东境之功，山东官军扼防运河之功。刘铭传、周盛波、周盛传竭力苦战，冒险立功，容俟汇案请奖。附片奏：贼势南趋，刘松山回军徐州，该处现有刘秉璋、杨鼎勋等军，尚为联络。臣军注重东路，不得不借运河以为阻截之界，拟大加修浚，增堤置栅，以为之防。拜摺后，与阎公敬铭登舟查勘运河，以至黄河。是日，泊分水龙王庙。初九日，泊申家口。刘公长佑来舟次见公。十一日，渡河至张秋镇。十二日，回舟次。十三日，登南岸，宿东平州。十五日，行抵泰安府，谒东岳庙。十六日，登岱岳，上至天柱峰。十九日，公回济宁州。二十五日，驰摺奏捻匪张总愚、牛洪一股窜扰曹州、徐州之交，任柱、赖文光等一股窜扰淮、泗一带。并陈湘淮各军防剿情形：刘铭传一军，自去年腊月以来，驰驱四省，已饬该军移赴济宁，暂予休息，腾出潘鼎新军代为游击之师。附片奏查勘运河、黄河布置防守情形。

五月二十二日，驰摺汇奏刘秉璋、刘松山、刘铭传、周盛波等军与贼接仗获胜情形。捻党分股回窜，张总愚、牛洪入豫，任柱、赖文光入皖。饬潘鼎新、周盛波为一路，刘秉璋、杨鼎勋为一路，刘松山、张诗日为一路，分途驰击。刘铭传、李昭庆两军分驻徐州、济宁，暂予休息。附片奏黄、运两河应划分汛地，归直隶、山东督抚派兵设防。又拟查阅运河南路，兴工修筑堤墙。是月，公录《朴目杂记》，分小学、修齐、礼、兵、经济、诗文。凡六门。

六月初七日，行至嘉祥县，谒宗圣曾子庙，接见曾氏宗子曾广莆，公捐银一千两，以助祀产之资。初八日，出诣南武山宗圣林墓。初九日，回济宁。十四日，驰摺奏捻匪西窜，官军追剿情形。并称：中原平旷，四通八达，此剿彼窜，不能大加惩创，拟自周家口以下扼守沙河，周家口以上扼守贾鲁河，自朱仙镇以北，至黄河南岸，无水可扼，拟掘濠守之。调派水师及刘铭传等军分段扼防，咨商河南、安徽两抚臣调兵分守。至群贼南窜，不出南、汝、固、黄州、六安等处，则鲍超一军、刘秉璋杨鼎勋等之淮军、刘松山张诗日之湘军足敷剿办。臣拟拔营东下，阅勘运堤，即由运入淮，迳赴周口。附片奏：

防河之举，地段太长，派刘铭传、潘鼎新、张树珊扼守朱仙镇以下四百里之地，力任其难。自朱仙镇以上，专资河南兵力，已咨请李鹤年暂驻汴梁，调回各军，先办防务，主守而不主剿。诚恐李鹤年蒙屯兵不进之机，设将来河防不成，臣愿独当其咎，不与李鹤年相干。十五日，由济宁登舟，行阅运河所修堤墙。二十五日，舟泊宿迁，登岸驻营中。时豫皖大水，淮流盛涨，微山、南阳等湖与运河连成巨浸。公深以民间饥溺为忧。是月，捻匪在河南合股，既而张总愚、牛洪西窜、刘松山、张诗日截剿破之。任柱、赖文光东窜，潘鼎新迎击却之。公弟国荃调派郭松林、彭毓橘等军防守德安、随州。鲍公超军行抵湖北蕲、黄之境。

七月初四日，驰摺奏报查阅运河堤岸情形：任、赖股匪回窜东路，前奏扼守沙河之策，难遽兴办，现令刘铭传、周盛波、潘鼎新赴东路驰剿。惟淮南北大水，为数十年所未有，既自憾军务毫无起色，又恐饥民失所，从贼偷生，则剿抚两俱棘手，实深忧愧。初六日，由宿迁解缆，下泊杨庄。初七日，吴公棠来见公于舟次。运河堤决于高邮州之清水潭二闸，浸兴化、东台、盐城等县之境。初八日，公换船入淮。初十日，渡洪泽湖，泊盱眙。十五日，舟次王家圩，大风，舟几覆，水师舢板船覆者八号，弁勇死者五人。公言生平经历江湖风波之险：道光戊戌之秋，在襄河遇风；咸丰甲寅三年，在岳州水军遇风；并此为三度矣！十六日，抵临淮，登岸驻营。二十二日，巡阅张锡嵘淮勇营。二十三日，公病暑湿证，服药阅数日乃愈。自是以后，遇有疾病，公恒持勿药之说，盖其视生死之际，已脱然矣。二十八日，驰摺奏潘鼎新一军迎剿获胜，任、赖一股窜至贾鲁河以西，仍拟扼防贾鲁河、沙河，杜其回窜。附片奏船遇大风，委员知县谭鳌舟覆殒命请恤。又片奏报刘松山、张诗日两军在西华、上蔡等处大捷，并自陈途中病状，力疾西上。公拜摺后登舟行，泊怀远县。三十日，泊蒙城县。是月，官文公奏请以公弟国荃帮办军务。张总愚、牛洪西窜南阳，刘松山与河南官军宋庆等追剿至新野、邓州、南召、鲁山之境。任柱、赖文光窜襄城以南。

八月初一日，公由蒙城换小舟溯涡河而上，派亲兵由陆路先赴周家口，令辎重各船改道溯淮上颍，以赴周口。初二日，泊雉河集。初四日，行抵亳州。初六日，由亳州登陆起行。初八日，行至陈州府，诣袁端敏公祠。初九日，至周家口营。二十日，驰摺详报刘松山、张诗日剿贼胜仗。奏称：近年捻逆纵横，从未大受惩创，此次湘军奋击，凶焰顿衰，容查明汇案奏奖。附片奏患病未愈，请假一月，在营调理。又片奏任、赖一股久踞舞阳、叶县之交，有回窜东北之势；张、牛一股，亦闻有回窜之意。调派各军堵剿。鲍超由汝宁北出迎剿，力扼东窜之路，刘铭传等仍兴修堤墙，分汛防守，以符初议。又附片奏：臣向办保案，极为谨慎。金陵克复，续保六案，迭准部咨驳斥，查取考语申复，自应遵部议办理。惟原保各统领散处各省，行查为难，恳恩俯念将士立功之苦，敕部准照原奏清单注册，以为奋勇立功者劝。刘铭传等军修筑贾鲁河堤墙工竣。李公鹤年调官军六营于朱仙镇以北，开濠置守，淮军复分众助之。浮沙壅塞，难于挑浚。时逆全股由许州北窜。十六日，逼近汴梁，全股冲濠东窜，疾趋山东。二十三日，驰摺奏捻匪东窜，河防无成，檄调刘铭传、潘鼎新等赴山东追剿。附片奏称：剿捻年余，仍无成效，忧愧无极，请旨饬令李鸿章带两江总督关防出驻徐州，与山东抚臣会办东路；湖北抚臣曾国荃携带关防移驻南阳，与河南抚臣会办西路；臣现驻周家口，居数省之中，庶可联络一气，呼吸相通。又片奏称：防守沙河、贾鲁河，本系策之至拙者，唯以流寇难制，不得已而出于下策。此次捻匪东窜，出于豫军汛地，或不免归咎于抚臣李鹤年。谨缕陈持平之论，恳恩暂予免议，以期和衷共济，为将来同心设防之计。又片奏调浙江处州镇总兵马得顺带所部马队来豫剿捻。是日，又具摺奏：捻逆以蒙、亳老剿为归宿，莠民勾引，居则为居，出则为捻，若商贾之远行，恬不为怪。臣于上年选委各员，查办民圩，擒斩著名积捻甚多，谨将蒙城、亳州、宿州阜阳四属已经正法之捻徒，汇单附呈为第一案，以后续获，逐案汇奏。是月，捻匪窜扑运河，山东官军堵御却之，回窜河南。左公宗棠调授陕甘总督，乔公松年调陕西巡抚，英翰公授安徽巡抚。

九月初四日，李公鹤年来营见公。初六日，漕督张公之万来营见公。十三日，驰摺详报刘松山等在新野、南阳等处迎剿张、牛逆股，迭次胜仗。奏称：刘松山等闻豫军宋庆被围，即日驰援，及解围后，即与宋庆联络一气，同心苦战，尤得师克在和之义。又摺奏刘铭传、潘鼎新两军往来剿贼齐、豫之境，迭获胜仗。捻匪既不得逞志于东，必仍狂窜而西。檄令刘松山由扶沟迎剿，鲍超由南阳进军，遮截西窜之路。附片奏请续假一月，在营调理。是日又具摺奏彭玉麟所部水师报捐饷银十万两，请加广衡州府县学额。附片奏彭玉麟报捐历任应得养廉银二万余两，不敢仰邀议叙。十九日，彭公玉麟来营见公。是月，捻匪由山东窜河南，循河南岸至荥泽决河堤，河南官军堵塞之。捻复南窜。捻酋牛老洪死。张总愚西窜陕、汝，遂入陕西商州境。任柱、赖文光仍窜山东，疾趋济宁，攻扑运河，山东官军扼之。李公鸿章出现师于徐州。公弟国荃出现师于襄阳，具疏劾官文公。

十月初九日，乔公松年来营见公，遂赴陕西任。十二日，英翰公来营见公。十三日，驰摺奏汇报军情，贼分东西两路。东路任、赖逆股，刘铭传、潘鼎新等追剿，逆踪盘旋于巨、郓一带；西路张总愚一股，已入陕西，鲍超军驰至陕州，未及接仗。又摺详报刘铭传、潘鼎新在郓城等处追剿胜仗。又摺奏病难速痊，请开协办大学士两江总督之缺，并请另简钦差大臣接办军务，自以散员留营效力，不主调度。附片奏陈剿捻无效，请将臣所得封爵暂行注销，以明自贬之义。又具摺续报水陆阵亡病故员弁，汇单请恤。又附片密陈山东抚臣阎敬铭、藩司丁宝桢澄清吏治，讲求军务实际，请开复处分。又片奏李鸿章已带印出省，黄翼升回驻江宁，藉资镇抚。十五日，公子纪鸿来营省视。十九日，奉到寄谕一道，词旨严切，催令速筹援军，以赴陕、洛。二十五日，奉到上谕：“该大臣勋望夙著，积劳致病，自系实情，著再赏假一个月，在营安心调理。钦差大臣关防著李鸿章暂行署理。曾国藩俟调理就痊，即行来京陛见一次，以慰廑系。朝廷赏功之典，具有权衡，该大臣援古人自贬之义，请暂注销封爵，着毋庸议。”钦此。三十日，任、赖捻股由山东回窜陈州境。公行营戒严，调亲军出队截剿。是月，公弟国荃出驻黄州。

十一月初二日，驰摺奏报西路张逆深入秦境，尚无回窜之说，调鲍超一军进荆紫关，以援秦中；东路任、赖一股回窜河阳，饬刘松山迅赴汝州，遏其西窜之路。附奏奉旨复陈一片。称行军太钝，精力日衰，俟病体稍痊，入都陛见，自请办捻不善之置。又片奏杨鼎勋、张锡嵘追剿任、赖一股，捻踪直奔沙河以南，刘松山仍由汝、洛进兵，以力保黄河，先顾山西为主。初六日，奉到上谕：“曾国藩著回两江总督本任，暂缓来京陛见。江苏巡抚李鸿章著授为钦差大臣，专办剿匪事宜。”钦此。十七日，驰摺奏酌筹西路军务，鲍超一军援秦，派委江苏道员薛书常专办霆营粮台，采办军米。又摺奏：交卸钦差大臣关防，赍送徐州，交李鸿章祗领，钦奉谕旨，饬臣竟回本任，臣自度病体不能胜两江部督之任，若离营回署，又恐不免畏难巧取之讥，请仍在军营照料一切，维系湘、淮军心，庶不乖古人尽瘁之义。附片奏刊用木质关防一颗，其文曰“协办大学士两江总督一等侯行营关防”。又片奏任、赖股匪奔扰信阳之南，将入鄂境，周盛波跟踪追剿，现饬张树珊拔队追击。刘铭传军疲劳太久，在周家口稍休，即行赴鄂。又檄调李昭庆全军由皖赴鄂，以收夹击之效。又附密片奏保湘、淮各军将才。如道员刘盛藻、总兵戴春林、潘鼎立、提督章合才，均为后起之选。前任大名道祝垲、编修张锡嵘，皆文员中出群之才。略陈品概，以备采择。十九日，委员赍送钦差大臣关防赴徐州营。二十八日，奉到上谕"曾国藩请以散员仍在军营自效之处，具征奋勉图功，不避艰险之意。惟两江总督责任綦重，湘、淮军饷，尤须曾国藩筹办接济，与前敌督军，同为朝廷倚赖。该督忠勤素著，且系朝廷特简，正不必以避劳就逸为嫌，致多顾虑"等因。钦此。是月，公弟国荃驻军德安，湖广总督官文公奉旨开缺，入都供职。钦差户部侍郎谭公廷襄暂署总督。

十二月初三日，驰摺奏钦奉谕旨，再陈下悃，仍请开两江总督协办大学士缺。附片奏任、赖一股窜扰孝感，鄂军接仗获胜，檄调刘秉璋与刘铭传军合为一路，探踪追剿。又具摺奏保刘铭传一军：克复黄陂，并在济宁、雉河、阜阳、扶沟等处战功最伟，劳苦尤甚。五案并保，开单请奖。附片奏保吏部主事钱应溥在营效力，请加四品卿衔。十五日，奉到上谕"曾国藩当仰体朝廷之意，为国家分忧，岂可稍涉疑虑，固执己见？着即禀遵前旨，克期回任，俾李鸿章得专意剿贼，迅奏肤功"等因。钦此。二十一日，驰摺奏：遵旨回驻徐州，暂接两江总督关防。臣病体未痊，仍恳另简江督，而臣以散员效力行间。至中外交涉事件，素未讲求，请旨令两淮运司丁日昌护理通商钦差大臣关防，必能有裨时局。附片奏东路任、赖一股，盘旋于安陆之境。刘铭传等追剿，贼窜向鄂东一带。西路张逆，渡过渭北，鲍超自请移师赴鄂，先剿东段。因檄令刘松山、张锡嵘等由潼关入秦，即在陕州设立粮台，仍派薛书常管理。是日具摺奏江西南康市查办案内充公田产，分析办竣。又奏保刘松山、张诗日等军在西华、上蔡、新野等处大胜，汇案请奖。附片奏请酌提安徽丁漕，加该省兵勇之饷。又片奏前年饬委运同衔容闳前往西洋，采办机器百数十种，均交上海制造局收用。该员不避艰阻，请予奖励，以昭激劝。又片奏参安徽涡阳县知县沈濂革职。是月，楚军、淮军集于湖北之境，凡七万余人，会剿任柱、赖文光一股。郭松林军挫于德安，总兵张壮勇公树珊阵亡，贼益张。陕西官军挫溃，张总愚逼近西安省城。乔公松年到陕后，亟檄刘松山一军入援关中。公办理捻匪一载有余，初立驻兵四镇之议，次设扼守两河之策，皆未久而改变。其在临淮，搜擒蒙、亳匪徒，以绝捻之根株；在徐州办结湖团巨案，以除捻之勾引。刘铭传、刘松山、潘鼎新三军，大小数十战，贼众纵横飙忽之势，实因以少衰。是冬张逆入秦，任、赖入楚，中原稍得息肩矣。

而是岁言路劾公办理不善者，有御史朱镇、卢士杰、朱学笃等疏，皆奉寄谕钞发。御史穆缉香阿奏督师日主无功，请量加谴责一疏，奉上谕："年余以来，曾国藩所派将领，驰驱东、豫、楚、皖等省，不遗余力，歼贼亦颇不少，虽未能遽蒇全功，亦岂贻误军情者可比？该御史所奏，着毋庸议。"

钦此。是后，又有御史阿凌阿劾公骄妄各款，亦奉旨辨斥。公念权位所在，众责所归，惕然不敢安焉！

【丁卯】同治六年，公五十七岁。

正月，公在周家口营。初六日，启行赴徐州。十三日，过砀山境，散钱二十六缗给饥民。十五日，公至徐州。十九日，接受两江总督关防、两淮盐政印信、通商大臣关防，与李公鸿章统筹西北大局。二十一日，驰摺奏报加驻徐州接篆日期。附片奏贼在鄂中，官军有合围之势，恐任、赖一股续窜入秦，鲍超一军应留豫西拦截，俟贼情定后，再调赴秦。又片奏：彭玉麟报捐养廉银两，奉旨查明子弟，给予奖状。该侍郎力辞，出于至诚，恳如所请，以遂其报效之诚。二十九日，奉到上谕："曾国藩既经接受两江督篆，所有察吏筹饷及地方应办事宜，均关紧要；且金陵亦不可无勋望素著大员坐镇。着即回驻省城，以资震慑。该督公忠体国，自当仰体朝廷倚畀之隆，勉为国家宣力。一切军情调度，仍着李鸿章随时咨商，以资裨益。"钦此。是月，张公锡嵘在陕西阵亡。鲍公超回军襄阳，击贼于杨家泽，大破之；追剿至丰乐河，复大破之，杀贼万余人。任、赖捻股窜河南境。李公鸿章奉旨授湖广总督，李公瀚章调授江苏巡抚，暂署湖广总督，刘公琨授湖南巡抚。

二月初三日，李公鸿间拔营赴河南督师，仍驻周家口。初八日，传摺奏谢年终恩赏。又奏报军需款目：自咸至二千一百三十余万之多，分为四案，开列简明清单，照例报销。附片奏动用安徽抵征一项，比例请销。又片奏江忠义、席宝田二军饷银，归入江西汇总造报。又片奏补发湘军欠饷，作为第四案续报之款。又奏新授江苏布政使丁日昌请暂缓陛见。十四日，驰摺奏迭奉谕旨，移驻金陵，恭报起程日期。又摺奏：上年奉旨，发交臣营差委各员——道员钟文、总兵沈宏富、提督何绍彩，分别发往各路差遣。附片奏道员祝垲应仍交李鸿章随营差遣。又片奏甘肃道员金国琛，请开缺终养。又片奏阵亡编修张锡嵘，请加恩其子。又奏阵亡总兵张树珊，请于周家口建立专祠。又摺奏彭玉麟水师营、鲍超霆军查办滋事弁勇。十六日，由徐州启行，至韩庄登舟，沿途查阅运河堤墙。二十二日，至清江浦，张公之万来见公。二十三日，吴公延栋来见公于舟次，方舟从公赴金陵。二十六日，查阅清水潭堤工。三十日抵扬州。是月，任、赖捻股东窜安徽境，回窜湖北东境，湘军败挫，彭忠壮公毓橘阵亡于黄州。刘松山军入陕西，击张逆一股，连破之。

三月初一日，公与官文公相见于舟次。初二日，查阅瓜洲盐栈。初六日，抵金陵，还署。金陵之民，焚香于道以迎公。初十日，按视新修江宁学宫工程。

十五日，刘公琨舟过金陵见公。二十日，驰摺奏报回省日期，并陈鄂东之贼向西北窜走，张逆在秦，与回逆合股，刘松山攻剿屡胜，尚有把握。附片奏酌拨军饷，协解陕、甘两省。是月，鲍公超在襄阳伤病大作，公委员赍药馈问之。左公宗棠赴陕甘任，行至湖北，接受钦差大臣关防。丁公宝桢补授山东巡抚。

四月初七日，驰奏提督鲍超伤疾甚剧，请调直隶署提督娄云庆南来接统霆军。附片奏回任以后，通计饷需款目，入不敷出，且有万不容缓之事，须行筹款者，如制造轮船，购买机器，湘军入秦，淮军在楚，多未发足军饷，长江北岸，拟添陆军，以为防运河堤坝，险工林立，均属刻不容缓，请旨将江海关洋税应解部之四成，酌留二成以济要需。十六日，专摺奏谢京察从优议叙恩。又奏遵照新章，甄别劳绩州县，开单附呈。江南苦旱，公出祷雨于甘露神祠。二十四日，雨。是月，任、赖捻股由湖北窜河南南阳境。

五月十六日，驰奏续查民圩，擒斩捻党，开单奏结，嗣后归地方官办理。附片奏：任、赖逆股自鄂省窜出，有东趋之势。本年天气亢旱，农田枯坼，人心惶惶，皆由臣德薄，累及斯民，忧愧无地，且运河水涸，东路军情可虑。又闻张逆有回窜出关之意。又摺奏本年乡试依限举行，并兼行乙卯科武乡试。又片奏保员外郎王家璧，请以五品京堂，遇缺题奏。公连日步出祷雨。十九日，公诣灵谷寺取水。二十日，大雨。公筹银四千两，修复灵谷神祠。是月，任、赖逆股由河南窜山东，越运河而东犯青州之境。奉到上谕："曾国藩着补授大学士，仍留两江总督之任。"钦此。

六月初十日，专摺奏谢天恩补授大学士。又摺奏鲍超伤病深重，恳请回籍养病。附片奏贼已渡运东窜，令黄翼升驻扎射阳湖，为里下河之防。又片奏江宁建立昭忠祠，其初专祀湘军陆营将士，请并祀水师员弁。又摺奏本年乡试，派学政鲍源深入闱监临。又奏请展缓本年军政。十八日，专摺奏江南、江北粮台收支军需各款，分案开单奏销。是月，任、赖逆股东窜登、莱之境，李公鸿章、刘公长佑建议：合四省兵力合堵运河，就东境剿灭任、赖一股；河南、湖北两省兵力严扼潼关，毋令东窜，就关中剿除张总愚一股。英翰公疏请合兵严守胶莱河，逼贼于海隅，聚而歼之。

七月二十九日，驰奏霆营将领公禀不愿隶娄云庆部下，请将鲍超全军撤遣大半，其余令谭胜达等带赴济宁，归李鸿章调遣，并以娄云庆另募新军，以备防剿。又奏遵旨筹拨直隶赈灾一款，皖军协饷一款，并陈现筹兴复淮渎，使水归故道，以减淮扬水患，于清江设立导淮局，试办挑浚。附抄章程十六条咨送军机处，以备查核。附片奏筹拨本年大运银两，解交织造衙门应用，俟军务平定，再议添拨。是月，任、赖股匪回窜，越潍河扰犯沂州境，窜扰赣榆、海洲、沭阳之境。

八月，接到总理衙门公文，预筹换约事宜。公饬属吏悉心条议，择其善者具咨与函，专派员弁，由沪入都呈复。议增修金陵昭忠祠。祀江南殉难官绅。

九月十八日，具摺奏甄别府县等官。续奏采访忠义第二十八案。附片奏水营记名提督冯标病故请恤，皖南殉难县丞罗庆恩请恤，烈妇程胡氏请旌。是月，海州捻股回窜山东境。

十月初五日，公下闱典校武乡试，提督李朝斌会考。十九日，试竣，取中武举一百五十七名。是月，山东贼复窜赣榆，刘公铭传追剿，破之，阵毙捻酋任柱。公弟国荃开缺回籍。

十一月初三日，专摺奏报江南武闱乡试事竣。初六日，专摺奏江北粮台捐造船炮，用过银数，循例报销。又奏徐州善后局报销。又摺奏扬州虹桥乡殉难绅民妇女请旌恤，巡检陆？斤请恤，澄海营副将陶位中、参将黄占魁出洋捕盗遇害，请恤。十五日，驰摺奏遵旨预筹修约事宜。二十七日，刘公铭传击贼于寿光彳河，大破之，擒斩数万人，贼大溃，赖文光遁走。山东肃清。是月，官文公署直隶总督，丁公日昌授江苏巡抚。

十二月初三日，奏查明本年江北新漕征解实数，现在筹办情形。又奏筹解明年协甘饷银。又摺奏：江宁省城，自咸丰三年沦陷，向荣、和春等驻兵八载，阵亡之文武将弁，殉难之官绅士民，尚未建祠崇祀，实为阙典。湘军昭忠祠地基宽敞，因与僚属议建三祠，中为湘军陆营，西为湘军水师，东为金陵官绅，务使毅魄忠魂，萃于一处。其金陵官绅，综举约有六端：一曰咸丰三年城陷殉难之员，二曰向荣、和春营中阵亡病故之员，三曰江宁七属殉难之绅，四曰江南大营援剿他处殉难之员，五曰镇江、扬州两军阵亡病故之员，皆祀祠中；六曰满汉妇女不屈而死者，别立贞烈祠祀之。恳饬令地方官一并致祭，实在裨于圣朝劝忠之道。附片奏霍邱县殉难团绅李友张请恤，并其家属五十一名。初十日，扬州官军擒捻酋赖文光斩之，徐党迸散，东南荡平。二十二日，奉上谕："大学士两江总督一等毅勇侯曾国藩著加恩加赏一云骑尉世职。"钦此。是月，张总愚捻股由陕西越黄河窜至山西境，东趋畿辅。

是岁骆文忠公秉章奉旨以四川总督协办大学士，寻卒于成都。李武壮公祥和在陕西宜川阵亡。

## 卷十一　公五十八岁至公五十九岁

【戊辰】同治七年，公五十八岁

正月初二日，接见西洋公使浦安臣。十七日，专摺奏谢天恩加赏世职。又摺奏谢年终恩赏。又奏年终密考学政声名。又奏江苏臬司李鸿裔请假。二十一日，定书局章程八条，又训手民四条，委道员洪汝奎经理书局。汝奎，汉阳刘公传莹之门人也。二十七日，核定长江水师未尽事宜及水师补缺章程。是月，张总愚捻股窜直隶境，扰犯保定、河间、天津各属境，畿辅戒严。丁公宝桢督军入援，驻固安；左公宗棠督军追剿，驻天津；李公鸿章驻军大名；李公鹤年、英翰公，皆引兵防河南北。

二月十七日，刘公长佑过金陵见公。

三月初五日，驰奏拟补长江水师各缺，并续陈未尽事宜十条。奏称：衡州试办水师之始，非有旧例可循，屡试屡变，渐推渐广。今已奏定章程，著为令典，不敢谓立法之尽善而无弊，所愿数十年后，督抚提镇，随时损益，遇事详求，冀将才辈出，历久常新，此则臣等所祷祀以求者也。又摺奏总兵张诗日病故请恤，并准加恩予谥。奉旨予谥勤武。公又奏上年江北冬漕并归海运，详议海运章程十条，开单附呈。附片报江北漕粮起运实数。又片奏筹解甘饷分数。又附片奏陆营武职大衔借补小缺，请敕部核议准行。又片奏保总兵王可升、章合才、易致中三员，皆足胜专阃之任。二十日，作《灵谷龙神祠碑记》。二十八日，欧阳夫人至署。

四月初一日，江南苦雨，公出诣神祠祈晴。李公瀚章调任浙江巡抚。初四日，过金陵见公。初七日，奏结霆营上年在襄阳闹饷一案，查办营官哨官，审明定拟。又奏上海铁厂制造火轮船，及广东艇船，仍须酌改营制，略仿西洋之法，拟会同丁日昌履勘查阅，再将外海水师章程核议具奏。二十日，实验船厂所造八团舢板。二十四日，由金陵登舟启行，公子纪泽从。二十六日，至扬州，查运库。二十九日，登金山，观苏文忠公玉带，为诗纪之。旋登焦山。是月，直隶捻匪窜运河以东，分扰及山东东昌、武定各属境。时河北水涨。官军因扼运河以困之。

闰四月初一日，公舟泊丹阳。初二日，泊常州。初三日，泊苏州省城，留五日。初八日，出巡阅李朝斌太湖水师，遂行赴上海。丁公日昌从。途次奉到上谕："曾国藩著授为武英殿大学士。"钦此。初十日，行至上海，驻铁厂，查阅轮船洋炮工程。洋领事官白来尼等来见公。十四日，会奏拨解直隶军饷，并汇陈近年协拨陕甘军饷情形。又奏酌提制钱三十万串，由轮船解运天津，请照银价划抵京饷。附片奏上海旧存轮船两号，不能行驶外洋，适有福建华福轮船来沪，即令改调前赴天津，以备巡防之用。公专奏遵旨派员驰赴合肥，催令刘铭传销假，迅赴直隶、山东军营。并沥陈：剿捻之师，谋勇以刘铭传为最，而劳苦疲乏，亦惟铭军独甚。念本年畿辅之警，若非去岁先灭任、赖一股，大局不堪设想。恳于寄谕中奖其勋谋而慰其劳苦，则天语一字之褒，胜于臣等函牍万万矣。是日，公拜摺后登舟查阅吴淞口、狼山、福山各营。十五日，由轮船回金陵署。

五月初八日，专摺奏谢天恩。附片奏提督黄翼升、总兵欧阳利见所领水师已赴济宁。并查看山东河防提督刘松山添募湘勇，饬湖南盐局拨银二万两，以利遄行。

六月十八日，专摺奏江北水灾赈济银数，造册报销。又摺奏李鸿裔病状，请开缺调理。又摺奏总兵娄云庆撤营事竣，请开缺回籍养亲。附片奏保总兵谭胜达、王衍庆二员。又摺奏采访忠义第二十九案。附片奏已故总兵张运桂请？祀张运兰专祠。又奏常州殉难绅民史承简等合族一百二十名，请于郡城建史氏忠节专祠；全椒县知县孟煊在任殉难，请建专祠。是月，刘公铭传赴直隶，时湘、淮各军将领萃于三辅，诏都兴阿出现师于天津。

七月，彭公玉麟经理长江水师事竣，奏请开兵部侍郎之缺，补行守制。奉旨允之。官军会剿捻匪，破平之。张总愚走死直隶。山东肃清。李公鸿章以湖广总督协办大学士，刘公铭传封一等男爵，封疆将领承恩赏各有差。初十日，奉上谕："曾国藩筹办淮军后路军火，俾李鸿章等克竟全功，著交部从优议叙。"钦此。扬州民与天主教堂哄斗，公委藩司李宗羲、运司李元华、上海道应宝时提案会讯。二十二日，专摺奏前次有密疏一件，未能缜密，自请交部议处。又摺奏东西捻股一律肃清，湘、淮各军亟应赶紧裁撤，以节饷需而苏民困。谨预筹经费，为撤勇之用。又摺奏查明运河水志情形。又摺奏查报阵亡、伤亡、病故员弁，汇单请恤。附片奏河工道员藩鸿焘请恤。又摺奏江宁府属查出熟田，试办抵征。二十七日，奉到上谕："曾国藩著调补直隶总督，两江总督著马新贻调补。"钦此。

八月初六日，专摺奏谢天恩，一为交部优叙，一为调任直隶。吁恳陛见。

附片沥陈丁忧两次，均未克在家终制；从公十年，未得一展坟墓。瞻望松楸，难安梦寐。又称剿捻无功，本疚心之事，而回任以后，不克勤于其职，公事多所废弛，皆臣抱歉之端。俟到京时，剀切具奏。十一日，作《江宁昭忠祠碑记》。十三日，上海船厂造火轮船第一号成，驶至金陵。公登船试行至采石矶，命名曰“恬吉”，取四海波恬、公务安吉之意。批发扬州教堂一案，具咨文呈报总理衙门。是月，李公鸿章奏凯，撤剿捻官军，唯留刘铭传一军驻扎畿南之张秋镇。又奏筹款修葺孔林。湘勇刘公松山军从左公宗棠入秦，剿办回逆。

九月初二日，奏报恬吉轮船工竣，并陈明上海机器厂筹办情形。附片奏金陵善后局经用之款，请免造册报销。又片奏内江水师粮台委员、船厂委员汇案请奖。初十日，酌定湖北撤勇一案。十七日，核定外海水师章程。丁公日昌至金陵，会议扬州教堂一案。二十日，马公新贻到金陵。二十六日，交卸关防印信。二十八日，公弟国潢来署，相见甚欢，大被同宿，纵谈家乡琐事，以为笑乐。又自书箴言六条赠之。是月，公与漕督、河督会奏荥工漫水渐入洪湖会筹堵御一摺。

十月初五日，具摺奏报交卸日期，遵旨会商公事，暂缓启程。又具摺奏请禁止川私行楚，收回淮南引地，以复旧制而整鹾纲。附片奏刘松山一军由江南协饷，请改道湖北襄阳转解入秦。并称：臣交卸之际，应将经手事件略为结束。又摺奏原任广西抚巡邹鸣鹤在金陵殉节，请从优加恤，并准予谥，以彰忠节。又奏水师营副将柳寿田病故请恤。二十六日，李公鸿章赴湖广任，过金陵见公。

十一月初三日，专奏湘军第五案军需款目造册报销一摺。奏称：从前军营办理报销，中外吏胥互相勾结，以为利薮。此次臣严饬属员，认定实用实销四字，不准设法腾挪，不准曲为弥缝。臣治军十余年，所用皆招募之勇，与昔年专用经制弁兵者情形迥异。其有与部例不符之处，请敕部曲为鉴谅，臣初无丝毫意见欲与部臣违抗也。是摺奉旨：“著照所请，该部知道。”钦此。是日，又具摺奏酌议江苏外海内洋里河水师事宜十四条，请敕下李鸿章、马新贻、丁日昌各抒所见，妥为核议，并求部臣详核，不厌驳诘，以期利多弊少。臣不敢因系初议之人，稍涉回护。又摺奏江楚用兵太久，武职保举太多，惟借补小缺一途，可以安置撤遣之将弁。谨将东南近年考试武职章程四条，录呈御览。又摺奏：江淮等属。历年垫应兵差，添设台站，头绪纷繁，州县交代，永无结算之期，实有妨于吏治。臣任两江最久，唯此为经手未完之件。现拟设法清查，准仿照粮台之例，开单报销，仍按据金陵未克以前及既克以后年份，分别办理。附片奏补发湘军欠饷，归案报销。又片奏：臣未交卸之时，两次接准造办处来文，俱称移会两淮监督。查两淮只有盐政，并无监督之官。造办处系内务府司员，与部院司官体制相同，行文督抚，应用堂官之印。请旨敕下该衙门，嗣后遇有传办要件，统归内务府大臣行文，不宜迳由造办处移会，以符定制而杜弊端。又片奏报经手事竣，起程北上日期。初四日，公由金陵登舟起行。金陵士民焚香酌酒以饯送者，填咽街巷。于时欧阳夫人患咳喘甚剧，公长子纪泽留金陵侍疾，次子纪鸿从行。初八日，泊扬州。公弟国潢从公于扬州，乃别回湘。十三日，抵清江浦。十七日，由清江启行。江宁将军魁玉公出都赴任，谒公于途次。二十日，彭公玉麟从公于郯城境，乃别回南。三十日，渡黄河，宿齐河县。丁公宝桢来见公。

十二月初四日，行抵直隶境。公在途次，每日按舆图稽查山川原委，尤详考畿辅水利，随时延访官绅贤否，证以舆论而密记之。十三日，入都门，寓东安门外贤良寺。十四日，昧爽趋朝，见军机大臣于朝房，召见于养心殿，奏对数十语，赐紫禁城骑马。退朝，谒恭亲王于邸第，及军机大臣文祥公等。十五日，递摺奏谢天恩召见，奏对十余语。十六日，又召见，奏对语尤详。移时乃出。时在廷诸臣，想望丰采，退朝之际，千官属目焉。十八日，至内阁上任，接见侍读中书各员。旋至翰林院上任，接见讲读学士以下各员。谒至圣庙及先儒韩文公祠。十九日，公访塔忠武公宅，登堂见其母，厚馈之。二十日，移寓城南法源寺。二十四日，至内阁，集议通商事宜，凡三日。二十八日，会奏议复修约事宜一摺。二十九日，递摺奏谢年终恩赏。

【己巳】同治八年，公五十九岁。

正月初一日，早朝捧庆贺表，从驾诣长信门行礼。天明皇上升殿受贺，公与朱公凤标上阶展表。太常寺司员宣读表文毕，公与内廷诸臣，行礼而退。初二日，始为《无慢室日记》，条记秘事。初五日，公访倭仁公宅，因偕至内阁。醇郡王与大学士会议奏陈机务六条，公手稿数千字，移时而成。初七日，趋朝奏事。初九日，至琉璃厂书肆，纵观书籍。十五日，趋诣保和殿，侍赐宴藩王。十六日，赐宴廷臣于乾清宫。内监引入，皇上升座，倭仁公领满大学士、尚书西向坐，公领汉大学士、尚书东向坐。乐三阕，乃宴倭仁公起奉爵御座，皇上遍赐大臣爵，乐三阕，乃出谢恩颁赏珍物。十七日，具摺请训，又递摺奏略陈直隶应办事宜，请酌调人才，以资差委，酌拨银两，以济要需。直隶最大之政，在于练兵饬吏，次则河工。请留刘铭传一军，长作拱卫之师，再练万人，使成劲旅，则畿辅不患空虚。民间疾苦，由于积狱太多，差徭太重，属僚玩上虐民，当以严法重惩之。永定、滹沱二河，常为民患，亦宜大加疏浚。请敕下江苏督抚，每月拨解银三万两，稍资周转。并开单奏调道员钱鼎铭、陈鼐、知府李兴锐、知州游智开、赵烈文、知县方宗诚、金吴澜及员外郎陈兰彬八员召见，奏对数十语，皆疏中事也。退朝谒恭亲王邸第。二十日，出都。二十一日，巡视永定河堤工。二十七日，行抵保定府。

二月初一日，接受直隶总督关防、长芦盐政印信。初八日，拜发到任接印日期一摺。附片奏试办永安河工，请敕户部借拨银两，赶修要工。初九日，送官文公入都。十三日，札饬永定河道及河工委员择日兴工。十六日，阅直隶选练六军操演阵法。时直隶营伍疲弱，刘公长佑为总督时，遵部议于绿营弁兵中挑选数千人，酌加练饷。至是已五年矣。十八日，作清讼事宜一编，为四柱册，通饬各州县官，刻期清结积案，以为课程。二十三日，具摺奏查明州积潦大洼地亩，分别豁减粮赋。又奏粮台循案报销一摺。

三月初五日，刊发直隶清讼事宜十条，核定限期功过章程十四条。初九日，三口通商大臣崇厚公来见。十四日，刘公坤一入都，过保定见公。直隶臬司张树声调山西臬司。新授臬司史念祖，诏公察看。十六日，摺奏直隶讼案最多，积压未办，臬司张树声情形较熟，清甫有端绪，请暂留本任；并钞呈清讼事宜十条。又摺奏举劾属员，以饬吏治。又奏报上年抢修永定等河，用过银数。二十八日，丁公日昌入都，过保定见公。史念祖到省，公派委综理发审局。

四月初一日，专摺奏报查勘永定河工合龙出省日期。是日启行。初六日，验收河工。初八日，回署。十四日，奏报勘工回省日期。又奏直隶采访节义第三案。十七日，粤南使臣黎峻等过境见公。二十日，公子纪泽奉欧阳夫人到署。二十八日，郭公柏荫入都，过保定见公。

五月初四日，专摺奏刘松山军在陕西宜君、绥德两处有溃变之案，实因军士久役思归所致。该军剿办得力，锐气未减，未可遽议撤遣。初十日，杨公昌浚入都，过保定见公。二十一日，具摺奏称：近日内外臣工间奏，多主练兵，不主养勇。当此全境敉平，自不宜留勇队于近畿，然目前练军，实无化弱为强之法，当参用东南募勇之意，仍须户部筹拨的饷，然后营务渐有起色。又摺奏永定河工合龙，请开复河员处分。附片奏报用长芦复价银两，以济河工，并拟酌加岁修领款。二十二日，李公宗义入都，过保定见公。二十三日，永定河复决口。

六月初六日，作《客座示僚属箴言》四条，定以每日传见州县二员。十一日，奏遵照部议，裁撤长芦总商，以杜把持之弊。又摺奏永定河水暴涨，道厅各员抢护新工，竟于他处漫溢，请分别参办，并自请交部议处。又奏提督朱南桂、谭国泰病故，请恤。奏调琼州总兵彭楚汉来直隶差委。是月作李忠武公、勇毅公神道碑铭二篇。

七月初一日，奏永定河漫口抢堵，未能合龙，拟缓期秋后将挑浚中泓、疏浚下口事，认真筹办。初四日，作《劝学篇》示直隶士子。二十一日，奏酌议直隶、山西、河南三省毗连州县会哨章程。二十四日，郑公敦谨自山西入都，过保定见公。

八月初六日，奏续查属员，据实举劾。二十七日，奏接准部咨再行酌议练军事宜一摺。奏请调南方战将以练北方新兵，拟于古北口增练千人，提督傅振邦领之；正定府增练千人，总兵谭胜达领之；保定府增练千人，以彭楚汉领之。附片奏刘铭传一军护卫京畿，未可遽撤。该提督开缺回籍，其部将刘盛藻代领其军，尚能胜任，毋庸另派统领之员。又片奏保道员蒋春元署永定河道。

九月初四日，作《湘乡昭忠祠碑记》。初六日，奏采访节义第四案。十二日，核定直隶练军章程，委知府李兴锐查访长芦盐务。二十一日，具摺奏试办永定河挑浚中泓、下口二法核定工程，请停止摊捐，发给现银，使厅汛无所借口，以作兵弁夫役之气。附片请拨长芦运库银两，以济河工之用。二十三日，作《唐确慎公墓志铭》。

十月初八日，作《罗忠节公神道碑》。初十日，公启行出省勘河工。十二日，抵固安，巡视工程，验收合龙。十三日，奏报勘工出省日期，并报循河勘验下口。十七日，登舟顺流而下，至天津府查勘盐政，校阅洋枪洋炮队。二十日，由天津启行。二十三日，回署。

十一月初一日，奏酌议长芦盐政十条。又摺奏查明州县灾歉情形，分别蠲缓，以纾民力。大、顺、广一带尤苦旱，恐须预筹赈济。附片奏查工回省日期。又奏采访节义第五案。十九日，具摺奏芦纲备累日甚，宜减轻成本，以苏商困而保颓纲酌议五条。又摺奏永定河漫口合龙及疏浚中泓下口，均属稳固深通，请开复河员处分。又具摺奏遵旨察看臬司史念祖，请酌调刑名稍简之省份，乃为相宜。是月作《王考星冈府君墓表》。

十二月十四日，奏铭军将领刘克仁、刘盛？常病故，请恤。二十四日，奏查明畿南各属灾歉较重，拟于来春以贷为赈，请于天津存储项下拨制钱十万串，解至大名。预备散放。附片奏升任臬司钱鼎铭请暂留大名道任督办赈贷。又摺奏滹沱河改道北流，已阅两年，亟应设法修治，谨陈大概情形，请敕部核议。

是岁，公壹意清狱讼，遇重大之案，则亲自鞫讯，每月数次。统计专摺奏结重案及京控发交之件，前后凡五十馀疏，不能悉纪。公自到任以后，定以每日分时清案牍、接见宾僚、吟览经史诗古文，以为日课。每月以暇时为文一二篇，计成碑、铭、序、记之属几十余篇。

## 卷十二　公六十岁至公薨

【庚午】同治九年，公六十岁。

正月十六日，专摺奏年终密考。又奏永定河工借拨运库银两，请于应解京饷项内照数扣还。二十四日，核直隶练军马队章程。委陈兰彬前往大名助办赈贷。是月，刘忠壮公松山在甘肃攻剿回逆于金积堡阵亡，其兄子锦棠接领其军。

六月初一日，奉上谕："曾国藩奏所称案中最要关键等语，可谓切中事理，要言不烦。日内如可支持，即著前赴天津，会同崇厚悉心商办。"钦此。崇厚驻天津近十年，调停于民教之间，人颇讥之。事变之后，崇公出示解散，有严禁聚众滋事之语，由是怨声载道。崇公寻奉旨充出使法国大臣，其三口通商大臣以大理卿成林署理。初四日，公将启行，书遗教一纸，其略云："余自咸丰三年募勇之初，自誓效命疆埸，今年老病躯，危难之际，断不肯吝于一死，以自以负其初心。"初六日，由保定启行，宿高阳县。初七日，宿任邱县，具摺奏报起程日期，并称与崇厚往返函商，拟先将俄国误伤之三人，及英、美两国之讲堂，速为料理，不与法国一并议结，以免歧混。初八日，奉上谕："此案起衅之由，因迷拐幼孩而起，总以有无确据为最要关键，必须切实根究。曲直既明，方可另筹办法。至洋人伤毙多名，若不将倡首滋事之犯惩办，此事亦难了结。曾国藩拟将俄国人命、英、美讲堂先行议结，所见甚是。"

钦此。初十日，公至天津。津郡民团，旧有水火会名目，人数甚众，怨崇厚公之护教，咸望公至，必力反崇公之所为。公奉命之初，凡诣公条陈此事者，或欲借津人义愤之众以驱逐洋人，或欲联合俄、英各国之交以专攻法国，或欲参劾崇厚以伸士民之气，或欲调集兵勇以为应敌之师。公意在坚保和局，不与洋人构衅，以致启兵端。其函致崇公，则称“有祸同当，有语同分”之语。既至津郡，出示晓谕士民，仍不奖其义愤，且亦有严戒滋事之语。由是津人以怨崇公者怨公矣！公初至时，出令放告，投诉牒者数百人。查询挖眼剖心，并无事实，而拐匪一案，拿到教堂之王三、安三等，皆市井无赖，供词反复狡展，不能定案。公亦令委员暂予缓讯，以为洋人转圜之地，但饬缉拿天津滋事之民。由是都门士大夫中，讥议纷然起矣！十一日，接到法国洋官照会一件，系都中洋人由总理衙门转递来津，词气尚顺。十二日，英国洋人来见。十三日，美国洋人来见。十四日，内阁学士宋晋奏和局固宜保全，民心未可稍失，请布置海口防兵，兼婉谕各国，以为解散约从之策。奉旨令公酌量办理，据实奏闻。十六日，公咨复总理衙门，为洋人力辨挖眼剖心之诬。十八日，专摺奏报永定河南岸五工漫口，自请议处，并请河员处分。十九日，法国洋官罗淑亚来见。二十一日，崇厚来，言洋人将大兴波澜，有以府县官议抵之说。公峻词拒之。二十二日，洋官罗淑亚复来，词气凶悍。又来照会一件，有请将府县官及提督陈国瑞抵命之语。二十三日，公将现在查办情形照复洋人，并驳诘之。是日，遂与崇厚公会奏。奏称：王三虽经供认授药武兰珍，然且时供时翻。仁慈堂查出男女，讯无被拐情事。至挖眼剖心，则全系谣传，毫无实据。此等谣传，不特天津有之，各省皆然。以理决之，必无是事。天津民所以生愤者，则亦有故：教堂终年扃闭，莫能窥测，其可疑者一；中国人民至仁慈堂治病，恒久留不出，其可疑者二；仁慈堂死人，有洗尸封眼之事，其可疑者三；仁慈堂所医病人，虽亲属在内，不得相见，其可疑者四；堂中掩埋死人。有一棺而两三尸者，其可疑者五。百姓积此五疑，众怒遂不可遏。仰恳明降谕旨，通饬各省，俾知谣传之说多系虚诬，以雪洋人之冤，以解士民之惑。现已将天津道、府、县三员，均撤职听候查办。又奏委丁寿昌署天津道，马绳武署天津府，萧世本署天津县。又附片奏称：洋人照会，挟制多端。请将知府张光藻、知县刘杰二员革职，交刑部治罪。陈国瑞现在京城，请交总理衙门就近查办。公雅意不欲加罪于府县，是日乃勉徇崇厚之请会奏。此疏拜发之后，公意痛悔之，病势渐剧。二十四日，奉到上谕“有人奏风闻津郡百姓焚毁教堂之日，由教堂起有人眼人心等物，呈交崇厚收执。该大臣于奏报时并未提及，且闻现已消灭等语。所奏是否实有其事，着曾国藩确切查明”等因。钦此。又奉上谕：“崇厚已派出使法国，自应及早启行。著曾国藩体察情形，如崇厚此时可以交卸，即著来京陛见，以便即日起程。通商大臣事务，著曾国藩暂时接办，俟成林到时，即行交卸。”钦此。二十五日，接洋照会一件，仍执前说。二十六日，公照复洋人，仍驳诘之。是日奉到上谕：“曾国藩、崇厚奏查明天津滋事大概情形，另片奏请将天津府、县革职治罪等语，已均照所请，明降谕旨宣示矣。此次陈奏各节，固为消弭衅端委曲求全起见。惟洋人诡谲性成，得步进步，若事事遂其所求，将来何所底止？是欲弭衅，而仍不免起衅也。”钦此。公前疏力辨洋人之诬，又陈五可疑之端，意在持平立论。内阁钞发奏稿，文理不全。都人士见之，谓公偏护洋人，遂以诋崇公者诋公矣！责问之书日数至，公惟自引咎，不欲以自明也。崇厚公每日一来行馆，力主府、县议抵之说。公方在病中，置不答。崇厚乃驰奏法国势将决裂，曾国藩病势甚重，请由京别派重臣，来津办理。二十八日，公复陈谕旨垂询之件。奏称：焚毁教堂之日，众目昭彰，若有人眼人心等物，岂崇厚一人所能消灭？其为讹传，已不待辨。至迷拐人口一节，实难保其必无，臣前奏请明谕力辨洋人之诬，而于迷拐一节，言之不实不尽，诚恐有碍和局。现在焚毁各处，已委员兴修。王三、安三该使坚索，已经释放。查拿凶犯一节，已饬新任道府拿获九名，拷讯党羽。惟罗淑亚欲将三人议抵，实难再允所求。府、县本无大过，送交刑部，已属情轻法重。彼若不拟构衅，则我所断不能允者，当可徐徐自转；彼若立意决裂，虽百请百从，仍难保其无事。崇厚与洋人交涉已久，应请留津会办，暂缓来京。又奏称：中国目前之力，实难遽起兵端，唯有委曲求全之法。谕旨所示，弭衅仍以启衅，确中事理，且佩且悚。外国论强弱，不论是非，若中国有备，和议或稍易定。现令铭军全队拔赴沧州一带，稍资防御。臣自带兵以来，早矢效命疆场之志，今事虽急，病虽深，此心毫无顾畏，不肯因外国要挟，尽变常度。抑臣更有请者，时事虽极艰难，谋划必须决断。优见道光庚子以后，办理夷务，失在朝和夕战，无一定之至计，遂使外患渐深，不可收拾。皇上登极以来，外国盛强如故，惟赖守定和议，绝无改更，用能中外相安，十年无事。津郡此案，愚民愤激生变，初非臣僚有意挑衅。倘即从此动兵，则今年即能幸胜，明年彼必复来，天津即可支持，沿海势难尽备。朝廷昭示大信，不开兵端，实天下生民之福。惟当时时设备，以为立国之本，二者不可偏废。臣以无备之故，办理过柔，寸心抱疚，而区区愚虑，不敢不略陈所见。是日，接奉寄谕亦云张光藻、刘杰交部治罪，已属过当，若在津正法，万难允准等因。二十九日，奉到上谕“据崇厚奏称曾国藩触发旧疾，病势甚重，朝廷实深廑系。此案关系颇大，该督抱恙甚剧，恐照料或有未周，已谕令丁日昌星速赴津，帮同办理。又以丁日昌航海前来，须在旬日以外，先派毛昶熙前赴天津会办。惟该国兵船业已到津，意在开衅，不可不预为防范。已谕令李鸿章带兵驰赴畿疆，候旨调派”等因。钦此。又奉上谕：“曾国藩奏遵旨复陈一摺。另片所陈善全和局，以为保民之道，备预不虞，以为立国之本，甚属曲中事理。即著该督坚持定见，悉心经理，用全大局。”钦此。

七月初五日，毛公昶熙至天津，随带侍讲吴元炳、刑部员外郎刘锡鸿、总理衙门章京陈钦、恽祖贻四员。公一见，皆叹异，以为难得之才。初七日，奏报永定河南岸五工续漫成口，再请议处。英国洋官威妥玛来天津，毛公昶熙约洋官会议。既集，陈钦按理抗辩，侃侃而谈。洋人不能诘，罗淑亚犹执前说，径行回京。崇厚亦奏疏自请入都陛见。初九日，公与毛公会奏罗淑亚回京缘由，请中外一体，坚持定见。并将连日在津会议问答情形，咨报总理衙门。又奏请将福建船局购办京米，截留二万石，存储津郡，以备李鸿章军营及刘铭传全军之用。时李公鸿章督军至潼关，驰摺奏称：洋人照会内称“天津府县帮同行凶，主使动手”等语，所闻得自何人？所查得有何据？必须将府县如何帮同主使证据交出，由中外大员会同提集，当堂质讯，乃可以成信谳而服众心。如果该府县等有实在重情，亦不能曲为宽贷。十二日，奉上谕：“罗淑亚无理要挟，所请府县抵偿一节，万无允准之理。已传谕钱鼎铭将张光藻等解赴天津，并令曾国藩等取具该府县等亲供，以期迅速了结。”钦此。十三日，奉上谕：“崇厚着即来京。三口通商大臣，著毛昶熙暂行署理。”钦此。丁公日昌奉旨启行北上，驰摺奏称：自古以来，局外之议论，不谅局中之艰难。然一唱百和，亦足以荧听而挠大计，卒之事势决裂。国家受无穷之累，而局外不与其祸，反得力持清议之名。臣每读书至此，不禁痛哭流涕。现在事机紧急，守备则万不可缺。至于或战或和，应由宸衷独断，不可为众论所摇。又称：百姓纷纷聚众，地方官不能认真弹压，过误似亦不轻。十六日，奉上谕“该使臣非理之求，断难迁就。而于近情之请，必当赶紧办理，以示诚信。此时如将下手滋事之犯按律惩办，则洋人自不至节外生枝，再归咎于府县”等因。钦此。十九日，公奏奉谕旨，檄催刘铭传赴直隶统带铭军，并陈明江面水师与洋面不同，彭玉麟、扬岳斌在籍情形，因及捍御外侮，徐图自强之法。二十日，奉上谕“军机大臣呈递直隶按察使钱鼎铭禀函，不胜诧异！

张光藻、刘杰以奉旨治罪人员，即使患病属实，亦应在天津听候查办。乃该革员等，一赴顺德，一赴密云，捏病远避，尚复成何事体！朝廷令该革员赴津，实曲示保全之意。乃皆不能体会，置身事外。曾国藩率行给假他出，实属不知缓急”等因。钦此。二十三日，奉上谕：“近来内外臣工，往往遇事机紧急，徒事张皇，迨祸患略平，则又泄沓成风。为目前苟安之计，即使创立战守章程，而在事诸臣奉行不力，有名无实，遂使朝廷深谋远虑均属具文。似此因循成习，何时可冀自强？何时可平外患？宵旰焦忧，无时或释。”钦此。二十五日，刘杰到案。丁公日昌到天津。即日悬赏勒限缉拿凶犯。二十六日，奉上谕：“该督到津后，统筹全局，次第办理，其中委曲求全万不得已之苦衷，在稍达事理者，自无不谅。刻下府县一层，坚持定见，当可就我范围，如能将为首滋事及下手之人严拿务获，讯取确供，按律议抵，大局似可粗定。”钦此。二十七日，张光藻到案。三十日，公与毛公会奏已革天津府、县到津日期一摺。奏称：该员六月十六日撤任，即行请假，臣见其本无大过，故允其所请。其后奉到谕旨，即飞檄催提，目下均已到案。顷接总理衙门来信云，有法国照会，言及该府县主使证据，现饬同文馆翻译，应俟译文寄津，按照所指情节，逐一质讯，再行取具亲供，录送核办。至查拿凶犯，现已获三十七名，仍严饬尽数弋获，从严惩办，以杜外患。

八月初二日，总理衙门奏天津一案与洋人照会来往辩论情形一摺。奉谕旨钞寄，令公迅速缉凶，详讯严办，催取府县亲供，及早结案。两江总督马端敏公新贻，猝遇行刺，因伤出缺。初四日，奉上谕：“曾国藩著调补两江总督，直隶总督著李鸿章调补。”钦此。初七日，公具摺恭谢天恩。并奏称：前在假期之内驰赴天津，实因津事重大，不敢推诿。臣目病甚重，往来文件，难以细阅，幕僚拟稿，难以核改。江南庶政殷繁，若以病躯承乏，贻误必多。目下津案未结，仍当暂留会办。一俟奏结后，即请开缺，安心调理。又特奏保刑部郎中陈钦在总理衙门当差多年，于中外交涉情形洞悉本末。顷来天津，与洋人诤论，其辩才足以折服强悍，其诚心足以感动彼族。请以署理天津府知府，必收折冲御侮之效。又奏江南月协直隶饷银，截数报销。三口通商大臣成林到任。初九日，陈钦、刘锡鸿、丁寿昌等会讯府县亲供。十一日，公与毛公昶熙、丁公日昌复讯府县亲供。十二日，奉到上谕：“曾国藩奏沥陈病目情形请别简贤能畀以两江重任一摺。两江事务殷繁，职任綦重，曾国藩老成宿望，前在两江多年，情形熟悉，措置咸宜，现虽目疾未痊，但能坐镇其间，诸事自可就理。所请另简贤能之处，著毋庸议，仍著俟津案奏结，即著前赴两江总督之任，毋再固辞。”钦此。十四日，奏吴府县亲供，请交部核议，并称拿获滋事凶犯八十余名，俟讯明会奏。十七日，毛公昶熙回京师。十八日，奉上谕：“此案为日已久，若不赶紧办结，必致易生枝节。著李鸿章驰赴天津，会同督饬承审各员，认真研鞫，及早拟结。”钦此。二十三日，公具摺奏审明天津案内第一批人犯，分别定拟。又奏咨送复讯府县供词，并陈明该员解送刑部，恐难定限。又奏称办理迟延，自请交部严加议处。刘公铭传至天津。二十五日，李公鸿章至天津。二十七日，陈国瑞到案。二十八日，奏已革天津府县解部起程日期，并抄呈陈国瑞供词。附片奏称：府县本无大过，张光藻尤著循声。臣之初意，岂肯加以重咎？过听浮议，举措失直，遽将府县奏交刑部。此疏朝上，夕已悔憾。外间物议，纷纷不平。此次该革员等入狱，诚恐洋人执臣原奏，欲得而甘心，则臣之负疚愈深。请敕刑部细核供词，从轻定议，以平天下吏民之情，臣亦稍释隐憾。并申陈各省民教滋事实情，筹议预杜后患之法。二十九日，奏开缺臬司史念祖请授以实缺。并陈军营保举记名人员，现经部议新章，保至藩、臬者，必先补道员，仍乞圣慈存记，每年于部章之外，特简实缺数人，实振厉人才之道。又奏天津道周家勋开缺，请以陈钦补授天津道缺。又代奏提督刘铭传恭谢恩赏一摺。

九月初一日，奉上谕：“陈国瑞所递亲供，既与津案并无干涉，毋庸再令总理衙门刑部复办。”钦此。初三日，丁公日昌回江苏任。初六日，公交卸关防印信，具摺奏报卸篆日期。又摺奏报闽省采办京米十万石，全数验收。附片奏调前台湾道吴大廷随至江南综理轮船操练事宜。刑部奏已革天津府、县二员，拟发往军台效力。十一日，奉上谕：“张光藻、刘杰均著从重改发黑龙江效力赎罪，以示惩警。”钦此。是案刑部奏结，照例从重定拟，谕旨又以该员私往顺德、密云逗留藐玩，再行从重也。是日奉上谕：“经此次严办之后，各直省地方务当晓谕居民，安分守法，毋任再滋事端。遇有中外交涉事件，并须按照条约，持平妥办。总期中外商民，彼此相安，以靖地方。”钦此。十三日，奏续讯天津案内第二批人犯，分别定拟。附片奏署天津道丁寿昌摄篆已久，情形熟悉，措置裕如，请即补授天津道缺。并称已保臬司刘盛藻与丁寿昌分领铭军，皆司道中难得之才，亦请柬放道员实缺。公以本年寿六十，奉旨赐寿，由军机处咨交到御书勋高柱石匾额一面、御书福寿字各一方、梵铜像一尊、紫檀嵌玉如意一柄、蟒袍一件、吉绸十件、线绉十件。十六日，传摺奏谢天恩。又具摺奏遵旨赴任，恳请陛见。奏称：臣前承乏江南，初无治状，荷蒙奖励，惭感交并，欲勉从后命，则病躯难供驱策，必致陨越贻差；欲自遂初衷，则圣恩已极优容，何敢再三渎请？揆诸古人鞠躬尽瘁之义，一息尚存，不敢稍耽安逸。附片奏刑部主事陈兰彬，有任重道远之志，不避艰险，仍拟带至江南，讲求防海制器操练轮船之事。又奉前次奏结人犯内，有穆巴一名，查无行凶实据，请予开释。另将续获范永一名，归案正法，以示慎重人命之意。二十三日，由天津启行入都，公子纪鸿奉欧阳夫人并眷口由运河南旋，公子纪泽从入都。二十五日，入都门。二十六日，早朝召见于养心殿，奏对十数语。二十七日，又召见，奏对十数语。

十月初一日，奉派入坤宁宫吃肉。初三日，张光藻、刘杰来见。初六日，军机大臣传旨，催公赴江南任。初九日，递摺请训，传宣召见，奏对十数语。初十日，朝贺万寿圣节。十一日，公六十初度日。湖广同乡官设宴于会馆，以为公寿。十五日，启行出都。十八日，次雄县，藩司钱公鼎铭来见公。二十六日，抵济宁州，登舟与眷口船相维南行。

闰十月十三日，低清江浦。十六日，泊扬州，查勘瓜洲盐栈。二十日，行抵金陵，借寓巡道署。二十二日，接受关防印信。

十一月初一日，专摺奏报接印日期。初三日，作家训日课四条：一曰慎独则心安，二曰主敬则身强，三曰求仁则人悦，四曰习劳则神钦。江苏巡抚丁公日昌丁母忧开缺，张公之万奉旨授江苏巡抚。十一日，公奏派应宝时署江苏藩司，并暂护巡抚印务。十七日，奉到上谕："曾国藩著充办理通商事务大臣。"钦此，二十二日，丁公日昌扶柩回粤。舟过金陵，公往吊于舟次。

十二月初二日，专奏本年轮应查阅营伍，请展缓于明年举行。又奏丹阳、金坛两县，本年仍办抵征。又奏扬军厅堤工报销。十六日，奏筹拨湖南、陕、甘军饷，分别起解，以资接济。马端敏公被戕后，凶犯张汶详即时擒获。诏派漕督张之万与将军魁玉会讯，都下言官，累疏奏请推究主谋。钦命刑部尚书郑敦谨前往金陵查询。二十九日，郑公抵金陵。

【辛未】同治十年，公六十一岁。

正月初三日，核江苏水师续议章程。十二日，具摺奏钦奉谕旨筹议海防、江防事宜一摺。附片奏预筹日本通商修约章程。又摺奏陈河运艰难情形，请旨饬各督抚统筹运道全局，为可久之规。附奏到任未久，请展缓文武密考一案。二十九日，公与郑公敦谨奏结张汶详行刺一案，仍照魁玉、张之万原拟罪名定拟。附片复奏犯供实无主使别情。

二月初二日，专摺奏谢年终恩赏。又摺奏湘、淮各军剿捻军需报销第二案。又摺奏接到部议，复陈淮南盐引碍难增价情形。附片请停止场商内河盐务。

十五日，监视张汶详正法。二十四日，具摺奏详议河运章程，又奏已故督臣马新贻请于本籍建祠。附报张汶详正法日期。是月，安徽建平县境有土匪起，寻捕平之。欧阳夫人病疫，逾月乃愈。

三月初六日，张公之万来见公。十九日，专摺奏湖南永州、宝庆二府引地未便改运粤盐，并陈明楚省引地被川盐侵占太甚，请饬部核议。又续奏采访忠义第四十三案。

四月十四日，作《江宁府学碑记》。十六日，专摺奏年终密考学政声名。又摺奏江宁府属田地科则尚未查清，仍办抵征。李世忠、陈国瑞在扬州舟中斗殴，江岸商民大哗。公派委瓜洲镇总兵吴家榜、候补道袁保庆查询。是月，大学士文端公倭仁卒于位。

五月初一日，李公瀚章出都，过金陵见公。十一日，具摺奏结李世忠、陈国瑞寻仇斗殴一案，请将提督李世忠即行革职，勒令回籍，交地方官严加管束；提督陈国瑞以都司降补，勒令速回原籍，不准在扬州逗留。二十日，作《湖南文征序》。

六月初二日，公携酒就饮吴公廷栋之宅。吴公僦寓金陵五年，居宅甚隘，年八十岁，足病不能行步，终日端坐一室，校书不辍。公每月必一再过访，谈论移时。公前官京师时，相与讲学之友归然独存矣。初八日，泛舟城北玄武湖，回入秦淮，见商民稍复业，为之欣然。时奉到文宗圣训全部。十三日，专摺谢恩。又代递在籍前任总督张亮基遗摺。又奏采访忠义第四十四案。二十五日，作《台州墓表》。七月初三日，公与李公鸿章会奏派委刑部主事陈兰彬、江苏同知容闳选带聪颖子弟，前赴泰西各国肄习技艺。从前斌椿、志刚、孙家谷等奉命游历海外，亲见各国军政船政，皆视为身心性命之学，中国当师仿其意，精通其法。查明美国新立和约，拟先赴美国学习，计其程途，由东北太平洋乘坐轮船，径达美国，月余可到。已饬陈兰彬、容闳二员酌议章程，所需经费，请饬下江海关于洋税项下按年指拨，勿使缺乏。并请饬下总理衙门，将该员所议章程酌核。

八月初一日，专摺奏湘、淮各军剿捻军需报销尾案。十二日，赴校场大阅江宁省城督标兵四营，绿营选练新兵五营，留防湘勇二营。十三日，登舟出省大阅。十九日，至扬州校阅盐捕二营、洋枪炮队二营、奇兵泰州泰兴三江兴化等五营、留防淮勇三营。二十一日，专摺奏报查阅营伍日期。二十八日，至清江浦阅清河漕标七营，淮扬镇标九营，选练新兵一营。

九月初三日，登陆启行赴徐州。初八日，至徐州，阅徐州镇标中军营、城守营、萧县营，选练新兵二营、淮勇二营。十五日，回清江舟次。十九日，泊金山寺。二十日，舟入丹阳，阅镇江营、淞北营、淞南营。二十二日，至常州阅常州营、孟河营、靖江营。二十六日，至常熟县阅狼山福山镇标二营、水师四营，登福山以望洋面。二十七日，诣周虞仲墓、先贤子游墓。二十八日，至苏州省城，阅抚标兵三营、太湖二营、淮勇二营。

十月初六日，至松工府阅提标八营、选练新兵二营、洋枪队三营。初七日，至上海查阅铁厂、轮船、机器。洋领事官来见。十一日，至吴淞口，阅吴淞川沙南汇等八营、外海艇船六营、内洋八团舢板五营。并阅轮船新阵铁厂造成轮船四号：曰恬吉，曰威靖，曰操江，曰测海。皆公所命名也。十三日，乘威靖船，且操且行。十五日，改登测海船回金陵署。十一月初一日，专摺奏查阅营伍事竣，开单举劾各营员弁。又奏遵筹协济畿辅赈米，拟由江南拨解银两赴津，以便籴贷。又奏运河堤工报销。初十日，奏报奥斯马加国在沪换约事竣，金陵新修督署成。二十二日，移入署。二十九日，奏查明李世忠在籍情形。又奏派大员前赴安徽查办天长县令冯至沂自尽一案。

十二月初八日，核定江苏水师续议事宜。十六日，何公？调任江苏巡抚，过金陵见公。二十二日，奏江苏水师续议章程二十一条。又奏采访忠义第四十五案。附片密保江宁盐巡道孙衣言可备藩臬之选。

公右目失明已两年，见者咸以静息为劝，而公昕夕孜孜，未尝倦怠。身体有不适，恒守勿药之戒。视生死之际，弥觉怡然无累。平生以宋儒义理为主，而于训诂词章二途，亦研精覃思，不遗余力。处功名之际，则师老庄之谦抑；持身型家，则尚禹、墨之俭勤。是岁为诗凡数首，为文十余篇。其自书日记，尤多痛自刻责之语。

【壬申】同治十一年，公六十二岁。

正月初二日，公访吴公廷栋宅，畅谈学业。语及邸抄倭文端公遗疏，交口称之，谓倘非自撰，不能抒写其心中所欲言。因语及昔年故交零落殆尽，黯然而别。十四日，值宣宗忌辰。公言道光三十年供职礼部，闻遗命立皇太子之信，即时驰赴淀园，恭递如意。途次闻升遐确耗，仓皇悲恸。今忽忽已二十三年，不堪回首。言已泫然。二十三日，公病肝风动，右足麻木，良久乃复。自上年定以每日读《资治通鉴》，随笔录其大事，以备遗忘。是日已至二百二十卷，因病辍笔，犹取《宋元学案》、《理学宗传》等书，披览大意，自谓身心一日不能闲也。前河道总督苏公廷魁，亦早岁都门讲学之友也。二十六日，公闻苏公将过金陵，出城迎之，又病风动，舌蹇不能语，遂回署，旋愈。二十八日，苏公廷魁至，见公。是日，与李公瀚章会奏淮盐行楚章程一摺。奏称：近年淮南销引日疲，存盐壅积，无术疏通，楚省引界，几被川鹾占尽。今欲于积重难返之后挽回一二，暂分疆界，徐图规复，俟滇黔肃清以后，仍还淮引之旧。公自肃清江面以来，首整盐政，刊定章程。各岸设招商局，各省设督销局，于瓜洲建总栈，商民称便。八年之中，征收课银凡二千万两有奇。公之在军中也，公牍私函，皆亲治之，不以假人。晚年多令幕友拟稿，公自核改而已。右目失明后，其最要者，犹不假人也。是月，作《刘忠壮公墓志》，属草稿三百余字，遂成绝笔。其日记自咸丰八年六月起，至于易箦之日，犹书前一日日记，未尝闲也。

二月初二日，公方阅案牍，握笔而病作，遂止，病旋已。初四日午后，公乃散步署西花圃，子纪泽从。公连呼足麻，扶掖回书房，端坐三刻乃薨。是日戌时也。金陵微雨，天色阴惨，忽火光烛城中，江宁、上元两县令惊出救火，率无所见，见有红光圆如镜面，出天西南隅，良久渐微，江南士民巷哭。事闻，上震悼，辍朝三日。奉上谕："大学士两江总督曾国藩，学问纯粹，器识深宏，秉性忠诚，持躬清正。由翰林蒙宣宗成皇帝特达之知，存升卿贰。咸丰年间，创立楚军，剿办粤匪，转战数省，迭著勋劳。文宗显皇帝优加擢用，补授两江总督，命为钦差大臣，督办军务。朕御极后，简任纶扉，深资倚任。东南底定，厥功最多，江宁之捷，特加恩赏给一等毅勇侯，世袭罔替，并赏戴双眼花翎。历任兼圻，于地方利病尽心筹划。老成硕望，实为股肱心膂之臣。方冀克享遐龄，长承恩眷，兹闻溘逝，震悼良深！曾国藩著追憎太傅，照大学士例赐恤，赏银三千两治丧，由江宁藩库给发。赐祭一坛，派穆腾阿前往致祭，加恩予谥文正，入祀京师昭忠祠、贤良祠，并于湖南原籍、江宁省城建立专祠。其生平政迹事实，宣付史馆。任内一切处分，悉予开复，应得恤典，该衙门察例具奏。灵枢回籍时，著沿途地方官妥为照料。其一等侯爵，即着伊子曾纪泽承袭，毋庸带领引见。其余子孙几人，著何？查明具奏，候朕施恩，用示笃念忠良至意。"钦此。何公？查明具奏旨署两江总督，驰奏胪陈勋迹一摺。何公旋至江宁，哭殡受篆，驰奏查明子孙详晰复陈一摺。李公瀚章、英翰公先后具疏胪陈事迹。

四月二十八日，奉上谕："据何英翰、李瀚章先后胪陈曾国藩历年勋绩，英翰、李瀚章并请于安徽、湖北省城建立专祠，又据何？遵查该故督子孙，详晰复奏，披览之余，弥增悼惜。曾国藩器识过人，尽瘁报国，当湘、鄂、江、皖军务棘手之际，倡练水师，矢志灭贼。虽屡经困厄，坚忍卓绝。曾不少渝，卒能万众一心，削平逋寇。功成之后，寅畏小心，始终罔懈。其荐拔贤才，如恐不及，尤得以人事君之义。忠诚克效，功德在民。允宜迭沛恩施，以彰忠尽。曾国藩著于安徽、湖北省城建立专祠，此外立功省份，并著准其一并建祠。伊次子附贡生曾纪鸿、伊孙曾广钧，均著赏给举人，准其一体会试；曾广铨著赏给员外郎，曾广铨著赏给主事，均俟及岁时，分部学习行走。何英翰、李瀚章摺三件，均著宣付史馆，用示眷念勋臣有加无已至意。”钦此。公弟国潢闻讣，自长沙驰至金陵临丧，率公子纪泽、纪鸿扶柩回籍。

五月二十日，公之丧抵长沙省城。

六月十四日，出殡于南门外金盆岭之阳。刘公坤一寻奏请于江西省城建祠，奉旨允准。其明年二月，李公鸿章奏天津郡绅士沈兆云等联名禀请建已故督臣专祠以资报飨一摺，奉旨：“著照所请，该部知道。”钦此。公之为学，其大纲宗，略见于所作《王船山遗书序》，而备见于《圣哲画像记》。自登第以还，于学无所不窥，九经而外，诸子百氏之书，靡不规得要领。其于《庄子》、《史记》、《汉书》、《资治通鉴》、《明史》、《文献通考》、《五礼通考》数种，尤笃好不厌，治之三反。平生为诗古文辞，雅不欲存稿，应手散佚，公子纪泽等料检手泽，门人李鸿裔、黎庶昌等为搜集于知故之家，凡得诗四卷，文十二卷。其存官署者，批谕奏章凡百二十卷，政迹批牍二十四卷，书札六十卷；其存家中者，《日记》三十四卷，《尺牍》五十卷，《家书》二十八卷。皆公亲手迹也。在京师时，著有《茶余偶谈》若干卷，久佚。又为《曾氏家训长编》。其成者：《朱子小学》一卷、《冠礼长编》一卷、《历朝大事记》数卷、《藩部表》一卷，抄辑盐漕河工水利赋役成案各若干卷。余则胪列序目，未有成编。选录《十八家诗抄》三十卷。出都以后，治军临官，不废书史，著有《孟子四类编》、《左氏分类事目》、《礼记章句校评》、《朴目杂记》、《周官雅训杂记》各若干卷。选录《经史百家杂抄》，分十一类，为二十六卷。又为《古文简本》二卷，《鸣原堂论文》二卷。晚年衰病，犹日从事于经史，为《论语言仁类记》一卷，《易象类记》一卷，《通鉴大事记》未成书。又选录古诗之得闲逸意者，自陶渊明至陆放翁六家为《六家诗抄》，亦未克成书。门人王定安辑录公所为经史评注，为《师训汇记》若干卷，又掇公平生言行，为《求阙斋弟子纪》四十卷。

同治十三年八月十三日，欧阳夫人薨。

十一月初五日，公子纪泽等改葬公于善化县湘西平塘伏龙山之阳乾山巽向为茔，奉夫人柩合葬。黎庶昌为编《年谱》，记公行事，乃书其后曰：年谱非古也，近世刊刻前贤专集，乃必为年谱一编，以考订其所作诗文之先后岁月，盖本《孟子》诵诗读书论世知人之意，固无伤于稽古之雅。国朝《阿文成公年谱》，累数十百卷，可谓至多。其所记载则奏案与其政迹为详。吾师曾文正公，盖世忠勋，薄海宗仰，身没之日，知与不知，得公楮墨者，莫不私什袭以珍之，公镂板以传之，所在风行，争以先睹为快，窃恐数十载后，流风渐远，见闻异辞，而于当日事迹原委，无资以质证，亦门人故吏之责也。不揣固陋，按据近年所睹记，粗纪其大略。自道光中叶以还，天地干戈，庙堂咨儆，二十有余年，人才之进退，寇乱之始末，洵时事得失之林，龟鉴所在。而我公所以树声建绩，光辅中兴者，或筹议稍迂，而成功甚奇；或发端至难，而取效甚远；或任人立事，为众听所骇怪，而徐服其精；或为国忘躯，受万口之诋訾，而所全实大。凡若此类，不敢忽焉。宫墙美富，何敢妄云窥见？惟后世读公书者，谅亦有取于此云。

# 曾胡兵语录

## 卷一　将才

带兵之人，第一要才堪治民，第二要不怕死，第三要不汲汲名利，第四要耐受辛苦。治兵之才，不外公明勤。不公不明，则兵不悦服；不勤，则营务巨细，皆废弛不治，故第一要务在此。不怕死，则临阵当先，士卒乃可效命，故次之。为名利而出者，保举稍迟则怨，稍不如意则怨，与同辈争薪水，与士卒争毫厘，故又次之。身体羸弱者，过劳则病，精神缺乏者，久用则散，故又次之。

四者似过于求备，而苟阙其一，则万不可以带兵。故吾谓带兵之人，须智深勇沉之士，文经武纬之才，数月以来，梦想以求之，焚香以祷之，盖无须臾或忘诸怀。大抵有忠义血性，则四者相从以俱至；无忠义血性，则貌似四者，终不可恃。 带兵之道，勤恕廉明，缺一不可。

（以上曾语）

求将之道，在有良心，有血性，有勇气，有智略。

天下强兵在将。上将之道，严明果断，以浩气举事，一片肫诚；其次者，刚而无虚，朴而不欺，好勇而能知大义。要未可误于矜骄虚浮之辈，使得以巧饰取容，真意不存，则成败利钝之间，顾忌太多，而趋避愈熟，必至败乃公事。

将才难得，上驷之选，未易猝求。但得朴勇之士，相与讲明大义，不为虚骄之气，夸大之词所中伤，而缓急即云可恃。兵易募而将难求。求勇敢之将易，而求廉正之将难。盖勇敢倡先，是将帅之本分，而廉隅正直，则粮饷不欺，赏罚不滥，乃可固结士心，历久常胜。将以气为主，以志为帅。专尚驯谨之人，则久而必惰；专求悍鸷之士，则久而必骄。兵事毕竟归于豪杰一流，气不盛者，遇事而气先慑，而且先逃，而心先摇。平时一一秉承，奉命唯谨，临大难而心中无主，其识力既钝，其胆力必减，固可忧之大矣。

（以上胡语）

古来名将，得士卒之心，盖有在于钱财之外者。后世将弁，专恃粮重饷优，为牢笼兵心之具，其本为已浅矣。是以金多则奋勇蚁附，利尽则冷落兽散。

军中须得好统领营官。统领营官，须得真心实肠，是第一义。算路程之远近，算粮仗之缺乏，算彼己之强弱，是第二义。二者微有把握，此外良法虽多，调度虽善，有效有不效，尽人事以听天而已。

璞山之志，久不乐为吾用，且观其过自矜许，亦似宜于剿土匪，而不宜于当大敌。拣选将才，必求智略深远之人，又须号令严明，能耐劳苦，三者皆全，乃为上选。

（以上曾语）

李忠武公续宾，统兵巨万，号令严肃，秋毫无犯，湖南、湖北、安徽、江西、浙江等省官民，无不争思倚重。其临阵安闲肃穆，厚重强固，凡遇事之难为，而他人所畏怯者，无不毅然引为己任，其驻营处所，百姓欢忭，耕种不辍，万幕无哗，一尘不惊。非其法令之足以禁制诸军，实其明足以察情伪。一本至诚，勇冠三军，屡救弁兵于危难。处事接人，平和正直，不矜不伐。

乌将军兰泰，遇兵甚厚，雨不张盖，谓众兵均无盖也。囊无余钱，得饷尽以赏兵。兵事不外奇正二字，而将才不外智勇二字，有正无奇，遇险而覆，有奇无正，势极即阻。智多勇少，实力难言，勇多智少，大事难成。而其要以得人为主。得人者昌，失人者亡。设五百人之营，无一谋略之士，英达之材，必不成军；千人之营，无六七英达谋略之士，亦不成军。统将须坐定能勇敢不算本领外，必须智足以知兵，器识足以服众，乃可胜任。总须智勇二字相兼。有智无勇，能说而不能行；有勇无智，则兵弱而败，兵强亦败；不明方略，不知布置，不能审势，不能审机，即千万人终必败也。贪功者决非大器。

为小将须立功以争胜，为大将戒贪小功而误大局。

（以上胡语）

打仗不慌不忙，先求稳当，次求变化，办事无声无臭，既要精到，又要简捷。俭以养廉，直而能忍。

为政之道，得人治事，二者并重。得人不外四事，曰广收，慎用，勤教，严绳；治事不外四端，曰经分，纶合，详思，约守。

（以上曾语）

古人论将有五德，曰：智信仁勇严。取义至精，责望至严，西人之论将辄曰“天才”，析而言之，则曰天所特赋之智与勇。而曾胡两公之所同倡者，则以为将之道，以良心血性为前提，尤为扼要探本之论，亦即现身之说法。

咸同之际，粤寇蹂躏十余省，东南半壁，沦陷殆尽，两公均一介书生，出身词林，一清宦，一僚吏，其于兵事一端，素未梦见，所供之役，所事之事，莫不与兵事背道而驰，乃为良心血性二者所驱使，遂使其“可能性”发展于绝顶，武功烂然，泽被海内。按其功事言论，足与古今名将相颉颃而毫无逊色。得非精诚所感，金石为开者欤？苟曾胡之良心血性，而无异于常人也，充其所至，不过为一显宦，否则亦不过薄有时誉之著书家，随风尘以殓瘁已耳，复何能崛起行间，削平大难，建不世之伟绩也哉！

（以上松坡评语）

【大意】

本章主要论述军队高级将领应具备的一些基本素质。曾、胡治兵，首重选将。他们对将领的选择近乎苛严，提出了种种要求，概括起来，是要将领做到文武兼备。值得注意的是，在各种要求中，曾、胡最为注重的似乎不是军事才能，而是道德品质，一再强调为将要“有良心，有血性”。这与曾、胡所处的时代背景极有关系。关于这一点，蔡锷在评语中已做了简要的解释和评论，可以参看。

# 卷二　用人

今日所当讲求，尤在用人一端。人才有转移之道，有培养之方，有考察之法。

人才以陶冶而成，不可眼孔太高，动谓无人可用。

窃疑古人论将，神明变幻，不可方物。几于百长并集，一短难容。恐亦史册追崇之词，除非预定之品。要以衡材不拘一格，论事不求苛细，无因寸朽而弃连抱，无因数罟以失巨鳞，斯先哲之恒言，虽愚蒙而可勉。求人之道，须如白圭之治生，如鹰隼之击物，不得不休。又如蚨之有母，雉之有媒，以类相求，以气相引，庶几得一而可及其余。

大抵人才约有两种，一种官气较多，一种乡气较多。官气较多者，好讲资格，好问样子，办事无惊世骇俗之象，言语无此妨彼碍之弊。其失也，奄奄无气，乃遇一事，但凭书办家人之口说出，凭文书写出，不能身到心到口到眼到，尤不能苦下身段，去事上体察一番。乡气多者，好逞才能，好出新样，行事则知己不知人，言语则顾前不顾后，其失也，一事未成，物议先腾。两者之失，厥咎惟均。人非大贤，亦断难出此两失之外。吾欲以“劳苦忍辱”四字教人，故且戒官气而姑用乡气之人。必取遇事体察、身到心到口到眼到者。赵广汉好用新进少年，刘晏好用士人理财，窃愿师之。

（以上曾语）

一将岂能独理？则协理之文员武弁，在所必需。虽然，软熟者不可用，谄谀者不可用，胸无实际，大言欺人者不可用。营官不得人，一营皆成废物；哨官不得人，一哨皆成废物；什长不得人，十人皆成废物。滥取充数，有兵如无兵也。

选哨官、什长，须至勇至廉。不十分勇，不足以倡众人之气；不十分廉，不足以服众人之心。

近人贪利冒功，今日求乞差使，争先恐后，即异日首先溃散之人。屈指计之，用人不易。

人才因求才者之智识而生，亦由用才者之分量而出。用人如用马，得千里之马而不识，识矣而不能胜其力，则且乐驽骀之便安，而斥骐骥之伟骏矣。古之治兵，先求将而后选兵。今之言兵者，先招兵而并不择将，譬之振衣者，不提其领而挈其纲，是棼之也，将自毙矣。

（以上胡语）

无兵不足深忧，无饷不足痛哭，独举目新世，求一攘利不先、赴义恐后、忠愤耿耿者，不可亟得。此其可为浩叹也。专从危难之际，默察朴拙之人，则几矣。人才非困阨则不能激，非危心深虑则不能达。

（以上曾语）

非知人不能善其任；非善任不能谓之知人；非开诚心布公道，不能尽人之心；非奖其长护其短，不能尽人之力；非用人之朝气，不能尽人之才；非令其优劣得所，不能尽人之用。

（以上左语）

曾谓人才以陶冶而成，胡亦曰人才由用才者之分量而出，可知用人不必拘定一格，而熏陶裁成之术，尤在用人者运之以精心，使人人各得显其所长，去其所短而已。窃谓人才随风气为转移，居上位者有转移风气之责，因势而利导，对病而下药，风气虽败劣，自有挽回之一日。今日吾国社会风气败坏极矣，因而感染至于军队，以故人才消乏，不能举练兵之实绩。颓波浩浩，不知所届，唯在多数同心共德之君子，相与握挈维系，激荡挑拨，障狂澜使西倒，俾善者日趋于善，不善者亦潜移默化，则人皆可用矣。

（以上松坡评语）

【大意】

这一章主要论述对中下级军官的选择。曾、胡既重视中下级军官的素质，又强调要善于培养和造就人才。所以，他们一再指出，人才由陶冶而成，不可求全责备，不可眼界太高。曾氏指出，人才有官气较多和乡气较多两种，主张“姑用乡气之人”。这与曾氏募兵选将时喜欢从农民中挑选的实际做法，是完全一致的。

# 卷三　尚志

凡人才高下，视其志趣。卑者安流俗庸陋之规，而日趋污下；高者慕往哲隆盛之轨，而日即高明。贤否智愚，所由区矣。

无兵不足深忧，无饷不足痛哭。独举目斯世，求一攘利不先、赴义恐后、忠愤耿耿者，不可亟得；或仅得之，而又屈居卑下，往往抑郁不伸，以挫以去以死，而贪饕退缩者，果骧首而上腾，而富贵，而名誉，而老健不死，此其可浩叹者也。

今日百废莫举，千疮并溃，无可收拾，独赖此耿耿精忠之寸衷，兴斯民相对于骨岳血渊之中，冀其塞绝横流之人欲，以挽回厌乱之天心，庶几万一有补。不然，但就时局而论之，则滔滔者吾不知其所底也！

胸怀广大，须从平淡二字用功。凡人我之际须看得平，功名之际须看得淡，庶几胸怀日阔。

做好人，做好官，做名将，俱要好师、好友、好榜样。喜誉恶毁之心，即鄙夫患得患失之心也。于此关打不破，则一切学问才智，实足以欺世盗名。

方今天下人乱，人怀苟且之心，出范围之外，无过而问焉者。吾辈当立准绳，自为守之，并约同志共守之，无使吾心之贼破吾心之墙。

君子有高世独立之志，而不与人以易窥，有藐万乘、却三军之气，而未尝轻于一发。

君子欲有所树立，必自不妄求人知始。

古人患难忧虞之际，正是德业长进之时，其功在于胸怀坦夷，其效在于身体强健。圣贤之所以为圣贤，佛家之所以成佛，所争皆在大难磨折之日。将此心放得实，养得灵，有活泼泼之胸襟，有坦荡荡之意境，则身体虽有外感，必不至于内伤。

（以上曾语）

军中取材，专尚朴勇，尚须由有气概中讲求。特恐讲求不真，即浮气客气，夹杂其中，非真气耳。

人才由磨炼而成，总须志气胜，乃有长进。成败原难逆睹，不足以定人才。

兵事以人才为根本，人才以志气为根本。兵可挫而气不可挫，气可偶挫而志不可挫。

方今天下之乱，不在强敌而在人心，不患愚民之难治，而在士大夫之好利忘义而莫之惩。

吾人任事，与正人同死，死亦附于正气之列，是为正命。附非其人，而得不死，亦为千古之玷，况又不能无死耶？处世无远虑，必有危机，一朝失足，则将以薰莸为同臭，而无解于正人之议评。

（以上胡语）

士人第一要有志，第二要有识，第三要有恒。有志则不甘为下流；有识则知学问无尽，不敢以一得自足；有恒则断无不成之事。三者缺一不可。诸弟此时，惟有识不可骤几，有志有恒，则诸弟勉之而已。

凡人心之发，必一鼓作气，尽吾力之所能为，稍有转念，则疑心生，私心亦生。

余死生早已置之度外，但求临死之际，寸心无可悔憾，斯为大幸。

舍命报国，侧身修行。古称“金丹换骨”，余谓立志即丹也。

（以上曾语）

天下纷纷，吾曹适丁其厄，武乡侯不云乎：“成败利钝，非所逆睹”，则亦殚其心力，尽其职守，静以待之而已。

（以上左语）

右列各节，语多沉痛，悲人心之陷溺，而志节之不振也。今日时局之危殆，祸机之剧烈，殆十倍于咸同之世，吾侪身膺军职，非大发志愿，以救国为目的，以死为归属，不足渡同胞于苦海，置国家于坦途。须以耿耿精忠之寸衷，献之骨岳血渊之间，毫不反顾，始能有济。果能拿定主见，百折不磨，则千灾百难，不难迎刃而解。若吾辈军人，将校则以跻高位、享厚禄、安福尊荣为志，目兵则以希虚誉、得饷糈为志，曾胡两公必痛哭于九泉矣。

（以上松坡评语）

【大意】

曾、胡强调，做人要有志气，做军人，更要胸怀宽广，志存高远，淡泊名利。胡氏所谓“兵事以人才为根本，人才以志气为根本”，可以视为本篇的要旨。蔡锷在评语中，把曾、胡的意思讲得更为简明，提出军人“非大发志愿，以救国为目的，以死为归宿，不足渡同胞于苦海，置国家于坦途”。

# 卷四　诚实

天地之所以不息，国之所以立，圣贤之德业所以可大可久，皆诚为之也。故曰：诚者物之终始，不诚无物。人必虚中，不著一物，而后能真实无妄。盖实者不欺之谓也，人之所以欺人者，必心中别着一物，心中别有私心，不敢告人，而后造伪言以欺人。

若心中了不著私物，又何必欺人哉？其所以欺人者，亦以心中别著私物也。所知在好德，而所私在好色，不能去好色之私，则不能不欺其好德之知矣。是故诚者，不欺者也，不欺者心无私著也。无私著者，至虚者也。是故天下之至诚，天下之至虚者也。

当读书则读书，心无着于见客也。当见客则见客，心无着于读书也，一有着，则私也。灵明无着，物来顾应，未来有迎，当时不杂，既过不恋，是之谓虚而已矣，是之谓诚而已矣。

知己之过失，即自为承认之地，改去毫无吝惜之心，此最难之事。豪杰之所以为豪杰，圣贤之所以为圣贤，便是此等处磊落过人。能透过此一关，寸心便异常安乐，省得多少纠葛，省得多少遮掩装饰丑态。

盗虚名者，有不测之祸；负隐匿者，有不测之祸；怀忮心者，有不测之祸。

天下惟忘机可以消众机，惟懵懂可以祓不祥。用兵久则骄惰自生，骄惰则未有不败者。勤字所以医惰，慎字所以医骄，二字之先，须有一诚字以立之本。立意要将此事知得透，办得穿，精诚所至，金石亦开，鬼神亦避，此在己之诚也。

人之生也直，与武员之交接，尤贵乎直。文员之心，多曲多歪，多不坦白，往往与武员不相水乳，必尽去歪曲私衷，事事推心置腹，使武人粗人坦然无疑，此接物之诚也。以诚为之本，以勤字慎字为之用，庶几免于大戾，免于大败。

楚军水陆师之好处，无在无官气而有血性，若官气增一分，血性必减一分。军营宜多用朴实少心窍之人，则风气易于纯正。今大难之起，无一兵足供一割之用，实以官气太重，心窍太多，漓朴散醇，真意荡然。湘军之兴，凡官气重心窍多者，在所必斥。历岁稍久，亦未免沾染习气，应切戒之。

将领之浮滑者，一遇危机之际，其神情之飞越足以摇惑军心，其言语之圆滑足以淆乱是非，故楚军历不喜用善说话之将。今日所说之话，明日勿因小利害而变。军事是极质之事，二十三史除斑马而外，皆文人以意为之，不知甲仗为何物，战阵为何事，浮词伪语，随意编造，断不可信。凡正话实话，多说几句，久之人自能共亮其心。即直话亦不妨多说，但不可以讦为直，尤不可背后攻人之短。驭将之道，最贵推诚，不贵权术。

吾辈总以诚心求之，虚心处之。心诚则志专而气足，千磨百折，而不改其常度，终有顺理成章之一日。心虚则不客气，不挟私见，终可为人共谅。

楚军之所以耐久者，亦由于办事结实，淳朴之气未尽浇散。若奏报浮伪，不特畏遐迩之指摘，亦恐坏桑梓之风气。自古驭外国，或称恩信，或称威信，总不出一信字。非必显违条约，轻弃前诺，而后为失信也。即纤悉之事，颦笑之间，亦须有真意载之以出。心中待他只有七分，外面不必假装十分。既已通和讲好，凡事公平照拂，不使远人吃亏，此恩信也。至于令人的敬畏，全在自立自强，不在装模作样。临难有不屈挠之节，临财有不沾染之廉，此威信也。

《周易》立家之道，尚以有孚之威归诸反身，况立威于外域，求孚于异族，而可不反求诸己哉？斯二者，似迂远而不切于事情，实则质直而消患于无形。

（以上曾语）

破天下之至巧者以拙，驭天下之至纷者以静。众无大小，推诚相与。咨之以谋，而观其识；告之以祸，而观其勇；临之以利，而观其廉；期之以事，而观其信。知人任人，不外是矣。近日人心，逆意万端，亦难穷究其所在，惟诚之至，可救欺诈之穷。欺一事而不能欺诸事，事欺一时，不能欺之后时。不可不防其欺，不可因欺而灰心所办之事。所谓贞固足以干事也。

吾辈不必世故太深，天下惟世故深误国事耳。一部《水浒》，教坏天下强有力而思不逞之民；一部《红楼》，教坏天下堂官掌印司官督抚司道首府及一切红人，专意揣摩迎合，吃醋捣鬼。当痛除此习，独行其志。阴阳怕懵懂，不必计及一切。人贵专一，精神所至，金石为开。

军旅之事，胜败无常，总贵确实而戒虚捏。确实则准备周妥，虚饰则有误调度，此治兵之最要关键也。粤逆倡乱以来，其得以肆志猖獗者，实由广西文武欺饰捏报，冒功倖赏，以致蔓延数省，流毒至今，莫能收拾。事上以诚意感之，实心待之，乃真事上之道。若阿附随声，非敬也。

挟智术以用世，殊下知世间并无愚人。

以权术凌人，可驭不肖之将，而亦仅可取快于一时。本性忠良之人，则并不烦督责而自奋也。

（以上胡语）

君子之道，莫大乎以忠诚为天下倡。世之乱也，上下纵于亡等之欲，奸伪相吞，变诈相角，自图其安而予人以至危，畏难避害，曾不肯捐丝粟之力以拯天下。得忠诚者起而矫之，克己而爱人，去伪而崇拙，躬履诸难，而不责人以同患，浩然捐生，如远游之还乡，而无所顾悸。由是众人效其所为，亦皆以苟活为羞，以避事为耻。呜呼！吾乡数君子所以鼓舞群伦，历九载而戡大乱，非拙且诚者之效欤？

凡说话不中事理，不担斤两者，其下必不服。

（以上曾语）

吾国人心，断送于伪之一字。吾国人心之伪，足以断送国家及其种族而有余。上以伪驱下，下以伪事上，同辈以伪交，驯至习惯于伪，只知伪之利，不知伪之害矣。人性本善，何乐于伪，唯以非伪不足以自存，不得不趋于伪之一途。伪者人固莫耻其为伪，诚者群亦莫知其为诚，且转相疑骇，于是由伪生疑，由疑生嫉，嫉心既起，则无数恶德，从之俱生，举所谓伦常道德，皆可蹴去不顾。呜呼！伪之为害烈矣！军队之为用，全恃万众一心，同袍无间，不容有丝毫芥蒂，此尤在有一诚字为之贯串，为之维系。否则，如一盘散沙，必将不戢自焚。社会以伪相尚，其祸伏而缓；军队以伪相尚，其祸彰而速且烈。吾辈既充军人，则将伪之一字，排斥之不遗余力，将此种性根拔除净尽，不使稍留萌蘖，乃可以言治兵，乃可以为将，乃可以当兵。惟诚可以破天下之伪，唯实可以破天下之虚。李广疑石为虎，射之没羽，荆轲赴秦，长虹贯日，精诚之所致也。

（以上松坡评语）

【大意】

曾、胡治兵，提倡诚信朴实，反对虚伪圆滑。曾氏说：“湘军之兴，凡官气重、心窍多者，在所必斥”，“楚军历来不喜用善说话之将”。胡氏说：“吾辈不必世故太深，天下惟世故深误国事耳。”蔡锷评语说：“吾国人心，断送于伪之一字。吾国人心之伪，足以断送国家及其种族而有余。”蔡锷乃针对当时情势而言，在今日仍足以发人深省。

# 卷五　勇毅

大抵任事之人，断不能有毁而无誉。有恩而无怨。自修者但求大闲不逾，不可因讥议而馁沈毅之气。衡人者但求一长可取，不可因微瑕而弃有用之才，苟于巉巉者过事苛求，则庸庸者反得倖全。

事会相薄，变化乘除，吾尝举功业之成败，名誉之优劣，文章之工拙，概以付之运气一囊之中，久而弥自信其说不可易也。然吾辈自信之道，则当与彼赌乾坤于俄顷，较殿最于锱铢，终不令囊独胜而吾独败。国藩昔在江西、湖南，几于通国不能相容，六七年间，浩然不欲复闻世事，唯以造端过大，本以不顾生死自命，宁当更问毁誉！遇棘手之际，须从耐烦二字痛下功夫。

我辈办事，成败听之天命，毁誉听之于人，唯在己之规模气象，则我有可以自立者，亦曰不随众人之喜惧耳。军事棘手之际，物议指摘之时，惟有数事最宜把持得定：一曰待民不可骚扰，二曰禀报不可讳饰，三曰调度不可散乱。譬如舟行，遇大风暴，只要把舵者心明力定，则成败虽未可知，要胜于他舟之慌乱者数倍。若从流俗毁誉上讨消息，必致站脚不牢。

（以上曾语）

不怕死三字言之易，行之实难，非有胆有良心者不可。仅以客气为之，一败即挫矣。天下事只在人力作为，到水尽山穷之时，自有路走，只要切实去办。冒险二字，势不能免，小心之过，则近于葸。语不云乎：“不入虎穴，焉得虎子！”国家委用我辈，既欲稍稍补救于斯民，岂可再避嫌怨？须知祸福有定命，显晦有定时，去留有定数。避嫌怨者未必得，不避嫌怨，未必失也。古人忧馋畏讥，非唯求一己之福也，盖当其事，义无可辞，恐谗谤之飞腾，陷吾君以不明之故。故悄悄之忧心，致其忠爱之忱耳。至于一身祸福进退，何足动其毫末哉？

胆量人人皆小，只需分别平日胆小，临时胆大耳。今人则平日胆大，临时胆小，可痛也已！讨寇之志，不以一眚而自挠，而灭寇之功，必须万全而自立。两军交绥，不能不有所损，固不可因一眚而挠其心，亦不可因大胜而有自骄轻敌之心。纵常打胜仗，亦只算家常便饭，并非奇事。唯心念国家艰难，生灵涂炭，勉竭其愚，以求有万一之补救，成败利钝，实关天命，吾尽吾心而已。侥幸以图难成之功，不如坚忍而规远大之策。

兵事无万全，求万全者无一全，处处谨慎，处处不能谨慎。历观古今战事，如刘季、光武、唐太宗、魏武帝，均日濒于危，其济天也。不当怕而怕，必有当怕而不怕者矣。

战事之要，不战则已，战则须挟全力；不动则已，动则须操胜算。如有把握，则坚守一月二月三月，自有良方。今日之人，见敌即心动，不能自主，可戒也。古今战阵之事，其成事皆天也，其败事皆人也。兵事怕不得许多，算到五六分，便须放胆放手，本无万全之策也。

（以上胡语）

贤达之起，其初类有非常之撼顿，颠蹶战兢，仅而得全，蹶疾生其德术，荼蘖坚其筋骨，是故安而思危，乐而不荒。道微俗薄，举世方尚中庸之说，闻激烈之行，则訾其过中，或以罔济尼之，其果不济，则大快奸者之口。夫忠臣孝子，岂必一一求有济哉！势穷计迫，义无反顾，效死而已矣！其济，天也，不济，于吾心无憾焉耳。

时事愈艰，则挽回之道，自须先之以戒惧惕厉，傲兀郁积之气，足以肩任艰巨，然视事太易，亦是一弊。

（以上曾语）

人心思乱，不自今日始，亦不自今日止。除日日练兵，人人讲武，则无补救之方。练一日得一日之力，练一人得一人之力。时艰事急，当各尽其心力所能，有必才之果异于人，事之果期于成也。遇事每谋每断，不谋不断，亦终必亡。与其坐亡，不如谋之。不苦撑，不咬牙，终无安枕之日。近是非从吏治人心痛下功夫，涤肠荡胃，必难挽回。

（以上胡语）

大局日坏，吾辈不可不竭力支持，做一分，算一分，在一日，撑一日。强毅之气，决不可无，然强毅与刚愎有别。古语云：自胜之谓强。曰强制，曰强恕，曰强为善，皆自胜之义也。如不惯早起，而强之未明即起；不惯庄敬，而强之坐尸立斋；不惯劳苦，而强之与士卒同甘苦。强之勤劳不倦，是即强也。不惯有恒，而强之有恒，即毅也。舍此而求以客气胜人，是刚愎而已矣。二者相似，而其流相去霄壤，不可不察，不可不谨。日慎一日，以求事之济，一怀焦愤之念，则恐无成。千万忍耐千万忍耐。“久而敬之”四字，不特处朋友为然，即凡事亦莫不然。袁了凡所谓从前种种譬如昨日死，从后种种譬如今日生，另起炉灶，重开世界。安知此两番之大败，非天之磨炼英雄，使予大有长进乎？谚云：吃一堑，长一智。吾生平长进全在受挫受辱之时，务须咬牙励志，蓄其气而长其智，切不可苶然自馁也。

予当此百端拂逆之时，亦只有逆来顺受之法，仍不外悔字诀、硬字诀而已。

百种弊病，皆从懒生，懒则弛缓，弛缓则治人不严，而趣功不敏，一处迟则百处懈矣。

（以上曾语）

勇有狭义的、广义的及急遽的、持续的之别。暴虎冯河，死而无悔，临难有苟，义不反顾，此狭义的、急遽的者也。成败利钝，非所逆睹，鞠躬尽瘁，死而后已，此广义的、持续的者也。前者孟子所谓小勇，后者所谓大勇，所谓浩然之气者也。右章所列，多指大勇而言，所谓勇而毅也。军人之居高位者，除能勇不算外，尤须于毅之一字，痛下功夫。挟一往无前之志，具百折不回之气，毁荣誉辱死生皆可不必计较，唯求吾良知之所安，以吾之大勇表率无数之小勇，则其为力也厚，为效也广。至于级居下僚（将校以至目兵），则应以勇为唯一之天性，以各尽其所职。不独勇于战阵也，即平日一切职务，不宜稍示怯弱，以贻军人之羞。世所谓无名之英雄者，吾辈是也。

（以上松坡评语）

【大意】

勇敢、强毅，是军人必须具有的一种基本素质。曾、胡所论的勇毅，不是匹夫之勇和刚愎自用，而是一种“鞠躬尽瘁，死而后已”的大勇。诚如蔡锷评语所说，“右章所列，多指大勇而言，所谓勇而毅也”。

## 卷六　严明

古人用兵，先明功罪赏罚。救浮华者莫如质，积玩之后，振之以猛。医者之治瘠痈，甚者必剜其腐肉，而生其新肉。今日之劣弁羸兵，盖亦当为简汰，以剜其腐肉者，痛加训练，以生其新者。不循此二道，则武备之弛，殆不知所底止。

太史公所谓循吏者，法立令行，能识大体而已。后世专尚慈惠，或以煦煦为仁者当之，失循吏之义矣。为将之道，亦以法立令行，整齐严肃为先，不贵煦妪也。立法不难，行法为难。凡立一法，总须实际行之，且常常行之。

九弟临别，深言驭下宜严，治事宜速。余亦深知驭军驭吏，皆莫先于严。特恐明不傍烛，则严不中礼耳。吕蒙诛取铠之人，魏绛戮乱行之仆。古人处此，岂以为名，非是无以警众耳。

近年驭将，失之宽厚，又与诸将相距遥远，危险之际，弊端百出，然后知古人所云“做事威克厥爱，虽少必济”，反是乃败道耳。

（以上曾语）

自来带兵之员，未有不专杀立威者，如魏绛戳仆，穰苴斩庄贾，孙武致法于美人，彭越之诛后至者，皆是也。世变日移，人心日趋于伪，优容实以酿祸，姑息非以明恩，居今日而为政，非用霹雳手段，不能显菩萨心肠，害马既去，伏龙不惊，则法立知恩。吾辈任事，只尽吾义分之所能为，以求衷诸理之至是，不必故拂乎人情，而任劳任怨，究无容其瞻顾之思。号令未出，不准勇者独进；号令既出，不准怯者独止。如此则功罪明而心志一矣。

兵，阴事也，以收敛固啬为主；战，勇气也，以节宣提倡为主。故治军贵执法谨严，能训能练，禁烟禁赌，戒逸乐，戒懒散。治将乱之国，用重典；治久乱之地，宜予以生路。

行军之际，务须纪律严明，队伍整齐，方为节制之师。如查有骚扰百姓，立即按以军法。吕蒙行师，不能以一笠宽其乡人，严明之谓也；绛侯治兵，不能以先驱犯其垒壁，整齐之谓也。立法宜严，用法宜宽，显以示之纪律，隐以激其忠良，庶几畏威怀德，可成节制之师。若先宽后严，为恐始习疲玩，终生怨尤，军政必难整饬。

（以上胡语）

治军之要，尤在赏罚严明。煦煦为仁，足以隳军纪而误国事，此尽人所皆知者。近年军队风气，纪纲大弛，赏罚之宽严每不中程，或姑息以图见好，或故为苛罚以示威。以爱憎为喜怒，凭喜怒以决赏罚，于是赏不知感，罚不知畏。此中消息，由于人心之浇薄者居其半，而由于措施之乘方者亦居半。当此沓泄成风，委顿疲玩之余，非振之以猛，不足以挽回颓风。与其失之宽，不如失之严。法立然后知恩，威立然后知感。以菩萨心肠，行霹雳手段，此其时矣。是望诸勇健者，毅然行之而无稍馁，则军事其有豸乎。

（以上松坡评语）

【大意】

本章论述治军必须赏罚严明，令行禁止。蔡锷纂辑此章，主要是针对“近年军队风气，纪纲大弛，赏罚之宽严每不中程”的现状而发。

## 卷七　公明

人君以生杀予夺之权，授之将帅，犹东家之钱银货物，授之店中众伙。若保举太滥，视人君之名器，不甚爱惜。犹之贱售浪费，视东家之货财，不甚爱惜也。介之推曰：窃人之财，犹谓之盗，况贪天之功，以为己功乎！余则略改之曰：窃人之财，犹谓之盗，况假大君之名器，以市一己之私恩乎！余忝居高位，唯此事不能力挽颓风，深为愧惭。窃观自古大乱之世，必先变乱是非，而后政治颠倒，灾害从之。屈原之所以愤激沉江而不悔者，亦以当日是非淆乱为止痛。

故曰：兰芷变而不芳，荃蕙化而为茅！又曰：固时俗之从流，又熟能无变化？伤是非之日移日淆，而几不能自立也。后世如汉晋唐宋之末造，亦由朝廷之是非先紊，而后小人得志，君子有遑遑无依之象。推而至于一省之中，一军之内，亦必其是非不揆于正，而后其政绩少有可观。赏罚之任，视乎权位，有得行有不得行。至于维持是非之公，则吾辈皆有不可辞之责，顾亭林先生所谓匹夫与有责焉者也。

大抵莅事以明字为第一要义，明有二：曰高明，曰精明。同一境而登山者独见其远，乘城者独觉其旷。此高明之说也。同一物而臆度者不如权衡之审，目巧者不如尺度之精，此精明之说也。凡高明者欲降心抑志以遽趋于平实，颇不轻易。若能事事求精，轻重长短，一丝不差，则渐实矣，能实则渐平矣。

凡利之所在，当与人共分之；名之所在，当与人共享之。居高位以知人晓事二者为职。知人诚不易学，晓事则可以阅历黾勉得之。晓事则无论同己异己，均可徐徐开悟，以冀和衷。不晓事则挟私固谬，秉公亦谬；小人固谬，君子亦谬；乡愿固谬，狂狷亦谬。重以不知人，则终古相背而驰，决非和谐之理。故恒言皆以分别君子小人为要。而鄙论则谓天下无一成不变之君子，亦无一成不变之小人。今日能知人能晓事，则为君子。明日不知人不晓事，则为小人。寅刻公正光明，则为君子，卯刻偏私晻暧，则为小人。故群毁群誉之所在，下走常穆然深念，不能附和。

营哨官之权过轻，则不能各行其志。危险之际，爱而从之者或有一二，畏而从之者则无其事也。此中消息，应默察之，而默挽之。总揽则不无偏僻，分寄则多所维系。

（以上曾语）

举人不能不破格，则须循名核实，否则人即人无言，而我心先愧矣。世事无真是非，特有假好恶。然世之徇私以枉事者，试返而自问，异日又岂能获私利之报于所徇私利之人哉？盍亦返其本矣。天下惟左右习近不可不慎，左右习近无正人，即良友直言亦不能进。朝廷爵赏，非我所敢专，尤非我所敢吝，然必积劳乃可得赏。稍有滥予，不仅不能激励人才，实足以败坏风俗。荐贤不受赏，隐德必及子孙。

国家名器，不可滥予。慎重出之，而后军心思奋，可与图后效而速成功。天下惟不明白人多疑人，明白人不疑人也。是非不明，节义不讲，此天下所以乱也。

（以上胡语）

知天之长，而吾所历者短，则遇忧患横逆之来，当少忍以待其定。知地之大，而吾所居者小，则遇荣利争夺之境，当退让以守其雌。知学问之多，而吾所见者寡，则不敢以一得自喜，而当思择善而约守之。知事变之多，而吾所办者少，则不敢以功名自矜，而当思举贤而共图之。夫如是，则自私自满之见，可渐渐蠲除矣。

（以上曾语）

文正公谓居高位以知人晓事为职，且以能知人晓事与否，判别其为君子为小人。虽属有感而发，持论至为正当，并非愤激之说。用人之当否，视乎知人之明昧；办事之才不才，视乎晓事之透不透。不知人则不能用人，不晓事则何能办事？君子小人之别，以能否利人济物为断。苟所用之人，不能称职，所办之事，措置乘方，以致贻误大局，纵曰其心无他，究难为之宽恕者也。昔贤于用人之端，内举不避亲，外举不避仇，其宅心之正大，足以矜式百世。

曾公之荐左中堂而劾李次青，不以恩怨而废举劾，名臣胸襟，自足千古。

近世名器名位之滥极矣，幸进之途，纷纷杂出。其之用人讲资格，固足以屈抑人才。今之不讲资格，犹未足以激扬清浊。赏不必功，惠不必劳，举不必才，劾不必劣。或今贤而昨劣，或今辱而昨荣。扬之则举之九天之上，抑之则置之九渊之下。得之者不为喜，失之者不为歉。所称为操纵人才策励士气之具，其效力竟以全失。欲图挽回补救，其权操之自上，非吾侪所得与闻。惟吾人职居将校，在一小部分内，于用人一端，亦非绝无几希之权力，既有此权，则应于用人唯贤、循名核实之义，特加之意，能于一小部分，有所裨补，亦足心安理得。

（以上松坡评语）

【大意】

本章强调将帅行事必须出以公心，而且要善于知人，通晓事理。

## 卷八　仁爱

带兵之道，用恩莫如用仁，用威莫如用礼。仁者，所谓欲立立人，欲达达人是也。待弁兵如待子弟之心，当望其发达，望其成立，则人知恩矣。礼者，所谓无众寡无大小无敢慢泰而不骄也。正其衣冠，尊其瞻视，俨然人望而畏之，威而不猛也。持之以敬，临之以庄，无形无声之际，常有凛然难犯之象，则人知威矣。守斯二者，虽蛮貊之邦行矣，何兵之不可治哉。吾辈带兵，如父兄之带子弟一般。无银钱，无保举，尚是小事，切不可使之困扰民而坏品行，因嫖赌洋烟而坏身体。个个学好，人人成材，则兵勇感恩，兵勇之父母亦感恩矣。

爱民为治兵第一要义，须日日三令五申，视为性命根本之事，毋视为要结粉饰之文。

（以上曾语）

大将以救大局为主，并以救他人为主。须有嘉善而矜不能之气度，乃可包容一切。觉得胜仗无可骄人，败仗无可忧也。即他人不肯救我，而我必当救人。必须谆嘱将弁，约束兵丁，爱惜百姓。并随时访查，随时董戒，使营团皆行所无事，不扰不惊，戢暴安良，斯为美备。爱人当以大德，不以私惠。军行之处，必须秋毫无犯，团结民心，长官之于属僚，须扬善公庭，规过私室。

圣贤仙佛，英雄豪杰，无不以济人济物为本，无不以损己利人为正道。爱人之道，以严为主，宽则心驰而气浮。自来义士忠臣，于曾经受恩之人，必终身奉事惟谨。韩信为王，而不忘漂母一饭之恩；张苍作相，而退朝即侍奉王陵之妻如父母，终身不改。此其存心正大仁厚，可师可法。

（以上胡语）

不慌不忙，盈科后进，向后必有一番同甘滋味出来。

（以上曾语）

带兵如父兄之带子弟一语，最为慈仁贴切。以此存心，则今带兵格言，千言万语，皆可付之一炬。父兄之待子弟，虑其愚蒙无知也，则教之诲之；虑其饥寒苦痛也，则爱之护之；虑其放荡无行也，则惩责之；虑其不克发达也，则培养之。无论为宽为严，为爱为憎，为好为恶，为赏为罚，均出之以至诚无伪，行之以至公无私。如此则弁兵爱戴长上，亦必如子弟爱其父兄矣。军人以军营为第二家庭，此言殊亲切有味。然实而按之，此第二家庭，较之固有之家庭，其关系之密切，殆将过之。何以故？长上之教育部下也，如师友，其约束督责爱护之也，如父兄；部下之对长上也，其恪恭将事，与子弟之对于师友父兄，殆无异耳。及其同莅战役也，同患难，共死生，休戚无不相关，利害莫不与共。且一经从戎，由常备而续备，由续备而后备，其间年月正长，不能脱军籍之关系。一有战事，即须荷戈以出，为国操劳。此以情言之耳。国为家之集合体，卫国亦所以卫家，军人为卫国团体之中坚，则应视此第二家庭为重。此以义言之耳。古今名将用兵，莫不以安民爱民为本。盖用兵原为安民，若扰之害之，是悖用兵之本旨也。兵者民之所出，饷亦出之自民，索本探源，何忍加以扰害？行师地方，仰给予民者岂止一端，休养军队，采办粮秣，征发夫役，采访敌情，带引道路，何一非借重民力？若修怨于民，而招其反抗，是自困也。至于兴师外国，亦不可以无端之祸乱，加之无辜之民，致上干天和，下招　。仁师义旅，决不出此。此海陆战条约所以严掳掠之禁也。

（以上松坡评语）

**【大意】**

曾、胡认为，治军须以“礼”为根本，带兵则以“仁”为首要。文中一再强调，将帅应体恤士卒、爱护百姓。曾氏“吾辈带兵，如父兄之带子弟一般”，后来成了兵家的带兵格言。

## 卷九　勤劳

练兵之道，必须官弁昼夜从事，乃可渐几于熟，如鸡伏卵，如炉炼丹，未可须臾稍离。

天下事未有不由艰苦中得来，而可大可久者也。

百种弊端，皆由懒出。懒则弛缓，弛缓则治人不严，而趣功不敏。一处弛则百处懒矣。

治军之道，以勤为先。身勤则强，逸则病；家勤则兴，懒则衰；国勤则治，怠则乱；军勤则胜，惰则败。惰者暮气也，常常提其朝气为要。

治军以勤字为先，由阅历而知其不可易。未有平日不早起，而临敌忽能早起者；未有平日不习劳，而临敌忽能习劳者；未有平日不能忍饥耐寒，而临敌忽能忍饥耐寒者。吾辈当共习勤劳，始之以愧厉，继之以痛惩。每日应办之事，积搁过多，当于清早单开本日应了之件，日内了之，如农家早起分派本日之事，无本日不了者，庶几积压较少。

养生之道，莫大于惩忿窒欲，多动少食。

（以上曾语）

军旅之事，非以身先之劳之，事必无补。古今名将，不仅才略异众，亦且精力过人。将不理事，则兵无不骄纵者；骄纵之兵，无不怯弱者。凡兵之气，不见仗则弱，常见仗则强。久逸则终无用处，异日则必不可临敌。

兵事如学生功课，不进则退，不战则并不能守。敬姜之言曰：劳则思，逸则淫。设以数万人顿兵境上，无论古今无此办法，且久逸则筋脉皆弛，心胆亦怯，不仅难战，亦必难守。淫佚酒色，取败之媒，征逐嬉娱，治兵所戒。金陵围师之溃，皆由将骄兵惰，终日酣嬉，不以贼匪为念。或乐桑中之喜，或恋室家之私，或群与纵酒酣歌，或日在赌场烟馆，淫心荡志，乐极忘疲，以致兵气不扬，御侮无备，全军覆没，皆在宣淫纵欲中来也。夫兵犹火也，不戢则焚；兵犹水也，不流则腐。治军之道，必以苦其心志，劳其筋骨为典法。

（以上胡语）

耐冷耐苦，耐劳耐闲。

立法不难，行法为难，以后总求实实行之，且常常行之。应事接物时，常从人情物理中之极粗极浅处着眼，莫从深处细处看。身体虽弱，却不宜过于爱惜。精神愈用则愈出，阳气愈提而愈盛。每日做事愈多，则夜间临睡愈快活。若存爱惜精神的意思，将前将却，奄奄无气，绝难成事。总须脚踏实地，克勤小物，乃可日起而有功。

精神愈用而愈出，不可因身体素弱，过于保惜。智慧愈苦而愈明，不可因境遇偶拂，遽尔摧沮。不轻进，不轻退。习劳为办事之本。引用一班能耐劳苦之正人，日久自有大效。欲去骄字，总以不轻非笑人为第一义。欲去惰字，总以不晏起为第一义。每日临睡之时，默数本日劳心者几件，劳力者几件，则知宣勤国事之处无多，更宜竭诚以图之。

自古圣贤豪杰，文人才士，其志事不同，而其豁达光明之胸，大略相同。吾辈既办军务，系处功利场中，宜刻刻勤劳，如农之力穑，如贾之趋利，如篙工之上滩，早作夜思，以求有济。而治事之外，此中却须有一段冲融气象，二者并进，则勤劳而以恬淡出之，最有意味。用兵最戒骄气惰气。做人之道，亦惟骄惰二字误之最甚。扶危救难之英雄，以心力劳苦为第一义。

（以上曾语）

战争之事，或跋涉冰天雪窟之间，或驰驱酷暑恶瘴之乡，或趁雨雪露营，或昼夜趱程行军。寒不得衣，饥不得食，渴不得水，枪林弹雨之中，血肉横飞，极人世所不见之惨，受恒人所不经之苦。其精神，其体力，非于平时养之有素，练之有恒，岂能堪此。练兵之主旨，以能效命于疆场为归属，欲其效命于疆场，尤宜于平时竭尽手段以休养期精神，锻炼其体魄，娴熟其技艺。临事之际，乃能有恃以不恐。故习劳忍苦，为治军之第一要义。而驭兵之道，亦以使之劳苦，为不二法门。盖人性似猴，喜动不喜静，宜劳不宜逸，劳则恩，逸则淫。闲居无所事事，则为不善，此常人恒态。聚数百千血气方刚之少年于一团，苟无所以范其心志，劳其体肤，其不逾闲荡检，溃出堤防之外

者，乌可得耶！

（以上松坡评语）

【大意】

本章论述军队训练必须勤奋刻苦。曾、胡认为，军事训练如同学生学习功课一样，不进则退，故平时“治军以勤字为先”，最戒“骄惰”二字。

## 卷十　和辑

祸机之发，莫烈于猜忌，此古今之通病。败国亡家丧身，皆猜忌之所致。诗称：不忮不求，何用不藏？忮求二端，盖妾妇穿窬兼而有之者也。凡两军相处，统将有一分龃龉，则营哨必有三分，兵夫必有六七分。故欲求和衷共济，自统将先办一副平恕之心始。人之好名，谁不如我？同打仗不可讥人之退缩，同行路不可疑人之骚扰。处处严于治己，而薄于责人，则唇舌自省矣。

敬以持躬，恕以待人。敬则小心翼翼，事无巨细，皆不敢忽。恕则凡事留余地以处人，功不独居，过不推诿。常常记此二字，则长履大任，福祚无量。

湘军之所以无敌者，全赖彼此相顾，彼此相救。虽平日积怨深仇，临阵仍彼此照顾；虽上午口角参商，下午仍彼此救援。

（以上曾语）

军旅之事，以一而成，以二三而败。唐代九节度之师，溃于相州，其时名将如郭子仪、李光弼，亦不能免。盖谋议可资于众人，而决断须归于一将。

古来将帅不和，事权不一，以众致败者，不止九节度使相州一役。为大将之道，以肯救人固大局为主，不宜炫耀己之长处，尤不宜指摘人之短处。兵无论多寡，总以能听号令为上。不奉一将之令，兵多必败；能奉一将之令，兵少必强。

（以上胡语）

沅弟谓雪声色俱厉。凡目能见千里而不能自见其睫，声音笑貌之拒人，每苦于不自见，苦于不自知。雪之厉，雪不自知。沅之声色，恐未始不厉，特不自知耳。

（以上曾语）

古人相处，有愤争公庭而言欢私室，有交哄于平昔而救助于疆场，盖不以公而废私，复不以私而害公也。人心之不同如其面，万难强之使同，驱之相合，则睚眦之怨、芥蒂之隙，在所难免。惟于公私之界，分得清，认得明，使之划然两途，不相混扰，则善矣。发捻之役，中日之役，中法之役，列将因争意气而致败绩者，不一而足，故老相传，言之凿凿。从前握兵符者，多起自行间，罔知大体，动以意气用事，无怪其然。今后一有战役，用兵必在数十万以上。三十数镇之帅，情谊夙不相孚，言语亦多隔阂，统驭调度之难，盖可想见。苟非共矢忠诚，无猜无贰，或难免不蹈既往之覆辙。欲求和衷共济，则唯有恪遵先哲遗言，自统将先办一副平恕之心始，功不独居，乃可以言破敌。

（以上松坡评语）

【大意】

本章论述军队之间要团结协作，以大局为重。曾氏说“湘军之所以无敌者，全赖彼此相顾，彼此相救。”蔡锷按语则从反面论述了互相猜忌的危害，“发捻之役、中日之役、中法之役，列将因争意气而致败绩者，不一而足”。

## 卷十一　兵机

前此为赴鄂救援之行，不妨仓促成军。近日为东下讨贼之计，必须简练慎出。若不教之卒，窳败之械，则何地无之？而必远求之湖南？等于辽东自诩之豕，仍同灞上儿戏之军，故此行不可不精选，不可不久练。兵者阴事也，哀戚之意，如临亲丧，肃敬之心，如承大祭。故军中不宜有欢欣之象，有欢欣之象者，无论或为和悦，或为骄盈，终归于败而已矣。田单之在即墨，将军有必死之心，士卒无生还之气，此其所以破燕也。及其攻狄也，黄金横带，有生之乐，无死之心，鲁仲连策其必不胜，兵事之宜惨戚，不宜欢欣，亦明矣。

此次由楚省招兵东下，必须选百炼之卒，备精坚之械，舟师则船炮并富，陆路则将卒并愤，作三年不归之想。为百战艰难之行，岂可儿戏成军，仓促成行？人尽乌合，器多苦窳，船不满二百，炮不满五百，如大海簸豆，黑子著面，纵能速达皖省，究竟于事何补？是以鄙见总须战舰二百号，又补以民船载七八百，大小炮千余位，水军四千，陆军六千，夹江而下，明年成行，始略成气候。否则名为大兴义旅，实等矮人观场，不直方家一哂。夫战，勇气也，再而衰，三而竭。国藩于此数语，常常体念。大约用兵无他妙巧，当存有余不尽之气而已。孙仲谋之攻合肥，受创于张辽，诸葛武侯之攻陈仓，受创于郝昭，皆初气过锐，渐就衰竭之故。惟荀之破偪阳，气已竭而后振，陆抗之拔西陵，预料城之不遽下，而蓄养锐气，先备外援，以待内之自毙，此善于用气者也。

日中则昃，月盈则亏，故古诗花未全开月未圆之句，君子以为知道。故余治兵以来，每介疑胜疑败之际，战兢恐惧，上下悚惧者，其后常得大胜。

当志得意满之候，各路云集，狃于屡胜，将卒矜慢，其后常有意外之失。国家之强，以得人为强，所谓无竞唯人也。若不得其人，则羽毛未丰，亦似难以高飞。昔在宣宗皇帝，亦尝切齿发愤，屡悔和议，而主战守，卒以无良将帅，不获大雪国耻。今欲罢和主战，亦必得三数引重致远、折冲御侮之人以拟之。若仅区区楚材，目下知名之数人，则干将莫邪，恐未必不终刓折。且聚数太少，亦不足以分布海隅。

用兵之道，最忌势穷力弱四字。力则指将士之精力言之，势则指大局大计及粮饷之接续、人才之继否言之。能战，虽失算亦胜；不能战，虽胜算亦败。悬军深入而无后继，是用兵大忌。危急之际，尤以全军保全士气为主。孤军无助，粮饷不继，奔走疲惫，皆散乱必败之道。

（以上曾语）

有不可战之将，无不可战之兵；有可胜不可败之将，无必胜必不胜之兵。古人行师，先审己之强弱，不问敌之强弱。兵事决于临机，而地势审于平日，非寻常张皇幽渺可比。军事有先一着而胜者，如险要之地，先发一军据之，此必胜之道也。有最后一着而胜者，待敌有变，乃起而应之，此必胜之道也。至于探报路径，则须先期妥实办理。

兵事之妙，古今以来，莫妙于拊其背，冲其腰，抄其尾，唯须审明地势敌情。

先安排以待敌之求战，就后起而应之，乃必胜之道。盖敌求战而我以静制动，以逸待劳，以整御散，必胜之道也。此意不可拘执，未必全无可采。临阵之际，须以万人并力，有前有后，有防抄袭之兵，有按捺不动以应变之兵，乃是胜着。如派某人守候，不应期而进，便是违令；应期而不进，便是怯战。此则必须号令严明者也。徇他人之意，以前为美，以后为非，必不妥矣。夹击原是上策，但可密计而不可宣露，须并力而不宜单弱，须谋定后战、相机而行，而不可或先或后。

不轻敌而慎思，不怯战而稳打。兵分则力单，穷进则气散，大胜则变成大挫，非知兵者也，不可不慎。敬则胜，整则胜，和则胜，三胜之机，决于是矣。我军出战，须层层布置，列阵纵横，以整攻散，以锐蹈瑕，以后劲而防抄袭。临阵切戒散队，得胜尤忌贪财。

熟审地势敌情，妥谋分击之举，或伺敌之缺点，蹈瑕而入；或趋敌之重处，并力而前，皆在相机斟酌。惟临阵，切忌散队，切戒贪财，得胜之进，尤宜整饬队伍，勿求痛杀。军务只应以一处合围以致敌，其余尽作战兵援兵兜剿之兵。若处处合围，则兵力皆为坚城所牵缀，顿兵坚城之下，则情见势绌。

用兵之道，全军为上策，得土地次之；破敌为上策，得城池次之。古人必四路无敌，然后围城，兵法所谓十则围之之义也。兵事有须先一着者，如险要之地，以兵据之，先发制人，此为扼吭之计，必胜之道也。有须后一着者，愈持久愈神妙，愈老到愈坚定，待敌变计，乃起而乘之，此可为奇兵而拊其背，必胜之道也。一年不得一城，只要大局无碍，并不为过；一月而得数城，敌来转不能战，则不可为功。军队分起行走，相隔二日，每起二千人。若前队遇敌先战，非必胜之道也。应于近敌之处，饬前茅，后劲，中权，会齐并力，乃可大胜。

临阵分枝，不嫌其散；先期合力，必求其厚。

荀悦之论兵也，曰权不可预设，变不可先图，与时迁移，随物变化，诚为用兵之至要。战阵之事，恃强者是散机，敬戒者是胜机。军旅之事，谨慎为先；战阵之事，讲习为上。盖兵机至精，非虚心求教，不能领会，矧可是己而非人？兵权至活，非随时谨密，不能防人，矧可粗心而大意？

侦探须确，须勤，须速，博方以资众论，沉思以审敌情。敌如不分枝，我军必从其入境之处，并力迎剿；敌如分枝，则我军必于敌多之处专剿。

（以上胡语）

凡善弈者，每于棋危劫急之时，一面自救，一面破敌，往往因病成妍，转败为功。善用兵者亦然。

（以上曾语）

平日千言万语，千算万计，而得失仍只争临阵须臾之顷。凡奇谋至计，总在平实处，如布帛菽粟之类，愈近浅易，愈广大而精微也。凡事过于求好，转多不妥之处。

（以上胡语）

凡危急之时，只有在己者靠得住，其在人者皆不可靠。恃之以守，恐其临危而先乱；恃之以战，恐其猛进而骤退。凡用兵须蓄不竭之气，留有余之力。

（以上曾语）

曾胡之论兵，极主主客之说。谓守者为主，攻者为客，主逸而客劳，主胜而客败，尤戒攻坚围城。其说与普法战争前法国兵学家所主张者殆同（其时俄土两国亦盛行此说）其论出师前之准备，宜十分周到，谓一械不精不可轻出，势力不厚不可成行，与近今之动员准备，用意相合。其以全军破敌为上，不以得土地城池为意，所见尤为精到卓越，与东西各国兵学家所唱道者，如出一辙，临阵分枝宜散，先期合力宜厚二语，尤足以赅括战术战略之精妙处。临阵分枝者，即分主攻助攻之军，及散兵援队预备队之配置等是也。先期合力者，即战略上之聚中展开，及战术上之开进等是也。所论诸端，皆从实行后经验中得来，与近世各国兵家所论，若合符节。吾思先贤，不能不馨香崇拜之矣。

（以上松坡评语）

【大意】

本章汇集了曾、胡关于战略战术的言论。文中曾、胡所论，如重视战前准备，善于运用士气等，都是历来兵家所一再强调的。蔡锷在评语中，对曾、胡的战略战术思想做了较多的阐述，并指出曾、胡的思想与近世各国军事家的论述相合。

## 卷十二　战守

凡出队有宜速者，有宜迟者。宜速者我去寻敌，先发制人者也。宜迟者，敌来寻我，以主待客者也。主气常静，客气常动，客气先盛而后衰，主气先微而后壮。故善用兵者，每喜为主，不喜作客。休祁诸军，但知先发制人一层，不知以主待客一层，加之探报不实，地势不察，敌情不明，徒能先发而不能制人。应研究此两层，或我寻敌，先发制人，或敌寻我，以主待客，总须审定乃行，切不可于两层一无所见，贸然出队。

师行所至之处，必须多问多思。思之于己，问之于人，皆好谋之实迹也。昔璞山带兵，有名将风，每与敌遇，将接仗之前一夕，传各营官齐集，与之畅论敌情地势，袖中出地图十余张，每人分给一张，令诸将各抒己见，如何进兵，如何分支，某营埋伏，某营并不接仗，待事毕后，专派追剿。诸将一一说毕，璞山乃将自己主意说出，每人发一传单，即议定主意也。次日战罢，有与初议不符者，虽有功亦必加罚。其平日无事，每三日必传各营官熟论战守之法。

一曰：扎营宜深沟高垒。虽仅一宿，亦须为坚不可拔之计，但使能守我营垒，安如泰山，纵不能进攻，亦无损于大局。一曰哨探严明。离敌既近，时时作敌来扑营之想，敌来之路，应敌之路，埋伏之路，胜仗追击之路，一一探明，切勿孟浪。一曰痛除客气。未经战阵之兵，每好言战，带兵者亦然。

若稍有阅历，但觉我军处处瑕隙，无一可恃，不轻言战矣。用兵以渡水为最难，不特渡长江大河为难，即偶渡渐车之水，丈二之沟，亦须再三审慎，恐其半渡而击，背水无归，败兵争舟，人马践溺，种种皆兵家所忌。隘路打胜仗，全在头敌，若头敌站脚不住，后面虽有好手，亦被挤退。

（以上曾语）

战守机宜，不可分心，心纷则气不专，神不一。

交战宜持重，进兵宜迅速，稳扎猛打，合力分枝，足以括用兵之要。军旅之事，守于境内，不如战于境外。军事之要，必有所忍，乃能有所济；必有所舍，乃能有所全。若处处设备，即十万兵亦无尺寸之效。防边之要，不可处处设防。若处处设防，兵力必分，不能战亦不能守，惟择其紧要必争之地，厚集兵力以守之，便是稳固。碉卡之设，原所以省兵力，予地方官以据险慎守之方。有守土而无守之人，虽天堑不能恃其险；有守人而无守具，虽贲、获无所展其长。有进战之营，必须留营作守。假如以十营作前茅，为战兵，即须留五营作后劲，为守兵。其留后之兵，尤须劲旅，其成功一也，不可争目前之微功而误大局。

有围城之兵，须先另筹打仗之兵；有临阵打仗之兵，必须安排劲旅，或预杜抄后之敌，或备策应之举。扼要立营，加高加深，固是要着。唯须约束兵丁，不得滋扰，又须不时操练，使步法整齐，技艺精熟，庶战守皆能有备。

（以上胡语）

右揭战守之法，意括而言赅。曰攻战，曰守战，曰遭遇战，曰局地战，以及防边之策，攻城之术，无不独具卓识，得其要诀，虽以近世战术之日新月异，而大旨亦不外是。其论夜间宿营，亦须深沟高垒，为坚不可拔之计，则防御之紧严，立意之稳健，尤为近世兵家所不及道者也。（按咸同时战争两方，多为不规则之混战，来去飙倏，不可端倪，故扎营务求坚固以防侵袭。）

曾胡论兵，极重主客之见，只知守则为主之利，不知守反为客之害，盖因其时所对之敌，并非节制之师、精练之卒，且其人数常倍于我，其兵器未有今日之发达，又无骑炮两兵之编制，耳目不灵，攻击力复甚薄弱，故每拘泥于地形地物，攻击精神未由奋兴，故战术偏重于攻击防御，盖亦因时制宜之法。

近自普法日俄两大战役以后，环球之耳目一新，攻击之利，昭然若揭。各国兵学家，举凡战略战术，皆极端的主张攻击，苟非兵力较弱，或地势敌情，有特别之关系，无复有以防守为计者矣。然战略战术，须因时以制宜，审视以求当，未可稍事拘滞。若不揣其本。徒思仿效于人，势将如跛者之竞走，鲜不蹶矣。兵略之取势，固也。必须兵力雄厚，士马精炼，军资（军需器械）完善，交通利便，四者均有可恃，乃足以操胜算。四者之中，偶缺其一，贸然以取攻势，是曾公所谓徒先发而不能制人者也。普法战役，法人国境之师，动员颇为迅速，而以兵力未能悉集，军资亦虞缺乏，遂致着着落后，陷于防守之地位。日俄之役，俄军以交通线仅恃一单轨铁道，运输不继，遂屡为优势之日军所制，虽迭经试取攻势，终归无效。以吾国军队现势论，其数则有二十余镇之多，然续备后备之制尚未实行，每镇临战，至多不过得战兵五千，须有兵力三镇以上，方足与他一镇之兵力相抗衡。且一有伤亡，无从补充。

是兵力一层，决难如邻邦之雄厚也。今日吾国军队，能否说到精炼二字，此稍知军事者自能辨之，他日与强邻一相角逐，能否效一割之用，似又难作侥幸万一之想。至于军资交通两端，更瞠乎人后。如此而曰吾将取战略战术上最有利益之攻势，乌可得耶？鄙意我国数年之内，若与他邦以兵戎相见，与其为孤注一掷之举，不如采用波亚战术，据险以守，节节为防，以全军而老敌师为主，俟其深入无继，乃一举而歼除之。昔俄人之蹴拿破仑于境外，使之一蹶不振，可借鉴也。

（以上松坡评语）

【大意】

本章汇集了曾、胡关于进攻和防守方面的一些重要论述。曾、胡用兵，极重防守，这与他们当时所处的环境有关。关于这一点，蔡锷在评语中做了解释。蔡锷在评语中还指出，作战是主攻还是主守，应根据具体情况来决定。

## 卷十三　治心

治心治身，理不必太多，知不可太杂，切身日夕用得着的，有过一两句，所谓守约也。

凡沉疴在身，而人力可以自为主持者，约有两端：一曰以志帅气，一曰以静制动。人之疲惫不振，由于气弱。而志之强者，气亦为之稍变。如贪早睡，则强起以兴之；无聊赖，则端坐以凝之。此以志帅气之说也。久病虚怯，则时时有一畏死之见憧扰于胸中，即梦魂亦不甚安恬，须将生前之名，身后之事，与一切妄念，扫除净尽，自然有一种恬淡意味，而寂定之余，真阳自生。此以静制动之法也。

外境之迕，未可滞滤，置而遣之，终履夷涂。

心欲其定，气欲其定，神欲其定，体欲其定。

古之成大事者，规模远大与综理密微，二者缺一不可。兄自问近年得力，唯有悔字诀。兄昔年自负本领甚大，可屈可伸，可行可藏，又每见人家不是，自从丁巳戊午大悔大悟之后，乃知自己全无本领，凡事都见得人家有几分是处，故自戊午至令九载，与四十岁以前，迥不相同。大约以能立能达为体，以不怨不尤为用。立者发奋自强，站得住也；达者办事圆融，行得通也。不为圣贤，便为禽兽。莫问收获，但问耕耘。

古人办事，掣肘之处，拂逆之端，世世有之，人人不免。恶其拂逆，而必欲顺从，设法以诛锄异己者，权奸之行径也。听其拂逆，而动心忍性，委曲求全，且以无敌国外患而亡为虑者，圣贤之用心也。借人之拂逆，以磨砺我之德行，其庶几乎！与胡中丞商江南军事，胡言凡事皆须精神贯注，心有二用则必不能有成。余亦言军事不日进则日退，二人互许为知言。

研几工夫最要紧。颜子之有不善，未尝不知，是研几也。周子曰：几善恶。中庸曰：潜虽伏矣，亦孔之昭，刘念台曰：卜动念以知己。皆谓此也。失此不察，则心放而维收矣。诵养气章，似有所会，愿终身私淑孟子，虽造次颠沛，皆有孟夫子在前，须臾不离，或到死之日，可以仰希万一。神明则如日之升，身体则如鼎之镇，此二语可守者也。唯心到静及时，所谓未发之中，寂然不动之体，毕竟未体验出真境意来者，只是闭藏之极，逗出一点生意来。如冬至一阳初动，贞之固也，乃所以为元也；蛰之坏也，乃所以为启也；谷之坚实也，乃所以为始播之种子也。然则不可以为种子者，不可谓之坚实之谷也。此中无满腔生意，若万物皆资始于我心者，不可谓之至静之境也。然则静极生阳，盖一点生物之仁心也，息息静极，仁心之不息，其参天两地之至诚乎。颜子三月不违，亦可谓洗心退藏、极静中之真乐者矣。

我辈求静，欲异乎禅氏入定，冥然罔觉之旨，其必验之此心，有所谓一阳初动，万物资始者，庶可谓之静极，可谓未发之中寂然不动之体也。不然，深闭固拒，心如死灰，自以为静，而生理或几乎息矣，况乎其不能静也？有或扰之，不且憧憧往来乎？深观道体，盖阴先于阳信矣，然非实由体验得来，终掠影之谈也。

自戒惧而约之，以至于至静之中，虽少偏倚，而其守不失，则极其中而天地位，此绵绵者，由动以之静也。自谨独而精之，以至于应物之处，无少差谬，而无适不然，则极其和而万物育，此穆穆者，由静以之动也。

天行健，君子以自强不息；地势坤，君子以厚德载福。颐，君子以慎言语，节饮食；损，君子以惩忿窒欲；益，君子以见善则迁，有过则改；鼎，君子以正位凝命。此六卦之大象，最切于人。颐以养身养德，鼎以养心养肾，尤为切要。

读书之道，朝闻道而夕死，殊不轻易。闻道者必真知而笃信之，吾辈自己不能自信，心中已无把握，焉能闻道。

余生平略述先儒之书，见圣贤教人修身，千言万语，而要以不忮不求为重。忮者，嫉贤害能，妒功争宠，所谓怠者不能修，忌者畏人修之类也。求者，贪利贪名，怀土怀惠，所谓未得患得，既得患失之类也。忮不常见，每发露于名业相侔势位相埒之人；求不常见，每发露于货财相接，仕进相妨之际。

将欲求造福，先去忮心，所谓人能充无欲害人之心，而仁不可胜用也。将欲立品，先去求心，所谓人能充无穿窬之心，而义不可胜用也。忮不去，满怀皆是荆棘；求不去，满腔日即卑污。余于此二者，常加克治，恨尚未能扫除净尽。尔等欲心地干净，宜于此二者，痛下功夫，并愿子孙世世戒之。

附作忮求诗二首录左：

善莫大于恕，德莫凶于妒。妒者妾妇行，琐琐奚比数！己拙忌人能，己塞忌人遇，己若无事功，忌人得成务，己若无党援，忌人得多助。势位苟相敌，畏逼又相恶。己无好闻望，忌人文名著；己无贤子孙，忌人后嗣裕。争名日夜奔，争利东西骛。但期一身荣，不惜他人污。闻灾或欣幸，闻祸或悦豫，问渠何其然？不自知其故！尔室神来格，高明鬼所顾。天道常好还，嫉人还自误。幽明丛诟忌，乖气相倚伏，重者裁汝躬，轻说减汝祚。我今告后生，悚然大觉悟。终身让人道，曾不失寸步。终身祝人善，曾不损尺布。消除嫉妒心，普天零甘露，家家获吉祥，我亦无恐怖。（右不忮）

知足天地宽，贪得宇宙隘。岂无过人姿，多欲为患害。在约每思丰，居困常求泰，富求千乘车，贵求亏钉带。未得求速赏，既得求勿坏。芬馨比椒兰，磐固方泰岱。求荣不知厌，志亢神愈忲。岁燠有时寒，日明有时晦。时来多善缘，运去生灾怪。诸福不可期，百殃纷来会。片言动招尤，举足便有碍。戚戚抱殷尤，精爽日凋瘵。矫首望八荒，乾坤一何大。安荣无遽欣，患维无遽憨。君看十人中，八九无倚赖。人穷多过我，我穷犹可耐。而况处夷涂，奚事生嗟气？于世少所求，俯仰有余快。俟命堪终古，曾不愿乎外。（右不求）

日课四条：

一曰慎独则心安。自修之道，莫难于养心。心既知有善，知有恶，而不能实用其力，以为善去恶，则谓之自欺。方寸之自欺与否，盖他人所不及知，而已独知之。故《大学》之诚意章，两言慎独。果能好善如好好色，恶恶如恶恶臭，力去人欲以存天理，则《大学》之所谓自慊，《中庸》之所谓戒慎恐惧，皆能切实行之。即曾子之所谓自反而缩，孟子之所谓仰不愧、俯不怍，所谓养心莫善于寡欲，皆不外乎是。故能慎独，则内省不疚，可以对天地，质鬼神，断无行有不嫌于心则馁之时。人无一内疚之事，则天君泰然，此心常快足宽平，是人生第一自强之道，第一寻乐之方，守身之先务也。

二曰主敬则身强。敬之一字，孔孟持以教人，春秋士大夫亦常言之。至程、朱则千言万语，不离此旨。内而专静纯一，外而整齐严肃，敬之工夫也。出门如见大宾，使民如承大祭，敬之气象也。修已以安百姓，笃恭而天下平，敬之效验也。程子谓上下一于恭敬，则天地自位，万物自育，气无不和，四灵毕至，聪明睿智，皆由此出，以此事天飨帝，盖谓敬则无美不备也。吾谓敬字切近之效，尤在能固人饥肤之会，筋骸之束。庄敬日强，安肆日偷，皆自然之征应。虽有衰年病躯，一遇坛庙祭献之时，战阵危急之际，亦不觉神为之悚，气为之振，斯足知敬能使人身强矣。若人无众寡，事无大小，一一恭敬，不敢懈慢，则身体之强健，又何疑乎？

三曰求仁则人悦。凡人之生，皆得天地之理以成性，得天地之气以成形。我与民物，尤大本同出一源，若但知私己，而不知仁民爱物，是于大本一源之道，已悖而失之矣。至于尊官厚禄，高居人上，则有拯民溺救民饥之责。读书学古，粗知大义，即有觉后知觉后觉之责。若但知自了，而不知教养庶汇，是于天之所以厚我者辜负甚大矣。孔门教人，莫大于求仁，而其最切者，莫要于欲立立人、欲达达人数语。立者自立不惧，如富人百物有余，不假外求；达者四达不悖，如贵人登高一呼，群山四应。人孰不欲己立己达，若能推以立人达人，则与物同春矣。后世论求仁者，莫精于张子之《西铭》。彼其视民胞物与，宏济群伦，皆事天者性分当然之事，必如此，乃可谓之人，不如此，则曰悖德，曰贼。诚与其说，则虽尽立天下之人，尽达天下之人，而曾无善劳之足言，人有不悦而归之者乎？

四曰习劳则神钦。凡人之情，莫不好逸而恶劳，无论贵贱智愚老少，皆贪逸而惮于劳，古今之所同也。人一日所著之衣，所进之食，与一日所行之事，所用之力相称，则旁人韪之，鬼神许之，以为彼自食其力也。若农夫织妇，终岁勤动，以成数石之粟，数尺之布；而富贵之家，终岁逸乐，不营一业，而食必珍馐，衣必锦绣，酣豢高眠，一呼百诺。此天下最不平之事，鬼神所不许也。其能久乎？古之圣君贤相，若汤之昧旦丕显，文王日昃不遑，周公夜以继日、坐以待旦，盖无时不以勤劳自励。《无逸》一篇，推之于勤则寿考，逸则夭亡，历历不爽。为一身计，则必操习技艺，磨炼筋骨，困知勉行，操心危虑，而后可以增智慧而长才识。为天下计，则必己饥己溺，一夫不获，引为余辜。大禹之周乘四载，过门不入、墨子之摩顶放踵，以利天下，皆极俭以奉身，而极勤以救民。故旬子好称大禹、墨翟之行，以其勤劳也。军兴以来，每见人有一材一技，能耐艰苦者，无不见用于人，见称于时；其绝无材技，不惯作劳者，皆唾弃于时，饥冻就毙。故勤则寿，逸则夭；勤则有材而见用，逸则无能而见弃；勤则博济斯民，而神祇钦仰，逸则无补于人，而神鬼不歆。是以君子欲为人神所凭依，莫大于习劳也。

（以上曾语）

【大意】

本章汇集了曾、胡关于治心养心的言论，以曾国藩的议论居多。曾氏认为："自修之道，莫难于养心。"强调"以志帅气"、"以静制动"，主张把远大宏阔的目标与具体细微的客观情况结合起来，致广大，尽精微。对修身养性提出了许多独到的见解。本章虽非直接论述军事问题，但与军事密切相关，可视为曾、胡治兵的灵魂，对身为将帅者尤具启发意义。

## 挺经

《挺经》详细记录了曾国藩在宦海沉浮中总结出的十八条心法，是其从自身的成败得失中总结出的一套独到的为人为官的基本原则和理论。

### 卷一　内圣

细思古人工夫，其效之尤著者，约有四端：曰慎独则心泰，曰主敬则身强，曰求仁则人悦，曰思诚则神钦。慎独者，遏欲不忽隐微，循理不间须臾，内省不疚，故心泰。主敬者，外而整齐严肃，内而专静纯一，斋庄不懈，故身强。求仁者，体则存心养性，用则民胞物与，大公无私，故人悦。思诚者，心则忠贞不贰，言则笃实不欺，至诚相感，故神钦。四者之功夫果至，则四者之效验自臻。余老矣，亦尚思少致吾功，以求万一之效耳。

尝谓独也者，君子与小人共焉者也。小人以其为独而生一念之妄，积妄生肆，而欺人之事成。君子懔其为独而生一念之诚，积诚为慎，而自慊之功密。其间离合几微之端，可得而论矣。

盖《大学》自格致以后，前言往行，既资其扩充；日用细故，亦深其阅历。心之际乎事者，已能剖析乎公私，心之丽乎理者，又足精研其得失。则夫善之当为，不善之宜去，早画然其灼见矣。而彼小人者，乃不能实有所见，而行其所知。于是一善当前，幸人之莫我察也，则趋焉而不决。一不善当前，幸人之莫或伺也，则去之而不力。幽独之中，情伪斯出，所谓欺也。惟夫君子者，惧一善之不力，则冥冥者有堕行；一不善之不去，则涓涓者无已时。屋漏而懔如帝天，方寸而坚如金石。独知之地，慎之又慎。此圣经之要领，而后贤所切究者也。修己治人之道，止"勤于邦，俭于家，言忠信，行笃敬"四语，终身用之有不能尽，不在多，亦不在深。

古来圣哲胸怀极广，而可达于德者，约有四端：如笃恭修己而生睿智，程子之说也；至诚感神而致前知，子思之训也；安贫乐道而润身睟面，孔彦曾孟之旨也；观物闲吟而意适神恬，陶白苏陆之趣也。自恨少壮不知努力，老年常多悔惧，于古人心境，不能领取一二。反复寻思，叹喟无已。

## 卷二　砺志

君子之立志也，有民胞物与之量，有内圣外王之业，而后不忝于父母之生，不愧为天地之完人。故其为忧也，以不如舜不如周公为忧也，以德不修学不讲为忧也。是故顽民梗化则忧之，蛮夷猾夏则忧之，小人在位贤才否闭则忧之，匹夫匹妇不被己泽则忧之，所谓悲天命而悯人穷，此君子之所忧也。若夫一身之屈伸，一家之饥饱，世俗之荣辱得失、贵贱毁誉，君子固不暇忧及此也。

明德、新民、止至善，皆我分内事也。若读书不能体贴到身上去，谓此三项与我身了不相涉，则读书何用？虽使能文能诗，博雅自诩，亦只算得识字之牧猪奴耳！岂得谓之明理有用之人也乎？朝廷以制艺取士，亦谓其能代圣贤立言，必能明圣贤之理，行圣贤之行，可以居官莅民、整躬率物也。若以明德、新民为分外事，则虽能文能诗，而于修己治人之道实茫然不讲，朝廷用此等人做官，与用牧猪奴做官何以异哉？

累月奔驰酬应，犹能不失常课，当可日进无已。人生唯有常是第一美德。余早年于作字一道，亦尝苦息力索，终无所成。近日朝朝摹写，久不间断，遂觉月异而岁不同。可见年无分老少，事无分难易，但行之有恒，自如种树畜养，日见其大而不觉耳。进之以猛，持之以恒，不过一二年，精进而不觉。言语迟钝，举止端重，则德进矣。作文有峥嵘雄快之气，则业进矣。

## 卷三　家范

家中兄弟子侄，惟当记祖父之八个字，曰："考、宝、早、扫、书、蔬、鱼、猪。"又谨记祖父三不信，曰："不信地仙、不信医药、不信僧巫。"余日记册中又有八本之说，曰："读书以训诂为本，作诗文以声调为本，事亲以得欢心为本，养生以戒恼怒为本。立身以不妄语为本，居家以不晏起为本，做官以不要钱为本，行军以不扰民为本。"此八本者，皆余阅历而确有把握之论，弟亦当教诸子侄谨记之。无论世之治乱，家之贫富，但能守星冈公之八字与之八本，总不失为上等人家。

士大夫之家不旋踵而败，往往不知乡里耕读之耐久。所以致败之由大约不出数端。家败之道有四，曰：礼仪全废者败；兄弟欺诈者败；妇女淫乱者败；子弟傲慢者败。身败之道有四，曰：骄盈凌物者败；昏惰任下者败；贪刻兼至者败；反复无信者败。未有八者全无一失而无故倾覆者也。凡天下官宦之家，多只一代享用便尽，其子孙始而骄佚，继而流荡，终而沟壑，能庆延一二代者鲜矣。商贾之家，勤俭者能延三四代；耕读之家，谨朴者能延五六代；孝友之家，则可以绵延十代八代。我今赖祖宗之积累，少年早达，深恐其以一身享用殆尽，故教诸弟及儿辈，但愿其为耕读孝友之家，不愿其为仕宦起见。若不能看透此层道理，则虽巍科显宦，终算不得祖父之贤肖，我家之功臣。

若能看透此道理，则我钦佩之至。澄弟每以我升官得差，便谓我肖子贤孙，殊不知此非贤肖也。如以此为贤肖，则李林甫、卢怀慎辈，何尝不位极人臣，舄奕一时，讵得谓之贤肖哉？予自问学浅识薄，谬膺高位，然所刻刻留心者，此时虽在宦海之中，却时作上岸之计。要令罢官家居之日，己身可以淡泊，妻子可服劳，可对祖父兄弟，可以对宗族乡党。如是而已。

## 卷四　明强

三达德之首曰智。智即明也。古豪杰，动称英雄。英即明也。明有两端：人见其近楼则所见远矣，登山则所见更远矣。精明者，譬如至微之物，以显微镜照之，则加大一倍、十倍、百倍矣。又如粗糙之米，再舂则粗糠全去，三舂、四舂，则精白绝伦矣。高明由于天分，精明由于学问。吾兄弟忝居大家，天分均不甚高明，专赖学问以求精明。好问若买显微之镜，好学若舂上熟之米。总须心中极明，而后口中可断。武断自己之事，为害犹浅；武断他人之事，招怨实深。唯谦退而不肯轻断，最足养福。

担当大事，全在明强二字。《中庸》学、问、思、辨、行五者，其要归于愚必明，柔必强。凡事非气不举，非刚不济，即修身养家，亦须以明强为本。难禁风浪四字譬还，甚好甚慰。古来豪杰皆以此四字为大忌。吾家祖父教人，亦以懦弱无刚四字为大耻。故男儿自立，必须有倔强之气。惟数万人困于坚城之下，最易暗销锐气。弟能养数万人之刚气而久不销损，此是过人之处，更宜从此加功。

凡国之强，必须得贤臣工；家之强，必须多出贤子弟。此亦关乎天命，不尽由于人谋。至一身之强，则不外乎北宫黝、孟施舍、曾子三种。孟子之集义而慊，即曾子之自反而缩也。惟曾、孟与孔子告仲由之强，略为可久可常。此外斗智斗力之强，则有因强而大兴，亦有因强而大败。古来如李斯、曹操、董卓、杨素，其智力皆横绝一世，而其祸败亦迎异寻常。近世如陆、何、肃、陈亦皆予知自雄，而俱不保其终。故吾辈在自修处求强则可，在胜人处求强则不可。福益外家，若专在胜人处求强，其能强到底与否尚未可知。即使终身强横安稳，亦君子所不屑道也。

## 卷五　坚忍

子长尚黄老，进游侠，班孟坚讥之，盖实录也。好游侠，故数称坚忍卓绝之行。如屈原、虞卿、田横、侯嬴、田光及此篇之述贯高皆是。尚黄老，故数称脱屣富贵、厌世弃俗之人。如本纪以黄帝第一，世家以吴太伯第一，列传以伯夷第一，皆其指也。此赞称张、陈与太伯、季札异，亦谓其不能遗外势利、弃屣天下耳。

昔耿恭简公谓，居官以坚忍为第一要义，带勇亦然。与官场交接，吾兄弟患在略识世态而又怀一肚皮不合时宜，既不能硬，又不能软，所以到处寡合。迪安妙在全不识世态，其腹中虽也怀些不合时宜，却一味浑含，永不发露。我兄弟则时时发露，终非载福之道。雪琴与我兄弟最相似，亦所如寡合也。弟当以我为戒，一味浑厚，绝不表露。将来养得纯熟，身体也健旺，子孙也受用，无惯习机械变诈，恐愈久而愈薄耳。

稍论时事，余谓当竖起骨头，竭力撑持。三更不眠，因作一联云："养活一团春意思，撑起两根穷骨头"，用自警也。余生平作自箴联句颇多，惜皆未写出，丁未年在家作一联云："不怨不尤但反身争个一壁清，勿忘勿助看平地长得万丈高"，曾用木板刻出，与此联略相近，因附识之。

夜阅《荀子》三篇，三更尽睡，四时即醒，又作一联云："天下无易境天下无难境，终身有乐处终身有忧处"。至五更，又改作二联，一云："取人为善与人为善，乐以终身忧以终身；　一云："“天下断无易处之境遇，人间哪有空闲的光阴"。

# 卷六　刚柔

从古帝王将相，无人不由自立自强做出，即为圣贤者，亦各有自立自强之道，故能独立不惧，确乎不拔。昔余往年在京，好与诸有大名大位者为仇，亦未始无挺然特立不畏强御之意。近来见得天地之道，刚柔互用，不可偏废，太柔则靡，太刚则折。刚非暴虐之谓也，强矫而已；柔非卑弱之谓也，谦退而已。趋事赴公，则当强矫，争名逐利，则当谦退；开创家业，则当强矫，守成安乐，则当谦退；出与人物应接，则当强矫，入与妻孥享受，则当谦退。若一面建公立业，外享大名，一面求田问舍，内图厚实，二者皆有盈满之象，全无谦退之意，则断不能久。

肝气发时，不惟不和平，并不恐惧，确有此境。不特盛年为然，即余渐衰老，亦常有勃不可遏之候。但强自禁制，降伏此心，释氏所谓降龙伏虎。龙即相火也，虎即肝气也。多少英雄豪杰打此两关不过，要在稍稍遏抑，不令过炽。降龙以来养水，伏虎以养火。古圣所谓窒欲，即降龙也；所谓惩忿，即伏虎也。释儒之道不同，而其节制血气，未尝不同，总不使吾之嗜欲戕害吾之躯命而已。

至于“倔强”二字，却不可少。功业文章，皆须有此二字贯注其中，否则柔靡不能成一事。孟子所谓至刚，孔子所谓贞固，皆从倔强二字做出。吾兄弟皆秉母德居多，其好处亦正在倔强。若能去忿欲以养体，存倔强以励志，则日进无疆矣。

至于强毅之气，决不可无，然强毅与刚愎有别。古语云自胜之谓强。曰强制，曰强恕，曰强为善，皆自胜之义也。如不惯早起，而强之未明即起；不惯庄敬，而强之坐尸立斋；不惯劳苦，而强之与士卒同甘苦，强之勤劳不倦，是即强也。不惯有恒，而强之贞恒，即毅也。舍此而求以客气胜人，是刚愎而已矣。二者相似，而其流相去霄壤，不可不察，不可不谨。

# 卷七　英才

虽有良药，苟不当于病，不逮下品；虽有贤才，苟不适于用，不逮庸流。梁丽可以冲城，而不可以窒穴。犛牛不可以捕鼠；骐骥不可以守闾。千金之剑，以之析薪，则不如斧。三代之鼎，以之垦田，则不如耜。当其时，当其事，则凡材亦奏神奇之效。否则鉏铻而终无所成。故世不患无才，患用才者不能器使而适用也。魏无知论陈平曰："今有后生考己之行，而无益胜负之数，陛下何暇用之乎？"

当战争之世，苟无益胜负之数，虽盛德亦无所用之。余生平好用忠实者流，今老矣，始知药之多不当于病也。

无兵不足深虑，无饷不足痛哭，独举目斯世，求一攘利不先、赴义恐后、忠愤耿耿者，不可亟得；或仅得之，而又屈居卑下，往往抑郁不伸，以挫、以去、以死。而贪饕出缩者，果骧首而上腾，而富贵、而名誉、而老健不死，此其可为浩叹者也。默观天下大局，万难挽回，侍与公之力所能勉者，引用一班正人，培养几个好官，以为种子。

天下无现成之人才，亦无生知之卓识，大抵皆由勉强磨炼而出耳。《淮南子》曰："功可强成，名可强立"。董子曰："强勉学问，则闻见博；强勉行道，则德日进。《中庸》所谓"人一己百，人十己千""，即强勉功夫也。今世人皆思见用于世，而乏才用之具。诚能考信于载籍，问途于已经，苦思以求其通，躬行以试其效，勉之又勉，则识可渐通，才亦渐立。才识足以济世，何患世莫己知哉？

# 卷八 廉矩

翰臣方伯廉正之风，令人钦仰。身后萧索，无以自庇，不特廉吏不可为，亦殊觉善不可为。其生平好学不倦，方欲立言以质后世。弟昨赙之百金，挽以联云：“豫章平寇，桑梓保民，休讶书生立功，皆从廿年积累立德立言而出；翠竹泪斑，苍梧魂返，莫疑命妇死烈，亦犹万古臣子死忠死孝之常。”登高之呼，亦颇有意。

位在客卿，虑无应者，徒用累歔。韩公有言：“贤者恒无以自存，不贤者志满气得。”盖自古而叹之也。

古之君子之所以尽其心、养其性者，不可得而见；其修身、齐家、治国、平天下，则一秉乎礼。自内焉者言之，舍礼无所谓道德；自外者言之，舍礼无所谓政事。故六官经制大备，而以《周礼》名书。春秋之世，士大夫知礼、善说辞者，常足以服人而强国。战国以后，以仪文之琐为礼，是叔齐之所讥也。荀卿、张载兢以礼为务，可谓知本好古，不逐乎流俗。近世张尔岐氏作《中庸论》，凌廷堪氏作《复礼论》，亦有以窥见先王之大原。秦蕙田氏辑《五礼通考》，以天文、算

学录入为观象授时门；以地理、州郡录入为体国经野门；于著书之义例，则或驳而不精；其于古者经世之礼之无所不该，则未为失也。

崇俭约以养廉。昔年州县佐杂在省当差，并无薪水银两。今则月支数十金，而犹嫌其少。此所谓不知足也。欲学廉价，必先知足。观于各处难民，遍地饿殍，则吾人之安居衣食，已属至幸，尚何奢望哉？尚敢暴殄哉？不特当廉于取利，并当廉于取名。毋贪保举，毋好虚誉，事事知足，人人守约，则可挽回矣。

## 卷九　勤敬

为治首务爱民，爱民必先察吏，察吏要在知人，知人必慎于听言。魏叔子以孟子所言“仁术”“术”字最有道理。爱而知其恶，恶而知其美，即“术”字之，的解也。又言蹈道则为君子，违之则为小人。观人当就行事上勘察，不在虚声与言论；当以精己识为先，访人言为后。

古人修身治人之道，不外乎勤、大、谦。勤若文王之不遑，大若舜禹之不与，谦若汉文之不胜，而勤谦二字，尤为彻始彻终，须臾不可离之道。勤所以儆惰也，谦所以儆傲也，能勤且谦，则大字在其中矣。千古之圣贤豪杰，即奸雄欲有立于世者，不外一勤字，千古有道自得之士，不外一谦字，吾将守此二字以终身，傥所谓朝闻道夕死可矣者乎！

国藩从宦有年，饱阅京洛风尘，达官贵人，优容养望，与在下者软熟和同之象，盖已稔知之，而惯常之积不能平，乃变而为慷慨激烈，斩爽肮脏之一途，思欲稍易三四十年来不白不黑、不痛不痒、牢不可破之习，而矫枉过正，或不免流于意气之偏，以是屡蹈愆尤，丛讥取戾，而仁人君子固不当责以庸之道，且当怜其有所激而矫之之苦衷也。诸事棘手，焦灼之际，未尝不思遁入眼闭箱子之中，昂然甘寝，万事不视，或比今日人世差觉快乐。乃焦灼愈甚，公事愈烦，而长夜快乐之期杳无音信。且又晋阶端揆，责任愈重，指摘愈多。人以极品为荣，吾今实以为苦懊之境。然时势所处，万不能置事身外，亦唯做一日和尚撞一天钟而已。

# 卷十　诡道

带勇之法，用恩莫如用仁，用威莫如用礼。仁者，即所谓欲立立人，欲达达人也。待弁勇如待子弟之心，尝望其成立，尝望其发达，则人之恩矣。礼者，即所谓无众寡，无大小，无敢慢、泰而不骄也。正其衣冠，尊其瞻视，俨然人望而畏之，威而不猛也。持之以敬，临之以庄，无形无声之际，常有懔然难犯之象，则人知威矣。守斯二者，虽蛮貊之邦行矣，何兵勇之不可治哉。

兵者，阴事也，哀戚之意，如临亲丧，肃敬之心，如承大祭，庶为近之。今以羊牛犬佾而就屠烹，见其悲啼于割剥之顷，宛转于刀俎之间，仁者将有所不忍，况以人命为浪博轻掷之物。无论其败丧也，即使幸胜，而死伤相望，断头洞胸，折臂失足，血肉狼藉，日陈吾前，哀矜不遑，喜于何有？故军中不宜有欢欣之象，有欢欣之象者，无论或为悦，或为骄盈，终归于败而已矣。田单之在即墨，将军有死之心，士卒无生之气，此所以破燕也；及其攻狄也，黄金横带，而骋乎淄渑

之间，有生之乐，无死之心，鲁仲连策其必不胜，兵事之宜惨戚，不宜欢欣，亦明矣。

练兵如八股家之揣摩，只要有百篇烂熟之文，则布局立意，常有熟径可寻，而腔调亦左右逢源。凡读文太多，而实无心得者，必不能文者也。用兵亦宜有简练之营，有纯熟之将领，阵法不可贪多而无实。此时自治毫无把握，遽求成效，则气浮而乏，内心不可不察。进兵须由自己做主，不可因他人之言而受其牵制。非特进兵为然，即寻常出队开仗亦不可受人牵制。应战时，虽他营不愿而我营亦必接战；不应战时，虽他营催促，我亦且持重不进。若彼此皆牵率出队，视用兵为应酬之文，则不复能出奇制胜矣。

## 卷十一　久战

久战之道，最忌势穷力竭四字。力则指将士精力言之，势则指大局大计及粮饷之接续。贼以坚忍死拒，我亦当以坚忍胜之。唯有休养士气，观衅而动，不必过求速效，徒伤精锐，迨瓜熟蒂落，自可应手奏功也。

凡与贼相持日久，最戒浪战。兵勇以浪战而玩，玩则疲；贼匪以浪战而猾，猾则巧。以我之疲战贼之巧，终不免有受害之一日。故余昔在营中诫诸将曰："宁可数月不开一仗，不可开仗而毫无安排算计。"夫战，勇气也，再而衰，三而竭，国藩于此数语，常常体念。大约用兵无他巧妙，常存有余不尽之气而已。孙仲谋之攻合肥，受创于张辽；诸葛武侯之攻陈仓，受创于郝昭，皆初气过锐，渐就衰竭之故。惟荀之拔逼阳，气已竭而复振；陆抗之拔西陵，预料城之不能遽下，而蓄养锐气，先备外援，以待内之自毙。此善于用气者也。

## 卷十二　廪实

勤俭自持，习劳习苦，可以处乐，可以处约，此君子也。余服官二十年，不敢稍染官宦气习，饮食起居，尚守寒素家风，极俭也可，略丰也可，太丰则不敢也。凡仕宦之家，由俭入奢易，由奢返俭难，尔年尚幼，切不可贪爱奢华，不可惯习懒惰。无论大家小家、士农工商，勤苦俭约，未有不兴，骄奢倦怠，未有不败。

大抵军政吏治，非财用充足，竟无从下手处。自王介甫以言利为正人所诟病，后之君子例避理财之名，以不言有无，不言多寡为高。实则补救时艰，断非贫穷坐困所能为力。叶水心尝谓，仁人君子不应置理财于不讲，良为通论。

夷务本难措置，然根本不外孔子忠、信、笃、敬四字。笃者，厚也。敬者，慎也。信，只不说假话耳。然却极难。吾辈当从此字下手，今日说定之话，明日勿因小利害而变。如必推敝处主持，亦不敢辞。祸福置之度外，但以不知夷情为大虑。沪上若有深悉洋情而又不过软媚者，请邀之来皖一行。

以正理言之，即孔子忠敬以行蛮貊之道。以阴机言之，即勾践卑辱以骄吴人之法，闻前此沪上兵勇多为洋人所侮慢，自阁下带湘淮各勇到防，从无受侮之事。

孔子曰能治其国家，谁敢侮之。我苟整齐严肃，百度修明，渠亦自不至无端欺凌。既不被欺凌，则处处谦逊，自无后患。柔远之道在是，自强之道亦在是。第就各省海口论之，则外洋之通商，正与内地之盐务相同。通商系以海外之土产，行销于中华。盐务亦以海滨之场产，行销于口岸。通商始于广东，由闽、浙而江苏、而山东，以达于天津。盐务亦起于广东，由闽、浙而江苏、而山东，以达于天津；吾以“耕战”二字为国，泰西诸洋以“商战”二字为国，用兵之时，则重敛众商之费；无事之时，则曲顺众商之情。众商之所请，其国主无不应允。

其公使代请于中国，必允而后已。众商请开三子口，不特便于洋商，并取其便于华商者。中外贸易，有无交通，购买外洋器物，尤属名正言顺。

## 卷十三　峻法

世风既薄，人人各挟不靖之志，平居造作谣言，幸四方有事而欲为乱，稍待之以宽仁，愈嚣然自肆，白昼劫掠都市，视官长蔑如也。不治以严刑峻法，则鼠子纷起，将来无复措手之处。是以壹意残忍，冀回颓风于万一。书生岂解好杀，要以时势所迫，非是则无以锄强暴而安我孱弱之民。牧马者，去其害马者而已；牧羊者，去其扰群者而已。牧民之道，何独不然。医者之治瘠痈，甚者必剜其腐肉而生其新肉。今日之劣弁羸兵，盖亦当之为简汰，以剜其腐者，痛加训练，以生其新者。不循此二道，则武备之弛，殆不知所底止。立法不难，行法为难。凡立一法，总须实际行之，且常常行之。

以精微之意，行吾威厉之事，期于死者无怨，生者知警，而后寸心乃安。待之法，有应宽者二，有应严者二。应宽者：一则银钱慷慨大方，绝不计较，当充裕时，则数十百万掷如粪土，当穷窘时，则解囊分润，自甘困苦；一则不与争功，遇有胜仗，以全功归之，遇有保案，以优奖笼之。应严者：一则礼文疏淡，往还宜稀，书牍宜简，话不可多，情不可密；一则剖明是非，凡渠部弁勇有与官姓争讼，而适在吾辈辖境，及来诉告者，必当剖决曲直，毫不假借，请其严加惩治。应宽者，利也，名也；应严者，礼也，义也。四者兼全，而手下又有强兵，则无不可相处之悍将矣。

## 卷十四　外王

逆夷据地求和，深堪发指。卧之侧，岂容他人鼾睡！时事如此，忧患方深。至于令人敬畏，全在自立自强，不在装模作样。临难有不屈挠之节，临财有不沾染之廉，此威信也。《周易》立家之道，尚以有孚之威归反诸身，况立威于外域，求孚于异族，而可不反诸己哉！斯二者似迂远而不切合事情，实则质直而消患于无形。

凡恃己之所有夸人所无者，世之常情也；忽于所习见、震于所罕见者，亦世之常情也。轮船之速，洋炮之远，在英、法则夸其所独有，在中华则震于所罕见。若能陆续购买，据为己物，在中华则见惯而不惊，在英、法，亦渐失其所恃。购成之后，访募覃思之士，智巧之匠，始而演习，继而试造，不过一二年，火轮船必为中外官民通行之物，可以剿发逆，可以勤远略。

师夷之智，意在明靖内奸，暗御外侮也。列强乃数千年未有之强敌。师其智，购其轮船机器，不重在剿办发逆，而重在陆续购买，据为己有。粤中猖獗，良可愤叹。夷情有损于国体，有得轮船机器，仍可驯服，则此方生灵，免遭涂炭耳。有成此物，则显以宣中国之人心，即隐以折彼族之异谋。各处仿而行之，渐推渐广，以为中国自强之本。

## 卷十五　忠疑

盖君子之立身，在其所处。诚内度方寸，靡所于疚，则仰对昭昭，俯视伦物，宽不怍，故冶长无愧于其师，孟博不惭于其母，彼诚有以自伸于内耳。足下朴诚淳信，守己无求，无妄之灾，翩其相戾，顾衾对影，何悔何嫌。正宜益懋醇修，未可因是而增疑虑，稍渝素衷也。国藩滥竽此间，卒亦非善。肮脏之习，本不达于时趋，而逡循之修，亦难跻于先进。独是蜎守介介，期不深负知己之望，所知唯此之兢兢耳。

持矫揉之说者，譬杞柳以为杯棬，不知性命，必致戕贼仁义，是理以逆施而不顺矣。高虚无主见者，若浮萍遇于江湖，空谈性命，不复求诸形色，是理以豕恍不顺矣。惟察之以精，私意不自闭，私欲不自挠，惺惺常存，斯随时见其顺焉。守之以一，以不贰自惕，以不已自循，栗栗惟惧，斯终身无不顺焉。此圣人尽性立命之极，亦即中人复性命之功也夫！

阅王夫之所注张子《正蒙》，于尽性知命之旨，略有所会。盖尽其所可知者，于己，性也；听其不可知者，于天，命也。《易？；系辞》“尺蠖之屈”八句，尽性也；“过此以往”四句，知命也。农夫之服田力穑，勤者有秋，散惰者歉收，性也；为稼汤世，终归礁烂，命也。爱人、治人、礼人，性也；爱之而不亲，治之而不治，礼之而不答，命也。圣人之不可及处，在尽性以至于命。尽性犹下学之事，至于命则上达矣。当尽性之时，功力已至十分，而效验或有应有不应，圣人于此淡然泊然。若知之若不知之，若着力若不着力，此中消息最难体验。若于性分当尽之事，百倍其功以赴之，而俟命之学，则以淡泊如为宗，庶几其近道乎！

# 卷十六　荷道

文章之道，以气象光明俊伟为最难而可贵。如久雨初晴，登高山而望旷野；如楼俯大江，独坐明窗净几之下，而可以远眺；如英雄侠士，裼裘而来，绝无龌龊猥鄙之态。此三者皆光明俊伟之象，文中有此气象者，大抵得于天授，不尽关乎学术。自孟子、韩子而外，惟贾生及陆敬舆、苏子瞻得此气象最多，阳明之文亦有光明俊伟之象，虽辞旨不甚渊雅，而其轩爽洞达，如与晓事人语，表里粲然，中边俱彻，固自不可几及也。

古人绝大事业，恒以精心敬慎出之。以区区蜀汉一隅，而欲出师关中，北伐曹魏，其志愿之宏大，事势之艰危，亦古今所罕见。而此文不言其艰巨，但言志气宜恢宏，刑赏宜平允，君宜以亲贤纳言为务，臣宜以讨贼进谏为职而已。故知不朽之文，必自襟度远大、思虑精微始也。

三古盛时，圣君贤相承继熙洽，道德之精，沦于骨髓，而学问之意，达于闾巷。是以其时置兔之野人，汉阳之游女，皆含性贞娴吟咏，若伊莘、周召、凡伯、仲山甫之伦，其道足文工，又不待言。降及春秋，王泽衰竭，道固将废，文亦殆殊已。故孔子睹获麟，曰："吾道穷矣！"畏匡曰："斯文将丧！"于是慨然发愤，修订六籍，昭百王之法戒，垂千世而不刊，心至苦，事至盛也。仲尼即没，徒人分布，转相流衍。厥后聪明魁桀之士，或有识解撰著，大抵孔氏之苗裔，其文之醇驳，一视乎见道之多寡以为差：见道尤多者，文尤醇焉，孟轲是也；次多者，醇次焉；见少者，文驳焉；尤少者，尤驳焉。自荀、扬、庄、列、屈、贾而下，次第等差，略可指数。

# 卷十七　藏锋

《扬雄传》云："君子得时则大行，不得时则龙蛇。"一曲一直，一伸一屈。如危行，伸也。言孙，即屈也。此诗畏高行之见伤，必言孙以自屈，龙蛇之道也。诚中形外，根心生色，古来有道之士，其淡雅和润，无不达于面貌。余气象未梢进，岂耆欲有未淡邪？机心有未消邪？当猛醒于寸衷，而取验于颜面。凡民有血气之性，则翘然而思有以上人。恶卑而就高，恶贫而觊富，恶寂寂而思赫赫之名。此世人之恒情。而凡民之中有君子人者，率常终身幽默，黯然退藏。彼岂异性？诚见乎其大，而知众人所争者之不足深较也。自秦汉以来，迄于今日，达官贵人，何可胜数？当其高据势要，雍容进止，自以为才智加人万万。及夫身没观之，彼与当日之厮役贱卒，污行贾竖，营营而生，草草而死者，无以异也。而其间又有功业文学猎浮名者，自以为材质加人万万。及夫身没观之，彼与当日之厮役贱卒，污行贾竖，营营而生，草草而死者，亦无以甚异也。然则今日之处高位而获浮名者，自谓辞晦而居显，泰然自处于高明。曾不知其与眼前之厮役贱卒，污行贾竖之营营者行将同归于澌尽，而毫毛无以少异，岂不哀哉！

古之英雄，意量恢拓，规模宏远，而其训诫子弟，恒有恭谨厚藏，身体则如鼎之镇。以贵凌物，物不服；以威加人，人不厌。此易达事耳。声乐嬉游，不宜令过。蒱酒渔猎，一切勿为；供用奉身，皆有节度。奇服异器，不宜兴长。又宜数引见佐吏，相见不数，则彼我不亲。不亲，无因得尽人情；人情不尽，复何由知众事也。数君者，皆雄才大略，有经营四海之志，而其教诫子弟，则约旨卑思，敛抑已甚。

## 卷十八　盈虚

尝观《易》之道，察盈虚消息之理，而知人不可无缺陷也。日中则昃，月盈则亏，天有孤虚，地阙东南，未有常全而不缺者。“剥”也者，“复”之几也，君子以为可喜也。“夬”也者，“姤”之渐也，君子以为可危也。是故既吉矣，则由吝以趋于凶；既凶矣，则由悔以趋于吉。君子但知有悔耳。悔者，所以守其缺而不敢求全也。小人则时时求全；全者既得，而吝与凶随之矣。众人常缺，而一人常全，天道屈伸之故，岂若是不在乎？

天下事焉能尽如人意？古来成大事者，半是天缘凑合，半是勉强迁就。金陵之克，亦本朝之大勋，千古之大名，全凭天意主张，岂尽关乎人力？天于大名，吝之惜之，千磨百折，艰难拂乱而后予之。老氏所谓“不敢为天下先”者，即不敢居第一等大名之意。弟前岁初进金陵，余屡信多危悚敬戒之辞，亦深知大名之不可强求。今少荃二年以来屡立奇功，肃清全苏，吾兄弟名望虽减，尚不致身败名裂，便是家门之福。老师虽久而朝廷无贬词，大局无他变，即是吾兄弟之幸。只可畏天知命，不可怨天尤人。所以养身却病在此，所以持盈保泰亦在此。

谆谆慎守者但有二语，曰“有福不可享尽，有势不可使尽”而已。福不多享，故总以俭字为主，少用仆婢，少花银钱，自然惜福矣；势不多使，则少管闲事，少断是非，无感者亦无怕者，自然悠久矣。

# 曾文正公日记

## 卷一 道光十九年

道光十九年正月初一日：夜写散馆卷一开半家居。季洪弟受风寒。夜写散馆卷一开半。

正月初四，阴，作书邀刘冠群来舍。

辰后，拜祖墓。午刻，朱啸山来，王待聘妹夫来。作书邀刘冠群来舍。又作书寄霞仙。季洪弟自来痘。夜与尧阶、啸山谈至天明。夜三更大雪。

正月十三日，晴，调停楚善叔卖田事。

大姊家起龙至予家。邀彭百乘、寿七至舍，为楚善步衡阳卖田事，予托百乘二人调停。是日家中客多，共十余席。朱尧阶专人来舍，约余于廿四走彼家，拟同当朱良二庄田。四妹议许字朱凤台之子，尧阶遣人送男庚来。夜作书复尧阶，不愿成当田事。又作书与朱啸山，将四妹女庚发出。又作书复刘霞仙，论事其详。睡时五鼓矣。

正月廿九日，阴雨，满妹病故。

辰刻，满妹死。余尚未起，是叔淳弟痘亦密，甚危。家中哭泣不敢出声，恐惊叔淳。满妹生于道光十年庚寅八月初八日辰时，至是生八岁零一百七十一天。满妹病，全赖澄候调汤药，扶持床褥。余甚未尽手足之情。自廿三日，常服补剂人参、鹿胶，竟不能济，痛哉！是日买棺去五千钱，殓葬皆不能薄，葬于油麻冲。满妹临死，遍呼家中人，独不呼儿子桢第，知其危也。儿子是日服补剂，夜深始服高丽参汤。只以船小载重，医者刘东屏知其无济，余亦知其将死。是夜四更始睡，余与内人并不能寐。

二月初一日，早，雪，儿因逆症夭亡。

儿子痘色转白，昨夜泻二次，皆药也。饭后开方喂药，心知无补，尽情而已。

已刻竟死。生子生十七年丁酉十月初二日戌时，至是一岁零四月。自内子怀孕，未尝服药，生后至今，皆清吉。家祖尤钟爱异常，至是家祖殆难为情也。日晡时出葬，与满妹同穴。满妹与儿子，生时无片刻离身，至是皆以逆症夭亡，痛哉！夜汪三与唐一来舍。

三月二十五日，早，晴，日中，大风雨，是日在家。

七月十二日，晴，身上发癞疯，不能写寿序。陈雁门蒙师来。

七月十三日，晴，仍发癞疯。做寿诗一首，接朱尧阶信。

八月十七日，阴，早雨，余教国正勤俭忠信

族中有名国正者，在宝庆营。其父故衡阳，随母至湘乡，因徙寓宝庆，娶金氏，生国正兄弟四人。余因修谱事，踪迹其源流，悯其孤苦，因教之勤俭忠信。复至两营及协镇都督处，托其照拂。最早由宝庆起程，行六十里宿。

九月十七日，大雨，挽功杰知县

由官庄行八里，至杉木桥曾功杰家。功杰曾为直隶河间献县知县，本年六月故。是日开吊，丧事极办得整齐。余有挽联云：壮岁宫袍，耆年昼锦；陔南丛桂，蓟北甘棠。

十月十四日，晴，四妹出阁

昨夜未睡。是日黎明，送四妹出阁。父亲、母亲、余及二妹送亲，共夫七十八名，并朱家来夫百一十二名。日中，饭黄巢山。夜，宿梓门桥。早，与朱家约黄巢山媒轿来往及亲轿来往共四餐，皆余家办；紫门桥来往四餐，皆朱家办。四妹出阁，哭甚哀，余亦甚难为情。

十月廿六日，晴，叔父高轩欲以温甫为嗣。

以三弟温甫出抚与叔父高轩为嗣。先是，温甫少时，星者言其当作叔父义儿乃得长生，乡俗呼干爷也。后叔父无子，婶母病十余年，祖父屡次欲以温甫出抚，未果。本年七月，叔父以见嘱托，母亲不允，至是再四劝谐。是日请族戚四席。

十一月初二日，晴，寅刻得一子。

是日，起行进京，寅刻生一子。二月初一，儿子桢第夭后，内人不时啼泣，昨夜涕零不止也。九世祖妣屈太孺入葬衡阳白果鸡公头周人入屋后，后失挂扫。今年祖父至白果，寻出。本日，合族走坟上竖碑，共百余人，在余家同云，夜宿白果。下半日阴，北风。

十一月十三日，阴，议定修谱事。

住白庐家。白庐之尊人名衍咏，号雩台，尝请于有司求为莱芜候世袭翰博。

后又倡修曾子庙，求为曾氏南宗子。曾氏有修谱者就之余家议续谱，本年六月有成议。至是，余与家叔及上增叔同至仙舫、白庐家订修谱事，议每丁出钱百三十文；翰博印谱一部，圆印谱三部外，需谱者每部钱四千文。白庐之母丁氏，本年余曾为做寿屏也。

十二月初七日，晴，霁，夜与啸山登岸步月。

由陈池望逆风行六十里，至鹿角。夜，与啸山登岸步月。积雪未消，月明如昼。船甚多，远火高低，与星荧荧，二更登船始睡。

## 卷二　道光二十年

六月初七日

留馆后，本要用功，而日日玩偈，不觉过了四十余天。前写信去家，议接家眷。又发南中诸信。比作季仙九师寿文一首。余皆怠忽，因循过日，故日日无可记录。兹拟自今以后，每日早起，习寸大字一百，又作应酬字少许，辰后，温经书，有所知则载《茶余偶谈》，日中读史亦载《茶余偶谈》，酉刻至亥刻读集，亦载《茶余偶谈》，或有所作诗文，则灯后不读书，但作文可耳。

忆自辛卯年，改号涤生。涤者，取涤其旧染之污也。生者，取明袁了凡之言：从前种种，譬如昨日死，从后种种，譬如今日生也。改号至今九年，而不学如故，岂不可叹！余今年已三十，资禀顽钝，精神亏损，此后岂复能有所成？但求勤俭有恒，无纵逸欲，以丧先人元气。困知勉行，期有寸得，以无失词臣体面。日日自苦，不至佚而生淫。如种树然，斧斤纵寻之后，牛羊无从而牧之。如热灯然，膏油欲尽之时，无使微风乘之。庶几稍稍培养精神，不至自速死。诚能日日用功有常，则可以保身体，可以自立，可以仰事俯蓄，可以惜福，不使祖宗积累自我一人享受而尽，可以无愧词臣，尚能以文章报国。谨记于此，六月初七日夜记。

六月二十日，论为学之方

晏起，辰后，筠仙欲归，又为大雨所阻。午后同筠仙至岱云处，又至黎越乔处剧谈，二更始归。写应酬字二方。是夜，在黎樾乔处论为学之方，无过主敬之要，主敬则百病可除。自后守此二字，终身断不敢有陨越。

六月二十四日，人惭有病，饮食少减，精神不振。

六月二十八、二十九日，人更不快，每食仅碗饭。

六月三十日，梁玉臣请吃酒，在余寓所，有伶人，香吏在座。是日，余未吃饭。

十一月初五日，写过隙影

辰后，替陈尧农代写信二封。唐竟海前辈来，继朱啸山来，同至琉璃厂买纸，又同至杨杏农处，又同至萧史楼处，请萧史楼写寿屏。

早起，写寸大字五十个。辰后，单日读经，双日读史，至午正，未初起，单日读史，双日读集，至天黑止。灯后，写《茶余偶谈》，写《过隙影》。每三、八日出门及做他应酬事。

十一月初八日，看《绿野仙踪》

早起，方既堂来。辰后看《绿野仙踪》小说，心甚不收。方既堂复来，至未初始云。沈念农业。灯后，冯树堂来。夜又作诗一首，共四首，写完将寄郭筠仙。

十一月十三日，大晴

在啸山处写寿屏三幅，午正完。饭后，拜沈念农、周项，回寓已晚。夜，钟子宾来。看小说数十叶。

十一月十四日，晴

辰后，写小坪小条子，阅杨春皆诗。随走潘家河沿杨春皆、孙芝房、张兰皆、陈尧农处，与陈文泉对弈。归寓，小岑已来，谈至夜分归去。夜看小说，至三更始睡。

十一月十七日，晴

早起，写字数十个。饭后写熊秋白小条一幅。黄正斋来，随至陈尧农吊丧。过孙芝房、杨春皆处。回家写册页半开。邹芸陔来，戴莲溪来，梅霖生来，后陈岱云来，留梅、陈二人吃饭，谈至二更始散。是日所谈多笑谈，自觉太放浪。客去后，写册页一开，写《茶余偶谈》德行门二则。

十一月二十日，阴，夜阅二本小说。记德行门三则。

十一月二十一日，阴，夜，起更方归寓，阅小说二本，记德行门二则。

十一月二十七日，晴，大北风，是日，一事未作，又大伤身体。

十二月十五日，晴，看月，光明如昼，清寒彻骨。

## 卷三　道光二十一年

正月十二日，晴

晏起。饭后将去年端午节后银钱数目查点，约计去年用银八百两，还账三百，用去五百，数目不甚清晰。本年另立一簿，须条分缕晰，自立章程。

从日记上来看，曾国藩对于理财，分明是更有感觉。这一天他“晏起”，就是心安理得的让自己睡了个舒服觉，然后爬起来，开始拨拉算盘来计账。但是计算的结果去年一年，整整花掉了八百两银子。

正月二十六日，大北风，夜思分类钞笔记。

早起，饭后，阅《易知录》、《汉宣帝》、《元帝》及《武帝》五页。夜深，思将古来政事、人物分类，随手抄记，实为有用，尚未有条绪。

二月二十三日，是日在家请客，至二更散。自十八、九以来，人疲乏不清醒，耳徽鸣，又未看书。

五月二十八日，晴，是日，儿子病略好，而心尤甚恐。是日走梅世兄处，代理诸事。

七月十三日，晴，下半日阴。是日早起，求所为主一之法，而此心纷扰如故。日中陪客，颇形怠慢。

七月十四日，阴雨，问唐镜海读书之法。

晏起。饭后走梅世兄处，明日渠扶梓南归，今日走去探问一切。旋至许世叔处送行，又至周华甫之母处拜寿，又至胡润芝处，问伊扶梓归丧事宜。胡送余《陶文毅全集》二部。又至唐镜海先生处，问检身之要，读书之法。先生言当以《朱子全书》为宗。时余新买此书，问及，因道此书最宜熟读，即以为课程，身体力行，不宜视为浏览之书。又言治经宜专一经，一经果能通，则诸经可旁及。若遽求兼精，则万不能通一经。先生自言生平最喜读《易》。又言为学只有三门，曰义理，曰考核，曰文章。考核之学，多求粗而遗精，管窥而蠡测。文章之学，非精于义理不能至。经济之学，即在义理内。又问：经济宜何如审端致力？答曰：经济不外看史，古人已然之迹，法戒昭然。历代典章，不外乎此。又言近时河南倭良艮峰，前辈用功最笃实，每日自朝至寝，一言一动，坐作饮食，皆有札记。或心有私欲不克，外有不及检者皆记出。先生尝教之曰：不是将此心别借他心来把捉才提醒，便是闭邪存诚。又言检摄于外，只有整齐严肃四字。持守于内，只有主一无适四字。又言诗文词曲皆可不必用功，诚能用力于义理之学，彼小技亦非所难。又言第一要戒欺，万不可掩着云云。听之，昭然若发蒙也。又至陈筠心处、金竹虔处、岱云处，始归。夜写三十个。

这段记载，被史家视为曾国藩日记中最重要的记载。

七月二十七日，晴，天气渐冷，因风水之故欲易吾房。

早起。饭后又走翰林城处，邀渠同出门看房子。日内，缘翰城言余现所居棉花六条胡同房冬间不可住，翰城善风水，言之成理，不免为所动摇。且言八、九两月不可移徙，故找房屋甚急，而讫无当意者，心则行坐不定。本日，又与翰城看数处。午正归，走文昌馆，为吴蔼人之年伯寿分，申正归。西垣来，邀同至小珊处，遇芸渠，畅谈，二更始归。自二十四日起，以房子故，心不定，不能用功，仅阅《宣和遗事》四卷而已。（天头，是日，接家信。）

八月二十五日，是日儿跌伤眼睚。

黎明起，为九弟点生书。温《巧言》、《何人斯》、《巷伯》、《谷风》、《蓼莪》，共五章。饭后，岱云来，邀同至月乔处拜寿。归，圈《汉书》《李寻传》，赵广汉、伊翁归，韩延寿、张敞传。早刻，写对联一副。走月乔处吃饭，三更始散。是日儿子跌伤眼睚，因手中有箸，跌去，著抵眼角，入皮半分，青肿见面。幸祖宗神灵，为之默佑，若移过半分，则凿入目中矣。

九月初一日，大冷，（誓从今永禁吃烟）

黎明起，走会馆拈香。归，圈《汉书》《冯奉世传》、《宣元六王传》、《匡衡张禹孔光传》。下半天苦雨三处，寄云处，敬堂处，夜归，早睡。是日早起，吃烟，口苦舌干，甚觉烟之有损无益，而刻不能离，恶湿居下，深以为恨。誓从今永禁吃烟，将水烟袋捶碎。因念世之吸食烟瘾者，岂不自知其然？不能立地放下屠刀，则终不能自拔耳。

九月初二日，从今始吾不得自逸。

早起，温《诗经》《鼓钟》《楚茨》。饭后，走俪裳处拜寿。因走蔡春帆处，仑仙处、少鹤处。归，阅《汉书》马宫传，《王商史丹傅喜传》、《薛宣朱博传》。下半天，小珊来，余走吴和甫处。

三十年为一世。吾生以辛未十月十一日，今一世矣。聪明日减，学业无成，可胜慨哉！语不云乎：往者不可谏，来者犹可追。自今以始，吾其不得自逸矣。道光辛丑初度日识。

十一月初三日，与岱云走会馆送彭山屺行。

早起，为母亲寿辰设堂拜祝。饭后即与岱云走会馆送彭山屺行。旋在湖广（馆）公饯罗苏溪一天。夜洗脚。为九弟点文一首，圈韩文十五页。

这篇日记作于道光二十一年，公元1841年，是年曾国藩31岁。之所以强调日期与曾国藩的年龄，是因为，这是曾国藩的日记中，首次出现洗脚的记载。

十一月十四日，为九弟选文三种。

早起，饭后岱云来，邀同至湖广馆拜寿。归。走许师处。下半天请小山开方医小儿，大约病症一由受寒，一由煤气蒸逼，一由停滞也。是日与昨日全未看书。是夜，为九弟选文三本。

右选文三种：气体高浑，格调高雅，可以传世无疑者，为一种；议论郁勃，神情激越，利于乡会场者，为一种；灵机活泼，韵致妍妙，宜于岁科小试者，为一种。不分时代，不论题之大小，即其所分之三种，亦有可移易者。要之，吾之所见如此，以是为课弟之本云。十一月十四日夜涤生记。

十一月十五日，内人分娩生一女

早起，走会馆行香。归，早饭，是日内人将分娩。余亦未至书房看书。儿子请太和堂王医来诊治。夜二更尽，内人生一女。是夜，与九弟同守一夜，不睡。儿子病，甚烦闷，哭泣不时。所雇者仆妇已于昨日开销，小婢又不中用。是日夜，甚劳。断脐及一切事，即内人亲手经理。

这一天，曾国藩的第一个女儿曾纪静出生了。

## 卷四　道光二十二年

十月初一日，倭艮峰前辈言研几工夫。

丑初起，至午门外迎送圣驾。在朝房不能振刷出拜。杨朴庵论《四书》文有诞言。至会馆敬神，饭周华甫处，言不由衷。拜倭艮峰前辈，先生言研几工夫最要紧，颜子之有不善，未偿不知，是研几也。周子曰：几善恶。《中庸》曰：潜虽伏矣，亦孔之照。刘念台先生曰：卜动念以知己。皆谓此也。失此不察，则心放而难收矣。又云：人心善恶之几，与国家治乱之几相通。又教予写日课，当即写，不宜再因循。出城拜客五家，酉正归寓。灯下临帖五字。

十月初三日，岱云以诤言劝余。

一早，心嚣然不静。辰正出门拜何子敬，语不诚。至岱云处，会课一文一诗，誊真，灯初方完。仅能完卷，而心颇自得，何器小若是！与同人言多尖颖，故态全未改也。归，接家信。岱云来，久谈，彼此相劝以善。预言皆已所未能而责人者。岱云言余第一要戒慢字，谓我无处不著怠慢之气，真切中膏肓也。又言予以朋友，每相持过深，不知量而后入，随处不留分寸，卒至小者龃龉，大者凶隙，不可不慎。又言我处事不患不精明，患太刻薄，须步步留心。此三言者皆药石也。（天头，直哉，岱云克敦友谊）默坐，思此必须常有满腔生意；杂念憧憧，将何以极力扫却？勉之！复周明府乐清信。利心已萌，记本日事。

十月初四日，与吴竹如长谈，彼此考验身心。

早起，读《咸卦》，较前日略入，心仍不静。饭后往何家拜寿，拜客五家。归，吴竹如来，长谈，彼此考验身心，真畏友也。艮峰先生来，对二君，心颇收摄，竹如言敬字最好，予谓须添一和字，则所谓敬者方不是勉强把持，即礼乐不可斯须去身之意。（天头，敬自和乐，勉强固不是敬，能常勉强亦好。艮峰。）躬行无一，而言之不怍，岂不愧煞！黎月乔前辈来，示以近作诗。赞叹有不由中语，谈诗妄作深语，已所不逮者万万。丁诵生来，应酬言太多。酉正走何子贞处，唱清音，若自收摄，尤甚驰放，幸少说话。酒后，与子贞谈字，亦言之不怍。一日之间，三犯此病，改过之意安在？归，作字一百，心愈拘迫，愈浮杂。记本日事，又酒时忽动名心，为人戒之。

十月初七日，力惩余简慢之咎。

早，读《晋卦》，颇融惬。罔孚，裕，无咎。裕，难矣。《中庸》明善诚身一节，其所谓裕者乎？饭后进城看房子，晤竹如，同谒唐先生，久坐。出城拜六七家。力惩简慢之咎，已入于巧令矣。酉未归，作字一百。灯后，又作一百。走岱云处，商应酬事三端，言太多。归，作诗十六句，未成。精神要常令有余，予事则气充而心不散漫。本日说话太多，吃烟太多，故致困乏，都检点过不出来，自治之疏甚矣！记本日事。

十月初九日，反省待小珊之过。

大人寿辰，辰正陪客，至申时方散。酒食太菲，平日自奉不俭，至亲前反不至隆，何不加察也？客散后，料俗事数件。晡时，走小珊处。小珊前与予有隙，细思皆我之不是。苟我素以忠信待人，何至人不见信？苟我素能礼人以敬，何至人有慢言？且即令人有不是，何至肆口漫骂，忿戾不顾？几于忘身及亲若此！此事余有三大过：平日不信不敬，相持太深，一也；比时一语不合，愤恨无礼，二也；龃龉之后，人反平易，我反悍然不近人情，三也。恶言不出于口，忿言不反于身，此之不之，遑问其他？谨记于此，以为切戒。(天头，自反极是）与小珊、竺虔谈甚久，总是说话太多。两日全未看书，且处处不自检点，虽应酬稍繁，实由自新之志不痛切，故不觉放松耳。记本日事。

十月初十日，梦人得利甚觉艳羡，醒后痛自惩责。

早，读明夷卦，无所得。饭后，办公礼送海秋家，烦琐。出门，谢寿数处，至海秋家赴饮。渠女子是日纳采。座间，闻人得别敬，心为之动。昨夜，梦人得利，甚觉艳羡，醒后痛自惩责，谓好利之心至形诸梦寐，何以卑鄙若此！方欲痛自湔洗，而本日闻言尚怦然欲动，真可谓下流矣！与人言语不由中，讲到学问，总有自文浅陋之意。席散后闲谈，皆游言。见人围棋，跃跃欲试，不仅如见猎之喜，口说自新，心中完全不真切。归，查数，久不写账，遂茫不清晰，每查一次，劳神旷工，凡事之须逐日检点者，一日姑待后来补救，则难矣！况进德修业之事乎？是日席间，海秋言人处德我者不足观心术，处相怨者而能平情，必君子乎。此余所不能也。记本日事。

十月十一日，自省是日浅露浮躁。

三十二初度。同年十人在寓中会课。绝早客来，灯后方散。出题太难，又以生辰，同人皆不完卷，余亦不作，无恒！主人气先散漫，故众亦懒散，说话又多戏谑。是日，酒食较丰，而大人寿辰反菲，颠倒错谬，总由不静故。应酬稍繁之时，便漫无纪律。戏作自寿诗，限三讲全韵，以己之能病人，浅露极矣！（天头：寿字易，警勉等字如何？艮峰）客散后，走何子贞处。夜已深，尚不在家静养，何浮躁也！与子敬久谈后，子贞归。后，兄弟立次予自寿诗韵，欣羡其才，何为人鹜外之见如此其重，而为己之志如此不坚也。真浊物也！归已三更。今日精力疲乏，明日读书，必不入。记本日事。

十月二十一日：见岱云颇惜光阴而自责余玩世不振。

晨醒，贪睡晏起，一无所为，可耻。饭后，读《易》仅两页，竺虔来，久谈。接九弟信，喜已到省，而一路千辛万苦，读之深为骇悸。又接郭云仙信并诗，两信各一二千字，读之又读，兄弟友朋之情，一时凑集。未正出门，为办公礼事，拜客三家，归。饭后，岱云来，谈至三更，说话太多，神倦，心颇有骄气。斗筲之量，真可丑也。岱云每日功夫甚多而严，可谓惜分阴者，予则玩世不振。客去后，念每日昏锢，由于多吃烟，因立毁折烟袋，誓永不再吃烟，如再食言，明神殛之！

十月二十二日，家父教余保身三要及交友三道。

早起，读《萃卦》，心颇入，总有浮气。饭后，读《升卦》，未毕。走宴同甫处拜寿，便拜黎樾乔前辈，渠今日请客，因被留住谈诗。又是说话太多，举止亦绝无瑟间之意。灯后归，接家信，大人教以保身三要：曰节欲、节劳、节饮食。又言凡人交友，只见得友不是而我是，所以今日管鲍，明日秦越，谓我与小珊有隙，是尽人欢竭人忠之过，宜速改过。走小珊处，当面自认不是。又云使气亦非保身体之道。小子读之悚然。小子一喜一怒，劳逸疴痒，无刻不萦于大人之怀也。若不敬身，其禽兽矣。仍读《易》数刻，记昨日、今日事。翻阅杜诗，涉猎无所得。

十月二十三日

早起，去雨三家会课，同人闲话甚久，已正尚未动笔。饭后，余逃课归，走寄云家谈，因与围棋一局。归，剃发。读杜诗，涉猎。出门拜客三家。遇树堂，见其静整有进境，归。灯后写册页一开，临帖二百五十字。是日会课，即宜守规敬事，乃闲谈荒功，又溺情于奕。归后数时，不一振刷，读书倏忽，自弃至矣。乃以初戒吃烟，如失乳彷徨，存一番自恕的意思。此一恕，天下无可为之事矣。急宜猛醒，记本日事。

十月二十九日，自戒烟以来心神彷徨。

早起，心不静。走邵蕙西处谈，有骄气。归，蕙西来，久不见，甚觉亲切，然彼此都不近里。读《鼎卦》，不入。会客三次，总是多言，且气浮嚣。晚饭后，会二客，心简慢而格外亲切，言不诚。灯后客去。余亦出门，走岱云处。不能静坐，只好出门。（天头：心不耐闲，是病）自戒烟以来，心神彷徨，几若无主，遏欲之难，类如此矣！不挟破釜沉舟之势，讵有济哉（旁注：诚然）同岱云走晤何家兄弟，词气骄浮，多不检。归，已夜深。记本日事。

十一月初九日，以后当戒多言如戒吃烟。

早起，读《兑卦》，冯树堂来，邀同至岱云家拜年伯母寿，吃面。席间一语，使人不能答，知其不能无怨。言之不慎，尤悔丛集，可不戒哉！散后，宜速归，乃于竺虔同走何家。与人围棋一局，又看人一局，不觉耽误一时。急抽身回家，仍读《兑卦》。申刻，走岱云家晚饭，席前后气浮语多。与海秋谈诗文，多夸诞语，更初散。又与海秋同至何家，观子贞、海秋围棋，归已亥正。凡往日游戏随和之处，不能遽立崖岸，惟当往还渐稀，相见必敬，渐改征逐之习；平日辩论夸诞之人，不能遽变聋哑，惟当谈论渐低卑，开口必诚，力去狂妄之习。此二习痼弊于吾心已深（天头：要紧，要紧！）前日云，除谨言静坐，无下手处，今忘之耶？以后戒多言如戒吃烟。如再妄语，明神殛之！并求不弃我者，时时以此相责。

十一月初十日，余忽思构巨篇以震炫举世，可丑！

晏起。读《涣卦》。树堂来，渠本日三十初度。饭后，读《节卦》。倚壁寐半时，申刻，记《馈贫粮》。旋出门拜客五家，在树堂处看渠日课，多彩刍言，躬行无一，真愧煞矣！今早，名心大动，忽思构一巨篇以震炫举世之耳目，盗贼心术，可丑！灯初，归，记昨日，今日事，点古文二卷半。今早，树堂教我戒下棋，谨当默从。

十一月十二日，因神散遂生出剽窃、急遽，无恒之毛病。

晕起。日来，不能整顿一切，随事有放松意思，遂尔精神散漫。读《易中孚卦》，不入。拟作诗文寿树堂，不成，仅得十句。饭后，作诗数刻，不获。因翻《太白集》，细玩古诗五十九首数遍。继又以缪刻无注，《乐府》多不可解。因取《乐府解题》校钞。晡时，走小珊、竺虔处闲谈。又是说话太多，幸无欺人语。归，仍抄《题解》此所谓玩物丧志者也。因作诗而翻名人集，有剽窃的意思。《乐府题解》不细看全部，仅钞李集题，又不求真知，有苟且急遽底毛病。《易》与《古文》俱未完，而忽迁业，有无恒底毛病。总由早晨精神散漫，不能读《易》，遂生出种种毛病来。总要静养，使精神常裕，方可说功夫也。

十一月十六日，余须戒：吃烟，妄语，房闼不敬。

早起，誊昨夜诗，尽改换大半。饭后，走何子敬处，欲与之谈诗，凡有所作，辄自适意，由于读书少，见理浅，故器小易盈，如是可耻之至！与子敬围棋一局。前日服树堂之规而戒之，今而背之，且由我倡议，全无心肝矣。归，房闼大不敬，成一大恶。细思新民之事，实从此起。尤化始于闺门，除刑于外无政化，除用贤以外无经济，此之不谨，何以谓之力行！吾自戒吃烟，将一月，今差定矣！以后余有三戒：一戒吃烟，二戒妄语，三房闼不敬。一日三省，慎之慎之！下半天悠忽将一时，可恨！夜，作诗一首，十二早已作十句，足成之。记本日、昨日事。不读《易》，荒正业已五日矣，尚得为人乎？作地用莫如马二章。

十一月二十六日，读艮峰为我批之册不禁悚然汗下

晏起，可恨！点诗一卷。至杜兰溪家拜寿，说话谐谑，无严肃意，中有一语谑而为虐矣。谨记大恶。拜客两处，微近巧言。未正至竹如处，谈至黄昏时，竹如有弟之丧，故就之谈以破寂，所言多血气用事。竹如辄范我于义理，竹如之忠于为友，固不似我之躁而浅也。归，接到艮峰前辈见示日课册，并为我批此册，读之悚然汗下，教我扫除一切，须另换一个人。安得此药石之言！细阅先生日课，无时不有戒惧意思，迥不似我疏散，漫不警畏也。不敢加批，但就其极感予心处著圈而已。夜深，点诗一卷。

十一月二十七日，余欲另换一个人，又怕人说我假道学。

早起，读《中孚卦》，心颇入。饭后，走唐诗甫处拜其年伯冥寿，无礼之应酬，勉强从人，盖一半仍从毁誉心起，怕人说我不好也。艮峰前辈教我扫除闲应酬，殆谓此矣。张雨农邀同至厂肆买书，又说话太多。黄茀卿兄弟到京，便去看。与岱云同至小珊处，渠留晚饭，有援止而止的意思。又说话太多，且议人短。细思日日过恶。总是多言，其所以致多言者，都从毁誉心起。欲另换一个人，怕人说我假道学，此好名之根株也。尝与树堂说及，树堂已克去此心矣，我何不自克耶？记二十四、五、六、七四日事。

十二月初七日，立课程十二项。

晏起。看《浮邱子》五十叶。未初走蕙西处，谈片刻。归，剃头。申初海秋来久谈，言不诚。酉初出门拜客，饭岱云处。同走子贞处，商寿文。与子敬谈，多言。岱云之勤，子贞之直，对之有愧。归，读史十叶。寝不寐，有游思，殆夜气不足以存矣。何以遂至于是！不圣则狂，不上达则下达，危矣哉！自十月朔立志自新以来，两月余渐渐疏散，不严肃，不谨言，不改过，仍故我矣。树堂于昨初一重立功课，新换一个人，何我遂甘堕落耶？从此谨立课程，新换为人，毋为禽兽。

课程

敬：整齐严肃，无时不惧。无事时心在腔子里，应事时专一不杂。如日之升。

静坐：每日不拘何时，静坐半时。体验来复之仁心，正位凝命，如鼎之镇。

早起：黎明即起，醒后勿粘恋。

读书不二：一书未点完，世不看他书。东翻西阅。徒徇外为人。每日以十叶为率。

读史：丙申购二十三史。大人曰：尔借钱买书，吾不惮极力为尔弥缝。尔能圈点一遍，则不负我矣。嗣后每日点十叶，间断不孝。

谨言：刻刻留心，是功夫第一。

养气：气藏丹田，无不可对人言之事。

保身：十月二十日奉大人手谕曰：节劳，节欲，节饮食。时时当作养病。

日知所亡：每日记《茶余偶谈》二则。有求深意是徇人。

月无忘所能：每月作诗文数首，以验积理之多寡，养气之盛否，不可一味耽着，最易溺心丧志。

作字：早饭后作字半时，凡笔墨应酬，当作自己课程，凡事不可待明白，愈积愈难清。

夜不出门：旷功疲神，切戒切戒。

十二月初九日，夜深归。违夜不出门之戒，都是空言欺人。归，读史十叶。

十二月十六日：谈次，闻色而心艳羡，真禽兽矣。

## 卷五　道光二十三年

二月十二日：

蕙西已来，始唤起，论连夜天象。西南方有苍白气，广如一匹布，长数十丈，斜指天狼星。不知主何祥也。因留蕙西早饭。蕙西面责予数事：一曰慢，谓交友不能久而敬也；二曰自是，谓看诗文多执己见也；三曰伪，谓对人能作几副面孔了。直哉，吾友！吾日蹈大恶而不知矣！是日，作小楷千余字。下半天，蕙西来，招同至陈艺叔处，灯后归。王翰城来，久谈。

二月二十日：

晏起。饭后看小说，已初，至龙爪槐公请房师季仙九先生，言有诳语，酉初归。女儿尚未好。季师意欲予致力于考试工夫，而予以身弱为辞，岂欺人哉？自欺而已！暴弃至此，尚可救药乎？

三月初二日：

早起，饭后写小楷千余字。日中，闺房之内不敬。去岁誓戒此恶，今又犯之，可耻，可恨！竹如来，久谈。久不克治，对此良友，但觉厚颜。庞做人来。言渠近来每日记所知，多或数十条，少亦一二条，因问余课册，予但有日记，而无课，闻之，不觉汗下。酉初，赴岱云便饭之约，座间失言。

三月初四日：

早起，至湖广馆作试贴诗一首。至翰城家早饭。巳正，与岱云同至张雨农家。张与黄茀卿订婚，是日纳征，予二人为媒。在张寓久坐，因与张楠阶围棋一局。席间，因谑言太多，为人所辱，是自取也。人能充无受尔汝之实，无所往而不为义也，尚不知戒乎！夜，至海秋处，略谈。

三月初十日，今入正大光明殿应试

寅初起。卯初，至出入贤良门外听点。旋入正大光明殿应试。卯正，得题《如石投水赋》，以陈善闭邪谓之敬为韵，《烹阿封即墨论》；《赋得半窗残月有莺啼》得一莺字，五言八韵，三艺至未初末刻作就，未正写起，至酉正，止补一字。出场，出赋稿与同人看，始悟有一大错，已悔无及矣。粗心至此，何以忝厕词垣哉！是日进场，百二十四人，监试为定郡王载铨，逻守甚严，搜出怀挟之赞善如山，比交刑部治罪，可惨也，余俱整齐完场。

三月十三日，余因有大错而忝列高等，抱愧殊极。

十月二十六日，立亭望落日红霞，中条山苍然如画。

行七十里，住樊桥驿。馆后有小亭，望中条山，苍然如画，独立亭上，看落日西下，红霞半天，快甚。

## 卷六　道光二十四年

正月初一日，是日为车夫愤怒两次。

寅初起，寅正趋朝庆贺，辰初退朝。至会馆敬神，旋归寓。饭后拜客，至酉初方散，归，是日为车夫愤怒两次。

二月十九日，与内人有责言

早，习字一百。与内人有责言。会客五、六次。未初至会文堂赴宴，拜客三家，归，夜睡最早。

二月二十六日，至何丹畦家会课。

早，习字一百。拜客数家。至何丹畦家会课，申正散。与树堂、筠仙久谈。旋与筠对棋二局。

四月初三日，晓岑早来，与共围棋。

四月初八日，与筠仙下棋。

四月十六日，寅正至正大光明殿考差。

至正大光明殿考差。寅正进场。《四书》题“其未得之也”至“无所不至矣”。经题《谦也者至恭，以存其位者也》。诗题《赋得君臣一气中》得公字。未正三刻，三艺作完，写至戌初始毕。是日，场屋搜出李汝峤、佟元，交刑部治罪。李则曾在上书房行走，且曾任山东学正者也，尤为可惜。

四月二十三日：

晏起，拜客，至会馆早饭。旋拜数家，申正归，吃点心。复至镜海丈处，久谈，戌初归。夜，与筠仙围棋二局，头昏眼花，以后永戒不下棋也。

四月二十四日：

晏起，饭后写小字。下雨。写至未刻止。雨甚。闻三鼎甲信，申初，与筠仙围棋，复蹈昨日之辙。

四月二十七日：

晏起，饭后与筠仙对弈。

四月二十八日：

早起，读书二十页，旋房闼不敬。

五月初五日，今誓曰：如再下棋，永绝书香也早起，写李石梧道喜信一件。饭后，无所事，心如悬而不降者，知其不能定且静也久矣。未正，徐石泉来，与同围棋数局。石泉去而余头昏眼花，因戒永不下棋。誓曰：如再下棋，永绝书香也。夜与树、筠二君谈，写扇一柄。

八月初六日，细思家训条例。

早起，遣人听宣，旋写字一百。饭后写帐。陈岱云来，久谈。至申正始去。下半天细思家训条例。夜钞家训百字，自誓以后非有大故，每日皆钞百字，倘有不钞，永绝书香。

## 卷七　道光二十五年

正月初六日，因下人糊涂而生气，自笑七情之易动也。

早起，读韩诗，清理拜客单。饭后出门。因下人糊涂，生气，自笑七情之易动也。拜客，至酉初归。夜记《茶余偶谈》一则。

二月二十九日

早起，读《魏世家》。旋请客一席，申正散。下半天会客，与筠仁弟久谈。

## 卷八　咸丰八年

三月至四月：

端庄厚重是贵相，谦卑包容是贵相

事有归着是富相，心存济物是富相

读书二卷：卯初至午初

习字一、二百：午初至未初

料理杂事：未初至酉正

作诗文札记：三八日

巧召杀，忮召杀，吝召杀

孝致祥，勤致祥，恕致祥

大病初愈，戕树重生，将息培养，勿忘勿助。

朝闻道，夕死可矣。

三月二十日，作札记立誓

四月二十三日，戒棋立誓

二十六日，窒欲立誓

矫激近名，扬人之恶；有始无终，怠慢简脱

平易近人，乐道人善；慎终如始，修饰庄敬

威仪有定，字态有定，文气有定。

七月初七日记

有能统领各营者，便专责成

亲兵营须轮流择派：二条希庵

驻扎宜择要地：各将领征剿，以神速为贵，故变动不居，大帅以镇定为贵，故宜静制动，斯得主有常。

统领之权宜略重

官场照例之事不宜忽略

营员不可经手捐项厘金

应咨应札应批之件均宜神速：及应酬之信

右五条温甫

营外不可有茶馆、烟馆

出六成队不可有七成争军

右二条迪庵

七月初九日记：

前走六成队（三营），后走四成队（二营），或偶然前多，中间辎重，每营以六成另走，以四成护辎重。

七月二十三日记：太平军自排山窜往玉山

广丰五都逆匪，已于十七日卯刻由排山窜往玉山。玉山有沙溪、大南岭两路可窜。又闻浦城尚有一大股在，后不知窜何处（上饶杨令二十日禀）。李次青十七日受伤，其送信二人，一人伤死，一受伤后二日至广信（沈幼丹二十寅刻信）。玉山之贼十五日在塔山边扎营，武威军新武奇兵九百余人，入城助守。十六日大南桥之贼二千余，窜至水南普宁寺扎营，四面围城甚紧，与广信府城文报不能（广信汪守十九日信）。闻二渡关有另股伪九千岁窜扎关口，石逆尚踞浦城未动。崇安、光泽之贼窜距温林关、云集关不远（弋阳胡令十七日禀）。

七月二十九日，戈什哈李绍裔不服管辖，是夕遣去。

早，开船。行三十余里，余干令莫廷番来见。又二十余里，至龙津地方驻泊，莫令再来见。莫号尧夔，广东南海人，甲午同年，曾在南康一见也。是日在舟中清发湖北信件。罗方伯处，自填写二叶。文任吾处添三叶。又写胡中丞信一件、彭雪琴信一件。打包交彭雪琴转递湖北。又写次青信一件、幼丹添二页。夜，接九弟二十四日信（张正魁，杨和贵带回），不接弟信四十一日，至是得信，极欣慰也。是日热甚，与雷西垣、意城、仙屏舟次乘凉，久谈。所坐红船，不至余干以上，以滩干水浅之故，即在此候坐官板船，将红船开发，仍旧湖口。戈什哈李绍裔不服管辖，是夕遣去。

八月初五日，向导营四勇经鹰潭，被团局凶殴，令县令立审。

早间，因谣传新城失守，少晏起行。已午间，大逆风，不能开船。向导营四勇，在鹰潭经过，被该处团局杀死一人，杀伤三人。已刻来报，县令谭君亦随来，因令谭审讯。谭审后来禀，供词含糊，仅以查拿凶手一语塞责而已，因令解送局中。职员曾守文、生员黄宗发、店主桂胜生三人来营，发送李笏生再审。申刻登舟，开上三里许。戌刻，李审此案。团局于凶殴四勇之后，又复捆送县城，捏情诬禀，情殊残忍，因将曾守文正法，而带黄宗发、桂胜生二人至河口，如受伤三人中再有死者，再行议抵也。是日写六弟信一件，迪庵信三叶。改李筱泉，喻吉三各夹片。夜，写耆中丞信三叶，赶抄两摺一片、会回各稿，专黄金魁送迪庵营次，并六弟一信。又将鹰潭团局案，箴告雪琴，系意城代写。

八月初九日又附记：

郑元璧：锡候，建溪书院山长，结实可靠。

蒋衡：建宁己卯举人，在府办团。

孟际元：侯官人，甲午举人，在崇安多年，选莆田教官。

杨春蕃：邵武府属教官，长乐人，乙未举人，结实可靠。

何高慰、傅方驹、杨绍梅：比光泽举人，在团局公正，与雷西垣善。

顾飞熊：署邵武参将，浙江诸暨人，现在杉关，勇敢善战。

以上幼丹观察所开。

八月十八日

早，清理文件。饭后见客六次。李次青荐李仁俊充书办，系一鸟枪勇，而书法甚佳，因令其充清书。蔡梦熊与其侄蔡樟原来见。樟元之父，嘉庆己未进士，任知县十年。其兄道光壬辰举人，现任教官。樟原本年欲北上，送诗一首。添李筱泉兄弟信二叶，添雪琴、迪庵信各一叶。夜温《滕文公》上下篇，二更后睡。竟夜大雨不止。南城十八都团局杀宝勇三十三人。营官朱步青禀请查办，困札饬张凯章讯明究办。并札南城令黄荫山随同查办。是日来报，绅团仅交出三人，碍难核办云云。余以凯章即日拔营入关，嘱其速了此案。

八月十九日附记：鹿茸法：

制鹿茸法：先用磁瓦片去毛，将鹿茸用黄酒泡湿。又用酒泡湿白布，包茸放入蒸笼内蒸发，然后用刀切成片子，再加黄酒，再蒸后，用杵冲碎。高丽参切片子，用黄酒蒸发冲碎。每茸一两，配参二两。或用黄酒，或用蜜糖，共和做成丸。

一法：鹿茸用刀去毛，酒浸，切片，炒干，研成末。高丽参切片，炒干，研末。二味和研，用黄酒洒丸。

八月二十二日

早，清理文件，饭后写家信三件。午正至城内拜客，看许仙屏病。接九弟信，吉安于十九日夜克复，各营来贺喜。应酬时许。夜闻吴翔冈一军追贼至万年，先胜后挫，刘隐霞殉难，李雨苍不知下落，因呼朱品隆来计事。王人树议张凯章一军，宜暂驻贵溪不动也。写信与吴翔冈，令其回营。添信二叶，寄骆中丞。写信与九弟。

八月二十六日：

挽刘隐霞：五载共兵戈，地下知心王壮武；万年歆俎豆，沙场归骨马文渊。

八月二十七日附记：

家中雇长夫百人。

蒋魁南、杨喜贵、曾像五送茸至吉安，并功牌。

九月十九日，吴子序自南丰来会，老病龙钟状早，料理文件。已刻，张凯章来久谈。又见客三次。午正请药匠伙计来制造鹿茸丸。吴子序自南丰来会，老病龙钟之状，令人恻然。陪久谈。中饭后，子序入城拜客。戌刻归来。夜与共谈至二更尽。

十月二十四日：闻成章鉴在吴城病故，不胜悲悼

早，清理文件。饭后，吴子序来久谈。午刻传见吉中营哨官三人。刘兆龙带长夫百余人来，江龙三亦来。接四弟信、叔父信，言家中事颇详。李筱泉来久谈。中饭后，闻成章鉴在吴城病故，不胜悲悼。成以武弁而知忠义爱民，谋勇兼优，方冀其继塔、杨而起，不意其遽逝也。申刻接彭雪琴信，知迪庵有三河之败；言温甫弟与孙筱石、李璞皆、杨得武皆至桐城，迪庵冲出至六安州，不知果否。又言杨厚庵已至桐城，抚慰军心。都鲍派马队至桐城助守湖口，彭泽之营亦已北渡赴桐云云。若得迪庵无恙，则不久可复振也。迪军分希庵留于湖北，又分八、九营守浔湖彭泽，又分九营守桐城，又分二营来余处。分军太多，胜仗太多，固宜不免一挫。夜，与朱品隆谈李营事。睡不成寐。

十二月二十日：

早，清理文件。饭后，杨名声、杨镇南等三人同行。天雨，少霁，意者吾温弟可得归骨乎？见客二次。阅《读书杂记余篇》。下半日心绪作恶，因无耐性，故刻刻不自安适，又以心中实无所得，不能轻视外物，成败毁誉不能无所动于心，甚愧浅陋也。是日早写家信，交刘良二带至家中，限年内到。

十月二十八日附记：

王春发：口方鼻正，眼有清光，色丰美，有些出息。初当散勇，在吴稳正处打大旗，五年冬当百长，八年三月帮办。年二十三岁。父四十六，母四十。

毛全陛：鼻梁正，中有断纹。目小，睛无神光。口小。不可恃。住平江五里亭。四年随李扩夫，六年十二月在贵溪充哨长，现充哨官（天头：父亡母存。弟二十四，在本哨当勇，四年至今未假，衢州充哨官。）。

唐顺利：三十八岁，常宁人。目小有精光，眉粗，笨人。二年在长沙入苏营至南京。五年在李卿云麾下当奋勇，贵溪升哨长。本年三月升哨官（天头：三年至江西罗玉麾下。兄弟四人，三兄皆在家。发粗）。

第十章咸丰九年

正月二十七日，寻得温弟忠骸为不幸中一幸

早，清理文件。饭后见客三次，南城生员胡梓带其子来见，献诗四章，

极颂扬之辞，年七十三，对之有愧。未刻，吴子序同年来，与之论文颇畅，谈至亥正二更后。接胡润之中丞告温甫弟忠骨已寻得，内附灵山王大令自辂复余信一件，杨名声、杨镇南等三人禀一件，刘步瀛寄王令信一件。刘步瀛者，督标马兵，前迪庵小石之忠骸，是其所寻得。此次，又寻得温弟忠骸及吴浣溪立蓉尸也。闻温弟遗蜕得还，为不幸中之一幸。而先轸丧元，又为幸中之一大不幸。与子序复谈，将至三更，夜彻晓不眠。

二月初八日，接信言温甫弟丧元，灵柩归乡

早，清理文件。饭后见客三次，与子序围棋一局，中饭后再围一局。接杨名声专人来信，言温甫弟丧元，杨镇南、张吟再去寻觅，渠一人先送灵柩回湖南，读之悲不自胜，因批令一人先归。夜与子序叙，言读书之道，朝闻道而夕死，殊不轻易，闻道者必真知而笃信之。吾辈自己先不能信，心中已无把握，焉能闻道？

二月二十一日，因闻营勇与钱店纷争，饬粮台自开钱店。

早，清理文件。饭后见客二次。写手卷约千字。传见吉字哨官张光明、胡松江二人。中饭，请雷西垣、张伴山、谢希迁、邓弥之、何敬海来赴席，酉正散。登后园高楼眺览。夜，与许仙屏谈诗。写信复彭雪琴。因闻营中勇丁与钱店争辩不休，饬粮台自开一钱店，以平市价，而息争端。

三月初八日，夜思想人之法。

早，清理文件。饭后见客二次。至后楼看戈什哈射箭，赏二人。旋见哨官三次。午正，接奉朱批谕旨，系三月十五在大路游所发之二摺一片。温弟之子纪寿奉旨于及岁时带领引见。未初，写家信，叔父一件，三弟一件，专人送恩旨回家。申刻起行，跟十六到家。见客四次。写胡润翁信一件，习字二纸，温《韩信传》。夜思相人之法，定十二字，六美六恶，美者曰长、黄、昂、紧、稳、称。恶者曰村、昏、屯、动、忿、豚。

三月十一日

早，清理文件。饭后见客三次，传见哨官三次，写朱尧阶、张廉卿信，习字二纸。中饭后温《傅靳传》、《郦生陆贾传》、《刘敬叔孙通传》。吴子序来谈。夜洗澡一次。

五月初八日，论为人之道有四知，天道有三恶

早，出城，至九弟营中早饭。饭后至朱唐两营，岳字两营、振字营、护卫军送行，午正归。见客两次。中饭后见客二次。与星房前辈久谈，作谭服文一首，定谭服礼仪注。沅弟来，明早共设祭，行释服礼也。夜与沅弟论为

人之道有四知，天道有三恶。三恶之目曰天道恶丐，天道恶盈，天道恶贰。贰者，多猜忌也，不忠诚也，无恒心也。四知之目，即《论语》末章之知命、知礼、知言，而吾更加以知仁。仁者恕也，已欲立而立人，已欲达而达人，恕道也。立者足以自立也，达者四达不悖，远近信之，人心归之。《诗》云：自西而东，自南自北，无思不服。《礼》云：推而放诸四海而准，达之谓也。我欲足以自立，则不可使人无以自立，我欲四达不悖，则不可使人一步不行，此立人达人之义也。孔子所云：已所不欲，忽施诸人，孟子所云：取人为善，与人为善，皆恕也、仁也。知此，则识大量大，不知此则识小量小。故吾于三知之外，更加知仁，愿与沅弟共勉之。沅弟，亦深领此言。谓欲培植家运，须从此七者致力也。

五月十二日，杜元凯论读书之道

早，清理文件。饭后写信，官制军一封、李希庵一件、雪琴一件、张筱浦一件。倦甚，小睡。中饭后与星房前辈鬯谈，见客一次，写挂屏二幅。夜写葛睾山信一件。读书之道，杜元凯称，若江海之浸、膏泽之润，若见闻太寡，蕴蓄太浅，臂犹一勺之水，断无转相灌注、润泽丰美之象，故君子不可以小道自域也。是日精神较昨日微好，而气仍不能提起。

五月十八（七）日，人常由阅历悔悟以成熟

早，清理文件。饭后因目疼不敢作一事，竟日闭目酣睡。未初，见客一次。中饭后写九弟复信一件、李少荃复信一件。与星房、子序谈，复与次青谈，闻陈云生乃澍病故，年三十六岁，在临川县丞任内，宦况萧条，身后仅余银三两、钱一千，亦足悯也。夜闭目不敢做事。本日，与子序言圣人之道，亦由学问、阅历渐推渐广，渐习渐熟，以至于四达不悖。因戏称曰：乡人有终年赌博而破家者，语人曰：吾赌则输矣，而赌之道精矣。从古圣贤未有不由勉强以几自然，由阅历悔悟以几成熟者也。程子解《孟子》苦劳饿乏，拂乱动忍等语曰：若要熟时，须从这里过。亦从赌输而道精之义为近。子序笑应之。

六月初四：谈带勇之法，用恩莫如仁，用威莫如礼。

早，清理文件。饭后与子序围棋二局，传见升字营哨官二人。天大雨如注，通屋漏湿。念景德镇官军太苦，彷徨难安。阅《梅伯言文集》。中饭后又围棋一次。写挂屏八幅，其四幅系曾祺所求，颇得意也。接九弟二十八夜信，写家信，澄候一件，叔父一件、夫人一件，三共约千余字。至夜毕。与何竟海谈带勇之法：用恩莫如仁，用威莫如礼。仁者，即所谓欲立立人，欲达达人也，待弁勇如待子弟，常有望其成立，望其发达之心，则人知恩矣。礼者，即所谓无众寡，无大小，无欺慢，泰而不骄也；正其衣冠，尊其瞻视，俨然人望而畏之，威而不猛也；持之以敬，临之以庄，无形无声之际，常有凛然难犯之象，则人知威矣。孟子曰：君子以仁存心，以礼存心。守是二者，虽蛮貊之邦可行，又何兵勇之不可治哉？夜，郎诵《赤壁赋》，至三更止，若有会者。

九月初六日，与友论营务处之道为树人及立法。

早，清理文件。写家信一件，寄参茸丸两瓶，每瓶重八两，一寄叔父大人，一寄内子，特派戈什哈送去。旋以萧营饬知尚未办齐，改次日送去。请客，雪琴及王孝凤兄弟，张廉卿小宴，恰刘国斌自常德归，与座。午正小睡。中饭后写对联，挂屏八件，内次青之母夫人寿联一副。夜与李申夫论营务处之道，一在树人，一在立法。有心人不以不能战胜攻取为耻，而以不能树人立法为耻。树人之道有二，一曰知人善任，一曰陶熔造就。申夫似能领悟，盖高明而有志于办事者。

九月十八日

早，清理文件。饭后习字二纸。写左季高、郭云仙信，各添二片。中饭后温《史记》《卫世家》、《宋世家》，至营务处久谈。夜与少荃久谈，温《石徂徕墓志》，本日病尚未愈，委顿殊甚，不克治事。夜腹泻二次。身旁无人，颇凄冷也。竟夕不能熟睡，盖老境日臻矣。

九月十九日，闻江西主考晏彤甫同年至河下，因去一叙。

早，清理文件。辰后病甚，不能作字。旋习字二纸。小睡，阅《文选》书檄。中饭后见客二次。旋闻江西主考晏彤甫同年至河下，因去一与鬯谈，灯后方归。夜阅《左传》闵公、僖公数事。余看书病在无恒，今老而不能改，可愧也。久雨闷甚，本日放晴，略觉舒鬯。已刻至朱品隆等三营一叙。

九月二十日：

早，清理文件。辰后习字二字，邢星槎、孙树人，夏古彝来久谈。旋下河与晏彤甫谈。至未刻，又拜张伴山、李小山，申正归。是日将账房下脚筑墙三尺余高，账房升高约三四尺，众役兴作。吾至少泉处，与邢、孙、夏三人鬯谈，至二更二点，倦甚。日内精神困倦，腹泻、目蒙，老境日增。夜，早睡，不得与诸客剧谈也。枕上，思凡人凉薄之德，约有三端，最易触犯：闻人有恶德败行，听之娓娓不倦，妒功而忌名，幸灾而乐祸，此凉德之一端也；人受命于天，臣受命于群，子受命于父，而或不能受命，居卑思尊，日夜自谋置其身于高明之地，譬诸金跃冶而以镆邪、干将自命，此凉德之二端也；胸苞清浊，口不臧否者，圣哲之用心也，强分黑白、遇事激扬者，文士轻薄之习、优伶风切之态也，而吾辈不察而效之，动辄区别善恶，品第高下，使优者未必加劝，而劣者几无以自处，此凉德之三端也。余今老矣，此三者尚切戒之。

九月二十四日，与李申夫言人才以陶冶而成。

早，清理文件。饭后阅《荀子》四篇，至申初毕。旋写家信，澄候一件，纪泽一件。夜阅《文选》《运命论》、《辨亡论》。眼渐作疼，不敢多看，早睡。是日，与李申夫言人才以陶冶而成，不可眼孔太高，动谓无人可用。与彭九峰言嘉字营，责成渠督教之。是夜，思孔子所谓性相近，习相远、上智与下愚不移者，凡事皆然。即以围棋论，生而为国手者，上智也；屡学而不知局道，不辨死活者，下愚也。此外，则皆相近之资，视乎教者如何。教者高高习之高矣，教者低则习之低矣。以作字论，生而笔姿秀挺者，上智也；屡学而拙如姜芽者，下愚也。此外，则皆相近之资，视乎教者如何。教者钟、王，则众习于钟、王矣；教者苏、米，则众习于苏米矣。推而至于作文亦然，打仗亦然，皆视乎在上者一人之短长，而众人之习随之转移。若在上者不自咎其才德不足以移入，而徒致慨上智之不可得，是犹策而叹无马，岂真无马哉！

十一月初四日，早醒思圣人有所言，有所不言。

早出，巡视营墙。请鲍春霆镇军早饭，已正饭毕，小睡。写左季高信一件。中饭后，会客三次。宿松、望江两县令来见，详问各局供应多、鲍等军之难。夜与少荃及彭山屺先后畅谈。阅《文选》各论，觉刘孝标《辨命论》实有所见。夜四更，早醒。思圣人有所言，有所不言。积善余庆，其所言者也；万事由命不由人，其所不言者也。礼、乐、政、刑、仁、义、忠、信，其所言者也；虚无、清静、无为、自化，其所不言者也。吾人当以不言者为体，以所言者为用；以不言者存储心，以所言者勉诸身，以庄子之道自怡，以荀子之道自克，其庶为闻道之君子乎？

十一月初八日，细参相人之法

早出，巡视营墙。饭后清理文件。派唐义训、何应祺等至城内外察看地势。见客三次。写李筱泉信一件。小睡片刻。中饭后见客二次，云三、愚一来营，皆房族表弟。愚一则冕四舅氏之子也。读《史记郑世家》毕。夜，温《孔子世家》。日内襟次不甚开拓，夜不成寐。本夜睡味较美。细参相人之法，神完气足，眉耸鼻正，足重腰长，处处相称，此四语者，贵相也，贤才相也。若四名相反则不足取。

十二月初七日

早出，巡视营墙。饭后清理文件，改信稿三件，申夫来久谈。中饭后温《左传》僖公毕。夜温文公十叶。日来，心绪总觉不自在，殆孔子所谓不仁者不可与久处约者。军中乃争权掣势之场，又实非处约者所能济事。求其贞白不移，淡泊自守，而又足以驱使群力者，颇难其道尔！

## 卷九　咸丰十年

三月二十七日，是日，节字营勇伤杀人又打伤县官。

早出，巡视营墙。饭后清理文件。旋与尚斋围棋一局。核改各信稿，午正毕。阅《冯鲂传》、《虞延传》、《朱浮传》、《郑弘传》、《周章传》。中饭后写对联数件，阅《梁统传》，张纯、曹褒、郱玄传，至二更毕。是日，因节字营勇闹事，杀一人，枷二人。因一人买帽子，讹夺店子之帽，又打店家之眼，又纠众入县署打破轿子，打伤县官也。近日，节字营名声甚坏，俟九弟到，当商换营官。申刻思作字之法，绵绵如蚕之吐丝，穆穆如玉之成璧。夜思读书之道，以胡氏之科条论之，则经义当分小学、理学、辞章、典礼四门；治事当分吏治、军务、食货、地理四门。

三月二十九日，闻雨三亲家被贼所害。

早出，巡视营墙。饭后清理文件，写饶镇军信二叶，见客四次。阅《张子衡诗集》，为之加批，午正毕。旋至子衡处送行。又至雨亭处小坐，未正归。中饭后阅《后汉书》张宗、法雄、滕抚、冯绲、度尚、杨璇传，刘平、赵孝传。酉正，郭舜民来，述其兄雨三亲家于九年六月十八日定远城陷时被贼所执，二十一日遇害。有一素识之蕲水勇目同涟，于二十二夜将尸首负出，二十四日至明光地方。官兵张得胜镇军，出队迎出。二十五日在明光棺殓，现在权厝盱眙，将往扶梓云云。夜与舜民久谈，批彭盛南禀。

闰三月十八日，思凡事皆有至浅至要之道

黎明，出巡视营墙。饭后清理文件。旋阅《后汉书》颍川四长传，李固、杜乔传。中饭后阅吴祐、延笃传。是日，竟日雨不止。心事焦闷，口无津液，上焦火旺，因不复看书，即在室中徘徊。思凡事皆有至浅至要之道，不可须臾离者，因欲名其堂曰八本堂。其目曰：读书以训诂为本，诗文以声调为本，事亲以欢心为本，养生以少恼怒为本，立身以不妄语为本，居家以不晏起为本，居官以不要钱为本，行军以不扰民为本。古人格言尽多，要之每事有第一义，必不可不竭力为之者。得之如探骊得珠，失之则如舍本根而图枝叶。古人格言虽多，亦在乎吾人之慎择而已矣。夜，阅《骈体文钞牋牍类》。是日接家信，三月三日发，澄弟一件、沅弟一件，纪泽一件。又得竟海先生及作梅、牧云等信。

四月初二，闻金陵大营全军溃败

早，出城，巡视营墙。饭后清理文件。旋与左季高畅谈。未刻出城八里，迎接罗淡村灵柩，设路祭一席。申刻归，写挽联并他联。接张小浦信，金陵大营全军溃败。和春、张国梁退保镇江。大局决裂，深为可虞。因钞寄胡中丞，夜与季高畅谈。

六月初七日，至潘疃，最可骇异即人皆以梯登厕。

早未明，拔营。行三十里，至潘疃驻扎。潘疃亦浮梁境。县令鉴堂送至潘疃，张子威太守及任司马归去矣。两日行万山之中，泉洌竹茂，与吾乡风景相似。特一事最可骇异，大便粪桶高至五尺，人皆以梯登厕，上盖屋瓦，街市道旁，处处有之，鳞次栉比，令人难耐。日中温《王制》。至申刻毕。天气酷热。傍夕，支账房于树下，即在帐内住宿，竟夕不成寐。是日，接毓中丞二十五日信，嫌（马日）递太迟，札江西臬司详参。

六月二十七日，偶与马营官言英雄之义

黎明起，阅胡中丞所寄京信各件。饭后至花桥查阅顺字营马队营盘，偶与｛“文｝营官马｛“人｝得顺言｛“书｝及盛世｛“屋｝创业垂统之英雄，以襟怀豁达为第一义；末世扶危救难之英雄，以心力劳苦为第一义。已刻归，往返近二十里。旋清理文件。写季弟信一件。中饭后，因头痛目蒙，不作一事，在室中优游安逸。酉刻，申夫来，久谈，教之留心人才，从气象上用功。夜清理文件。倦甚，甫交二更即睡。

六月二十九日，本日思求人，治事皆有四类。

早起，至沈宝成营内一查，辰刻归。饭后清理文件。旋小睡。写杨厚奄信一件。阅韩文。中饭后极热，小睡。习字一张，清理各文件。酉刻与王壬秋久谈，又与牧云淡。夜与牧云、少荃在楼上乘凉。早睡。

本日思求人约有四类，求之道约有三端。治事约有四类，治之道约有三端。求人之四类，曰官也，绅也，绿营之兵也，招募之勇也。其求之道三端，曰访察，曰教化，曰督责。采访如鸷鸟猛兽之求食，如商贾之求财；访之既得，又辨其贤否，察其真伪。教者，诲人以善而导之，以其所不能也；化者，率之以躬，而使其相从于不自知也。督责也，商鞅立木之法，孙子斩美人之意，所谓千金在前，猛虎在后也。

治事之四类，曰兵事也，饷事也，吏事也，交际之事也。其治之道三端，曰剖析，曰简要，曰综核。剖析者，如治骨角者之切，如治玉石者之琢。每一事来，先须剖成两片，由两片而剖成四片，由四片而剖成八片，愈剖愈悬绝，愈剖愈细密，如纪昌之视虱如轮，如庖丁之批郤导窾，总不使有一种之颟顸，一丝之含混。简要者，事虽千端万绪，而其要处不过一、二语可了。如人身虽大，而脉络针穴不过数处，万卷虽多，而提要钩元不过数句。凡御众之道，教下之法，易则易知，简则易从，稍繁难则人不信不从矣。综核者，如为学之道，既日知所亡，又须月无忘其所能。每日所治之事，至一月两月，又当综核一次。军事、吏事，则月有课，岁有考；饷事，则平日有流水之数，数月有总汇之账。总以后胜于前者为进境。此二者，日日究心，早作夜思，其于为督抚之道，思过半矣。

八月初六日

早，未出城。饭后清理文件。旋写骆中丞信、李希庵信，清理文件。午正小睡。中饭后核改信稿三件，内在夏弢甫一信，将渠所著书略翻数种，乃能核改。渠言朱子之学得之艰苦，所以为百世之师二语，深有感于余心。天下之事未有不自艰苦得而可久可大者也。旋清理文件。停夕写挂屏四副。夜阅夏弢甫著书，眼蒙颇甚。

八月初七日，闻夷人占据天津，读之惊心焦愤。

早，出城，至强营一查。往返十六里。饭后见客三次。旋写毓中丞信、张凯章信，又改信稿四件。小睡。中饭时，次青到，饭后与之畅谈。旋见客三次。将古文之杂志类编成目录，写九弟信一件。夜接胡宫保信，知天津于七月初五日战败，僧邸退至退州。夷人占据天津，读之惊心动魄，焦愤难名。与次青、少荃久谈。二更，清理文件至四点毕。睡不甚成寐，不图时事决裂至此。

六月十四日

早，出城，至震字营查阅。饭后清理文件。写毓中丞信、家信，寄澄候一件、张凯章信一件。天气热甚，小睡。中饭后见客三次。清理文件颇多。写挂屏六幅，白板绫的又写二幅。因天热，不克写完。酉刻，与邵位西鬯谈。灯时大雨，而热气未息。夜阅《古文书牍》。是日次青赴徽州，余与约法五章：曰戒浮，谓不用文人之好大言者；曰戒过谦，谓次青好为逾恒之谦，启宠纳侮也；曰戒滥，谓银钱、保举宜有限制也；曰戒反复，谓次青好朝令夕改也；曰戒私，谓用人当为官择人，不为人择官也。

十九日，骇闻贼破羊栈岭而入

早饭后清理文件。旋与尚斋围棋一局，写左季高信，张凯章信。中饭后清理文件，积牍为之一清。傍夕闻贼破羊栈岭而入，为之忧骇异常。余于十一日看羊栈岭，大雾迷漫，目无所睹。十二日看桐林岭，为雪所阻，今果疏失，天也。是夜札饬鲍、张等。竟夕不能成寐。

十一月二十五日，凯章报假仗为余所破

早饭后清理文件。旋见客一次，写厚庵信一件、九弟信一件、季高信一件。中饭后拟作摺稿，又以懒慢不耐烦，未及作就。申刻后清理文件颇多，至二更丝。日内思作摺，而心绪不甚安贴，而不耐烦，如往年将作诗古文时，往往因心不耐烦，操笔中辍之状。是日，凯章报二十四日获一胜仗，余有探卒在彼目击，实未开仗。凯章近来以战阵之事尽委之各旗长，自己从不临阵，又好报假仗，此军恐不能振矣。夜，倦甚，乃食燕窝少许。是日午刻围棋一局，酉正又一局。

十一月三十日，接和约条款不觉呜咽

早饭后清理文件。旋与尚斋围棋一局，写希庵信一件。接江西总局新刻英吉利、法郎西、米利坚三国和约条款，阅之，不觉呜咽，比之五胡乱华，气象更加难堪。中饭后，又与尚斋围棋一局。与树堂鬯谈最久。树堂因时事日非，愤懑异常，阅看《红楼梦》以资排谴。余亦阅之。下半日闻贼匪破大洪岭下之湘源地方，心为悬悬。夜复江军门信一件。亥正闻湘源之贼已退，为之少慰。

# 卷十　咸丰十一年

正月二十三日，所赏之物竟被驲站偷窃

早饭后清理文件，与尚斋围棋一局。旋与沅弟信一件、胡宫保一件，作片稿一件，清理文件颇多。中饭后，加方子白信一片，复左季高信一件，宋子久来久谈。夜，寄毓中丞信一件，又作摺片一件。夜，睡颇成寐。是日巳刻，接奉由内交出年赏福字荷包之类，其南枣、挂面、奶饼之类，驲站竟将包拆开，偷窃十分之七八矣。此向来所未有，亦足见纪纲废弛，下无忌惮，日复一日也。本日阴雨竟日，气象愁惨，念鲍军在牯牛岭，不知无疏失否，为之悬悬。

四月二十一日，闻忽有洋船济贼，可叹可恨

早饭后，围棋一局。旋清理文件。写官中堂信、胡宫保信、九弟信。因疮痒闷甚，昼睡甚久。中饭后，围棋一局，习字一纸，写竹庄信一件。在船顶亭子上久坐。夜写九弟信、希庵信一，雪琴信一。睡不甚成寐。二更末，大风起，巨浪撼船，声如雷霆。梦孙兰检病重甚危、家人惶恐之状。是日，亲兵营各哨官周良才、曹仁美诉其营官陈玉恒办事不公，又哨官段清和、何映文亦来陈诉。傍夕接九弟公牍，洋船送米盐接济安庆城贼。费尽移山力气，围困安庆城贼，始令粮尽援绝，今忽有洋船代为接济，丸仞功亏，前劳尽弃，可叹可恨！天意茫茫，殊不可知，扼腕久之。

四月二十五日，世变难辨其孰是孰非、孰顺孰逆。

早饭后，围棋一局。旋写左季高信、胡润帅信、沅弟信，清理文件。中饭后又围棋一局，清理文件。是日阴寒微雨，气象愁惨，全不似首夏天气。胡中丞信，请自行督队，回上游剿贼，词意忧愤，余以书劝慰之。又见六安州邹牧箚禀，言苗沛霖与绅士孙家泰、练总徐立壮仇杀之案，徐请助于捻匪孙葵心之党黄体元、郭明洞等，苗请助于发逆卢州贼党；又有袁帅营中运米之船，张臬司亲自护送至抹河口，为徐立壮及其邀请之黄体元等所搁置，互相攻斗；又有黄镇台鸣铎所带之炮船，亦从中攻斗云云。苗沛霖本文生员，为练首者也，放川北道加布政使衔，阴怀叛志，遂至围寿州城，攻孙家泰、徐立壮等，而并攻瓮中丞，此天下之大变也。孙家泰，本寿州富绅，刑部主事吕鹤田侍郎奏带出京。徐立壮为寿州练总，以善守著名。乃因与苗沛霖仇杀之故，反引捻匪孙葵心之党黄、郭等匪，以为同类，遂至搁阻袁帅营中米船，公然与张臬司开仗，此变中之变也。黄镇台鸣铎所带炮船，本奉袁帅之令，至寿州、正阳一带助孙绅、徐练以攻苗沛霖者，乃孙、徐攻阻米船之时，黄鸣铎之部下亦不免助阵，与张臬司开仗，此变中之又一变也。李世忠本捻匪之最无赖、最殃民者，其罪恶百倍于苗沛霖，二人皆为胜帅所招抚。李世忠于投诚之后，荐升江南提督。苗沛霖于叛迹未露之先，简授川北道，其居心则不可问。闻此次苗沛霖攻围寿州，袁帅奏奉谕旨，令李世忠密函招至，设法歼除，此变中之又一变也。为官兵、为团练、为捻匪、为发逆、为先叛后观之捻、为先捻后观之捻，互相厮杀，竟莫辨其孰是孰非，孰顺孰逆！世变至此，如何收拾？余以遍体疮痒，两手作疼，不能作一事，终日愁闷而已。夜，睡略成寐，邓弁值宿。

五月二十一日

早饭后清理文件。旋写左季高信一件。移至陆营内新屋居住。见客五、六次，清理文件。中饭后清理文件极多。写沅弟信一，胡润帅一。疮痒异常。天气寒冷，迥不似盛夏光景。习字一纸，习零字数纸。遍身痛痒，几无完肤，意思萧瑟，若有不自得者。彻夜不能成寐。王弁值宿。三更痒甚，思起坐，强忍耐之。

六月十三日，钦缚黄胜林正法，并将罪状示营

早饭后清理文件，写鲍春霆信一件。吴竹庄信一件、沅弟信一件。中饭后，袁国祥来，其部下千总黄胜林，去年八月在徽州闹饷，张小浦临行开单，请拏黄弁正法，余未遽拿办。昨五月初三日在漳岭不战自退，又纵勇抢掠。袁国祥奏请以黄弁补把总缺，余批令来东流。本日申刻，袁国祥带黄弁来辕，因自数袁国祥之罪而令吉后营缚黄胜林正法，并将罪状榜示营门。见客四次。旋写对联数付，傍夕观各勇夫种菜。夜与少荃畅谈。睡不甚成寐。黄弁值宿。四更，疮痒殊甚。是日，习字二纸，一摹书谱，乃知艺之精，其致力全在微妙处。若人人共见，共闻之处，必无通微合莫之诣。若一向在浮名时誉上措意，岂有是处。

六月十八日，香口一带竟家家皆有饿殍僵尸

早饭后，作各路军情片稿一件，围棋一局。写胡中丞信一，清理文件。午刻，睡一时许。中饭后，发报一摺二片，围棋一局，清理文件。至戌初方毕。陈舫仙来，言探座至香口一带，经行之处，并未栽种，乱草没人；家家皆在饿殍僵尸，或舌吐数寸，或口含草根而死；经行百里，无贼匪，亦无百姓，一片荒凉之景，积尸自秽之气。盖大乱之世，凋丧如此，真不忍闻也。夜，与

申夫畅谈。二更，阅《文选》杂诗杂拟。睡尚成寐，天气新凉。

七月初八日，写李芋仙小挂屏四幅。

早饭后清理文件，旋写沅弟信一。倦甚，久睡。午刻，清理文件。中饭后亢热非常，幸后厅有北风，因移案就彼。清理文件，至酉正毕。午刻，写李芋仙小挂屏四幅。渠求写格言，一幅写八本，一幅写五到，皆余上年日记册中语也。一幅言：人不可以才自足，以能自矜，既为小人所忌，亦为君子所薄。一幅言：为诗古文者，工夫全在诗文之外。傍夕至后园小步，因乘凉至二更尽。睡不甚成寐。张弁值日。三更三点后乃酣睡。是日，梅小岩回江西省城，夜写厚庵信一。

七月十五日，思置余当猛醒于寸衷而取验于颜

早间，各文武弁贺朔望，约三刻许。饭后清理文件，写沅弟信一，胡中丞信一。在竹床上睡时许。习字一纸，清理文件。中饭后寸心郁闷，天气虽不甚热，而亢燥难堪，遍身癣痒。阅《会典》事例《礼部风教》二卷，又阅《户部钱法》二卷。至菜园闲步。夜，烦躁弥甚，遍身奇痒，因在后院久坐，三更入室。登床后，仍用竹遍身揩摩。五更醒，复揩摩。日来思诚中形外，根心生色，古来有道之士，其淡雅和润，无不达于面貌。余气象未稍进，岂耆欲有未淡耶？机心有未消耶？当猛醒于寸衷，而取验于颜面。

正月十六日：古来史传不足凭信，同是局中人亦不足凭信。

早，出外巡墙子。饭后围棋一局，清理文件。见客三次，伴山及隋龙渊、江良臣畅谈颇久。余身体不安，竟日禁荤油，并不吃茶，以水饮停滞胃膈之间，时时作呕吐也。小睡时许。中饭后习字一纸，温《易经》《颐》、《大过》、《坎》、《离》四卦。傍夕剃头一次。闻渔亭官军是日进攻上溪口，心为悬悬。夜清理公文百余件。与申夫、尚斋谈军中战状，虽同见同闻，同在局中之人而言人人殊，不足凭信。古来史传之不足凭信，亦如是矣。睡，不甚成寐。潘弁值日。三更后，北风大雨并作。

七月十八日，劝李芋仙居官以勤补拙等话。

早饭后围棋一局。旋清理文件，写姚秋浦信一，见客三次，习字一纸。阅《书传补商顾命》。写纨扇二柄。与李芋仙久谈，劝其不可开口叹贫叹卑，不可开口能诗能文，居官以勤补拙，以俭养廉等语。是日，请高碧湄、周志甫等中饭。饭后，观莫子偲作大篆，有笔力，有法度。旋清理文件，至酉初毕。读《顾命》，《康王之诰》毕。戴氏治经，与余所见多同，惜其生前未与畅谈。夜温古文二首，天气新凉，睡颇成寐。罗弁值宿。

八月十七日，本日接无名人奏何有保一案

早饭后清理文件。旋围棋一局。阅《管子》《霸言篇》、《问篇》。清理文件。中饭后阅《管子戒篇》，未毕。沅弟来，久谈，教以胸襟宜淡远，游心虚静之域，独立万物之表。又每日宜读书少许，以扩识见。弟围安庆，前后皆有强寇，人数甚单，地段甚广，昼夜辛勤，事事躬亲，虽酷暑大雨而每日奔驰往返，常五、六十里。余怜其太劳，故欲其以虚静养心也。清理文件甚多，至更初止。近日因风大，未接公文，本日接百余件，眼蒙尚未看毕。温《古文序跋类》。三更睡，疮痒殊甚，不能成寐。罗弁值日。午间习字一纸，夜写零字一纸。傍夕，思州县之道，以四者为最要：一曰整躬以治署内，二曰明刑以清狱讼，一曰课农以尽地力，一曰祟俭以兴谦让。将领之道，以四者为要：一曰戒骚扰以安民，一曰禁烟赌以儆惰，一曰勤训练以御寇，一曰尚廉俭以率下。是日接无名人一奏，云本年三月二十日，新授陕西巡抚邓尔恒，在曲靖府行辕被带练保至协镇之何有保杀毙。先是，邓被何有保劫抢一空，今又勒索银二万，胆敢持刀凶杀，掳抢罄净，并将曲靖知府拏去，以致邓三日未殓，身受二十八伤。何有保与其养子何自清久有叛谋，云南巡抚徐之铭亦主谋，令其擅杀，现在转行捏禀系邓抚自带之练丁戕杀云云。世变至此，诚不堪问！而滇抚徐之铭前有唆使练丁抢劫张石卿制军之名，兹又有唆使练丁劫杀邓子久中丞之名，不必问其虚实而已决其为败类矣。

九月初三日，痛悉胡宫保去世

早饭后清理文件。旋见客一次，写对联三副。已正接信，知胡宫保于八月二十六日亥时去世，哀痛不已。赤心以忧国家，小心以事友生，苦心以护诸将，天下宁复有似斯人者哉！写左季高信一，沅弟信一，午刻小睡。旋习字一纸。中饭请刘馨室、陈心泉、魏柳南诸君便饭，申初散。接李少荃、辅堂办江西减丁漕一案，甚为详细。清理文件，围棋一局。疮痒殊甚，手不停爬。夜改札稿，告示稿，清理文件，二更后温《古文·传志类》。睡后，不甚成寐，彻夜疮痒。

十月初三日，闻昨夜英国所来之兵船头目为署提督

早饭后，将亲兵营点名一次，前哨病假者，至十七人之多，殊不成事。旋九弟来畧谈，昨夜英国所来之兵船，其头目为署提督，名葛肋西。又有一通事，名李华达，即李泰国之弟也，欲进城来求一见，余许之，派巡捕去与之说明。已刻来见，葛肋西坐见，李华达立侍，渠以免冠为礼，以握手为亲。余拱手答之。已正去。旋九弟与李少荃、梅小岩三人至洋船上回拜，未初归。

中饭后围棋一局。旋清理文件、至傍夕毕。写官制军信，至二更毕。与季弟畧谈。二更温《古文·诏令类》，四点睡，颇能成寐，四更三点醒，五更复成寐。王弁值日。

十月初六日，知寿州为苗沛霖所陷

早饭后，至寓内北边所设皇殿内迎接遗诏，跪迎于门外。安诏后，行九叩礼，宣读毕，复行九叩礼。礼毕，与学使及司道等叙谈。旋围棋一局，清理文件。出门到河下送九弟回湘，已正归。习字一纸，见客二次，中饭后围棋一局，清理文件颇多。夜又清理文件。二更后，温古赋数篇。睡不能成寐，遍身奇痒异常，实为苦境。是日，九弟临别，深言驭下宜严，治军宜速。余亦深知驭军、驭吏皆莫先于严，特恐明不傍烛，则严不中礼耳。是日接多都护信，知寿州为苗沛霖所陷。

十月十六日，世之祸变愈大，我之虚誉愈隆，责任愈重。

早饭后围棋一局。旋送仙屏归去，习字一纸，清理文件，见客三次。午刻，江苏上海庞宝生派户部主来钱鼎铭来请兵，携有书函，系庞宝生钟璐、殷谱经兆镛、潘季玉曾玮、顾子山文彬暨杨庆麟潘馥公函。书辞深婉切至，大略谓吴中有可乘之机，而不能持久者三：曰乡团，曰枪船，曰内应是也；有仅完之地，而不能持久者三；曰镇江，曰湖州，曰上海是也。问之，系冯桂芬敬亭手笔。钱君在座次哭泣，真不异包胥秦庭之请矣。薛中丞亦派厉委员来，皆与久谈。中饭后，围棋一一局，见客四次，吴竹庄谈最久。写信，希庵一件，季弟一件，黄兰坡一件。写对联五副。与少荃久谈。夜清理文件颇多。日内公事压阁不少。因十一、二日作奏稿未尝治事也。二更，温《古文·词赋类》。睡稍能成寐。是日闻浙江萧山、诸暨、绍兴皆已失定，为之愤惋，杭州殆亦可危。世之祸变愈大，我之虚誉愈隆，责任愈重，实深忧愧。

十月二十四日，韩正国为余订一女为妾。

早饭后清理文件。写家信，澄元一件，夫人一件。前季弟买一詹姓女子，初十日在船一见，未有成议。旋韩正国在外访一陈姓女子，湖北人，订纳为余妾，约本日接入公馆。申刻接入。貌尚庄重。习字一纸。中饭后，陈妾入室行礼。旋清理文件甚多。酉刻，与弢甫畧谈。弢甫颇习吏务，所言亦晓畧事理。核改信稿数件，夜清理文件，写零字颇多，写扇一柄。

十月初十日，思作字之道，刚健、婀娜缺一不可

早饭后围棋一局，见客三次，清理文件。闻雪琴昨夜宿黄石矶，本日将到安庆，余出城迎接，至盐河座船等候，数刻不到。前委弟代余买一婢，在

座船之傍，因往一看视，体貌颇重厚，特近痴肥。戈什哈杨龙章回言，雪琴尚须下半日乃可到。余仍进城回公馆，习字一纸。探马报雪琴将至矣，余再出城迎接。至中途，则雪琴已登岸，轻装徒步入城，城外迎候者皆不知也。余回公馆，雪琴已在座久矣，与之畅谈。旋同中饭，邀鲍春霆、李申夫、隋龙渊等便饭。饭后，畅谈片刻，围棋一局。写季弟信一件，清理文件，写挂屏三幅、对联一首。夜与雪琴畅谈，又观渠画梅兰二幅。二更尽睡，不成寐，因本日说话太多也。疮痒异常。日内思作字之道，以为刚健婀娜二者缺一不可。余既奉欧阳率更、李北海、黄山谷三家。以为刚健之宗，又党参以褚河南、董思白婀娜之致，庶为成体之书。是夜接六安州牧邹筲禀，言苗沛霖破寿州后，不杀翁中丞，且请翁奏明朝廷，表苗党并非叛逆云云，天下事真愈出愈奇矣。

十一月十七日，服皇太后英断，为自古帝王所仅见

早饭后围棋一局。旋清理文件，习字一纸，至方子白、张廉卿处畅谈。写官制军信一件，甚长，中饭后毕。又围棋一局，写季高信一件。是日，雨竟日不止，天不甚寒冷，而气象愁惨。念浙江群贼丛集，为之忧灼。清理文件，至酉正毕，少荃来，与之畅谈，因本日见阎丹初与李申夫书，有云赞襄政务王大臣八人中，载垣、端华、肃顺并拿问，余五人逐出枢垣，服皇太后之英断，为自古帝王所仅见，相与钦悚久之。夜写零字甚多，温刘向奏议数篇。二更三点睡，不甚成寐。疮癣奇痒，不可耐，几乎身无完肤，良以为苦。

## 卷十一　道光元年

二月二十三日，误传前敌统领败溃至此令余虚惊

早饭后清理文件。旋与柯小泉围棋一局。见客三次，内见隋观察时，词色太厉，令人难堪，退而悔之。写左季高信一件，阅《文献通考》。瞌睡殊甚。已正三刻，希庵来久谈，午正沅弟来，两人皆作竟日之谈，希庵至傍晚方去，沅弟至二更方去。沅弟极服眉生卓识迈伦，余平日见其大雅不群，亦料其必

有过人之识，特未深谈耳。清理文件。说话太多，疲倦殊甚，治事片刻，已不耐烦矣。城门人来，误传陈湜、萧孚泗皆来，余以其前敌统领，恐其因败溃而到此，寸心怦怦不宁。后闻其派哨官来此，惊颖始定。

三月三十日

早饭后清理文件。旋与筱泉围棋一局。旋写少荃信一件。见客六次。写季高信。中饭后又写少荃信一件。见客数次。出外拜客数家。至洋船送林字营之后。夜清理文件，二更四点毕，劳倦殊甚，是日未正剃头一次。陈氏妾吐血二三十口，病颇重。

四月二十二日，收得米票竟多假票二千余张

早饭后清理文件。旋与筱泉围棋一局，见客二次，写沅弟信一件。劳倦殊甚。阅《韩非子》五篇。午刻小睡。中饭后见客二次，周弢甫坐甚久。清理文件。出城至河干送垣字营坐洋船至上海，归。傍夕与蒋莼卿等一谈。夜清理文件，二更后温谢朓诗。是日上午习字一纸，下午写《余忠宣公传》二百余字。申刻收回十九日所发米票，竟多假票二千三百余张，人心之坏，殊可痛恨。睡后，不甚成寐。

早饭后清理文件。旋写沅弟信一。与筱泉围棋一局。见客四次。写左季高信一件。午正改片稿一件。中饭，留杨畏斋便饭。饭后，将本日应发之二摺三片细校一过。清理文件，习字一纸，与李眉生等畅谈，将昨日积阁之件清理一过。傍夕发报。与洪琴西畅谈。夜温放翁七绝。是日接多将军信，知四眼狗被苗党捆送胜帅大营，已槛送进京矣。

正十五，三十一，爷爷出头显神迹。二月间，二十四，爷哥同显真天日。
三月二，哥出头，一言要遵哥诏悉。三三十，爷大恩，无人不扶自开辟。
五月一，西王劳，凯回贡钏朕欢极。五月五，爷出头，朕觐爷颜欢依膝。
熊万泉，进鹦鹉，能言圣旨瑞祥吉。亚父山河，永永崽坐，永永阔阔扶崽坐。

五月初四日

早饭后清理文件。旋见客，先后六次。与柯小泉围棋一局。写家信一件，希庵信一件。午正少睡片刻。中饭后习字一纸，见客二次，清理文件。至幕府与诸位畅谈。清理文件，酉正粗毕。剃头一次。夜写零字颇多，写沅弟信一件，清理文件。洗澡一次。睡不甚成寐。陈氏妾本日吐血甚多，自午至夜，所吐以数碗计。夜间呻吟不止，病势殊甚。

六月初十日，洋人贪带茶叶竟不肯船装火药

早饭后见客二次，衙门期也。旋围棋一局。吴竹庄来久谈。清理文件，写沅弟信一件。传见佐杂陈正常、周溶、谢持谷三人。至幕府一叙。阅《文献通考·职官考》，中饭后清理文件，赵惠普来久坐，习字一纸，天热异常，竹床乘凉，不能多做事。余所买威林密轮船在汉口下来，言明装火药五千斤赴沪，乃洋人贪带茶叶，不肯装药，竟将委员逐出，不准在船，凶猛如此，殊可虑也。傍夕接廷寄一件，恭亲王信一件。夜热甚，不能办事，洗澡一次。温古文二首。

六月二十三日，陈氏妾久病不愈

早饭后清理文件。旋见客一次。围棋一局。写沅弟信，约千余字，中言盐务颇详。传见忠义局陈艾、汪翰、柯华甫三人。罗少村来久谈。中饭后见客一次。阅本日文件，阅《通考》《卫慰卿》、《太仆》、《宗正》，酉初毕。至幕府鬯谈。陈氏妾久病不愈，两日内全不吃饭。其父知医理，请之诊视。病已沉笃，据云非药力所能痊。夜阅批稿数十件。二更三点至上房，竟夕不能成寐，室中呻吟声不止。

七月十一日，公馆内将倾高亭，可怜万雀失所栖。

早饭后清理文件。旋与筱泉围棋一局。见客一次。阅《明史职官志》六部都察院，写沅、季信一件。午刻，刘南二来久坐。中饭后至幕府一叙，阅本日文件，将七月各稿、批清厘一次。傍夕出门，至万寿宫一阅，以明日系慈安皇太后万寿，须行礼也。夜清理文件。温序跋类三首。洗澡一次。公馆内有一高亭，将倾圮矣，本日拆去，万雀失所依栖，覆巢毁卵纷纷，可怜。接家信二次，系泽儿六月二十四、六两次发者。

七月二十八日，至庭院观星，见慧星光芒渐大

早饭后见客一次，写许仙屏信一件。与程石洲围棋一局，又观其与筱泉一局。见客二次，唐鹤九自庐州来，谈甚久。写九弟信一件，阅《通典》数叶。中饭后清理文件，改信稿数件。傍夕至幕府一谈。夜，李筱泉来久谈，至二更去。至庭院观星，有彗星见于前星右枢之前，心以为忧。前二十四夜，见一小星逼近北极，微有光芒，心窃骇之。二十六夜，见此星移动数尺，距帝星仅尺许，光芒渐大，直射帝星，因呼洪琴西来同看。二十七夜阴云，不见。本夜见之，又移数尺，已过前星之外矣。因请周志甫来同看，志甫以为慧也。幸光芒尚小，或不为灾。三更睡，不能成寐。

九月十三日，闻沈中丞奏截留江西漕折，焦虑无已

早饭后清理文件。旋见客，立见者四次，坐见者四次。围棋一局。写季勉林信一件、沅弟信一件。中饭后至幕府鬯谈。旋与陈虎臣谈，清理本日文件，

见客一次。本日接左季高信，知伪侍王实已赴金陵，又未接沅弟信，忧灼之至。又因沈中丞奏截留江西漕折，银两每月少此四万，士卒更苦，焦虑无已。写挂屏一副，傍夕，申夫来鬯谈，二更二点去。核咨札各稿。睡尚未成寐。五更醒，追思坐起，不能少待，此老态也。

九月十四日，江西抚、番二人似处处与我为难

早饭后清理文件，写鲍春霆信一件。围棋一局。见客二次。已刻登城，看演放炮位，周围一试，约步行七里，肩舆五里。午刻归。写家信一件，又写沅弟信一件。中饭后至幕府鬯谈，清理本日文件。申正写挂屏四副，对联二付。本日早接沅弟初十日信，守事似有把握，为之少慰。然江西抚、番二人似有处处与我为难之意，寸心郁郁不自得。因思日内以金陵、宁国危险之状，忧灼过度。又以江西诸事掣肘，闷损不堪。比由平日于养气上欠工夫，故不能不动心。欲求养气，不外自反而缩，行慊于心两句；欲求行慊于心，不外清慎勤三字。因将此三字多缀数语，为之疏解。清字曰名利两淡，寡欲清心，一介不苟，鬼伏神钦；慎字曰战战兢兢，死而后已，行有不得，反求诸己；勤字曰手眼俱到，心力交瘁，困知勉行，夜以继日。此十二语者，吾当守之终身。遇大忧患，大拂逆之时，庶几免于尤悔耳。夜阅《梅信（伯）言诗文集》。核批札各稿，二更三点将睡，疲困殊甚，幸尚成寐。五更醒，从此为常态矣。

九月二十四日，苗沛霖与僧王禀稿诋毁余

早饭后清理文件。旋拜发长至贺表。见客二次。围棋一局。写邓寅皆信一件，澄候信一件，沅甫信一件。见客一次。中饭后至幕府鬯谈，阅本日文件。申刻至城外威林密洋船一阅。归，写挂屏二幅。傍夕至李竹屋处谈。夜核批札稿，至二更四点毕。入内室，温《古文简本》数首。三更睡，不甚成寐。本日接沅弟十九日二信，二十日一信，为之省慰。然风雨交加，夜黑如磐，深以防守为虑。本日接袁午桥信，内寄苗沛霖与僧王各禀稿，于余及希庵楚军各事痛加诋毁，阅之诧叹。

九月二十五日

早饭后清理文件，见客二次。旋围棋一局。写沈幼丹信一件、沅甫信一件，作摺稿二百字。至冯竹渔寓吊丧，其父于三月死于伊犁，其庶母，弟妹均在伊犁，茕茕无依。渠又无资可挟以奔丧，尤里迎接眷属，哀痛迥异寻常。中饭后再作摺，阅本日文件，见客一次。酉刻将摺作毕，约千余字。写挂屏四幅。傍夕至幕府鬯谈。夜核批札稿，至二更三点毕。四点入内室，倦甚，不复能温书矣。是日未接沅弟信，寸心悬悬。午刻，天稍开霁，为之少慰。晡时阴雨如故，

念金陵将士昼夜苦守，忧系无已。日内因江西藩司有意掣肘，心为忿恚。然细思古人办事，掣肘之处，拂逆之端，世世有之。人人不免恶其拂逆，而必欲顺从，设法以诛锄异己者，权臣之行径也；听其拂逆而动心忍性，委曲求全，且以无敌国外患而亡为虑者，圣贤之用心也。吾正可借人之拂逆以磨砺我之德行，其庶几乎！

十一月二十日

早饭后，接见司道。牙疼殊甚，旋又见客二次，清理文件，写沅弟信一件。围棋一局。已正，英吉利总税务司赫德来见，议安庆、大通、芜湖新添三口之事。午初，余出城至船上回拜。中饭后至幕府畧谈。昨日今日接沅弟信，不知季病何如、忧灼之至，彷徨无聊，与徐石泉围棋二局。阅本日文件甚多，哺时未毕。又至幕府一谈。夜将本日文书阅毕。接吴竹庄等信，知芜湖甚为吃重，因为一信复之。牙疼殊甚，不能做事。二更三点睡，尚能成寐。

## 卷十二　同治二年

二月初七日，闻王氏伯姊仙逝

早饭后清理文件。旋与沅弟出外拜各营官，凡拜七营。因杨厚庵来，遂与沅同归，与厚庵等久谈。与屠楷围棋一局。午初中饭，饭后写对联二十付，又围棋一局。夜与沅弟畅论执两用中之义。核批，核各稿，阅本日新到文件。连日天气燥热，本日酉刻转大北风，飞扬屋瓦，恐遂将久变矣。是日午刻接澄弟正月十七所发信，知王氏伯姊于十四日仙逝。姊生以嘉庆十三年戊寅十二月十三日，今五十六矣。道光十年于归王氏。姊婿王国九，号万程，即于十二年疯痰，三十余年不省人事，伯姊务历艰苦，贫穷抑郁。近年沅弟稍周济之，困而渐亨，不意遽尔沦逝。两月之内，连漕同气之戚，吾兄弟五人，姊妹四人，从此仅存其四。抚今追昔，触绪生悲。

二月二十日，英吉利提督士迪佛立来见

早饭后清理文件。旋写沅弟信一封，见客数次，鲍春霆、萧为则谈颇久。写李梅生信一封，与屠晋卿围棋一局，又观屠与薛一局，写吴竹庄信一件。中饭后写对联十副。英吉利提督士迪佛立来见。士在上海已年余，将换班回国，特来相见。先至汉口，次至安庆，闻余巡阅沿江，又来芜湖等候。本日又自芜湖至裕溪口一晤也。接谈约一时许，呈出一单，言愿以英国之将领带中国之兵勇，剿灭发逆。单开：用中国兵勇万二百人，用英国头目提督一人，中军一人，副中军一人，总兵二人，帮办总兵二人，总理扎营、造炮台等事兵官一人，帮办一人，把总四人、官医一人，总管军火局兵官一人、帮办一人。其所管中国兵勇万二百名中分为十七队，每队六百人，用英国头目参将一人，游击一人，都司六人，千总一人，把总十二人。十七队皆如此。又每二队公用官医一人，通共外国头目带兵官每月年俸银五万八千一百八十两，中国兵勇口粮在外。言如此，即包管克复金陵、苏、浙。余答以须函总理衙门定夺。语次，又出地图，令余指出长毛贼蔓延之处。申放仍归芜湖，略赠以茶叶，火腿之类。旋与薛炳炜围棋二局，写对联十副。傍夕，雪琴言请恤事，词气过激，心为不怿。夜清理文件，写沈幼丹信五叶，倦甚，二更三点睡。是日早间大雨，午后放晴。

四月二十二日，乱世而当大任为人生之至不幸

早饭后清理文件，写申夫信一，周子佩信一，与屠晋卿围棋二局。旋见客二次，邓伯昭、罗少村谈颇久，阅《小旻》之诗。午刻拜发谢恩摺，一谢沅弟浙抚之恩，具疏恭辞，一谢季予谥建祠之恩，又附万方伯辞藩藩一片，专曾德麟进京。中饭后至幕府畅谈。与程颖芝围棋三局。申刻阅本日文件较多，写沅弟信一。傍夕小睡片刻。夜与小岑畅谈，阅何廉昉所集苏诗对联，因阅苏诗黄州一卷。是日淫雨竟日，彻夜不息，忧灼之至。皖南到处食人，人肉始卖三十文一斤，近闻增至百二十文一斤，句容、二溧八十文一斤。荒乱如此，今年若再凶歉，苍生将无噍类矣！乱世而当大任，岂非人生之至不幸哉！

四月二十九日，陈氏妾病逝，年仅二十四。

早饭后清理文件，旋见客三次，核改信稿。已刻见客二次，杨畏斋坐最久。午刻核科批稿，改沅弟信一件。中饭后与晓岑围棋二局，写沅弟密信，畅论勤俭志谦明强六字，写未毕。许信臣来，久谈约一时半。旋将沅信写毕，与洪琴西论皖南事，请其写信与缵先。戌刻至幕府一谈。接信，知含山已克，寿州亦有可解围之机。夜又与筱泉围棋一局。本日文件于酉刻阅毕。其批札

各稿，则竟未核办，积阁甚多，对之不能了也。二更三点稍寐。四更五点闻号哭之声，则陈氏妾病革，其母痛哭。余起入内室省视，遂已沦逝，时五月初一日寅刻也。妾自辛酉十月入门，至是十九阅月矣。谨守规矩，不苟言笑。内室有前院后院，后院曾到过数次，前院则终未一至，足迹至厅堂帘前为止。自壬戌正月初三吐血后，常咳嗽不止，余早知其不久于世矣。料理各事，遂不复就寝。妾生以庚子十二月初四日辰刻，至是年二十四。

五月二十五日，本日睡贼留石床

早饭后见客二次，衙门期也。清理文件。旋与小岑围棋一局，写沅弟信一封。天气奇热。有石床者，系贼首居此时所置，久弃不用。本日在石床久睡。中饭后又围棋一局，阅李文正公诗，阅白香山诗。申刻，天转西北风，稍有凉意，酉刻甚凉。连日郁蒸之气，为之稍解。外间望甚殷，犹以不得雨为觖望。酉正至幕府畅谈。灯下，又在竹床久睡。二更后改摺稿二件，片稿一件。核批札各稿。三更睡，微凉，稍成寐矣。

八月二十四，庞做人来，其一无所而好讲学

早饭后清理文件。旋见客二次。有庞做人者，一无所知，而好讲学，昔在京已厌薄之，本日又来，尤为狼狈恶劣。甚矣，人之不可务实也！与鲁秋航围棋一局，写澄候弟信一封。午初读《周礼大司马》。大孝风来谈极久。中饭后，郭三来，雨三之弟也。录《训诂杂记》，阅本日文件，与晓岑围棋一局，酉刻核批札稿未毕，至幕府畅谈。夜再核批札稿，改信稿五件。二更后温《诗》《大明》《谷风》《柏舟》诗篇，高声朗诵。睡颇成寐。是日北风甚劲，萧然深秋，岁行暮矣。

九月初五日，余所写扁为匠人坏之，恼怒殊甚

早饭后见客二次，衙门期也。旋写沅弟信一件，见客二次。出门拜客三家。归，写左季高信一件，见客一次。温《秋官》《布宪》《禁杀戮》《禁暴氏》《野庐氏》《蜡氏》《雍氏》《萍氏》《司寤氏》《司恒氏》《条狼氏》《修闾氏》《冥氏》《庶氏》《穴氏》《柞氏》《雉氏》《（折石）氏》《翦氏》《赤发氏》《壶涿氏》《庭氏》《衔枚氏》《伊耆氏》，中饭后温毕。录《雅训小记》。观昨日所写扁为匠人误钩于纸上坏之，恼怒殊甚。阅本日文件，核批札稿，围棋一局。傍夕至幕府一叙。夜核批札稿甚多，二更后与纪泽谈杂事，温陶诗，朗诵十余篇。

九月二十九日

早饭后清理文件。旋见客，坐见者一次，立见者四次。写沅弟信一件。见客，

坐见者二次，立见者三次。已刻，闻家眷船已到河下。旋请客便饭，黄南坡、程颖芝、杜小舫、刘开生，皆善弈者，观黄南（坡）与程一局、刘与程一局。午正。家眷入署，内人率一子、四女、一婿、一儿妇、一孙女，又有送者邓寅皆，阳牧云，次第应酬俱毕。陪客便饭，未正毕。又观程与黄围棋一局，又见客二次，阅本日文件。旋与儿女辈一谈家事。傍夕与小岑一谈。夜与邓寅皆一谈《周易》，二更后又与内室询家常琐事。睡，不甚成寐。

十一月二十三日

早饭后，见客一次，衙门期也。旋围棋一局，阅《通考钱币一》，江方伯来久坐，双阅《钱币考》未毕，写沅弟信一件。中饭后写厚庵信一叶，见客一次。阅本日文件，见李少荃杀苏州降王八人一信稿一片稿，殊为眼明手辣。小岑来谈颇久。傍夕至幕府一谈。夜核批札各稿，二更后与纪绎讲七言律诗之法。旋读七律二十余首。

十二月二十四日，闻筠仙续弦不合意

早饭后清理文件，见客二次，围棋一局。出门拜朱学使，已正归。见客一次，又立见者四次。写澄候弟信一件，核科房批札稿，幕府批稿。中饭后见客二次，阅《通考征榷五》，阅本日文件甚多，核改信稿批稿甚多。傍夕至幕府一谈，黄南坡来久谈。闻郭筠仙续弦钱氏之女为继配，由沪带至广东，竟以不合而大归，良用忧骇。改复总理衙门咨稿一件，信稿一件。二更四点睡。

## 卷十三　同治三年

三月二十五日，意欲解去兵权以息疑谤

早饭后因身体患病，谢不见客。旋改告病摺一件。又改近日军情片，是日凡改三次。围棋一局。幕友来见者数次。已刻，庞省三来久谈。午刻核科房批稿，写对联六副。中饭后，唐中丞来话别，渠于本日回籍省墓也，谈约一时有半。阅本日文件甚多，核批札各稿。酉刻出城送唐中丞之行，傍夕归。

发报三摺、五片。夜阅《古文书牍类》，二更三点睡，倦甚。日内因户部奏折似有意与此间为难，寸心抑郁不自得。用事太久，恐人疑我兵权太重，权利太大。意欲解去兵权，引退数年，以息疑谤，故本日具摺请病，以明不敢久握重柄之义。

五月十七日，闻熊礼元之子与妇在江中为游勇所杀

早饭后清理文件，写沅弟信一封，习字一纸。见客一次。司道来见，一叙，令将石案细看一遍，自辰正阅起，至申刻止。余亦常至外厅与之一叙。又见客，李壬叔等久谈，陈心泉来一谈。小睡片刻。午刻核科房批稿，写对联三副、挂屏一幅。中饭后与司道一叙，阅本日文件，核批札各稿，阅石案卷宗，庞省三来一。剃头一次。傍夕与眉生一谈。夜再核批札信稿甚多，二更二点毕，三点睡。是日接沅弟信，亦拟请李少荃前来会剿，兄弟意见相合。闻熊元礼之子与妇在江中为游勇所杀，杀数人，抢去银物而凿沉其船以灭迹。游勇之凶悍如此，可畏也。

六月二十八日，验洪秀全之尸

早饭后清理文件。旋见客数次，观九弟与杏南围棋数局，余与鲁秋杭围棋一局，与沅弟说家常事甚多。中饭，与诸客黄冠北、勒少仲等一坐，而自另吃蔬菜饭，因天热，略禁油荤，稍觉清澈也。熊登武挖出洪秀全之尸，杠来一验，胡须微白可数，头秃无发，左臂股膀尚有肉，遍身用黄缎龙包裹。验毕，大风雨约半时许。旋有一伪宫女，呼之质讯。据称道州人，十七岁掳入贼中，今三十矣，充当伪女侍之婢，黄姓。洪秀全于四月二十日死，实时宪书之二十七日也。黄氏女亲埋洪秀全于殿内，故知之最详。旋作挽联。傍夕写祭幛挽联，核批札各稿，夜核科房批稿极多。

七月初六日，阅李秀成之供

早饭后清理文件。旋围棋一局。是日小睡二次。申刻阅本日文件，余皆阅李秀成之供，约四万余字，一一校对。本日仅校二万余字，前八叶已于昨日校过，后十叶尚未校也。酉刻将李秀成正法。夜再改摺稿，二更四点睡，不甚成寐。

九月二十一日，闻程伯敷家闯入游勇，遂派人首往弹压

早饭后清理文件。旋见客，坐见者二次，与薛炳炜围棋二局。又见客，立见者四次，坐见者二次。核改批稿。午正请客，谢立夫、梅世兄、陆世兄、朱世兄等，未正散。阅本日文件，旋又改批稿一件。申正至沅弟处畅谈，灯后为弟改谢恩摺，二更三点归寓。闻程伯敷家来游勇八人，闯入内室，可虑

之至。派戈什哈二人、勇八人前往弹压，困在彼巡逻一夜，四更拿获二人。余因此悬悬，不能成寐。

## 卷十四　同治四年

二月初九日，因袁婿强封民房，娼妓多人，余派人惩之

早饭后清理文件。旋围棋二局，阅《汉书》《武纪》《昭纪》二十余叶。午刻，陈虎臣来，潘伊卿来，先后久坐，核科房批搞。中饭后，刘伯山、莫子偲、万篪轩先后来久坐，阅本日文件，写少荃信一件。傍夕小睡。袁婿榯泽强封民房，娼妓多人，本年尚未入署拜年。本日闻将带人去打保甲局，因派人去拿其家丁四人，杖责三百、一百不等。唯许满未责，令与中军同去拿娼家哈氏女子，亦掌嘴数百，发交首县管押。竟夕为之不已。阅恽子居《大云山房集》数首，二更四点睡。

二月初十日，袁婿服毒，幸以药救解

早起。闻袁婿于昨夕吞鸦片烟服毒，有一禀呈余，又有一书与袁小荣以自鸣其屈，亦颇知自为引咎。其毒甚重，指甲已青，儿辈以药救解之，直至申刻呕吐二次，始有转机。早饭后见客二次，旋围棋二局，阅《汉书》《宣纪》、《元纪》二十余叶，核科房批稿。中饭后阅本日文件。因袁婿之事，寸心愁郁无聊，又围棋二局。阅张皋文言文，有恽子居批点者。傍夕至纪泽处，与晓岑诸人谈。夜，儿女辈自袁婿处归，知毒已解，可生，家人皆为一慰。核信稿二件。二更后阅《古文杂记类》五首。五点睡，不甚成寐。

四月十七日，闻霆营竟反叛，弃舟登岸

早饭后清理文件。旋立见之客一次，围棋二局。李雨人来久谈。阅《礼书纲目昏义》，庞省三来一谈，陈舫仙来久谈，核科房批稿。中饭后见客一次，阅本日文件，潘伊卿来一谈，写李少泉信一件。傍夕小睡。灯后，见客一次，议洋人通商占地，定在下关之下一带。又写少泉信一叶。二更后，纪泽问《正

蒙》中疑义。倦甚，三点睡。近年天热则神思昏倦，今年应更惫矣。是日闻霆营之分兵八千由四川入甘肃者，行至金口反叛，弃舟登岸，各营官弹压不服，避回武昌，叛勇由纸口南行，声言至江西索饷，至咸宁已戕官掳人。前来湖北信咨，本日问陈舫仙，始知其详，为之忧灼无已！

四月二十七日，夜核苏州减漕摺

早饭后清理文件。旋见客，坐见者三次，围棋二局，又立见之客二次。午刻核科房批稿甚多。中饭后见客一次。旋阅本日文件。见段培云、席研香禀，知娄云庆所辖霆营于初九日在上杭忽叛，十分忧灼，不知所措，绕屋彷徨，无以为计。又与方元徵围棋二局。旋在后院看新修小楼，核批札各稿。傍夕登新楼与客閒谈。夜核苏州漕减，二更后与儿辈看星，四点睡。

五月十二日，见刘霞仙所作辨蔡寿祺诬劾一疏

早饭后清理文件。旋围棋二局，见客，坐见者三次，立见者二次，核科房批稿，写郭云仙信一件，刘松山来久坐。中饭后阅本日文件，见客，坐见者三次，核批札信稿颇多。见刘霞仙所作辨蔡寿祺诬劾一疏，置身甚高，辞旨深厚，真名作也。傍夕至幕府久谈。夜改扬稿一件未皆，三更睡。

闰五月十二日，知贼焰愈长又闻刘营闹饷，甚忧

早饭后清理文件。旋见客，立见者三次，坐见者三次。黄军门谈甚（久），渠于本日带炮船七十余号至临淮也。已刻，李季荃来，谈及英翰在雉河集冲围而出，得见其初七日与乔中丞之禀。雉河八千人之营，无故溃出，贼焰愈长。又闻刘松山之营闹饷，不肯渡江，忧灼尤甚！陈舫仙、李申夫来久谈，吴仲帅来一谈。中饭后，坐见之客一次，钱子密等来久谈，立见之客四次。夜清理出入大款目，至二更三点止。四点睡。

闰五月十五日，闻徽休两军大闹

早间，见各贺望之客。饭后见客，立见者五次，坐见者三次，清理文件。旋闻徽休两军大闹，逼令张道书一借券，限六、七月内清欠饷八个月，并有殴打之事，忧灼之至，行坐不安！围棋三局。已刻，舫仙、季荃来，久谈三时许，未正始去。茂堂来一谈，阅本日文件，黎莼斋来久坐，钱子密来久坐。夜作饷项款目咨。二更三点温陶诗数章。是日批札各稿停阁未办，因徽事所关甚大，寸心如焚，不暇治事也。

闰五月十六日，闻刘松山之勇在龙潭纷纷告假

早饭后清理文件。旋与屠晋卿围棋一局，与吴仲仙围棋一局。已刻见客，坐见者一次，立见者一次。作饷项交代咨文，至未正未毕。申甫来久谈，酉初去。

作咨文毕，阅本日文件。日晡久睡。灯后，甫治事而舫仙来，至二更三点连日积阁批札信稿甚多，夜深不及清理。本日闻刘松山之勇在龙潭纷纷告假，尚非闹饷恶态。刘松山准假若干人，耽搁四五日，已于十四日自仪征开行矣，为之少慰。

七月初二日，纪泽寄到《几何原本序》

早饭后清理文件，核信稿札稿数件。小睡片刻。巳正，阅姜维传、邓芝等传，杨戏各赞，未毕。中饭后与幕府谈两次，阅本日文件，写李少泉信五页，将夕始毕。纪泽寄到《几何原本序》，似明算理，文亦清新。至营后土台眺览良久。灯后，倦甚。湿气甚重，小虫极多。小睡，不愿治事。二更后温陶诗十余首。三点睡，尚能成寐。

七月十五日

早饭后清理文件。旋见客，坐见者二次，立见者一次，围棋二局。阅《吴书》周鲂、钟离牧传，潘浚、陆凯传，是仪、胡综传。中饭后与幕府久谈，阅本日文件，黄军门来久坐，写少泉信二件、纪泽信一件。傍夕至土台久眺，小睡片刻。夜核批札信稿。二更后倦甚，不能治事。三点睡。是日接廷寄二道。其初九日一道，因久不奏事，严旨诘责。

八月二十八日，阅树字营操演阵法

早饭后清理文件。旋见客，坐见者二次。出门看树字七营操演阵法，纯用洋人规矩，号令亦仿照洋人声口，步伐极整齐，枪炮极娴熟，余平日所见步队不逮此远矣。午正三刻归。中饭后，陈国瑞来久谈，围棋二局，阅本日文件，李幼泉来久坐。旋见幕府一谈，核批札各稿。夜又核，毕。二更后温《古文序跋类》。四点睡。

十月二十七日，愧悔余日内沉溺于棋

早饭后清理文件。旋见客，坐见者二次，围棋二局。写扁、对数事，习字一纸。中饭后，刘松山来一谈，至幕府一谈，又围棋二局，阅本日文件。莫子偲来一谈，渠明日将回金陵也。夜核批札各稿，至二更四点未毕。睡至三更成寐，五更初醒。日内荒淫于棋，有似恶醉而强酒者，殊为愧悔。

十月二十八日

早饭后写扁一幅，见客，坐见者六次，立见者二次，说话甚多，旋至子偲处送行。围棋二局，习字一纸，中饭后至幕府㮚谈，阅本日文件。见客，坐见者三次，薛世香、刘省三座谈均久。核批札各稿。风雨凝寒，颇增愁思。傍夕小睡。夜写零字二百许。思余之书势应以斗刷跌缩四字为主，将命纪泽刻此四字为一小印，改摺稿一件，约改四百字。二更后改片稿一件。旋朗诵《九辨》，三点睡，三更后成寐。

十一月十三日

早饭后清理文件。旋围棋二局，阅汪龙庄先生辉祖所为《佐治药言》、《学治臆说》、《梦痕录》等书，直至二更。其《庸训》则教子孙之言也，语语切实，可为师法。吾近月诸事废弛，每日除下棋看书之外，一味懒散，于公事多所延阁，读汪公书，不觉悚然！酉刻，幼泉来谈，阅本日文件。夜阅批札各稿，二更后温《古文·气势之属》。四点睡。因将分内职事定一堂课，作口诀曰：午前治己事，午后治公文，有客随时见，查阅勤出门，二更诵诗书，高吟动鬼神。因忆余昔年求观人之法，作一口诀曰：邪正看眼鼻，真假看嘴唇，功名看气概，富贵看精神，主意看指爪，风波看脚筋，若要看条理，全在语言中。二诀相近，聊附记之。

十二月初一日

早，各文武贺朔，见客，坐见者六次，立见者七次。清理文件，围棋二局，阅《水浒》二卷。中饭后至幕府一谈，阅本日文件，写对联数付，围棋二局，核批札各稿。傍夕与幕友一谈。夜将所抄古文稍一编次，朗诵《至言》等篇。二更三点睡，不甚成寐。

## 卷十五　同治五年

正月十五日，不知余何时落一壮齿，恐吞入腹中矣

贺节之客，概谢不见。早饭后清理文件。旋出城看马队操演，午初归。围棋二局。中饭后与幕府一谈，阅本日文件，写澄、沅两弟信。左腭上落一壮齿，不知何时已落，或吞入腹中矣。眼蒙，不能治事。偶思古文、古诗最可学者，占八句云：诗之节，书之括，孟之烈，韩之越，马之咽，庄之跌，陶之洁，杜之拙。将终日三复，冀有万一之合。核批札各稿，与幕中久谈。

夜核各信稿。温《庄子》数篇。二更三点睡。

四月二十六日，命人捉得致余痛痒之大臭虫

早饭后清理文件。围棋二局。因昨夕疼痒极苦，命人寻捉床铺，得大臭虫四、五，形扁而阔，比寻常臭虫大几倍许。或曰：此去冬蛰伏之虫，今年新出，故饥而悍也。竟日遍身奇痒，不欲治事。阅李西沤所篡《清修宝鉴》，阅《学校考》二十叶。午正至王甥床上小睡。中饭后见客一次，又坐见之客二次，钱子密新来，谈甚久。阅本日文件，又阅《清修宝鉴》。齿疼殊甚，再围棋二局。傍晚写对联七付，小睡片刻。夜核批札稿，二更后温《汉书》数首，三点睡。

五月二十五日，看《红楼梦》三卷

早饭后清理文件。旋看《红楼梦》三卷，写纪泽儿信一封，阅《内则》十二叶。中饭后又阅小说十余叶，阅本日文件，围棋二局，核批札稿。天气郁热殊甚。酉刻与幕友久谈。傍夕小睡。夜核信稿数件，二更后温《古文序跋类》，三点睡。

七月二十五日，本日接奉廷寄，阅之郁恼

早起，觉病大减，诊脉亦平和。饭后散步千余。清理文件，围棋二局。局终，大汗湿透重衣，虚弱不能用心，一至如此！汗后又觉烦躁。本日接奉廷寄，有朱学笃劾予之件，阅之不无郁恼。午刻，与钱子密久谈，阅《读通鉴论》唐末二十叶，至未正毕。阅本日文件甚多，内有沅弟六月二十二、七月初七及儿侄等信。翻阅时许，遂觉太劳，身体又大不适，坐卧靡宁。傍夕，昌期、敬堂诸人来视，余坚持不服药之说。夜小睡二次，俱略成寐。二更三点后睡，凡醒者四、五次，成寐者亦四、五次。尚不至一味烦躁不安，无唤人索火求茶等事，外症要不重耳。

七月三十日，余坚不服药，而药皆可伤人

早饭后开船，节节浅阻，未刻行至蒙城上数里之七里沟地方，胶浅一时之久，因在该处湾泊。派人至上游探看，浅滩甚多，不能再进，乃于酉刻退回蒙城县外河下泊宿。或称宜退回怀远，仍由正阳沂沙河而上，或称宜在蒙城登陆，商议不定。见客，坐见者二次，立见者一次，幕府来谈者三次，叶亭甥两次谈甚久。是日阅《读通鉴论》唐末、五代，凡三十叶，未初毕。下半日，体中又小不适，盖余邪之未净者。小睡多次。灯后，仍觉清爽。夜睡至二更四点，汗透衣襟，有似医家之所谓自汗者，盖三贴三服桂支一两八钱，为分太重之咎。乃知凡药比可伤人，悔不坚守弗药之戒。八月初七日，有号

冤者闯入内室，不觉生怒

早饭后，行二十五里至赵村集打尖，又行二十五里至石郎集，午初即到，在此住宿。清理文件。见客，立见者三次，坐见者三次。中饭后阅本日文件。在肩舆中阅《宋论》四十三叶。未正围棋二局。接奉廷寄，河南不愿办沙河、贾鲁河之防，谕旨允许，焦灼之至！有号冤者闯入室内，派员讯问，不觉生怒。幕友两次来谈。夜核批札稿。是日陈州府、县来接。二更三点睡，不甚成寐。

八月十八日，闻贼东窜，虑防守前功尽弃

早饭后清理文件，见客，坐见者三次，围棋二局，又坐见之客一次，与幕友久谈。因不能用心，遂不看书治事。中饭后阅本日文件，阅《周易传义音训》十余叶，又围棋二局，与吴挚甫一谈。傍夕，得刘省三、潘琴轩信，贼于十六日夜二更自朱仙镇以上豫军余承恩所守汛地东窜。防河月余，前功尽弃，大局益坏，忧灼之至。旋与幕友谈两次，办檄咨行各处，二更三点毕。睡后，竟夕不能成寐。内忧身世，外忧国事，有似戊午春不眠景况。

同治六年二月二十日，念余自北征以来，亲见民不聊生，更惭家奢

早饭后开船，风仍不顺，扯下水纤行数里，风雨交作，不复能行，遂在此泊宿，距宿迁仍欠八九里许。辰刻，见客二次。背诵《大雅》三十一篇，旋温《周颂》三十一篇。午刻，围棋二局。中饭后，温《鲁颂》、《商颂》，申刻毕。自二十岁后未尝背诵经书，老年将此经背诵一过，亦颇有温故知新之味。申夫来久谈，论吏治听断、催科、缉捕三者为要务。傍夕，欧阳健飞来，谈及民间苦况。因念余自北征以来，经行数千里，除兖州略好外，其余目无所见，几无一人面无饥色，无一人身有完衣，忝为数省军民之司命，忧愧实深。又除未破之城外，乡间无一完整之屋，而余家修葺屋宇用费数千金，尤为惭悚。夜核批札稿甚多。二更后，疲乏殊甚。三点睡，甚能成寐。

九月十四日，知霆军在襄樊几因索饷而哗

早饭后清理文件。旋围棋一局，又观人一局，习字二纸。阅《明史》杨嗣昌传，罗伦、舒芬等（传），徐溥等传，未毕。立见之客二次。中饭后与幕友一谈，阅本日文件，写对联四副、挂屏一幅。旋核批札各稿。傍夕捶按一回。与幕府一谈。夜核信稿三件。接沅弟信，知霆军在襄樊初五夜几因索饷而哗；又所造二轮小车笨重窳脆，但愿以不便推行中途委弃，所失犹小，若仓促遇贼，车混队乱，因而败挫，则所失大矣。焦灼之至，不复治事。二更三点睡。

九月十五日，论贼决黄河事

早间，谢绝文武贺望各客。饭后清理文件，围棋一局，又观人一局，见客一次。阅《明史》谢迁、王鏊、李东阳等传，李自成传。与幕府一谈。中饭后阅本日文件，见客一次，谈颇久。习字一纸，核批札信稿，又围棋二局，与幕友久谈。傍夕小睡。夜改李子和信稿一件。渠恐贼决黄河，与之反复究论。写零字甚多，二更后阅《王船山文集》。三点睡。

十月二十五日，接奉廷寄令余进京

早饭后清理文件。见客，立见者四次，观人围棋二局。阅《特牲馈食礼》。中饭后与幕友久谈。见客，立见者一次，坐见者一次。阅《特牲馈食礼》。接奉廷寄，令予进京，少荃暂署钦差并防。阅《仪礼》，申末毕。核批札各稿，与幕友久谈。夜与纪鸿儿一谈，二更后温《周易屯卦》。五点睡，竟夕不能成寐。

十二日二十四日，余常梦浅水行舟，知为涉世艰难之兆

早饭后清理文件。围棋一局，又观人一局。见客，坐见者二次。阅《乡饮酒礼》，至申初止。请金世兄便饭。饭后阅本日文件。申刻写对联九副。傍夕又与幕府久谈。夜核批札各稿甚多，二更后温小杜七律，又选苏、陆二家诗之可为对联者。三点睡，三更后成寐，五更醒。余数十年来，常夜梦于小河浅水中行舟，动辄胶浅；间或于陆地村径中行舟，每自知为涉世艰难之兆。本夜则梦乘舟登山，其艰难又有甚于前此者，殊以为虑。

## 卷十六　同治六年

正月十一日，至虞城县闻喊冤之辞

早饭后，自归德起程，雨雪纷纷。坐车行五十里。至王集寨小坐。旋又行二十里至虞城县住宿，未正即到，小车及挑子等则到甚迟。在车不能看小字书，将《古文·气势之属》阅一过。清理文件。申正，虞城县令胡叔珊在庭中嚷闹，有喊冤之辞。询之，则谓戈什哈贺献臣撕其衣服。问其仆，则云：

尚未撕，但执其衣耳。遍问巡捕等，皆云：贺献臣开酒席单，语言不顺，将单撕碎，而无撕衣之事。余以初七日车夫投诉被贺献臣所打，两次皆戈什哈不应管之事，遂行棍责革云。夜阅《大射仪》，又阅《古文·辞赋类》，又阅本日文件，核批札稿数件。二更三点睡，三更后成寐，严寒异常。

三月初九日，至湖南会馆，观方子恺所为大地球

早饭后清理文件。见客，立见者八次，每次十余人，皆佐杂及武职等；坐见之客一次。围棋二局。彭雪琴来一坐。因与同至湖南会馆，观方子恺所为大地球，周览馆中各屋。旋至李少泉署中，与季泉一谈，并见其太夫人及诸后辈。又至雪琴船上一谈，午末归。中饭后见客，坐见者四次，立见者二次。阅初一至初五日文件，皆包封至途次而又折回者，直至夜二更始得阅毕。傍夕，小睡片刻。二更后翻阅《四书》。因明日考试书院，久不理八股故业，故出题忽略审慎。读宋玉《九辨》三章。三点睡。

四月二十二日

早饭后，步行五里许至甘露庵求雨。归，清理文件。围棋二局。见客二次，又坐见者一次。戈什哈自湖北归，询及鲍春霆之病：久不能言，面色如炭，各伤皆发，头上一伤流黄水，沉重已极；唯尚能吃米汤少许，耳聋，二者微有生机耳。又询沅弟气色，尚好，须鬓与余极相似，霆营已至德安，军心愿归弟处，唯天旱而贼久不退，弟心焦灼殊甚云云。李壬叔来久谈，又坐见之客二次。习字半纸，阅《开元礼》、《乡饮酒礼》。中饭后阅本日文件。至幕府久谈，写对联五副，核批札各稿。傍夕小睡。夜又核批札稿，温《古文·序跋类》，三点睡。

五月二十日，吾家高爵显宦，为众人所侧目，思之悚栗

早饭后，至甘露庵祷雨。议定明日夏至即行停止，不再渎求。归，清理文件。围棋二局。辰正即得大雨，直至未初始止，在吾乡约有五泼水。至惠甫处一座。已正小睡。午刻阅《观象授时》。中饭后至子密处久谈。阅本日文件，写对联八付。旋核批札各稿。傍夕小睡。夜核信稿二件。二更后温《古文·识度之属》，朗诵数首。二更三点睡，梦先考竹亭公着衣甚多，新鲜温厚。是日阅邸钞，御史佛尔国春参劾沅弟，以劾官相为肃党不实，例应反坐。虽经谕旨平反开解，而痕迹甚重。吾家高爵显宦，为众人所侧目，思之悚栗。

八月十八日，梦先大夫之灵柩将发而被阻

早饭后清理文件。见客，坐见者三次。阅《通鉴》《明穆宗》、《神宗》二十七叶。中饭后阅本日文件。李雨亭来一坐。写朱久香复信一件。申正围

棋二局。核批札各簿。傍夕至幕府久谈。夜，疲乏殊甚，阅欧阳公、王介甫所为墓铭至二更三点睡。四更三点睡，旋又成寐。梦先大夫之灵柩将引发，而为数百红桌凳所拦阻，不得出门，又未将大杠早为修整，仓促恐不成礼，忧恐而醒。

九月十一日

早饭后清理文件。见客，坐见者一次，立见者二次，辰正，至南门外西洋炮局观制造各机器，皆用火力鼓动机轮，各级工巧。其中如造洋火铜帽，锯大木如切豆腐，二者尤为神奇。午初归，阅《圜丘祀天》十八叶。中饭后阅本日文件。坐见之客一次。习字一纸。写对联七付。至惠甫处一谈。傍夕小睡。夜核批稿各簿。二更后倦甚，喉间若不适者，因闭目静坐片刻。三点睡，三更成寐，四更四点醒，旋又稍寐。

## 卷十七　同治七年

正月初二日，米利坚人蒲安臣来拜

早饭后清理文件。见客一次。出门拜客数十家，惟黄军门及湖南会馆一会，午初归。习字一张，阅苏诗七古。坐见之客二次。中饭后，米利坚人浦安臣来拜。本有京充公使五六年，今将回国，皇上又派令至外国出使，与军机章京志刚等同使英法等国，将由上海来此一见，坐半时许。又立见之客一次，坐见者一次。阅本日文件，校对苏诗七古十六叶。傍夕与纪泽一谈。夜核批札稿簿，倦甚。二更后，温《古文·传志类》。三点睡，五更醒，亦佳眠也。

正月十七日，吾家子侄辈须力戒其骄

早饭后清理文件。见客，立见者三次，坐见者二次。习字一纸，核对各摺片。专差发年终密考等摺。围棋二局。阅苏诗七律十二叶。午正出门，拜客三家。至竹如处一谈，至春织造处赴宴，申正。阅本日文件。至幕府一谈。摺差自京归，接京信多件。阅十二月邸钞，核批稿各簿。四点睡，三更成寐，四更未醒。

是日阅张清恪之子张懿敬公师载所辑《课子随笔》，皆节钞古人家训名言。大约兴家之道，不外内内外勤俭、兄弟和睦、子弟谦谨等事。败家则反是。夜接周中堂之子方翕谢余致溥仪之言，则别字甚多，字迹恶劣不堪。大抵门客为之，主人全未寓目。闻周少君平日眼孔甚高，口好雌黄，而丧事潦草如此，殊为可叹！盖达宫之子弟，听惯议论，见惯大排场，往往轻慢师长，讥弹人短，所谓骄也。由骄字而奢、而淫、而佚，以至于无恶不作，皆从骄字生出之弊。而子弟之骄，又多由于父兄为达官者，得运乘时，幸致显宦，遂自忘其本领之低，学识之陋，自骄自满，以致子弟效其骄而不觉。吾家子侄辈亦多轻慢师长，讥谈人短之恶习。欲求稍有成立，必先力除此习，力戒其骄；欲禁子侄之骄，先戒吾心之自骄自满，愿终身自勉之。因周少君之荒谬不堪，既以面谕纪泽，又详记之于此。

正月二十九日，吾家后辈之兴衰，关键在纪鸿、纪瑞

早饭后清理文件。见客，坐见者三次，立见者一次。习字一纸，围棋二局。校杜诗至未正止，仅校十叶，批识稍多。中饭后阅本日文件。接沅弟信，知纪官侄于正月初九日申刻生子，欣慰之至。吾兄弟共得五孙，丁口渐盛。只望儿侄辈读书，少有所成，将来孙辈看作榜样，便是世家好气象。若儿侄辈不能发奋用功，文理不通，则榜样太坏，将来孙辈断难成立。此中关键全在纪鸿、纪瑞二人。吾家后辈之兴衰，视此二人为转移也。申刻写对联九副。至后园一览。连日将园中瓦砾再挑子山上，渐增高矣。傍夕小坐。夜核批稿各簿。二更后核水师补缺一案。三点睡，三更后成寐。

二月初四日

早饭后清理文件。唐鹤九来一谈。习字一纸。围棋二局。批校五、七古，至未正止，共二十叶。中饭后阅本日文件。至幕府与子密及贞斋等一谈。申正写对联七付。傍夕小坐。夜核批稿各簿，核水师补缺一案，粗毕。二更后阅白香山闲适诗。四点睡，天气奇寒，尚得佳眠。夜间阅苏诗，有二语云：治生不求富，读书不求官。余为广之云：修德不求报，能文不求名。兼此四者，则胸次广大，含天下之至乐矣。

二月十五日，德以满而损，福以骄而减矣

未黎明，至大程子祠主祭，祭毕回署。早饭后清理文件。见客，坐见者二次，雪琴坐甚久。习字一纸，围棋二局。批校杜诗至未正毕，凡十二叶。中饭后清理文件。至后园一览。写对联一副，挂屏二幅，约二百字。申正核批稿各簿。傍夕小睡。夜核定水师未尽事宜一条。将本辕人员斟酌补缺毕。二更后

核信稿各件。心绪憧憧，如有所失。念人生苦不知足，方望溪谓汉文帝之终身，常若自觉不胜天子之任者，最为善形容古人心曲。大抵人常怀愧对之意，便是载福之器、入德之门。如觉天之待我过厚，我愧对天；君之待我过优，我愧对君；父母待我过慈，我愧对父母；兄弟之待我过爱，我愧对兄弟；朋友之待我过重，我愧对朋友，便处处皆有善气相逢。如自觉我已无愧无怍，但觉他人待我太薄，天待我太啬，则处处皆有戾气相逢。德以满而损，福以骄而减矣。此念愿刻刻凛之。三点睡，通夕不甚成寐。

二月二十日，闻李眉生之堂兄石兰因梦魇而死

早饭清理文件。坐见之客二次，立见者一次，衙门期也。旋与印渠、雪琴一谈。习字一纸。围棋二局。午刻与印渠久谈，渠告辞回籍矣。又坐见之客一次，批校杜诗七叶，至申初始毕。中饭后阅本日文件。坐见之客一次。闻李眉生之堂兄号石兰者，于舟次梦魇，百呼不醒，竟于次日午刻死去，亦异闻也。写对联十副，挂屏一幅。至后园久览。剃头一次。傍夕小睡。夜核批稿各簿。与纪泽、雪琴先后一谈。二更后拟改摺稿，经营半晌而不果。三点睡，三更后成寐，五更醒。是日晴霁，稍以为慰。

同治四年十一月十七日：

早起，见向伯常病已垂危，四肢及身腹俱已冰冷，万无生理，为之料理后事。自辰至未幸不气绝，旋有人言以水银吃入前阴玉茎之内，可将管内残精败血消化，并可引出小便，或者起死回生云云。诸友因试为之，既将水银吹入，则伯常尚能大声叫呼，一息奄奄，而声音忽粗，众喜其有生机矣。又悬赏募人含其玉茎而吸之，始出血丝，继出如米如沙者数十颗，继出如脓，惟尚未吸出小便。然身体冰冷一日，忽能回暖矣；眼闭一日，忽能开目微视矣；牙关紧闭一日，忽能吞药矣。众皆欣讶，似有回生之望。伯常之病，由于梦遗太久，一旦病发，癃闭七日不能小便，遂至如此。向使早数日知水银吹入之法，募人将管中结塞诸物吸出，固非不起之症也，聊记于此，以广异闻。早饭后清理文件，围棋二局，李昭庆来一坐，中饭后阅本日文件，围棋二局，核批札稿数件，余皆与幕友谈病事。夜核水师章程，二更三点睡，竟夕不能成寐。

三月十二日，悔余好以俭教人而自家不能俭

早饭后清理文件，习字一纸。出门拜省三、作梅、竹如三家，皆会晤久谈，午初二刻归。阅太白诗五叶。阅棋一局。中饭后阅本日文件。见客一次。至幕府一谈。旋坐睡片刻。申正剃头一次。旋写对联七付。至后园一览。余盖屋三间，本为摆设地球之用，不料工料过于坚致，檐过于深，费钱太多，而

地球仍将黑暗不能明朗，心为悔慊。余好以俭字教人，而自家实不能俭。傍夕与纪泽谈，令其将内银钱所账目经理，认真讲求俭、约之法。夜核批稿各簿。二更后阅《乐府诗集》。三点睡。

三月二十五日，善学者于古人之书须虚心涵咏

早饭后，坐见之客二次，衙门期也。旋清理文件，习字一纸。围棋二局，阅太白诗至未初止，批校十一叶。午刻，立见之客一次，坐见者一次。中饭后阅本日文件。小睡片刻。申正写对联七付。至后园一览。核批稿各簿，核信稿一件。傍夕小睡。夜将金陵一军奏案摘录。二更四点睡，三更后成寐。是夜与纪泽论为学之道不可轻率评讥古人，惟堂上乃可判堂下之曲直，惟仲尼乃可等百世之王，唯学问远过古人乃可评讥古人而等差其高下。今之讲理学者，动好评贬汉唐诸儒而等差之，讲汉学者，又好评贬宋儒而等差之，皆狂妄不知自量之习，譬如文理不通之童生而令衡阅乡试，会试之卷，所定甲乙岂有当哉？善学者于古人之书，一一虚心涵咏，而不狂妄加评焉，斯可矣。

四月二十五日

早饭后清理文件。天气阴寒，细雨竟日，逆风不能开船，即在下关停泊一日。习字一纸，阅校山谷诗。南屏、惠甫等来船久谈。又校批山谷诗。中饭后批校半时许，目蒙殊甚。至眉生、南屏等船上久谈。申正归。再校黄诗，写信与钱子密。傍夕小睡。夜温《古文·气势之属》，朗诵二首，又览《文选》各诗。二更三点睡。梦魇甚恶，非君子所应有之梦，深以为愧。

闰四月十二日，至机器局观制造机器

早饭后清理文件。坐见之客四次，立见者二次。旋出门至机器局，观一切制造机器，屋宇虽不甚大，而机器颇备。旋观新造之轮船，长十六丈，宽三丈许。最要者惟船底之龙骨，中间龙骨夹层两边，各龙骨三根。中骨直而径达两头，两边骨曲次第缩短。骨之下板一层，骨之上板一层，是为夹板，板厚三寸。龙骨之外，惟船肋最为要紧，约每肋宽厚三寸有奇，皆用极坚之木，计此船七月可下水。已正回寓，坐见之客一次。写家信一件。小睡片刻。改片稿一件。中饭后，英法等领事来见，凡坐见者三次，又坐见之客二次，立见者一次。看丁中丞带来之洋镜内山水图画，甚为奇丽。与南屏等一谈。小睡片刻。夜间，南屏，惠甫等来看洋镜画。旋阅本日文件。二更三点睡。

八月十三日，喜看中国初造第一号轮船

早饭后，出门看上海新造之火轮船，名曰恬吉轮船。至汉西门，闻雪琴已进城矣，因在舟次候之，请其同行。由汉西门坐小轮船至下关，已恬吉轮

船。已正二刻开行，行至采石矶下之翠螺山，凡十二刻，行九十里。又自翠螺归至下关，凡六刻，行九十里。下水速于上水者一倍。中国初造第一号轮船，而速且稳如此，殊可喜也。申刻，自下关坐小轮舟至汉西门，酉正归署。阅本日文件。至后园一览。夜核批稿各簿。是日在舟中略作《昭忠祠碑》，二更后写出，凡二百许字。三点睡。

闰四月十三日，至洋泾浜回拜法国领事白来尼

早饭后清理文件。见客，坐见者七次。改片稿一件，颇费经营。午初出门，至洋泾浜回拜法国领事白来尼，倾诚款待。虽其母其妻之卧室，亦预为腾出，引余与中丞、军门阅看。所居楼阁四层，一一登览。玉宇琼楼，镂金错彩，我中国帝王之居殆不及也。旋备酒席小宴。又至英国领事温恩达处回拜，亦备酒相款。未正，至城隍庙，应敏斋等招饮，申未散。城内观者如堵。旋回拜刘融斋，谈甚久，归时已晡矣。因事生气，久而未解。周寿山来久谈。夜与丁中丞、眉生等久谈。二更后写李小泉信一封。三点睡，三更后成寐。

闰四月二十六日，《儒林外史》极诋士人之丑，亦用自儆

早饭后清理文件，习字一纸。围棋一局。见客，立见者一次，坐见者一次。批校大谢及鲍明远诗。中饭后阅本日文件。至幕府一谈。倦甚，小睡。酉初，课儿甥辈诵时文。阅小说《儒林外史》十余叶，是书极诋士人多穿窬之行，丑态百出，览之足以解颐，亦用自儆。傍夕阅核批稿各簿，未毕，灯后核毕。又核吴竹庄信一件，约改四百字。二更三点睡，三更后成寐。

五月二十五日，将妇幼功课单后添四语

早饭后，至城隍庙谢神，因已畅晴也。归署，将妇幼功课单后添四语云：家勤则兴，人勤则健，能勤能俭，永不贫贱。清理文件，习字一纸。围棋一局。坐见之客二次。批校放翁诗至未正，钞本阅九叶，刻本阅二卷，亦仅七律、七绝二种，余未悉阅也。午正，坐见之客二次。中饭后阅本日文件。极热，在竹床久睡。申正写对联五副，写极大扁字八个。酉初课儿背书。酉正核批稿各簿。傍夕，至山上茅亭与幕府久谈。夜，热甚，不能治事，久睡。二更后，温诵《诗经》，三点睡。

六月初一日，自问此生不能复有所为，颇为歉然

早间，谢绝贺朔之客。饭后清理文件，习字一纸。围棋二局。小睡片刻。与叶亭甥一谈。阅《先正事略》数篇。已正校阅放翁七律七绝，钞本校六叶，刻本校三十八、九、四十、四十一等卷。中饭后阅本日文件。写澄、沅弟信一件。申正写对联六副。酉初课儿甥背文。旋核批稿各簿，未毕。傍夕，至后园与

子密一谈。夜将批稿核毕。天气郁热，不愿治事。余拟改报销摺稿。迁延弥月，尚未动手，颓衰甚。本日沅弟信中有古文国手之说，自问此生不能复有所为，颇为歉然。二更四点睡。

七月二十五日

早饭后，坐见之客三次，衙门期也。清理文件，习字一纸。围棋二局。因本日麦领事来见，恐其无礼。预为焦虑。阅《五礼通考·五音门》十一叶。午初，麦华陀与其兵官布守威、翻译施维祺三人来见，其不通姓名而入座者又四人，伸论良久。余恐其引动忿气，或致喧哗，仅以平言和气答之，午正三刻辞去。于扬州之事，尚未说妥。中饭后阅本日文件。坐见之客二次。旋阅李次青所为《先正事略》。小睡片刻。酉刻课儿甥背书。旋核批稿簿，未毕。至后园一览。夜核批稿簿。念领事之蛮横，洋人之猖獗，焦郁无已。二更后温《古文·气势之属》。三点睡。

八月初二日，嘱泽儿看理学书

早饭后清理文件。立见之客二次，坐见之客二次。习字一纸。围棋二局。写李少泉信一封，约五百字。又坐见之客三次，雨亭坐颇久。中饭后阅本日文件。陈虎臣来久坐。旋至幕府一谈。写对联七付、扁三副。酉初课儿甥辈背文，核批稿未毕。傍夕至后园与渠侄一谈。夜核批稿毕。倦甚。二更后与纪泽一谈，嘱其看理学书，俾志气日趋于刚大，心思日入于沉细。三点睡，不甚成寐。

八月初四日，书格言六条为纪渠座右之箴

早饭后清理文件。坐见之客二次。习字一纸。围棋二局。夏子松正詹来久谈。又坐见之客一次。午刻钱子密来一谈。莫子偲来一谈。中饭后阅本日文件。倦甚，小睡片刻，申初写对联五副、写横批一帧。自纂格言六条，书之为纪渠侄座右之箴。吴挚甫来一谈。酉初课儿甥辈背书。旋核批稿簿，未毕。傍夕至后园与纪泽一谈。夜将批稿核毕，改摺稿一件。二更后，作《湘军陆师昭武忠祠碑记》百余字。二更三点睡，梦刘文清公，与之周旋良久，说话甚多，都不记忆，惟记问其作字果用纯羊毫乎？抑用纯紫毫乎？文清答以某年到某处道员之任，曾好写某店水笔。梦中记其店名甚确，醒后亦忘之矣。

咸丰十一年七月初一

早，各员弁贺朔，见客六、七次。至巳初毕。旋写信与沅弟、言方望溪从祀事。复桃秋浦信。小睡时许。午刻清理文件。中饭后清理文件甚多。至戌初毕。夜阅《望溪文集》二卷。二更四点睡。潘弁值日。梦刘石庵先生，与之之邕叙数日。四更因疮痒手不停爬，五更复成寐。又梦刘石庵，仿佛若同在行役者，说话颇多，但未及作字之法。是日天气，新转东北风，已有凉意。

十一月初四日，是日余启程北上入觐，饯行颇隆

是日，余启程北上入觐。早饭后清理文件。见客二次。将邵位西墓志写本另写十余字。改信稿四件。剃头一次。已正二刻启行。途中观者如堵，家家香烛，爆竹拜送，戏台、酒席路饯者，在署之西为盐商何公远旗第等一席，在水西门之外为合城绅士方伯雄等一席，又有八旗佐领等及船户等各设彩棚为饯，午正至官厅。少泉、谷山及文武等送别，寄请圣安。余旋登舟，见客五次。吃中饭后，又见客三次。开船，行至下关，少泉、谷山送至下关，久谈。吴竹如亦至下关，与三人久谈。而满城文武士友皆送至下关，坐见之客十余次。夜饭后，潘季玉、李眉生等先后来谈，澄弟一谈，疲倦极矣。二更三点睡。申刻行船时，曾将郭云仙所著《湘阴县志》一阅。睡后，不甚成寐。念本日送者之众，人情之厚，舟楫仪从之盛，如好花盛开，过于烂漫，凋谢之期恐即相随而至，不胜惴栗。又接湖南咨文，不愿出长江十六万一款，其事仍办不成，殊以为虑。

十一月二十五日，于途中见题壁诗，第九首盖讥余者

五更三点起，早饭。黎明，坐轿行五十五里，至嶅阳打尖，已正三刻到。未初又起行，行二十五里至新泰市住宿。是日本拟至翟家庄住宿，因该处店少，故少行二十五里，即在县城宿也。自前日在青它寺打尖后，即见大道之西有一大山，盖蒙山也。前日，昨日皆见此山并大路而北，本日自龚家城行十五里，至蒙阴县，大道转向西行，似即蒙山北头尽处矣。至嶅阳大道之西。有一石山，士人称曰青云山，即嶅山也。在轿中阅《魏策》第四卷，《韩策》一、二卷。申正与挚甫久谈。夜饭后将《赵策》一、二、三卷酌加标识，又将胡刻地图批识数处。写小字太多，眼蒙殊甚。二更三点睡，屡寝屡醒。是日在敖阳旅店见题壁诗十一首，乙丑八月所作，第九首盖讥余者。惯闻訾言，得此即药石矣。

十二月十四日，答皇太后问

五更起，寅正一刻也。饭后趋朝。卯初二刻入景运门，至内务府朝房一坐。军机大臣李兰生鸿藻、沈经笙桂芬来一谈。旋出迎候文博川祥、宝佩衡鋆，同入一谈。旋出迎候恭亲王。军机会毕，又至东边迎候御前大臣四人及惇王、孚王等。在九卿朝房久坐，会晤卿寺甚多。已正叫起，奕公山带领余入养心殿之东间。皇上向西坐，皇太后在后黄幔之内，慈安太后在南，慈禧太后在北。余入门，跪奏称臣曾某恭请圣安，旋免冠叩头，奏称臣曾某叩谢天恩。毕，

起行数步，跪于垫上。太后问：汝在江南事都办完了？

对：办完了。

问：勇都撤完了？

对：都撤完了。

问：遣散几多勇？

对：撤的二万人，留的尚有三万。

问：何处人多？

对：安徽人多。湖南人也有些，不过数千。安徽人极多。

问：撤得安静？

对：安静。

问：你一路来可安静？

对：路上很安静。先恐有游勇滋事，却倒平安无事。

问：你出京多少年？

对：臣出京十七年了。

问：你带兵多少年？

对：从前总是带兵，这两年蒙皇上恩典，在江南做官。

问：你从前在礼部？

对：臣从前在礼部当差。

问：在部几年？

对：四年，道光二十九年到礼部侍郎任，咸丰二年出京。

问：曾国荃是你胞弟？

对：是臣胞弟，曾蒙皇上非常天恩。（磕头）

问：你从前在京，直隶的事自然知道。

对：直隶的事，臣也晓得些。

问：直隶甚是空虚，你须好好练兵。

对：臣的才力怕办不好。

旋叩头退出。回寓，见客，坐见者六次。是日赏紫禁城骑马，赏克食。斟酌谢恩摺件。中饭后，申初出门拜客。至恭亲王、宝佩衡处久谈，归已更初矣。与仙屏等久谈。二更三点睡。

十二月十五日，入养心殿见皇太后

黎明起。早饭后写昨日日记。辰初三刻趋朝。在朝房晤旧友甚多。巳正叫起，六额驸带领入养心殿。余入东间门即叩头，奏称臣曾某叩谢天恩。起行数步，跪于垫上。

皇太后问：你造了几个轮船？

对：造了一个，第二个现在方造，未毕。

问：有洋匠否？

对：洋匠不过六七个，中国匠人甚多。

问：洋匠是哪国的？

对：法国的，英国也有。

问：你的病好了？

对：好了些，前年在周家口得病，去年七、八月便好些。

问：你吃药不？

对：也曾吃药。

退出。散朝归寓。见客，坐见者六次，中饭后又见二次。出门，至东城拜瑞芝生、沈经笙，不遇。至东城拜黄恕皆，马雨农，一谈。拜倭艮峰相国，久谈。拜文博川，不遇。灯初归。夜与曹镜初，许仙屏等久谈。二更后略清理零事。疲乏殊甚，三点睡，不甚成寐。

十二月十六日，答皇太后面谕

黎明起。早饭后，写昨日日记。辰正趋朝。已正叫起，僧王之子之伯王带领入见。进门即跪垫上。

皇太后问：你此次来，带将官否？

对：带了一个。

问：叫什么名字？

对：叫王庆衍。

问：他是什么官？

对：记名提督，他是鲍超的部将。

问：你这些年见得好将多否？

对：好将倒也不少，多隆阿就是极好的，有勇有谋，此人可惜了。鲍超也很好，勇多谋少。塔齐布甚好，死得太早。罗泽南是好的，杨岳斌也好。目下的将才就要算刘铭传、刘松山。

每说一名，伯王在旁叠说一次。太后问水师的将。

对：水师现在无良将。长江提督黄翼升、江苏提督李朝斌俱尚可用，但是二等人才。

问：杨岳斌他是水师的将，陆路如何？

对：杨岳斌长于水师，陆路调度差些。

问：鲍超的病好了不？他现在那里？

对：听说病好些。他在四川夔州府住。

问：鲍超的旧部撤了否？

对：全撤了，本存八九千人，今年四月撤了五千，八、九月间臣调直隶时，恐怕滋事，又将此四千全行撤了。皇上要用鲍超，尚可再招得的。

问：你几时到任？

对：臣离京多年，拟在京过年，朝贺元旦，正月再行到任。

问：直隶空虚，地方是要紧的，你须好好练兵，吏治也极废弛，你须认真整顿。

对：臣也知直隶要紧，天津、海口尤为要紧，如今外国虽和好，也是要防备的。臣要去时总是先讲练兵，吏治也该整顿，但是臣的精力现在不好，不能多说话，不能多见属员。这两年在江南见属员太少，臣心甚是抱愧。

属员二字，太后未听清，令伯王再问。

余答：见文武官员即是属员。

太后说：你实心实意去办。

伯王又帮太后说：直隶现无军务，去办必好。

太后又说：有好将尽管往这里调。

余对：遵旨，竭力去办，但恐怕办不好。

太后说：尽心竭力，没有办不好的。

又问：你此次走了多少日？

对：十一月初四起行，走了四十日。

退出。散朝归寓。中饭前后共见客，坐见者七次，沈经笙坐最久。未正二刻，出城拜李兰生，归寓已灯初矣。饭后与仙屏诸君一谈。旋写日记。二更三点睡。

# 卷十八　同治八年

正月十六日，是日廷臣宴

早饭后清理文件。辰正二刻起行趋朝。是日廷臣宴。

午正入乾清门内，由甬道至月台，用布幔帐台之南，即作戏台之出入门。先在阶下东西排立，倭艮峰相国在殿上演礼一回。

午正二刻皇上出，奏乐，升宝座。太监引大臣入左、右门。东边四席，西向。倭相首座，二座文祥，三座宝鋆，四座全庆，五座载龄，六座存诚，七座祟纶，皆满尚书也。西边四席，东向。余列首座，朱相次之，三座单懋谦，四座罗惊衍，五座万青藜，六座董恂，七座谭廷襄，皆汉尚书也。

桌高尽许，升垫叩首，旋即盘坐。每桌前有四高装碗，如五供之状。后八碗亦鸡、鸭、鱼、肉、燕菜、海参、方饽、山楂糕之类。每人饭一碗，杂烩一碗，内有荷包蛋及粉条等。

唱戏三出，皇上及大臣各吃饭菜。旋将前席撤去。皇上前之菜及高装碗，太监八人轮流撤出，大臣前之菜，两人抬出，一桌抬毕，另进一桌。皇上前之碟不计其数。大臣前，每桌果碟五、菜碟十。重奏乐，倭相起，众皆起立。倭相脱外褂，拿酒送爵于皇上前，退至殿中叩首，众皆叩首，倭相又登御座之右，跪领赐爵，退至殿中跪。太监易爵，另进杯酒，倭相小饮，叩首，众大臣皆叩首。

旋各赐酒一杯。又唱戏三出，各赐奶茶一碗，各赐汤圆一碗，各赐山茶饮一碗，每赐，皆就垫上叩首，旋将赏物抬于殿外，各起出，至殿外谢宴、谢赏，一跪三叩。依旧排立，东西阶下。皇上退，奏乐。蒙赏如意一柄、瓷瓶一个，蟒袍一件、鼻烟一瓶、江绸袍褂料二付。各尚书之赏同一例也。归寓已申刻矣。

中饭后，见客二次。写对联十副。剃头一次。坐见之客二次。朱修舶来久坐。二更三点睡。

正月十七日，日是请训，答皇太后

早饭后，辰初二刻趋朝。是日请训，递封奏一件也。在朝房久坐。午初召见。

皇太后问：尔定于何日起身出京？

对：定二十日起身出京。

问：尔到直隶办何事为急？

对：臣遵旨，以练兵为先，其次整顿吏治。

问：你打算练二万兵？

对：臣拟练二万人。

问：还是兵多些？勇多些？

对：现尚未定。大约勇多于兵。

问：刘铭传之勇，现扎何处？

对：扎在山东境内张秋地方。他那一军有一万一千余人，此外尚须练一万人，或就直隶之六军增练，或另募北勇练之。俟臣到任后察看，再行奏明办理。

问：直隶地方也不干净，闻尚有些伏莽。

对：直隶山东交界，本有枭匪，又加降捻游匪，处处皆有伏莽，总须练兵乃弹压得住。

问：洋人的事也是要防。

对：天津、海口是要设防的，此外上海、广东各口都甚要紧，不可不防。

问：近来外省督抚也说及防海的事否？

对：近来因长毛、捻子闹了多年，就把洋人的事都看松些。

问：这是一件大事，总搁下未办。

对：这是第一件大事，不定那一天他就翻了。兵是必要练的，哪怕一百年不开仗，也须练兵防备他。

问：他多少国连成一气，是一个紧的。

对：我若是与他开衅，他便数十国联成一气。兵虽练得好，却断不可先开衅。讲和也要认真，练兵也要认真。讲和是要件件与他磨。二事不可偏废，都要细心的办。

问：也就靠你们替我办一办。

对：臣尽心尽力去办。凡有所知，随时奏明请示。

问：直隶吏治也疲玩久了。你自然也都晓得。

对：一路打听到京，又问人，也就晓得些。属员全无畏惮，臣到任后，不能不多参几人。

问：百姓也苦得很。

对：百姓也甚苦，年岁也不好。

问：你要带的几个人是跟你久了的？

对：也跟随臣多年。

太后顾带见之意郡王云：叫他就跪安。余起身走数步，复跪奏云：臣曾某跪请圣安。是日太后所问及余所奏，皆初七公摺及本日摺中事也。退朝，拜客数家，沈经笙、黄恕皆处谈颇久，归寓已申初矣。饭后，见客数次。写对联二付。夜与仙屏核别敬单。二更后，张竹汀等来一谈。三点睡。

正月二十四日，勘视旗民贪占淤河处

早饭后，至南六工十七号，该处无工可查，但旗民贪占淤河沃饶之地，纷纷至户部呈报升科，据为己业，亦勘视。旋至南七工四号，该处为上年决口之处。内外坑塘甚深，河身中有一大洲隆起，其高过于南堤。土胶而坚，洲之南堤之北，仅十丈余，不足以容河身，又曲折，迎溜顶冲，极可危也。再下二三里，看六、七号新开之引河。于河身坚土中生开一河，底宽仅四丈五尺，面宽仅十二丈，深仅一丈四尺，断不能容永定河之全溜。闻此下十六里并无河影，纯仗生开新河。十六里以下虽有河影，而节节高仰。计永定一河非处处开挖河身，别无良法。甚可忧也。看至此止。旋回小惠家庄打茶尖。行二十五里，至永清县城外打尖。尖后行三十里，至牛坨住宿，系固安境。是日共行七十五里。在车上温《左传·僖公》毕，计八十五叶。接澄弟十二月二十一日信，知平安到家，沅弟饮食大进，叶亭甥亦到家，大慰，大慰！小睡颇久。见客二次，谈甚久。夜写澄、沅二弟信，未毕。二更三点睡。

五月二十六日，闻永定河决口，忧愤愧悚

早饭后清理文件。旋见客，坐见者二次，立见者一次。小睡片刻。起，将钞《盐法志》而闻永定河北下四漫口，二十一日甫经奏报合龙，二十二日即已决口，忧愤愧悚，不能自释。彷徨绕室，不能治事。旋将张文端公《聪训斋语》温一过。中饭后阅本日文件。小睡片刻。申正核批稿各簿。酉刻写对联五副，见客一次。傍夕小睡。夜改陈右铭信稿。二更后，课儿背书。四点睡。前因久不下雨，孙儿女多病，心绪恶劣。近闻蝗蝻间起，永定河决口，尤为焦闷。为疆吏者，全仗年丰民乐，此心乃可自怡，若事事棘手，则竟日如在桎梏中矣。

四月二十日，内人病后失明

早饭后清理文件。坐见之客三次，立见者一次。辰正后，送眷属来者陆续进署，已正，全眷俱到。内人病后失明，孙儿元七、孙女宝秀俱有小疾，既喜室家之团聚，亦因此增郁损也。与妻子等久谈。午初，阅《祈谷门》

十七页。中饭后阅本日文件。至幕府刑、钱两处一坐，又至挚甫处一坐。小睡片刻。申正三刻，将核批稿而王霞轩到，久坐，傍夕去。夜核批稿簿。二更后，核十三日呈状词批六件。三点睡，三更后成寐。

五月初九日，是日，家人生病，满室呻吟

早饭后清理文件。闻孙儿昨夜冷汗甚多，焦虑之至。占卦一次。陈心泉出京过此，久谈。小睡。已初写《无慢室日记》。午初阅《五礼》、《风师雨师门》、《方泽祭地门》。中饭后阅本日文件。小睡数刻。申正，坐见之客一次。核批稿各簿。酉初二刻剃头一次。孙儿女之病未愈，是日内人又病，纪泽亦病，满室呻吟，殊觉愁闷。夜核初三日呈词各批。二更后阅《江北大营纪事本末》。温《项羽本纪》。三点睡。

十月初六日，内人病重，头上肿一大包

早饭后清理文件。坐见之客五次，客散已午初矣。作碑文仅一二行。中饭后阅本日文件。旋写澄、沅两弟信，因摺差过此也。见客一次。申正核批稿各簿。傍夕，作碑文二三行。夜作碑文数行。是日共作三百余字。夜添澄、沅两弟信一叶。二更后，课儿背书。四点睡。内人病重，本日头上肿一大包，医云风火也。

七月十八日，日后当乐天知命

早饭后清理文件。旋坐见之客三次。小睡片刻。已初将《洪志》与《方图》一对。已正阅《汉书·严朱吾丘严徐等传》三十四叶。中饭后阅本日文件。陈作梅来久谈。申正核科房批稿簿毕。吴挚甫来一谈。写扁一方、对联五副。傍夕至幕府一谈。夜温《古文·碑志类》上十四叶。二更三点睡。近日见纪泽牙疼，孙儿小疾，每以家中人口为虑。又惦念南中诸弟各家，竟日营营扰扰。偶思咸丰八年四月葛睾山扶乩，即已预知有是年十月三河之败、温甫之变。天下万事皆有前定，丝毫不能以人力强求。纷纷思虑，亦何补耶？以后每日当从乐天知命四字上用功，治事则日有恒课，治心则纯任天命。两者兼图，终吾之身而已。

八月二十日，作铭辞不如人意

早饭后清理文件。坐见之客三次。略阅《理学宗传》。小睡片刻。午初作墓志数行。中饭后阅本日文件，又作墓志数行，核科房批稿各簿。傍夕小睡。夜作铭辞，二更三点作毕，复视无一是处，乃知吾昔年自诡为知文而曾不一动笔为之，全不可恃也。天下事知得十分，不如行得七分，非阅历何由大明哉。四点睡。是日家中寄到《罗罗山集》，略一翻阅。

十一月十三日，作韵语以自箴

早饭后清理文件。坐见之客二次。乐亭县举人史梦兰学问淹博，来谈甚久。旋考验武职弓马一员。写《无慢室日记》。午初阅《汉书·刑法志》毕，阅《食货志》数叶。中饭后阅本日文件。坐见之客一次。倦甚，眼蒙，小睡片刻。剃头一次。天气奇短，已将黑矣。傍夕小睡。夜核本日批稿各簿，作摺稿一件，约三百字，改信稿一件。二更后阅杜、韩五言古诗。五点睡。偶作韵语以自箴，云：

心术之罪，上与天通。

补救无术，日暮道穷。

省躬痛改，顺命勇从。

成汤之祷，申生之恭。

资质之陋，众所指视。

翘然自异，胡不知耻。

记簒遗忘，歌泣文史。

且愤且乐，死而后已。

十二月二十二日，唯尽心养性保全天赋

早饭后清理文件。旋坐见之客二次。偶阅孙退谷《庚子销夏记》。已正核科房批稿各簿，午初三刻毕。黄静轩启愚来久坐。中饭后，史绳来一座，又坐见之客一次。阅本日文件，阅《康子销夏记》及《四库简明目录》。傍夕至幕府一谈。夜，眼蒙殊甚。阅《四库书目》，温古文，气势之盛者，莫盛于李杜韩苏之七古，因温诵七古良久。二更五更（点）睡。日内，思古来圣哲名儒之所以彪炳宇宙者，无非由于文学、事功。然文学则资质居其七分，人力不过三分；事功则运气居其七分，人力不过三分。唯是尽心养性，保全天之所以赋予我者。若五事则完其肃、义、哲、谋、圣之量，五伦则尽其亲、义、序、别、信之分；充无欲害人之心而仁足，充无穿窬之心而义足，此则人力主持，可以自占七分。人生着力之处当于自占七分者，黾勉求之，而于仅占三分之文学、事功，则姑置为缓图焉。庶好名争胜之念可以少息，徇外为人之私可以日消乎？老年衰髦，百无一成，书此聊以自警。

## 卷十九　同治九年

二月十一日，出明日考书院题

早饭后清理文件。旋立见之客一次。阅《文献通考·郊社考》。已正核科房批稿簿。午刻又阅《郊社考》。中饭后，阅本日文件。旋写李少泉信一件，约五百余字。倦甚，闭目少坐。傍夕小睡。灯后出题，明日将考书院。温《史记·项羽记（纪）》，将《归方评点》一对。三更睡。近来因眼蒙，常有昏瞶气象，计非静坐，别无治法，因作一联以自警云：

一心履簿临深，畏天之鉴。畏神之格；

两眼沐日沐月，由静生明，由敬而强。

二月二十九日，吾右眼黑珠其色已坏

早饭后清理文件。立见之客一次。疲困殊甚，小睡半时许。旋核科房批稿簿。方存之来，久谈大半时。中饭后阅本日文件。眼蒙殊甚，令纪泽视吾日，右眼黑珠，其色已坏，因以手遮蔽左眼，则右眼已无光，茫无所见矣。纪泽言瞳仁尚好，可望复明，恐未必然，因闭目不敢治事，酉初即睡。灯后起，亦闭目静坐，不阅一字。二更后，与儿子讲韩文《原毁》篇。五点睡。

三月初十日，医言余左目亦将坏。

早饭后清理文件，见客二次，衙门期也。旋小睡良久。已正核科房批稿簿。午刻阅《朱子年谱》。至潘撷珊处一谈。中饭后阅本日文件，旋请黎竹龄诊脉，又请一眼科赵姓诊视，言左目亦将坏。焦灼之至，绕室彷徨。两次登床小眼。傍夕久睡。夜阅《朱子年谱》。闭目久坐。二更后与纪鸿一谈。念此生学问、文章，一无所成，愧悔无已。四点睡，搬至签押房住宿，二、四、五更屡醒。

三月二十六日

早饭后清理文件。坐见之客二次，立见者一次。小睡良久。已正阅科房批稿簿。午刻，黎竹龄送《光明经咒》。云持诵万遍，眼可复明。邵棠浦来一坐，力劝余服补阳之药。中饭后阅本日文件，将从前河工保案开一清单。旋诵熟《光明经咒》凡百有四字，盖道家之言也。诵数十遍。小睡良久。夜饭后又诵《经咒》，是日申刻写对联七付，二更四点睡。近因目病，每日全未做事，愧歉之至。

三月三十日，究余心之不畅总由名心未死之故

早饭后清理文件。坐见之客二次。至内箭道看箭，旋久睡。已正核科房批稿簿。午刻阅《先正事略》。中饭后阅本日文件。又阅《先正事略》。小睡片刻，狂风雨土，令人郁闷。酉刻，与黎竹龄久谈。傍夕小睡。夜温下《论》。二更四点睡。日内因眼病日笃，老而无成，焦灼殊甚。究其所以郁郁不畅者，总由名心未死之故，当痛戒之，以养余年。

四月初一日，深愧全家一种昏怠衰颓之气

黎明，至文庙拈香行礼。与司道一谈。归，早饭后清理文件。旋小睡甚久。已正核科房批稿各簿。午刻，丁乐山来一谈。阅《先正事略》。中饭后阅本日文件。狂风雨土，干旱之象。又阅《先正事略》。直隶主事刑元恺、湖南主事李寿蓉，先后来一谈。酉刻作诗未成。夜，阅《古文·奏议类》瞌睡殊甚。二更四点睡，不甚成寐。近日，内人病，筋皆拘挛，竟日久睡，令人按摩。余亦竟日屡睡，全家一种昏怠衰颓之气，深以为愧。

五月初四日，闭目静坐，学内视之法

早饭后诊脉一谈，清理文件。阅《国朝文录》。小睡半时，已刻，黄静轩来久谈，劝我静坐凝神，以目光内视丹田，因举四语要诀曰：

但凝空心，不凝住心；

但灭动心，不灭照心。

又称二语曰：

未死先学死，有生即杀生。

有生谓妄念初生，杀生谓立予铲除也。又谓此与孟子“勿忘勿助”之功相通。吾谓与朱子致中和一节之注亦相通。中饭后阅本日信件，核题奏稿件。闭目静坐，学内视之法。阅《国朝文录》。小睡半时。酉正请竹龄诊脉。围棋一局。夜，静坐良久。二更四点睡，梦大水汹涌可怖。

四月二十六日

早起，诊脉，饭后清理文件。同年张廉泉继灏来见，孙省斋廉舫来见，先后均久谈。阅纪公《笔记》。小睡良久。中饭后阅纪公《笔记》，核信稿数件。酉刻睡甚久。夜阅纪公《笔记》。二更四点睡。

六月初十日，至天津住

寅初二刻起行。行四十里至炒米店打尖。坐见之客三次。辰正又起行二三十里，至天津住。中间离城十二里，司道在稍子口迎接，茶坐。离城五里，崇侍郎在教军场迎接，茶坐。旋先拜崇侍郎，一叙，再至公馆，未正到。

倦甚。中饭后清理文件。坐见之客七次，阅本日文件。傍夕与吴挚甫等一谈。夜，乐山来一谈。旋小睡数次，二更四点睡。

附记：

游击左宝贵，言与卢思诚于五月初六日亲见二尸，无眼无心。

周道言派把总常荣去查，只见骷髅，无皮无肉，不止无眼无心而已。

博道、陈道六月十一日亲见一棺，有埋三尸者。

六月二十二日，洋人欲将府县抵命，余不忍又无奈

早饭后清理文件。见客一次。祟帅于辰刻、巳刻、酉刻来谈三次。辰正诊脉一次。围棋二次。小睡一次。中饭后阅本日文件。见客二次。改片稿一件。是日，因洋人来文，欲将府、县抵命，因奏请将府县交刑部治罪，忍心伤害，愧恨之至。又坐见之客一次，吴彤云来一坐。小睡片刻。夜改照会稿一件，核科房批稿簿。眼蒙日甚，二更四点睡。

七月初五日，英国领事贾勒斯威来见

早饭后，祟帅来一谈。旋诊脉一次。围棋二局。竟日酣睡，不治一事。病体小愈。见客二次，内有英国副领事贾勒斯威，公使所派来也。中饭后屡次久睡。申正见客一次。酉刻，毛煦初尚书昶熙，自京来会办洋务，与谈颇久。夜又久睡，二更四点大睡。是日核摺稿一件、信稿二件。

附记：

初五日，田二，河东人，供认用西瓜刀砍洋人。

终松荫，烧教堂后，百姓拿送县，刀伤都是百姓砍的。

安三，烧教堂后，众百姓拿住送县，各处有烧伤，左右膝有跪伤。

李兆恒，宁晋人。烧教堂次日，小关混混王姓等拿住送县，刘长清坚供是李迷拐，有棒伤、烧伤。

赵荣，任丘人。教堂烧后，众百姓拿住送县，审讯未用刑，伤是众百姓打的。

王三，天津县人。教堂烧后，众百姓拿住送县，武兰珍供认是王三，渠供不是王三，是王二，有棒伤，踢伤。

附记，七月十五日，五十三号

未将教堂及领事衙门服役之人传讯

拜晤、并未答拜

非刑拷讯习教人

坚嘱拿混星子及水火会

九月二十二日，细思古人工夫约有四端可效

早饭后散行千步。清理文件。坐见之客五次，李中堂坐甚久。午初，日本国使臣四人来见，谈颇久。中饭后散行千步。坐见之客六次，立见者二次。本日所见，皆送行之家，以余明日起程进亦也。剃头一次。纪鸿儿已午间来禀辞，将送眷口由水路赴江南，经纪泽则待余进京耳。夜将案上零件清理一番。闭目小坐。幕府来久谈，三更去。

是日思古人工夫，其效之尤著者，约有四端：曰慎独则心泰，曰主敬则身强，曰求仁则人悦，曰思诚则神钦。

慎独者，遏欲不忽隐微，循理不间须臾，内省不疚，故心泰。

主敬者，外而整齐严肃，内而专静纯一，斋庄不懈，故身强。

求仁者，体则存心养性，用则民胞物与，大公无我，故人悦。

思诚者，心则忠贞不贰，言则笃实不欺，至诚相感，故神钦。

四者之功夫果至，则四者之效验自臻。余老矣，亦尚思少致吾功，以求万一之效耳。

九月二十六日，叩谒皇上，西太后

早，寅时初三刻即起。寅正二刻自寓起行，大轿至东华门，换坐小轿至景运门。卯初至内务府朝房，与军机大臣沈经笙、李兰生、文博川先后一谈。旋与恭王一面，即退至东路九卿朝房，与黄恕皆等久谈。巳正叫起，因入乾清门内，养心殿之外军机处一坐。巳正三刻入养心殿之东间，叩谒皇太后、皇上圣安，旋即叩头恭谢天恩。

西太后问曰：尔何日自天津起程？

对：二十三日自天津起程。

问：天津正凶曾已正法否？

对：未行刑。旋闻领事之言，俄国公使即将到津，法国罗使将派人来津验看，是以不能遽杀。

问：李鸿章拟于何日将伊等行刑？

对：臣于二十三日夜接李鸿章来信，拟以二十五日将该犯等行刑。

问：天津百姓现尚刁难好事否？

对：此时百姓业已安谧，均不好事。

问：府、县前逃至顺德等处，是何居心？

对：府、县初撤任时，并未拟罪，故渠等放胆出门，厥后遣人谕知，业已革参交部，该员等惶骇，始从顺德、密云次第回津云云。

问：尔右目现尚有光能视？

对：右目无一隙之光，竟不能视。左目尚属有光。

问：别的病都好了吗？

对：别的病算好了些。

问：马新贻这事岂不甚奇？

对：这事很奇。

问：马新贻办事很好。

对：他办事和平、精细。

旋即退出殿门以外。归寓，见客四次。中饭后又坐见之客三次。旋出门拜恭邸及宝尚书鋆家，灯后始归寓。见客二次。写本日日记簿。二更二点睡。

九月二十七日，入朝进见西太后

早饭后，在寓稍一徘徊。辰初三刻出门入朝，在景运门内九卿朝房听候传宣。巳初三刻后，蒙召入内，在内朝房小坐。巳正三刻进见。

西太后问：尔在直隶练兵若干？

对：臣练新兵三千，前任督臣官文练旧章之兵四千，共为七千。拟再练三千，合成一万，已与李鸿章商明，照臣奏定章程办理。

问：南边练兵也是最要紧的，洋人就很可虑，你们好好地办去。

对：洋人实在可虑，现在海面上尚不能与之交战，惟尚设法防守。臣拟在江中要紧之处，修筑炮台，以防轮船。

问：能防守便是好的，这教堂就常常多事。

对：教堂近年到处滋事，教民好欺不吃教的百姓，教士好庇护教民，领事馆好庇护教士。明年法国换约，须将传教一节加意整顿。

问：你几时出京？

对：万寿在迩，臣随班行礼后，再行跪安请训。

太后旋与带见之六额驸景寿说话，命余明日毋庸递牌。旋退出殿外。归途，拜单地山先生。到寓后，坐见之客四次。中饭后，坐见之客二次。出门拜客四家，仅黄恕皆得晤，久谈，日晡归。夜围棋二局。将上年别敬簿核对一过，应拜者记出，二更三点睡。

十月初一日，奉派入坤宁宫吃肉

是日孟冬时享，奉派入坤宁宫吃肉。寅正一刻起，饭后入朝。卯初一刻五分至兵部报房，与诸大臣座谈颇久。卯正二刻传入乾清宫，又与众王大臣立谈。三刻入，过交泰殿，至坤宁宫。皇上坐西南隅塌上，由卄文卄人卄书卄屋卄整卄理背南窗北向而坐。各王大臣以次向西而坐，以南为上。第一排：

南首为惇王、恭王，以次向北。第二排又自南而北，余坐第五排之南首一位。初进钉盘小菜、酱瓜之类一碟，次进白肉一大银碟，次进肉丝泡饭一碗，次进酒一杯，次进奶茶一杯，约两刻许退出，在兵部报房听起。已正方散。归寓，见客六次，中饭后见客一次。出门拜客三家，未晤。至塔军门之大夫人家久坐，归已晡矣。小睡片刻。夜饭后围棋二局。阅祟地山所送《历代名臣传》节录。二更四点睡。

十月初九日，进养心殿见慈禧皇太后

早，卯正三刻起，吃饭，料理等事。于辰初二刻出门，道途泥泞，不敢坐轿，雇车一辆。行六刻，至巳初始抵景运门。余本日具摺请训，已早奉传宣召见矣，亟进乾清门，至内奏事处，与六额驸景寿同坐。约三刻许，始进养心殿东间。

慈禧皇太后问：尔几时起程赴江南？

对：臣明日进内随班行礼，礼毕后三两日即起程前赴江南。

问：江南的事要紧，望你早些去。

对：即日速去，不敢耽搁。

问：江南也要练兵。

对：前任督臣马新贻调兵二千人在省城训练，臣到任，当照常进行训练。

问：水师也要训练。

对：水师操练要紧，海上现造有轮船，全未操练。臣去，拟试行操练，长江之中，拟择要隘处试造炮台，外国洋人纵不能遽与之战，也须设法防守。

问：你从前用过的人，此刻好将尚多么？

对：好的现在不多，刘松山便是好的，今年糟蹋了，可惜！

问：实在可惜！文职小官也有好的么？

对：文职小官中，省省都有好的。

问：水师还有好将么？

对：好将甚少，若要操练轮船，须先多求船主。

太后少停，未问。旋告六额驸曰：令他即可跪安。

余立起退至帘前，复跪请圣安。旋即出乾清门。至东华门外，拜客五家，惟官中堂及宝大司农两处得会。申初至恭王处，未会。归寓已酉初矣。夜围棋二局，将本日公事及各处送礼稍一查阅。二更三点睡。

十二月十五日，至下关验新造之轮船

早饭后，辰正出门，将至下关验新造之轮船。在于旱西门外登舟，与黄军门同坐舢板前往舟次，遇逆风骤雨，至午正始至下关。又因风大，不敢出江。

旋冯卓如自坐洋舢板来接，乃出江登轮船，司道及武营等皆在船中伺候，聚谈半时许。未正试轮船，行三十里至大胜关。一面在舟中小宴。申正回到下关，停二刻许。坐舢板行二十里，灯后至旱西门，舍舟登舆，风雨甚大。归署夜饭。阅本日文件甚多，二更三点阅毕。核批稿各簿。四点睡。

## 卷二十　同治十年

正月十七日，作联自箴

早饭后清理文件。旋坐见之客六次，立见者一次。午刻，刘开生来一谈，因与围棋二局。中饭后阅本日文件，核科房批稿各簿。剃头一次，傍夕小睡。夜核改信件，约改二百余字。偶作联语以自箴，云：

禽里还人，

静由敬出。

死中求活，

淡极乐生。

一本《孟子》夜气章之意，一本《论语》疏水曲肱章之意，以绝去梏亡营扰之私。二更四点睡。五更三点，闻长子纪泽生一孙，大小平安，深以为慰。纪泽今年三十有三矣。

正月二十日，恐余不久即将全盲，焦灼之至

早饭后清理文件。坐见之客五次。核科房批稿各簿。是日，新之孙汤饼。命名曰曾广铭。至内室一坐。未正出门，至魁时若将军处赴席，同席者为李、薛两山长、富副都统，等候薛山长良久。散后至家，已灯初矣。夜改叶介唐信稿一件，改郭云仙信稿，约三百字，未毕。日来眼蒙益甚，恐不久即将全盲，焦灼之至。二更四点睡，四更未醒。

正月二十八日，杨芋庵寄信言治目方

早饭后清理文件。坐见之客六次，立见者二次，郑小山谈颇久。核批稿各簿。未刻阅本日文件。申初请小山小宴，昌岐与魏荫庭为陪客，傍夕始散。小睡片刻，夜阅《阅微草堂笔记》，旋温《古文·序跋类》。二更五点睡。杨芋庵寄信言治目方，每早黎明未起时，以两手掌之根擦极热，加以舌尖之津，闭目擦八十一下，久则有效。日内试为之，而初睡时擦一次，黎明又擦一次，不知果有益否？

三月初五日，闻近日有编造戏文讥讽马帅者

早饭后清理文件。改信稿二件。见客二次，衙门期也。旋围棋二局。核批稿各簿。中饭后阅本日文件。庞省三来一谈，言前年在马谷山厅上同坐，忽梁上落下一大蛇，长约四尺许，似亦不祥。又言近日有编造戏文讥讽马帅者。小睡片刻。涂阆仙送来新刻《战国策去毒》，翻阅一过。傍夕睡。夜核信稿二件，约改三百余字。二更后温《易》《丰》、旋《旅》、《巽》、《兑》四卦。五点睡，内人日内病势愈重，殊为可虑。

三月二十六日，眼病日重，与盲人无异

早饭后清理文件。坐见之客一次，立见者一次。出门拜万篪轩、李眉生，均未晤。已初归。围棋二局。核批稿各簿。见客一次。中饭后阅本日文件。照堂约吴子登来，以玻璃用药水照出小像，盖西洋人之法也。为余照一像。纪鸿之次子病，早间甚重，晚来减轻。余目蒙殊甚，虽《阅微草堂笔记》等闲书亦不能看，因在洋床上闭目小坐。傍夕小睡。夜温《古文·气势之属》。以眼蒙不能久看，闭目小坐。二更四点睡。眼病如此，便与盲人无异，为之愧叹。

四月初九日，欲愈非戒棋不可

早饭后清理文件。坐见之客四次，围棋二局。树堂及瑞臣甥自上海归来，各与一叙。周姓又为余写真一次。核科房批稿簿。中饭后阅本日文件。阅《会典》十三卷至二十卷。又至周君处对坐，为余写真。树堂来久谈，请余写对联三副。傍夕小睡。夜，表弟江远遂来久谈。二更后温《古文·识度之属》。三更睡。近来每日围棋二局，耗损心力，日中动念之时，夜间初醒之时，皆萦绕于楸枰白黑之上，心血因而愈亏，目光因而愈蒙。欲病体之渐痊，非戒棋不为功。

四月二十三日

早饭后清理文件。在洋床小睡。旋围棋三局。见客三次，应敏斋谈甚久。核批稿各件。中饭后阅本日文件，罗研生新寄来《楚南文征》，略为翻阅，惜无凡例、序述及小传等。酉刻又作《丁伊辅墓志铭》，于三更止。仅作三百余字。甚矣，余之钝也。傍夕小睡。三更后睡。

四月十六日，因闻李世忠捆缚陈国瑞于船上

早饭后清理文件，坐见之客四次。江梅村谈甚久。围棋二局。又坐见之客三次，陈虑臣坐甚久。午正核科房批稿簿。中饭后阅本日文件。子密来一谈。阅《阅微草堂笔记》。在洋床久睡。阅《香山诗集》。是日，因闻李世忠捆缚陈国瑞于船上，不知生何变端，为之悬系。改李世忠禀之批。傍夕小睡。夜又阅《阅微草堂笔记》。二更后温《古文·气势之属》。五点睡。

七月初六日，小岑来言其孙妇被缢鬼缠扰

早饭后清理文件。坐见之客四次，立见者一次。巳初出门，到新建总督衙门之处，幕府业已修成，头二门及上房等处已立架，大堂、二堂等尚未兴建。旋小坐茶话，即归。小睡。核科房批稿簿。中饭后阅本日文件。围棋二局。又作墓表文二百余字，至二更尽止，文尚未毕，而枯涩殊甚。间阅张廉卿所圈注《史记》，又不能一意作文，盖老境与浮杂之心相间耳。傍夕，小岑来坐，言其孙妇被缢鬼缠扰，状甚怪诞，久谈。客去，小睡。三更睡。

七月初九日，马昌明以道家内功为余治目疾

早饭后清理文件。坐见之客五次，立见者一次，莫子偲谈甚久。巳刻出门，至李君梅处一谈。旋至吴竹如处一谈。刘启发在渠家备酒席请竹如，而邀杨仲乾、陈虎臣、洪琴西三人作陪。余去，恰与诸人皆至好，因留余同席，饮至本末刻方散。归署，有一守备马昌明，善于道家内功，云能为余治目疾，与余对坐，渠自运气，能移于吾身五脏云云。因与之对坐三刻许。旋又见客一次。阅本日文件。核科房批稿簿。傍夕至李健斋处一坐。渠新移于吾署，住花园也。夜改信稿一件。温《史记·卫霍传》，细加圈点，又温《平津侯主父传》，未毕。三更睡。

八月初二日，马昌明治余目疾无效

早饭后清理文件。坐见之客六次，立见者二次。杨仲乾、李勉亭等二次，谈甚久。阅《通鉴》百五十卷，未毕。围棋二局。核科房批稿簿。中饭后阅本日文件。薛慰农来一谈。马昌明来，对坐三刻许。自是坐二十一日之期已满，而目光毫无效验。总理衙门有要信二件，因将渠来信分条写出，以便细细答复。傍夕，至园亭与健斋一谈。夜改复总理衙门信一件。二更后又改一件，未毕。两信约共改七百余字。三更睡，用心稍过，不能成寐。脚肿愈甚。

七月二十二日，纪泽之子同儿得慢惊风之症

早饭后清理文件。坐见之客二次，立见者一次。阅《通鉴》百四十二卷。纪泽之子同儿病甚，泄泻已二十余日，是日变慢惊风之症。旋又阅《通鉴》

前卷一遍。出门拜客，会者二家，未见者二家。未初归，见客一次，核科房批稿簿。中饭后阅本日文件。李健斋来一谈。屡视同儿之病，阅《钱警石年谱》，将为之作《墓表》。傍夕小睡。夜，欧小岑来久谈，请渠看同儿病，遂留宿也。二更后，江表弟来一谈。旋阅《古文类纂》中传志类。三更睡。

十月二十三日，阅纪鸿之文全无文采

早饭后清理文件。见客二次，吴小轩谈甚久。改信稿二件。围棋二局。午刻，见客二次。中饭，因梅小岩送菜，请幕府梅、任、陈等小酌，申初散。见客二次，唐协和坐颇久。阅本日文件。傍夕小睡。夜核批稿簿，写澄、沅两弟信，约六百余字。近日，接弟信甚密，而余去函稀疏，深为歉然。纪鸿作文一首，送阅，全无精彩。拟就国初名家及《墨选观止》中各选文数首授之。因阅《观止》文二十余篇。三更睡。

十月二十五日，闻沅弟之谣言

早饭后清理文件。见客三次，衙门期也。旋又见唐协和，谈甚久。渠自京回，述及京中士大夫多言湖南哥老会系沅弟之旧部，沅弟有庇护之说，听之殊堪诧异。沅弟归里，已阅四年，闭门自饬，不与公事，乃有此等谣言相污耶！旋请人诊脉一次。围棋二局，核科房批稿簿。中饭后阅本日文件。至内室一坐。傍夕小睡。夜，曹镜初来久谈。改信稿三件。二更五点睡。

十二月初七日，剃头匠李姓吞服鸦片危在旦夕

早饭后清理文件。阅《庐陵学案》十余叶。围棋二局。将作何子敬之夫人遗事状，而久不下笔，在室中徘徊偃仰，心思钝涩至矣。中饭后阅本日文件。坐见之客二次，李笏生坐颇久。核科房批稿簿，未毕。傍夕小睡。夜将批稿簿核毕。温《周易传义音训》《咸》、《恒》二卦，将象类分条记录。二更后，剃头匠李姓忽发病，细询，则吞服生鸦片烟，危在呼吸，殊以为虑。三更后睡。

## 卷二十一　同治十一年

正月二十六日，至城外迎苏帅途中余痰迷心中

早饭后清理文件。坐见之客五次，黄昌歧、易笏山谈均久。阅《二程全书》。中饭后，刘仲良来久谈，阅本日文件，申刻出门，至城外迎接苏赓堂河帅。在途中已觉痰迷心中，若昏昧不明者，欲与轿旁之戈什哈说话，而久说不出。至水西门官厅，欲与梅小岩方伯说话，又许久说不出，如欲动风者。然等候良久，而苏赓翁不至。又欲说话而久说不出，众人因劝余先归。到署后，与纪泽说话，又许久说不出，似将动风抽掣者。小坐半时。二更三点，早睡。

正月二十九日，汉余不能速归又苟活人间

早诊脉二次，开方良久。早饭后清理文件，坐见之客五次。围棋二局。阅《二程遗书》。张真人仁（日政）来见，一谈。中饭后阅本日文件。坐见之客一次。核科房批稿簿。至上房一谈。傍夕小睡。夜核改信稿五件，约共改五百余字。是日，肝风之病已全退，仍服药一贴。余病患不能用心。昔道光二十六、七年间，每思作诗文，则身上癣疾大作，彻夜不能成寐。近年或欲作文，亦觉心中恍惚不能自主，故眩晕、目疾、肝风等症，皆心肝血虚之所致也。不能溘先朝露，速归于尽，又不能振作精神，稍治应尽之职事，苟活人间，惭悚何极！二更五点睡。

二月初三日

早起，蒋、萧两大令来诊脉，良久去。早饭后清理文件，阅《理学宗传》。围棋二局。至上房一坐。又阅《理学宗传》。中饭后阅本日文件。李绂生来一坐。屡次小睡。核科房批稿簿。傍夕久睡。又有手颤心摇之象，起吃点心后，又在洋床久睡。阅《理学宗传》中张子一卷。二更四点睡。

## 冰鉴

《冰鉴》一部纵横中外的人才学教科书，一部关于识人、相人的经典文献，是曾国藩总结自身识人、用人心得而成的一部传世奇书，是曾国藩体察入微、洞悉人心的心法要诀，它因具有极强的实用性、启迪性和借鉴性而受到各界人士的重视和喜爱。《冰鉴》为读者打造一条走近曾国藩的智慧之道，感受他独到的识人、用人策略。

### 卷一　人才求才

【原文】

求人之道，须如白圭之治生，如鹰隼之击物，不得不休。又如蚨之有母，雉之有媒，以类相求，以气相引，庶几得一而可及其余。

——引自《曾文正公全集》

【解读】

求人才的方法，要像白圭治理他的生产那样，像鹰隼袭击食物那样，不得到绝不罢休。又要像青蚨之有母、野鸡之有媒，以类相求，同气相引，这样，就可以从得到一个人才而得到别的许多人才。

【原文】

无兵不足深忧，无饷不足痛哭，独举目新世，求一攘利不先，赴义恐后，忠愤耿耿者，不可亟得。此其可为浩叹也。 专从危难之际，默察朴拙之人，则几矣。人才非因则不能激，非危心深虑则不能达。

——引自《曾文正公全集》

【解读】

没有兵卒，不必过于忧虑；没有粮饷，也不必痛哭。只是举目看如今世界，要找一个有利不争先、杀身成仁唯恐落后、对国家忠心耿耿的人，一时之间难以找到，这正是令人深深叹息的。专门在危难的时候，暗中观察朴实无华、不善言辞的人，这种方法是最好的。人才不是处于艰苦的环境中，不会奋发有为；没有经历危心深虑之事，就不能显达。

【原文】

为政之道，得人治事，二者并重。得人不外四事，曰广收、慎用、勤教、严绳；治事不外四端，曰经分、纶合、详思、约守。

——引自《曾文正公全集》

【解读】

为政之道，必须将获取人才和治理好事务两者并重。获取人才须注意四个方面：一是广泛收罗人才，二是用人必须谨慎，三是要经常对人才加以教育，四是对他们的过错要严加责罚；处理事务也要注意四个方面：一是经分，二是纶合，三是详思，四是约守。

【原文】

求人自辅，时时不可忘此意。人才至难，往时在余幕府者，余亦平等相看，不甚钦敬，洎今思之，何可多得？弟当常以求才为急，其冗者，虽至亲密友，不宜久留，恐贤者不愿共事一方也。

——引自《曾文正公全集》

【解读】

求别人辅佐自己，时时刻刻不能忘记这些道理。获得人才是最困难的，过去有些人作我的幕僚，我也只是平等对待，对他们不是很钦敬，待到今天来看，这些人是多么的不可多得。你应该常常把求才作为重要的任务，至于那些无能的人，即使是至亲密友，也不应久留，这主要是担心有才的人不愿与他们共事。

【详解】

说到求才，我们自然就会想到伯乐和千里马的故事，“千里马常有，而伯乐不常有”，这句千古名言来自战国时期的一则故事。当时沉埋于民间的贤能之士汗明问春申君说：“君听说过千里马的故事吗？千里马到了可以乘用的年龄，就拉着载盐的车子上太行山，伸蹄屈膝，垂着尾巴，皮肤一块一块地溃烂，嘴和鼻子喷着白沫，大汗淋淋漓漓地直往下落。到了半山坡，它再也走不动，驾着车辕，不能向山顶爬。这时，正好碰上伯乐。伯乐一见，就从车上下来，拉着马络头哭了。伯乐脱下自己穿的麻布上衣，盖在它的身上。

它被感动了，就低下头喷着鼻子，抬起头发出长鸣。它的声音响彻高高的天空，就像从金钟石磬里发出的乐音。为什么这匹马会这样呢？因为它认出伯乐是最了解自己的人。” 而在中国几千年的历史中，不仅千里马常有，那些慧眼识人、看重贤才的伯乐也世代皆有。先说说周代的伯乐们。

商末，周族的势力大增，引起了商王朝的注意。后来西伯季历被商王文丁杀死，他的儿子姬昌即位。姬昌为了替父亲报仇雪恨，开始积蓄力量，图谋灭商。商纣王昏庸无道，整日淫逸玩乐，不听群臣劝谏，甚至杀死自己的兄长比干、囚禁箕子、逼走微子。有一次纣王又开杀戒，正在殷都的周侯姬昌闻听后悲叹，也被纣王网罗罪名禁闭在里城（今河南汤阴县北部）。直到周人闳夭、散宜生进献美女宝器，姬昌才被放了出来，还被纣王授予了征伐诸侯的特权。

姬昌回到周地后，自己称王，即周文王。文王尊老爱幼， 礼贤下士，赢得了不少诸侯的拥护，前来归降投奔的贤人志士络绎不绝，其中包括劝谏过纣王 75 次的商朝贵族辛用大夫。 周文王还出游访查人才。一次，他在渭水南岸遇见了老人姜尚，即太公望，又名吕尚。姜尚向文王陈述了治国安邦的见解，正中姬昌的心怀。自此，太公望辅助文王治理周族，训练军队，准备灭商纣王。因为周文王本是贤能之士，治国又尽力委任于吕尚等贤能之士，所以周族迅速强大起来，在诸侯中的威信与日俱增。周文王虽然早死，但他所开创的事业却为儿子周武王消灭商纣打下了坚实的基础。

距今三千年前，中国处于夏朝。夏朝最后一个王夏桀荒淫无度，残忍成性，使得民不聊生，夏王朝日趋衰落。

此时，夏王朝的一个属国——商却日趋强盛起来。商国国君成汤胸怀大略，贤明能干，广施仁义，礼贤下士，注重农耕，使百姓安居乐业，商国也越来越强大富庶。

成汤每年要向夏王朝纳贡。沿途他听到夏王朝百姓怨声载道：“时日曷丧，予及汝皆亡！”意思是，你夏王朝哪一天结束啊？我们情愿与你一起灭亡！成汤看到桀王把国家搞成这样， 非常不安，他四处寻访贤才，想推荐给夏王，使他纳贤从谏，治好国家。

成汤听说伊尹是贤能之士。伊尹每日耕作桑田，细心养蚕，还潜心读书，研究尧、舜、禹等英明先王的治国之道。

成汤派使者带着重礼前去聘请伊尹。伊尹婉言谢绝说：“我只是一个农夫，自耕自食，不懂国家大事，多谢商王。”

成汤对伊尹的一请不就并不灰心，派使者带更多的礼品，再次去请伊尹。伊尹对于成汤的再次聘请虽有些惶恐，但仍推托道："我只是一个庄稼汉，没有一点功劳，怎么能无故受商王的礼物，坦然受任呢？"

成汤对伊尹的两次拒绝既不灰心也不恼怒，认为自己有真心有诚意，定能打动伊尹。就派人再次带着更珍贵的礼品去请伊尹。

伊尹早听说成汤宽仁大德，礼贤下士。现在看到成汤能够屈尊来聘请自己这个农夫，决定助他一臂之力，伊尹于是欣然从命，随使者来到商都亳。成汤非常高兴，亲自出迎，并想留下伊尹帮助自己治理国政。但伊尹认为：桀虽然暴戾跋扈，却是夏朝的君主；成汤虽然贤德，却只是臣子，他不能舍君而辅臣。于是伊尹来到夏都。

桀见到伊尹，并不很看重他，仍每日饮酒作乐，不理朝政。伊尹看到桀王倒行逆施，荒淫无道，实在无可救药，料定夏灭亡已成定局。于是他仔细考察了夏朝朝廷内外的形势，离开了夏都。

成汤见伊尹没被重用，就把他聘请到商为相。伊尹帮成汤发展农业，屯集粮草，铸造兵器，加紧操练亲兵。

公元前711年，成汤联合各诸侯，兴师讨伐夏桀。夏王桀荒淫无道，不得人心，兵败被俘，夏朝灭。各路诸侯推举成汤为天子，建立了商朝，此后，伊尹又帮助成汤安定了天下。

刘备字玄德，涿郡涿县（今河北涿州市）人。其祖先是西汉的宗室，以后支系疏远，家世没落，到了刘备这一代便以织席贩鞋为生。

东汉末年，各地割据称雄，统一全国便成为当时有识之士的共同理想。胸怀大志的刘备为了扩充实力，也在注意访求人才。

起初，刘备始终没有机会扩充实力，无固定的地盘，没有多少兵力，辗转依附公孙瓒、陶谦、曹操、袁绍、刘表等，四处奔命，寄人篱下，前程渺茫。

刘备为了摆脱力单势孤的困境，迅速扩充实力，必须得到有智谋的人辅佐自己。于是，他注意访求有才干、有见识的人物。

刘备得知诸葛亮是当时的俊杰，很想见到他，便让徐庶把他请来。徐庶说："这样的人不能采取召见的办法，将军应该亲自去拜访他。"

于是，刘备便冒着严寒，亲自到隆中去请诸葛亮。前两次没有见到，第三次才受到诸葛亮的接待，这就是历史上流传的"三顾茅庐"。

诸葛亮字孔明，琅阳都县人。他在隆中居住了十年，这期间，他并没过着真正"隐居"的生活。他是一个很有政治理想的青年，常把自己和春秋战国时期的管仲、乐毅相比，表明他立志要兼有将相的才能，干出一番事业。

刘备见到诸葛亮后，诚恳地对他说："现在汉朝崩溃，群雄混战，权臣控制朝廷，我不度德量力，想伸大义于天下，完成统一大业，恢复汉朝的统治。但由于才疏德薄，智术短浅，屡遭失败，至今一无所成。不过，我的壮志并未因此减退，还是想干一番事业的，希望你能为我出谋划策。"

刘备谦恭诚恳、礼贤下士的态度，使诸葛亮很受感动。于是，他便将天下形势，向刘备作了一番精辟的分析，并提出了实现统一的战略策略。他分析曹操、孙权的情况时说："自从董卓之乱以来，四方豪杰并起，割据天下。曹操同袁绍相比，名望低微，兵力也少，但他最后竟能打败袁绍，由弱变强。这不仅是由于客观形势对他有利，而且也因为主观努力。现在曹操已拥兵百万，又有'挟天子以令诸侯'的有利地位，确实不可以同他争。孙权占据江东，已经历了三代，地势险要，民众归附，有才能的人为他效力，因此，可以与他联合，而不可去谋取他。"

接着，他又分析了荆州刘表和益州刘璋的情况。

诸葛亮的这个《隆中对》，注意从客观实际出发，分析当时各割据势力之间的力量对比，为刘备提出了比较切实可行的发展战略和策略。

刘备得到诸葛亮的帮助，对他以后势力的发展，起了重大作用。

而有趣的是，历史上的伯乐们为了得到千里马，不是光靠诚心就能成功的，有时还需略施小计。

而曾国藩在求才时，则是什么手段都用。他根据不同对象，或结以交情，或待之以诚，或激之以情，正如他自己所说的："如白圭之治生，如鹰隼之击物，不得不休。"因此，他每到一地，即广为寻访，延揽当地人才，如在江西、皖南、直隶等地，他都曾这样做。他的幕僚中如王必达、程鸿诏、陈艾等人都是通过这种方法被他求得的。与捻军作战期间，曾国藩在其所出的"告示"中还特别列有"询访英贤"一条，以布告远近："淮徐一路自古多英杰之士，山左中州亦为伟人所萃。""本部堂久历行间，求贤若渴，如有救时之策，出众之技，均准来营自行呈明，察酌录用。""如有荐举贤才者，除赏银外，酌予保奖。借一方之人才，平一方之寇乱，生民或有苏息之日。"薛福成就是在看到告示后，上《万言书》，并进入幕府，成为曾国藩进行洋务的得力助手的。

在直隶总督任内，为广加延访，以改当地士风，曾国藩除专拟《劝学篇示直隶士子》一文并广为散布外，还将人才"略分三科，令州县举报送省，其佳者以时接见，殷勤奖诱”。曾国藩与人谈话、通信，总是殷勤询问基地、其军、其部是否有人才，一旦发现，即千方百计调到自己身边。他幕府中的不少幕僚都是通过朋友或其他幕僚推荐的。为了增强对人才的吸引力，以免因自己一时言行不慎或处事不当而失去有用之才，曾国藩力克用人唯亲之弊。同时，自强自励，“刻刻自惕”，“不敢恶规谏之言，不敢怀偷安之念，不敢妨忌贤能，不敢排斥异己，庶几借此微诚，少补于拙”。从其一生的实践看，他基本上做到了这一点。曾国藩周围聚集了一大批各类人才，幕府之盛，自古罕见，求才之诚，罕有其匹。事实证明，其招揽与聚集人才的办法是正确的和有效的。

他还注意人才的互相吸引，以求“得一而可得其余”。

曾国藩说，求才“又如蚨之有母，雉之有媒，以类相求，以气相引，庶几得一而可及其余”。

蚨，即青蚨，是一种小动物。“生子必依草叶，大如蚕子。取其子，母即飞来，不以远近。……以母血涂钱八十一文，以子血涂钱八十一文，每市物，或先用子钱，或先用母钱。皆复飞归，轮转无已。”“雉之有媒”，是说猎人驯养的家雉能招到野雉。

物以类聚，人以群分。曾国藩以青蚨子母相依不离、家雉能招致野雉，比喻在求才时须注重人才互相吸引，使之结伴而来，接踵而至，收“得一而可及其余”之效。曾国藩求才如渴，每与人通信、交谈，辄恳求对方推荐人才。故曾国藩幕中经人推荐入幕的人甚多，方宗诚、陈艾都是吴廷栋推荐的。吴汝纶是安徽人，是方宗诚推荐入幕的。凌焕是刘星房推荐的。赵烈文是周腾虎推荐的。李兴锐是帅远鲁与李竹浯二人推荐。李善兰大约是郭嵩焘推荐入幕的。李善兰推荐张文虎入幕。容闳则是李善兰、张斯桂、赵烈文三人推荐的。向师棣是严仙舫推荐的。

曾国藩在长沙求学期间，与郭嵩焘、刘蓉深交。任京官时，又广交友朋，以文会友。他曾追随理学名家唐镜海、倭仁学习，而吴竹如、窦兰泉、冯树堂、吴子序、邵蕙西等友人，后来都成了他的幕府中的重要人物。也有不少人慕名而主动来与曾国藩结交。他记载道：“又有王少鹤、朱廉甫、吴莘畬、庞作人。此四君者，皆闻予名而先来拜。虽所造有深浅，我皆有志之士，不甘居于庸碌者也。”湘军的重要将领江忠源及文士吴敏树也是这时曾国藩在京城结识的。他在礼部复试时，因欣赏“花落春仍在”的诗句而提拔了俞樾，又在朝考阅卷时看中了陈士杰。后来，他们对曾国藩的事业都有过很大的帮助，特别是陈士杰，曾国藩交游的目的很明确："求友以匡己之不逮，此大益也"；"师友夹持，虽懦夫亦有立志"。

曾国藩对人才的广泛搜罗和耐心陶铸，是能够成就他的"事业"的一个重要原因。这一点，早已是人们的共识。李鸿章作《曾文正公神道碑》，称誉他"持己所学，陶铸群伦。雍培浸灌，为国得人……知人之鉴，并世无伦。万众一心，贯虹食昴。终奠九土，踣此狂丑"。曾国藩确有谋国之忠与知人之明。后来，薛福成评述道："自昔多事之秋，无不以贤才之众寡，判功效之广狭。曾国藩知人之鉴，超轶古今。或邂逅于风尘之中，一见以为伟器；或物色于形迹之表，确然许为异材。平日持议，常谓天下至大，事变至殷，决非一手一足之所能维持。故其振拔幽滞，宏奖人杰，尤属不遗余力。"《清史稿》评论曾国藩道："至功成名立，汲汲以荐举人才为己任，疆臣阃帅，几遍海内。以人事君，皆能不负所知。"石达开也曾称赞曾国藩"虽不以善战名，而能识拔贤将，规划精严，无间可寻。大帅如此，实起事以来所未觏也"。

曾国藩为国得人，集中体现在他的幕府济济多士。

曾国藩因"遭致世变，一以贤才为夷难定倾之具"，他于咸丰二年初出办团练后，即开始物色人才，罗致幕府。随后随着战事的日益发展，湘军的日益扩大，幕府人物也渐积渐多。幕僚容闳追述湘军安庆大营的情况时说："当时各处军官，聚于曾文正之大营中者，不下二百人，大半皆怀其目的而来。"及曾国藩任两江总督时，"总督幕府中，亦有百人左右。幕府外更有候补之官员，怀才之士子，……无不毕集"。幕僚薛福成在《叙曾文正公幕府宾僚》一文写道：曾国藩"督师开府，前后二十年，凡从公治军书，涉危难，遇事赞画者，二十二人"；"凡以他事从公，邂逅入幕，或骤致大用，或甫入旋出，散之四方者，二十二人"；"凡以宿学客戎幕，从容讽刺，往来不常，或招致书局，并不责以公事者，二十六人"；"凡刑名、钱谷、盐法、河工及中外通商诸大端，或以专家成名，下逮一艺一能，各效所长者，十三人"，共八十三人。而且，"其碌碌无所称者，不尽录"。李鼎芳的《曾国藩及其幕府人物》一书中的"幕府人物总表"则开列了八十九人。

曾国藩用人，也注意五湖四海，声明"用人之道，官绅并重，江楚并用"。故他的幕僚中，就籍贯言，八十九人中，湖南籍二十一人，占最多；江苏籍十七人，占第二位；安徽籍十六人，占第三位；浙江籍十人，占第四位；其余四川、贵州、广东、湖北、江西诸省无不有人入幕。其人员分布，共达九省。就出身言，上至进士、举人，下至诸生、布衣，等级不一，均为座上之客。就人缘言，既有曾国藩的同窗同年、乡亲故旧，也有曾国藩的门生弟子，还有一些则“识拔于风尘”。 就特长或职业而言，突破了古代幕府中的幕僚多为办理文书、刑名、钱粮军人员的“实务性”框子，更多出谋划策、从容讽刺、招勇领军、指点州牧的政务性人员。此外，“凡法律、算学、天文、机器等专门家，无不毕集”。而且，“于军旅、吏治外，别有二派：曰道学，曰名士。道学派为何慎修、程鸿诏、 涂宗瀛、倪文蔚、甘绍盘、方某诸人；名士派为莫友芝、张裕钊、李鸿裔诸人”。“时文正幕中，有三圣七贤之目，皆一时宋学宿儒。文正震其名，悉罗致之。”由于曾国藩首倡洋务，一批洋务派官吏最先孕育于曾氏幕府，如李鸿章、左宗棠以及后来接办福州船政局的沈葆桢、致力于近代海军的丁汝昌等；一些外交人员，如先后出使英、法、比、意的大使薛福成，出使英国的公使郭嵩焘，出使西班牙、德国的参赞黎庶昌，都曾是曾氏幕府中的重要人物；一些科学技术人员，如李善兰、华蘅芳、徐寿、徐建寅，也被延入曾氏幕府。这些，鲜明地体现着曾国藩对幕府制度因时变革的时代意识。

曾氏幕府由于人数众多，范围广泛，加上曾国藩本人知人善任，故“几于举全国人才之精华，汇集于此”。它被誉为清中叶后人才的渊薮，殆不为过。

## 卷二　人才衡才

【原文】

喜誉恶毁之人，即鄙夫患得患失之心也。于此关打不破，则一切学问才智，实足以欺世盗名。方今天下大乱，人怀苟且之心，出范围之外，无过而问焉者。吾辈当立准绳，自为守之，并约同志共守之，无使吾心之贼，破吾心之墙子。

——引自《曾文正公全集》

【解读】

喜欢被人称赞，厌恶被人诋毁的人，就是具有庸俗小人患得患失的思想的人。如果这一关勘不破，那么一切学问、才智，就都只是用来欺世盗名的。当今天下大乱，人人都怀有得过且过的心理，事不关己，则不予过问。我们应当立个标准，自己遵循，并且联合志同道合的人共同遵守，千万不要让心中不好的想法，破坏了心中的堤坝。

【原文】

君子有高世独立之志，而不与人以易窥，有藐万乘、却三军之气，而未尝轻于一发。君子欲有所树立，必自不妄求人知始。古人患难忧虞之际，正是德业长进之时，其功在于胸怀坦夷，其效在于身体康健。圣贤之所以为圣贤，佛家之所以成佛，所争皆在大难磨折之日，将此心放得实，养得灵，有活泼泼之胸襟，有坦荡荡之意境，则身体虽有外感，必不至于内伤。

——引自《曾文正公全集》

【解读】

君子有远大独立的志向，而不会让世人轻易地看出。有藐视帝王、退却三军的勇气，却从不轻易显示。君子如果想要有所建树，就必须从默默地不让别人知道自己开始做起。古人在遭遇困难忧虑的时候，正是他的品德修养进步之时，其功表现在胸怀坦荡，其效验表现在身体健康。圣贤之所以成为圣贤，佛家之所以成佛，其关键都在于遭受大的磨难挫折的时候，把心放得实，养得灵，有活泼乐观的心胸，有坦荡的襟怀，即使身体受了外部伤害，也不至于伤到身体内部。

【原文】

士人第一要有志，第二要有识，第三要有恒。有志则不甘为下流；有识则知学问无尽，不敢以一得自足；有恒则断无不成之事。三者缺一不可。

——引自《曾文正公全集》

【解读】

士人第一要有志气，第二要有见识，第三要有恒心。有志气，就不会甘心为下流；有见识，就知道学无止境，不敢稍有所获就自满；有恒心，就肯定没有办不到的事。三个方面，缺一不可。

【原文】

凡人心之发，必一鼓作气，尽吾力之所能为，稍有转念，则疑心生，私心亦生。余死生早已置之度外，但求临死之际，寸心无可悔憾，斯为大幸。

舍命报国，侧身修行。古称“金丹换骨”，余谓立志即丹也。

——引自《曾文正公全集》

【解读】

凡人心发动，必须一鼓作气，尽一切力量去做，稍有一些想法，便有疑心，而私心也随之而来。我早把生死置之度外，只要临死之时，没有什么可以后悔遗憾的事，就是万幸了。要舍命报效国家，要戒慎恐惧，重视修养。古时说“服了金丹，就可换骨成仙”，我认为立下志向，就是金丹。

【原文】

君子之立志也，有民胞物与之量，有内圣外王之业，而后不忝于父母之生，不愧为天地之完人。故其为忧也，以不如舜不如周公为忧也，以德不修学不讲为忧也。是故顽民梗化则忧之，蛮夷猾夏则忧之，小人得位贤才否闭则忧之，匹夫匹妇不被己泽则忧之，所谓悲天命而悯人穷，此君子所忧也。若夫一身之屈伸，一家之饥饱，世俗之荣辱得失、贵贱毁誉，君子固不暇忧及此也。

——引自《曾文正公全集》

【解读】

君子立志，应当有把人类和万物作为自己同胞的胸襟度量，应当有修养品德、建功立业的雄心壮志。只有这样，才无愧于父母的生养之情，不愧为天地间的完人。他所忧虑的，就是自己不如舜帝、不如周公，以及自己不专修德行、不精通学业。于是，便会忧虑小民的顽固不化，忧虑外敌侵扰国家，忧虑坏人当道而优秀人才被排斥埋没，忧虑自己未能给平民百姓以恩泽，这就是俗话说的悲天悯人，这是君子之忧。至于那一己的成败，一家的温饱，世俗之人理解的荣辱得失、贵贱毁誉等等，君子是顾不上为此忧虑的。

【原文】

人之气质，由于天生，本难改变，唯读书则可变化气质。古之精相法，并言读书可变换骨相，欲求变之法，总须先立坚卓之志。

——引自《曾文正公全集》

【解读】

人的气质是天所生成的，所以很难改变，但是通过读书却可以改变。古代精于相人术的人，甚至说读书可以改变人的骨相。但是，说到要改变人的气质的方法，最重要的还是先确立坚定的志向。

【原文】

治心治身，理不必太多，知不可太杂，切身日夕用得着的，不过一两句，所谓守约也。

——引自《曾文正公全集》

【解读】

修心养身，道理没有必要太多，所知道的也不必太庞杂，与自己切身相关，每时每刻都用得着的，只要一两句话就行，这就是守约。

【原文】

凡沉疴在身，而人力可以自为主持者，约有两端：一曰以志帅气，一曰以静制动。人之疲惫不振，由于气弱。而志之强者，气亦为之稍变。如贪早睡，则强起以兴之；无聊赖，则端坐以凝之。此以志帅气之说也。久病虚怯，则时有一畏死之见，憧扰于胸中，即梦魂亦不甚安恬，须将生前之名，身后之事，与一切妄念，扫除净尽，自然有一种恬淡意味，而寂定之余，真阳自生，此以静制动之法也。

——引自《曾文正公全集》

【解读】

凡是疾病缠身，而依靠自己的力量可以加以控制的，大概有两种方法：一种是以顽强的意志指挥气，一种是以静制动。一个人疲惫不堪、精神不振，都是由于气弱。然而，意志坚强的人，气也会随意志而稍有改变。比如贪早睡，就可以凭毅力坚决早起；如百无聊赖之时，如果端坐而聚气，气必会振作，这就是以志帅气。久病则气虚胆怯，时时有怕死的想法困扰于心，就是睡梦之中，也难以安适，必须将生时的名誉，死后的一切事情，以及各种杂念，都全部除掉，这样，心中自然生出一种恬淡的感觉来，从而在寂静之后，真阳自生，这就是以静制动的方法。

【原文】

诵养气章，似有所会，愿终身私淑孟子， 虽造次颠沛，皆有孟夫子在前，须臾不离，或到死之日，可以仰希万一。

——引自《曾文正公全集》

【解读】

诵读《孟子》中的养气章，似乎已经有所领会，我愿终身以孟子为师，即使不断颠沛流离，受尽苦处，似乎总有孟夫子在我跟前，在时刻引导着我，也许到死的时候，可以有所仰信。

【详解】

曾国藩一生用人极多，评价人物也极多，而他以志趣高低作为评价人物高下的准绳，可谓抓住了人物评价的关键。但有意思的是，曾国藩在评价别人时，总是以褒为主，以贬为次，至于他平日夸奖部属的才识的言论，更比比皆是。例如，对被他参劾了两次的李元度，他私下给曾国荃写信说："李次青之才实不可及，吾在外数年，独觉惭对此人，弟可与之常通书信，一则少表余之歉忱，一则凡事可以请益。"又如，对与自己常闹别扭的左宗棠的才能，他非常折服，于咸丰十年四月上奏称，左宗棠"刚明耐苦，晓畅兵机"，请朝廷简用。清廷果于同年五月着左宗棠"以四品京堂候补，随同曾国藩襄办军务"。第二年四月，曾国藩又上奏称左宗棠"以数千新集之众， 破十倍凶悍之贼，察地利以审敌情，蓄机势以作士气，实属深明将略，度越时贤"，恳请"将左宗棠襄办军务改为帮办军务"。清廷又果如所请。曾国藩在评用人才上的见识，由此可见一斑。

曾国藩在上文说："凡人才高下，视其志趣。"直接把一个人能否立志、志向高低作为衡量人才高下的标准，这个观点是极有见地的。因为，在历史上还没有一个庸庸碌碌、胸无大志的人最后能成就大事的。

俗话说，有志者事竟成，古往今来能成就大事业的人，没有一个不是从立志开始的。据《史记》记载，秦末的陈胜出身农民，家境很穷，少年时代就以帮人耕作求生。但他人穷志大， 很想有所作为。他常常感叹人世，有时惆怅，有时慷慨激昂。 有一次，他在劳动之余休息时，坐在田埂上默默长思。突然自言自语地说："倘若有朝一日我发了，成为富贵的人，我将不忘记穷兄弟们。"与他一起劳作的佃农们听后都不以为然，并笑话他说："你一个帮人干活的农夫，何来富贵之谈？无非是说大话而已。"陈胜对于大家的取笑十分遗憾，深有所感地说道："嗟乎！燕雀安知鸿鹄之志哉！"有志者终成大事。不久，陈胜便在大泽乡发动了推翻秦朝的农民起义，以自己的实际行动，向人们证实了他的豪言壮语不是痴人说大话，而是他的宏愿和决心的表达。

与曾国藩同时的左宗棠也是素怀大志之人。左宗棠自称今亮（即今世诸葛亮），以精通经世之学勉励自己，当科场失意后，他绝不留恋，而他最终也因自己的经世之才而得到当时朝中大臣的赏识，成为最终功成名就的晋升之阶。

左宗棠，字季高，号朴存，湖南省湘阴县人，生于清嘉庆十七年（公元1812年）。四岁时，随祖父在家中梧塘书塾读书。六岁开始攻读"四书"、"五经"等儒家经典，九岁开始学作八股文。

道光六年（公元1826年），左宗棠参加湘阴县试，名列第一。次年应长沙府试，取中第二名。

道光九年（公元1829年），十八岁的左宗棠在书铺买到一部顾祖禹的《读史方舆纪要》，不久，又读了顾炎武的《天下郡国利病书》和齐召南的《水道提纲》。对这些涉及中国历史、地理、军事、经济、水利等内容的名著，左宗棠如获至宝，早晚研读，并做了详细的笔记，对于今后可以借鉴、可以施行的则“另编存录”。这些书使他大大开阔了眼界，对他后来带兵打仗、施政理财、治理国家起了很大的作用。当时，许多沉湎于八股文章的学子对此很不理解，“莫不窃笑，以为无所用之”。 左宗棠却毫不理会，仍然坚持走自己的路。

道光十年（公元1830年）十月，江苏布政使贺长龄因丁忧回到长沙。贺长龄是清代中期一位著名的务实派官员和经世致用学者，曾与江苏巡抚陶澍针对时弊，力行改革，政声卓著，并请魏源选辑从清朝开国到道光初年有关社会现实问题和经世致用的论文，编成《皇朝经世文编》一百二十卷。左宗棠早就十分钦慕贺长龄的学问、功业和为人，便前往请教。贺长龄见左宗棠人品不凡，知他志向远大，极为赏识，“以国士见待”。见他好学，又将家中藏书任其借阅。每次左宗棠上门，贺长龄必亲自登梯上楼取书，频频登降，不以为烦。每次还书，都要询问有何心得，与左宗棠“互相考订，孜孜，无稍倦厌”。贺长龄还曾劝告左宗棠：目前国家正苦缺乏人才，应志求远大，“幸勿苟且小就，自限其成”。

次年，左宗棠进入长沙城南书院。这是一所历史悠久、声誉颇高的书院，为南宋时抗金名将张浚与其子、著名理学家张所创办，大学者朱熹曾在此讲学。此时主持者即是丁忧在籍的原湖北学政、贺长龄之弟贺熙龄。他也是一位著名的经世致用学者，教学的宗旨就是：“透以义理、经世之学，不专重制艺、帖括。”左宗棠在这里不仅饱览了汉宋先儒之书，求到了有用之学，而且结识了后来成为湘军名将的罗泽南等，并以志行道互相砥砺，以学问义理共研讨。贺熙龄也很喜爱左宗棠，曾说：“左季高少从余游，观其卓然能自立，叩其学则确然有所得……”

贺氏兄弟是一代名流、显宦，如此看重左宗棠这个当时还十分贫穷的青年学子，使左宗棠感动不已，终生难忘。贺氏兄弟也一直没有忘记自己这位有前途的得意弟子。他们始终保持着密切的往来。

道光十七年（公元1837年），应巡抚吴荣光的邀请，左宗棠离家到醴陵主讲渌江书院。该书院有住读生童六十余人，但收入却很微薄，几乎朝不保夕。

不久，时任两江总督的陶澍阅兵江西，顺道回乡（湖南安化）省墓，途经醴陵。陶澍是当时赫赫有名的封疆大吏，嘉庆、道光年间，连任两江总督十余年。任职期间，他在林则徐、贺长龄、魏源、包世臣等的协助下，大力兴利除弊，整顿漕运，兴修水利，改革盐政，因而政绩卓著，深得时誉。陶澍出身贫寒，“少负经世志”，又是当时经世致用之学的代表人物。他敢于正视现实，关心民生，揭露封建衰世的黑暗和腐败，要求改革内政，主张严禁鸦片，加强军备，防御外敌入侵。

陶澍到醴陵来，醴陵市令自然要竭力款待，大事欢迎，为其准备了下榻的馆舍，并请渌江书院山长左宗棠书写楹联，以表欢迎。左宗棠崇尚经世致用之学，对陶澍等也早有了解，十分崇敬。于是挥笔写下一副对联：

春殿语从容，廿载家山印心石在；

大江流日夜，八州子弟翘首公归。

这副对联，表达了故乡人民对陶澍的景仰和欢迎之情，又道出了陶澍一生中最为得意的一段经历。一年多前（即道光十五年十一月底），道光皇帝在北京皇宫连续十四次召见陶澍，并亲笔为其幼年读书的“印心石屋”题写匾额。印心石屋是因陶澍屋前潭中有一印心石而得名。这件事朝野相传，人们极为羡慕，陶澍也自认是“旷代之荣”。因此当他看到这副楹联后，极为赏识，询知是左宗棠所作，便立即约请相见，“一见目为奇才，纵论古今，为留一宿”。为此，陶澍还特意推迟归期一天，于次日与左宗棠周游醴陵，极为融洽，成为忘年之交，后来两人还成为儿女亲家。

可是，左宗棠在科场上却屡屡失意，在六年中三试不第， 对他是个很大的打击。他虽然并不十分热衷于科场，不喜欢也不长于作空洞枯涩的八股文章，但在科举时代，读书人不中科举就难以进身，有志之士也只有通过科举获取地位，才能实践其志。左宗棠后来说过：“读书非为科名计，然非科名不能自养。”又说：“读书当为经世之学，科名特进身阶耳。”左宗棠自少年时代就志大言大，尤为自负，自尊心也很强。因此三试不第之后，就下决心不再参加会试，从此“绝意仕进”，打算“长为农夫没世”。

道光二十九年（公元 1849 年），左宗棠离开安化，来到长沙开馆授徒。女婿陶桄仍跟他学习。此外还有长沙名流黄冕的三个儿子和益阳名宦周振之之子周开锡与之受教。

就在这年，发生了一件左宗棠一生认为“第一荣幸”的事。这年十一月，云贵总督林则徐因病开缺，途经贵州、湖南，回福建原籍养病。林则徐在鸦片战争中被革职以后，遣戍新疆。道光二十五年（公元1845年）释还，署陕甘总督，次年任陕西巡抚，二十七年升任云贵总督。作为一代名臣，林则徐颇有威望，忠心耿耿，尽管在革职流放中，也始终不忘国事。在新疆，他极力讲求防边强边之策，大力倡导屯田，兴修水利。在云南，他整顿旷政，努力加强民族团结。由于历尽艰辛，身患重病，乃奏请开缺，回乡调治。

林则徐的官船经洞庭湖沿湘江上行，于十一月二十一日到达长沙，停靠在湘江岸边。湖南的文武官员知道后，都纷纷赶来拜会这位名满天下的大臣。但林则徐却想起了一位从未谋面的书生——左宗棠，便立即派人去湘阴柳庄邀请。

左宗棠接到来信，兴奋不已。林则徐是他素所钦仰的伟人，能得到他的邀请，与他会面，这确实是一件十分荣幸的事。早在青少年时，左宗棠就从贺长龄、贺熙龄兄弟和陶澍、胡林翼等口中听到过林则徐的事迹，后来在小淹陶家读过陶、林之间的往返书信，已经了解到林则徐是一位学识渊博、才力超群、操守清廉的官员。鸦片战争中，林则徐卓越的爱国精神和伟大人格，使左宗棠为之倾倒，对之崇敬和向往至极。他在给胡林翼的信中，曾表达了这一心情。他说："天下士粗通道理者，类知宫保（指林则徐），仆久蛰狭乡，颇厌声闻，宫保无从知仆，然自十数年来闻诸师友所称述，暨观宫保陶文毅（指陶澍）往复收疏与文毅私所记载数呈，仆则实有知公之深。"

林则徐对左宗棠也并非陌生。他与贺长龄曾经是陶澍的属下，又早与胡林翼有过密切交往。陶、林、贺等志同道合，经常在一起谈论天下大事、评品古今人才，自然早就知道陶、贺、胡等人对左宗棠的推重。就在一年前，胡林翼任贵州安顺知府时，还一再向林则徐推荐："湘阴左君有异才，品学为湘中士类第一。"林则徐听后马上就要胡林翼写信，请左宗棠来云贵总督幕府。但当时，因左宗棠已受长嫂之托要为长兄的遗子世延办理婚事，又已接受陶家课读的聘约，不能前往，因而回信婉辞，表示"西望滇池，孤怀怅结"，深为遗憾。

左宗棠接到信后马上赶到了长沙。船到岸时，只见江岸上轿马纷纷攘攘。林则徐见其家人递上一张写有"湖南举人左宗棠"的大红拜帖后，便急忙叫快请至家中，同时吩咐对其他来客一概挡驾。左宗棠匆匆忙忙地上到林则徐乘坐的船上，待过板时，也许因为心情激动，不慎一脚踏空，落入水中。及至船舱浣洗更衣后，便立刻与林则徐畅谈起来。天色近晚时，林则徐命将官船乘着湘江乱流，驶到岳麓山下一个僻静处停泊。随后，船中烛火通明，林则徐设酒宴款待左宗棠，两人一边喝酒，一边纵谈天下古今大事。

两人从天下大势到西北塞防与东南海防，从舆地兵法到办理洋务，从新疆屯田水利到滇中战乱，无不各抒己见。双方对治理国家的根本大计，特别是西北军政事务，见解不谋而合。两人，一个是年逾花甲、名震中外的封疆大吏，一个是年方三十七岁的草野书生，毫无拘束地侃侃而谈，直到第二天清晨。后来左宗棠回忆起这次难忘的夜话湘舟时，说两人“伉谈今昔，江风吹浪，柁楼竟夕有声，与船窗人语互相应答，曙鼓欲严，始各别去”。

会见中，林则徐将自己在新疆整理的宝贵资料，全部交付给左宗棠，并说：“吾老矣，空有御俄之志，终无成就之日。数年来留心人才，欲将此重任托付。”他还说，将来“东南洋夷，能御之者或有人；西定新疆，舍君莫属。以吾数年心血，献给足下，或许将来治疆用得着”。

临别时，林则徐还写了一副对联赠给左宗棠：

此地有崇山峻岭，茂林修竹；

是能读三坟五典，八索九丘。

表达了他对左宗棠殷切的期望。

后来，林则徐还多次与人谈起这次会见，极口称赞左宗棠是“非凡之才”、“绝世奇才”。

这次会见，是两人神交已久的第一次，也是最后一次见面，但对左宗棠的影响却是重大的。二十多年后，左宗棠经营西北、收复新疆、建置行省、屯田垦荒、兴修水利；在东南沿海编练渔团、创办船政、加强海防、抗击外侵，均是林则徐影响所致。

林则徐回到福建后，并没能休养多久。第二年，广西爆发天地会起义。清廷又起用其为钦差大臣前往镇压。但他刚到潮州时，却突然染病去世。在临终前，他还没有忘记左宗棠，命次子聪彝向咸丰皇帝代写遗疏，在疏中还一再推荐左宗棠为难得人才。

长篇小说《曾国藩》的作者唐浩明更是用小说家的笔墨，具体而微地描述了晚年曾国藩品评人物的情景：

曾国藩上上下下地梳理着长须，沉思良久，才慢慢地说：“月中人物，从来非易，身处高位之人，一言可定人终生，故对这类话尤须谨慎。我向来不轻易议论别人，即因为此。今日晤谈，非比寻常，有些话再不说，恐日后永无机会了。不过，我也只是随便说说，你听后记在心里就行了，不必把它作为定评，更不要对旁人说起。当今海内第一号人物，当属在西北的左季高。此人雄才大略，用兵打仗，自是第一好手；待人耿直，廉洁自守，亦不失为一良友贤吏。但喜出格恭维，自负偏激，这些毛病害得他往往吃亏，而他自己并不明白。金陵收复后，他不与我通往来，后人也许以为我们凶终隙末。其实我们所争的在兵略国事，不在私情。我一直认为他是大清开国以来少见之将才。我想，他若平心静气地谈起我，大概也不会把我说得一无是处。"

李鸿章说："门生听杨昌濬说，浙江的饷糈只要晚到几天，左季高便会火速函催，不管青红皂白，开口便严厉责问：'你的官是谁给你的？误了我的大事，我立即参掉你的巡抚！'"

"这就是左季高！"曾国藩笑道，"这话只有他说得出。左宗棠之下当数彭玉麟。此人极富血性，光明磊落，疾恶如仇，且淡泊名利，重情重义，我常说他是天下一奇男子。他每次都跟我说起要回到他的退省庵去。"

"他曾对我讲述，陈广敷先生有次仔细看了他的骨相，说他前世是南岳一老僧。"李鸿章插话。

"这或许是真的。"曾国藩正色道，"广敷先生的相是看得很准的。他要回退省庵，我也不再强难他了。"

"此外还有郭筠仙。早年在都中，寄云见筠仙之文采，便极欲纳交，央我从中介绍。后任湘抚，又屡思延之入幕。比任粤督，廷寄问黄辛农能否胜粤抚之任，寄云即疏劾黄及藩司文格，而保郭堪任粤抚，令兄堪任藩司。寄云才具固然不如筠仙，但毕竟有德于筠仙，而筠仙与寄云争权，弄得督抚不和。筠仙自己亦不检点。先是弃钱氏夫人，后迎钱氏入门，其老妾命服相见。住房，夫人居下首，妾居上首，进抚署则与夫人、如夫人三乘绿呢大轿一齐抬入大门。你看，舆论怎不鼎沸？而筠仙竟悍然不顾。"

"怪不得粤抚做不下去了。"这些趣闻，李鸿章听得甚是有味。

"不过话要说回来，筠仙之才，海内罕有其匹，然其才不在封疆重寄上。他才子气重，不堪繁剧。他只能出主意，献计谋，运筹于帷幕之中。他对洋务极有见解，明年合适的时候，我拟保荐他出洋考察一次，他的所见必定会比志刚、斌春要深刻得多。我观他的气色，绝不是老于长沙城南书院的样子，说不定晚年还有一番惊人之举，从而达到他一生事业的顶峰。"

"我对这个同年多少有点了解，他最适宜与洋人交往。去年津案发生，举国主张强硬，反对柔让，筠仙力排众议，痛斥不负责任的清议，真正难能可贵。"

“是呀，他在这方面的见识远胜流俗，也胜过孟蓉。”曾国藩说，“另外，刘印渠长厚谦下，心地亦端正，性能下人，是有福之相。官秀峰城府甚深，与人相交不诚，然止容身保位，尚无险陂。沈幼丹胸次窄狭而本事不小。杨厚庵不料病重得卧床不起，他学问不足，事业怕就只做到这一步了。黄翼升人极老实廉洁，但本事不及，长江水师提督一职，今后遇到合适人再更换。丁汝昌精明能干，办洋务是一把好手，但操守方面欠检点，物议颇多。”

“关于丁汝昌的议论我也听说过，天津有人骂他丁鬼子。 此人有点像门生，做事不大留后路。”李鸿章自嘲似的笑了笑。

“近日户部有一折，言减漕事，据说是王文韶所作。你认识此人吗？”

“没见过。”

“这道折子写得好，其人有宰相之才，今后要注意接纳。”

“噢。”李鸿章在心里记下了这个名字。

“至于令兄筱荃，血性不如你，但深稳又过之。”

“恩师，你看门生最大的不足在哪里？”

李鸿章突然心智大开，冷不防向曾国藩提出这个问题。凭他与老师相处多年的经验，知道用这种突然发问的方式，往往可以得到老师心中最直率的真言。果然奏效。曾国藩随口答道：“你的不足在欠容忍。我一生无他长处，就在这点上比你强。还是在京师时，邵蕙西便看出来了，他说我死后当谥文韧公。虽是一句笑话，却真说到了点子上。我那年给你讲的挺经的第一条，你还记得吗？”

“记得，记得。”李鸿章连声答。那年曾国藩说的两个乡下人在田塍上互不相让的故事，给他极深的印象。他曾经认真地思考过很长一段时间，也体味出了这个小故事中所包含着的许多内容，但他把握不准老师本人的意思。“恩师，门生和其他幕僚当时都猜不透那个故事中的含义，您启发我们一下吧！”

望着李鸿章这副虔诚的态度，曾国藩笑了：“其实也没有什么很深的含义，一桩乡下时常可以看到的小事罢了。都是两个犟人，在那里挺着，看哪个挺得久，不能坚持下去的人就自然输了。我这个人年轻时就喜欢与人挺着干，现在老了，不挺了，也就无任何业绩了，看来还要挺，所以提醒你注意，世间事谁胜谁负，有时就看能挺不能挺。”

李鸿章似有所悟地点头。隔了一会儿，他说：“门生当时想，恩师讲这个故事，是要告诫我们：天下之事，在局外呐喊议论总是无益，必须躬身入局，挺膺负责，如同那个老头子那样，乃有成事之望。好比后来发生的天津教案，主战者全是局外之人，他们不负责任，徒尚意气，倘若让他们入局负责，也不会喊得那么起劲了。门生这个理解，不知也有道理否？”

“有道理。”曾国藩会心一笑。

## 卷三　人才养才

【原文】

今日所当讲求，尤在用人一端。人才有转移之道，有培养之方，有考察之法。人才以陶冶而成，不可眼孔太高，动谓无人可用。

——引自《曾文正公全集》

【解读】

今天应当讲究的尤其是在用人。人才有潜移默化的方法，有培养之途，也有考察的方法。人才是锻炼出来的，不要眼光太高，动辄就说没有可用的人才。

【原文】

天下无现成之人才，亦无生知之卓识，大抵皆由勉强磨炼而出耳。《淮南子》曰：“功可强成，名可强立。”董子曰：“强勉学问，则闻见博：强勉行道，则德日选。”《中庸》所谓 “人一己百，人十己千”，即强勉功夫也。今世人皆思见用于世，而乏才用之具。诚能考信于载籍，问途于已经，苦思以求其通，躬行以试其效，勉之又勉，则识可渐通，才亦渐立。才识足以济世，何患世莫已知哉？

——引自《曾文正公全集》

【解读】

天下没有现成的人才，也没有生来就具有远见卓识的人。人才大多都是在艰难困苦中努力磨炼出来的。《淮南子》说：“功劳可通过努力来建立，名声可通过努力来获取。”董仲舒说：“努力地做学问，知识就会广博；努力按理行事，道德修养会天天进步。”《中庸》里所说的“别人花一分功夫，你要花上百分，别人花十分功夫，你要花上千分”的话，就是要人多努力付出。现在的人都企盼为世所用，却缺乏拯救社会的才略。如果真正能从古代典籍中加以考证，再向那些过来之人学习，苦苦思索以求贯通，并亲身去实践，以验证其效果，不断努力，那么就可以慢慢通达识变，才识就逐渐地培养起来了。才识若是能有益于社会，怎么还会担心世上的人不知道你呢？

【详解】

历来人们提到人才，更多的是考虑如何去发现人才、重用人才，曾国藩则明确提出人才由陶冶而成的主张，这实在是发人深省的。

在人才的培养和陶冶方面，特别值得一提的是曾国藩对李鸿章的培养和关于派遣出国留学人员之事。

咸丰十一年，曾国藩的湘军攻陷了九江，这对李鸿章来说，真是一剂强烈的兴奋剂。倒不是因为湘军的这点胜利对他有多少鼓舞，而是因为湘军统帅曾国藩同他有师生关系。他认为一旦投奔湘军，曾国藩一定会另眼相看，予以重用。于是，李鸿章离开了镇江，昼伏夜行，抄小路，避村舍，绕过太平军的营地，赶往九江的湘军行营，投奔了曾国藩。

然而，事情并不像李鸿章预料的那么称心如意。他满怀希望地赶到九江，但曾国藩却借口军务太忙，没有相见。李鸿章以为他只是一时忙碌，几天之内定可召见，谁知在旅舍中闲住了一个月，竟没得到任何消息。他心急火燎，如同热锅上的蚂蚁。李鸿章得知曾国藩幕府中的陈鼐，是道光丁未科进士，与他有“同年”之谊，也住过翰林院庶吉士，又算是同僚，就请陈去试探曾国藩的意图。

李鸿章既是曾国藩的得意门生，曾国藩何以对他如此冷落？这实在令人费解。就连陈鼐也不明所以，便对曾国藩说：

“少荃与老师有门墙之谊，往昔相处，老师对他甚为器重。现在，他愿意借助老师的力量，在老师门下得到磨炼，老师何以拒之千里？”

曾国藩冷冷地回答说：“少荃是翰林，了不起啊！志大才高。我这里呢，局面还没打开，恐怕他这样的艨艟巨舰，不是我这里的潺潺溪流所能容纳的。”陈鼐为李鸿章辩解说：“这些年，少荃经历了许多挫折和磨难，已不同于往年少年意气了。老师不妨收留他，让他试一试。”

曾国藩会意地点了点头。就这样，李鸿章于咸丰八年（公元1858年）进了曾国藩幕府。

其实，曾国藩并不是不愿接纳李鸿章，而是看李鸿章心地高傲，想打一打他的锐气，磨圆他的棱角。这大概就是曾国藩这位道学先生培养学生的一番苦心吧。

曾国藩很讲究修身养性，规定了“日课”，其中包括吃饭有定时，虽在战争时期也不例外。而且，按曾国藩的规定，每顿饭都必须等幕僚到齐方才开始，差一个人也不能动筷子。曾国藩、李鸿章，一是湘人，一是皖人，习惯颇有不同。曾国藩每天天刚亮就要吃早餐，李鸿章则不然。以其不惯拘束的文人习气，而且又出身富豪之家，对这样严格的生活习惯很不适应，每天的一顿早餐实在成了他沉重的负担。一天，他假称头疼，没有起床。曾国藩派弁兵去请他吃早饭，他还是不肯起来。之后，曾国藩又接二连三地派人去催他。李鸿章没有料到这点小事竟让曾国藩动了肝火，便慌忙披上衣服，匆匆赶到大营。他一入座，曾国藩就下令开饭。吃饭时，大家一言不发。饭后，曾国藩把筷子一扔，板起面孔对李鸿章一字一顿地说：

“少荃，你既然到了我的幕下，我告诉你一句话：我这里所崇尚的就是一个‘诚’字。”说完，拂袖而去。

李鸿章何曾领受过当众被训斥的滋味？心中直是打颤。从此，李鸿章在曾国藩面前更加小心谨慎了。李鸿章素有文才，曾国藩就让他掌管文书事务，以后又让他帮着批阅下属公文，撰拟奏折、书牍。李鸿章将这些事务处理得井井有条，甚为得体，深得曾国藩赏识。几个月之后，曾国藩又换了一副面孔，当众夸奖他：

“少荃天资聪明，文才出众，办理公牍事务最适合，所有文稿都超过了别人，将来一定大有作为。‘青出于蓝而胜于蓝’，也许你要超过我的，好自为之吧。”

这一贬一褒，自然有曾国藩的意图。而作为学生的李鸿章，对这位比他大十二岁的老师也真是佩服得五体投地。

李鸿章在未入曾幕之前，曾先后随团练大臣吕贤基及安徽巡抚福济，此二人既非戡乱之才，对于领兵作战更是缺乏经验，李鸿章在他们手下带兵及处幕，自然没有本领可学。曾国藩所以能在举世滔滔之中产生砥柱中流的作用，就是因为他能以子弟兵的方法训练湘军，使他们成为一支能征善战的队伍；而他自己所拟订的通告全局、十道分进、对太平天国展开全面防堵围剿的战略方针又极为正确，因此方能使他在对太平天国的战争中掌握主动，招招进逼，终于使太平天国政权完全倾覆。假如曾国藩也像当时一班督抚大帅那样不能高瞻远瞩，那么，曾国藩不免也会像向荣、和春、胜保、福济等人一样碌碌无成，李鸿章也决不能从曾国藩那里学到卓越的打仗要领。曾国藩死后，李鸿章作联挽之，说：

师事近三十年，薪尽火传，筑室忝为门生长；

威名震九万里，内安外攘，旷世难逢天下才。

此联的上半，充分道出了李鸿章师从曾国藩而尽得其军事政治才能的事实。

另外，同治十年七月初三，曾国藩还在一折奏稿中，疏议大清每年选派十三四岁至二十岁的人三十名到美国等西方国家留学，十五年后学成回国，目的是使西方擅长的技术，中国人能够掌握，之后就可以渐渐谋图自强。留学生去前要考试，在读期间不准加入外国籍，逗留国外，或者私自另谋职业，学成后听候派用，委以重任。以二十年计算，约需库银一百二十万两。留学一事，虽是丁汝昌动议，李鸿章也多次来信与曾国藩商议，但他们两人都不及曾国藩德高望重，所以真正促成留学一事的人应该说是曾国藩。

## 卷四　人才用才

【原文】

虽有良药，苟不当于病，不逮下品；虽有贤才，苟不适于用，不逮庸流。梁丽可以冲城，而不可以窒穴；牛不可以捕鼠；骐骥不可以守闾。千金之剑，以之析薪，则不如斧；三代之鼎，以之垦田，则不如耜。当其时，当其事，则凡材亦奏神奇之效，否则抵牾而终无所成。故世不患无才，患用才者不能器使而适用也。魏无知论陈平曰：“今有后生考已之行，而无益胜负之数，陛下何暇用之乎？”当战争之世，苟无益胜负之数，虽盛德亦无所用之。余生平好用忠实者流，今老矣，始知药之多不当于病也。

——引自《曾文正公全集》

【解读】

即使有好的药物，如果不对病症，还不如一般的药物有效；虽然有贤才，如果工作不适合他的特长，就不如普通人。质地好的木梁可以冲开城门，却不可用它去堵洞穴；强壮的水牛不可以去捕捉老鼠；也不可以用骏马去看守家门。用价值千金的宝剑来砍柴，还不如斧子好用；三代的宝鼎，用它开垦荒田，还不如用犁。在一定的时间，面临一定的事情，普通人也可以发挥神奇的效果。不然，分辨不清，就将一事无成。因此说世上不害怕没有人才，怕的是用才的人不知道使用人才。魏无知在评论陈平时说："现在他很懂得孝德，但不懂得打仗胜负的谋略，您怎么用他呢？"当国家处于战乱时，如果不是掌握胜负之数的人，虽然有大德，也是没有什么用的。我生平喜用忠实可靠的人，如今老了，才知道世上药物虽多，但大多不对病症。

【详解】

曾国藩认为，世上怕的不是没有人才，而是用才的人不能正确使用人才、此论确有振聋发聩之功用。从历史上来看，往往是那些善于发现人才，又善于运用人才的人最后取得了成功。关于这一方面的历史事实是很多很多的。

汉高祖刘邦则把自己的成功完全归功于用人得当。刘邦在楚汉相争中取得了最后胜利，对这一胜利，他当然是万分高兴的。因此，他即位之后，立即着手安抚百姓，分封有功之臣。为了表示自己的诚意，刘邦在洛阳南宫大开筵宴，款待全体文武功臣。

席上，刘邦说："诸位爱卿，请真实地告诉我，我得天下与项羽失天下的原因是什么？"王陵首先说："陛下平时待人傲慢，动不动就发脾气，但是赏罚分明，量才授职，肯分赏有功之臣，所以将士都愿为您效劳。项羽表面很仁慈、恭敬，但刚愎自用，猜疑功臣，战胜而不与人功，得地而不与人利，此其所以失天下的原因。还有，陛下派人攻城略地，并用来分赏给各位将士，和大家共同占有这种利益；霸王项羽则不同，他加害有功之臣，猜疑贤能之士，这也是他所以失去天下的原因。"

刘邦不完全同意王陵的看法，他说："你们只知其一，不知其二。运筹于帷幄之中，决胜于千里之外，我不如张良；镇定国家，稳定后方，充实军饷，我不如萧何；统率军马，冲锋陷阵，战必胜，攻必取，我不如韩信。此三人可谓当今豪杰， 天下奇才。但我能悉心委用，所以得天下。而项羽只有一个范增，尚不得重用，这就是他灭亡的缘故。”

众臣听了心悦诚服，纷纷下座拜伏。

东晋的刘裕则认为，与其用庸才，不如不用。当时刘裕身兼扬州、徐州、兖州三地刺史，心存代晋之意。刘道怜是刘裕的同父异母兄弟，他的母亲萧氏是刘裕的继母。刘裕称宋王后， 尊萧氏为太妃，相当恭敬孝顺。刘道怜曾追随刘裕南征北战，屡立战功。有一年，刘裕辞去扬州刺史的职务，而任命自己才十四岁的儿子刘义真担任此职位，镇守石头城。刘道怜很想担任这一职位，但又不便开口要官，便央求母亲萧氏为其说情。刘裕去见萧氏，萧氏对刘裕说:“你兄弟道怜曾与你同甘共苦，又立有战功，可以让他当扬州刺史。”刘裕十分了解刘道怜，虽追随自己转战南北，立有战功，但为人蠢笨，才干平庸，又非常贪婪放纵，根本无力胜任扬州刺史这一要职。而当时，刘裕正准备夺取晋朝江山，扬州地理位置十分重要，因此，刘裕说：“扬州乃要害之所在，关系到我的前程命运，要务繁多，道怜恐无力胜任。”萧太妃一听，满脸的不快，问道:“五十多岁的道怜，难道还不如十几岁的义真吗？”刘裕解释道:“义真虽为刺史，但事无大小，都由我做主。道怜年纪已大，如果什么也都由我做主，怕影响不好。如果让他自己做主，又怕难以负重。无论是为国，还是替道怜着想，他都不适合担当此职。望母亲见谅。”萧太妃这才无话可说，只好作罢了。

唐玄宗早年也堪称一代明主，而这与他知人善用也有很大关系。

公元 713 年，唐玄宗和姚崇在渭水边游猎后，玄宗皇帝让姚崇就国家军政大事陈述意见。姚崇说：“臣愿以十事闻，陛下度不可行，臣敢辞。”玄宗说：“试为朕言之。”于是，姚崇便把要玄宗实行的十件事讲了出来：一是政先仁恕；二是不幸边功；三是法行自近；四是宦竖不与政；五是租赋之外一切禁绝；六是戚属不任台省；七是接臣以礼；八是群臣得犯颜直谏；九是绝道佛营造；十是禁外戚干政。玄宗皇帝听完大喜，说：“朕能行之。”第二天，玄宗皇帝下诏拜姚崇为夏官侍郎（即兵部侍郎），同中书门下三品。姚崇拜相后，勤勉能干，深得玄宗皇帝的赏识，凡事都同他商议。有一次，姚崇染病不能入朝，凡军国大事，玄宗就令另一位宰相源乾曜去姚崇府邸咨询。源乾曜所上奏的事，如合玄宗心意，玄宗便说：“一定是姚崇谋划的。”如不合，则反问源乾曜:“为何不去问问姚崇？”直到源乾曜承认确实未问姚崇，玄宗皇帝才停止追问。玄宗皇帝为便于询问政事，命姚崇搬到四方馆居住。姚崇任相期间，对边疆的屯田地点、兵马器械的情况，都了如指掌，成为玄宗皇帝的得力助手，被誉为开元名相。

北宋的开国皇帝宋太祖赵匡胤也是个雄才大略的封建君主，他亲近贤士，疏远佞臣，特别是对陈桥兵变中的功臣赵普，更是视为肱股，委以丞相重任，并经常与他单独商议军机要事，共饮同榻，亲密无间。

一个风雪交加的夜里，操劳一天的赵普刚卸衣入睡，就听家奴通报："圣上驾到！"赵普慌忙穿衣迎接。赵普把皇上接到客厅，并吩咐烧炭备酒，与宋太祖饮酒畅谈，无拘无束。

酒过三巡，赵普问道："如此大雪纷飞之夜，陛下不辞劳苦，亲自下顾，不知有何教诲？"

太祖叹息说："朕睡而不能安枕啊！四境之外都是它邦啊！"

赵普说："陛下是忧心天下尚未统一。以愚臣之见，凭陛下之圣贤，荡平天下，指日可待。不知圣意如何？"

太祖沉吟片刻，说："朕想发兵攻打北汉，尔后南征，卿意如何？"

当时，宋据黄河中下游地区，而南方的广大地区还有南唐、吴越、后蜀、荆、湖和闽等大小政权并立；东北则有强盛的辽国虎视眈眈，又有契丹贵族卵翼下的北汉政权占据着太原。赵普对当时形势早已掌握，他稍停顿一下，便向太祖进言："权衡利弊，北汉地处边陲，不如暂时留下太原，先削平南方各国，然后挥师北上，这样北汉就成为囊中之物，不攻自破。"

太祖听后，大加赞赏，说："爱卿之计，正合朕的心意，刚才朕提出先打北汉，只是试探爱卿一下罢了。"

赵普被太祖的雪夜问计所感动，积极为太祖统一天下出谋划策。后来，太祖统一了南方。太祖死后，他的弟弟继承统一事业，到公元979年，中原与南方基本上统一，从而结束了五代十国的分裂局面。

明朝开国皇帝朱元璋崛起于布衣，更是知道要打天下，必须用天下之贤士。

朱元璋率军打下徽州后，大将邓愈向他推荐说："附近有个人叫朱升，担任学政，饱览经书，在徽州一带很有名声，大帅何不访求？"

朱元璋听后大喜，立即和邓愈等人离开帅帐，前去拜访朱升。 来到朱升住处后，朱元璋亲自叩门，只见一老者走出来。朱元璋作揖问道："请问，先生莫不是名士朱升？"

老者答道："老朽正是朱升，不知将军尊姓大名？"

邓愈抢先答道："这就是攻克徽州的红巾军主帅朱元璋。"

朱元璋谦逊地说："我本布衣，为了推翻元朝的残暴统治， 拯救百姓，举起义旗。听说先生是有学问之人，今日特来求教。”

朱升听到这儿，连忙下拜：“原来是朱元帅到了，久仰大名，十分钦佩。老朽乃村野农夫，何劳元帅屈尊！”说罢引朱元璋等人入屋叙谈起来。

俩人促膝畅谈，从衣食住行、风土人情说到国家大事、百姓疾苦。

朱升谈吐不凡，鞭辟入里。朱元璋连连称是。朱升也觉得朱元璋平易近人，胸怀大志，颇具将帅气度。两个人一见倾心，互相敬慕。

言谈间，朱元璋问道：“以朱老先生之见，当今天下之势，我该如何是好？”朱升早已揣度出朱元璋有平定天下之心，沉思片刻，答道：“以老朽之见，大帅想成就大业，要遵循‘高筑墙，广积粮，缓称王’三句话，如此，元帅大业可成。”朱元璋听后，连声称赞：“先生励言警策，重如泰山！操练兵马，积蓄实力；奖励农耕，积有食粮；讳露锋芒，勿早树敌。当真是见识宏远！”

以后朱元璋按朱升的三策，大搞屯田，发展生产，整顿军队，势力不断扩大，终于打败张士诚、陈友谅，推翻元朝统治，做了明朝开国皇帝。所以，曾国藩所说的“虽有贤才，苟不适于用，不逮庸流”，可谓放之四海而皆准的至理名言。

## 卷五 人才德才

【原文】

余谓德与才，不可偏重。譬之于水，德在润下，才即其载物溉田之用；譬之于木，德在曲直，才即其舟楫栋梁之用。德若水之源，才即其波澜；德若木之根，才即其枝叶。德而无才以辅之，则近于愚人；才而无德以主之，则近于小人。世人多不甘以愚人自居，故自命每愿为有才者；世人多不欲与小人为缘，故观人每好有德者。大较然也。二者既不可兼，与其无德而近于小人，毋宁无才而近于愚人。自修之方，观人之术，皆从此为冲可矣。

——引自《曹文正公全集》

【解读】

我认为才与德，两者不可有偏颇。用水来比喻，它的品德是润下，它的才就是浮载物品、灌溉田地；用木头来比喻，曲直是它的品德，作为舟楫和栋梁之用就是它的才。如果德是水的根源，那么才就是水的波澜；如果德是树木的根，枝叶就是树木的才。一个人有德而无才，就与愚笨之人相近；一个人有才而没有德，则与小人一样。世上的人大多不愿承认自己愚笨，所以常常自称愿意成为有才的人；世上的人大多不希望自己成为小人，所以常常以德取人。大致情况就是如此。既然两者不可兼得，那么与其没有品德而归于小人，还不如没有才能而归为愚人。自我修养的方法，识人的办法，都可从此入手。

【原文】

大抵人才约有两种，一种官气较多，一种乡气较多。官气较多者，好讲资格，好问样子。办事无惊世骇俗之象，言语无妨此碍彼之弊。其失也，奄奄无气，乃遇一事，但凭书办家人之口说出，凭文书写出，不能身到心到口到眼到，尤不能苦下身段，去事上体验一番。乡气多者，好逞才能，好出新样，行事则知己不知人，言语则顾前不顾后。其失也，一事未成，物议先腾，两者之失，厥咎惟均。人非大贤，亦断难出此两失之外。吾欲以“劳苦忍辱”四字教人，故且戒官气而姑用乡气之人。必取遇事体察，身到心到口到眼到者。赵广汉好用新进少年，刘晏好用士人理财，窃愿师之。

——引自《曾文正公全集》

【解读】

人才大体上说有两种，一种官气较多，一种乡气较多。官气较多的人，喜欢讲资格，摆架子。这种人办事不求惊世骇俗的现象，说话也不出格，不会有什么弊病。不足之处是太没有朝气，遇到一事，只让身边亲近的人传递自己的意思，或者写在书信中，不能做到身到、心到、口到、眼到，尤其是不能苦下功夫，亲自去实际体察一番。乡气多的人，好表现自己的才能，喜欢出新花样，做事时光考虑自己，不顾别人，说话时只知顾前而不顾后。其缺陷是一事还没办成，就引起大家的非议。因此官气较多与乡气较多这两种人的不足之处都差不多。 若不是非常贤德的人，也很难避免这两种短处。我打算用“劳苦忍辱”四个字教人，所以暂时戒绝官气较多之人而用乡气较多的人。必用遇事亲自体察，身到心到口到眼到的人。赵广汉喜欢用刚提拔起来的年轻人，刘晏喜欢用读书人来理财，我愿意向他们学习。

【详解】

关于人才的德与才的关系，历代都有争论。人们当然希望一个人德才兼备，但当两者不可兼得时，又该怎么办呢？曹操采取的办法是以才为主，以德为次。他说：“古时候的伊挚，传说出身低贱，管仲曾是齐桓公的政敌，但国君都重用他们，使国家兴盛起来。萧何、曹参是县吏出身，韩信、陈平曾有不好的名声，被人嘲笑过，他们终于能成就大业，扬名千古。吴起为了当大将，杀掉妻子来取得国君的信任，还散尽家产求官做，母亲死了也不回来。然而，他在魏国做官时，秦人不敢向东侵犯；在楚国任相时，三晋不敢向南图谋。我想现在天下肯定有品德很高的人埋没在民间，还有果敢勇猛、奋不顾身、迎敌死战以及被人看不起的小官小吏却有奇异才能的，或者可以胜任大将郡守的人；对负有不好名声，行为被人嘲笑的，或者不仁不孝而有治国用兵本领的，这样的人，你们各自所知道的都要推荐给我，不能有所遗漏。”

而元朝的廉希宪，则把德看得比才重要。廉希宪在元世祖时官任中书平章政事。有一次，南宋降将、中书左丞刘整前来拜访，廉希宪十分冷淡，竟然没让他坐下。刘整离去后，有一位南宋的书生，衣衫褴褛，拿着自己写的诗求见。廉希宪听说后，马上将他请到里面，请他坐下交谈，两人天文地理、经史子集，海阔天空地聊了半天。廉希宪还十分关心这位书生，对他就像对待多年的老朋友一样。书生走后，廉希宪的弟弟问他：“刘整身居高官，兄长却对他十分简薄；书生乃一介寒士，兄长却对他优礼相待。您为什么这么做呢？”廉希宪回答说：“这就不是你所知道的了。身为朝廷大臣，我的一举一动都关系到国家的利益。刘整虽尊贵，却是背国叛主之人；而那名书生有什么罪过呢？我朝是从沙漠中崛起的，我如果对待儒者文人不尊敬，那儒术势必便会衰落下去，这便会影响到国家地统治了。”

明代的朱元璋则强调德与才的统一性。1376年2月，朱元璋在便殿与太子及诸臣谈论君子之道。他说：你们听说过进德修业的道理吗？服饰华丽只是外表，而恭逊温良才是德行卓越的表现。古代的君子，德行高洁，充于内而著于外。所以他们目光远大而道德日臻完善，达到很高的境界，不仅不染恶行，而且远离邪僻。自己的德行修养达到一定程度，自然能服众人。这样，贤德之人便汇集求进，而不肖之人便羞愧自去。能修德进业，国家就会治理好，否则，必定以失败而告终。因此，货财声色，是戕德的斧斤；谗佞谄谀，是妨贤的荆棘。应该拒之如虎狼，畏之如蛇虺。如果沉溺于货财声色，没有不深受其害的。

结合历史上关于德才关系的典型论述，再回头来看看曾国藩的观点，我们发现，他的论述还是比较公允的，而且切近实际。尤其是他把人才分为官气较多和乡气较多两种，较为符合当时的实际。

## 卷六　人才荐才

【原文】

李忠武公续宾，统兵巨万，号令严肃，秋毫无犯，湖南湖北安徽江西浙江等省官民，无不争思倚重。其临阵安闲肃穆，原重强固，凡遇事之难为，而他人所畏怯者，无不毅然引为己任。其驻营处所，百姓欢悦，耕种不辍，万幕无哗，一尘不惊。非其法令之足以禁制诸军，实其明足以察情伪，一本至诚，勇冠三军，屡救弁兵于危难。处事接人，平和正直，不矜不伐。

——引自《曾文正公全集》

【解读】

忠武公李续宾统兵上万，号令严肃，所过之地秋毫不犯，湖南湖北安徽江西浙江等省的人民，没有不想依靠他的。李续宾临阵时安详严肃，镇定自若，碰到别人都不愿意去做的难做之事，他都会毅然引为己任。他的军队扎营之处，百姓欢乐，不妨碍耕种，军营不喧哗，不惊扰地方。这不是因为他靠法令来约束部下，而是靠他的明察秋毫。他做什么事都是凭借自己的至诚之心，其勇武冠绝三军，常常从危难中解救士兵。他待人接物时，也平和正直，不骄不矜。

【详解】

推荐贤才，说起来简单，实质上是件十分复杂的事，因为它牵涉到这么几个方面的问题：一是要识才，就是要判定你所推荐的确实是贤才；二是有风险，因为一旦你推荐的人在日后工作中出了什么差错，推荐者是脱不了关系的；三是要秉公，因为被推荐者很可能与推荐者存在很大的利益冲突。从中国五千年历史来看，虽然常常有奸党专政、裙带成风的状况，但在荐才问题上还是留下了不少佳话。

唐朝良相房玄龄，自幼好学，博览经史，善写文章，为官时勤勤恳恳，通达政事；审定法令，务在宽平；选才用人，不分贵贱。在辅佐秦王李世民时，深得李世民的信任，李渊也称他是“深识机宜，足堪委任”。当时，杜如晦在秦王府任兵曹参军，李渊受太子李建成的怂恿，欲削弱秦王李世民的势力，便下诏将秦王府的许多府僚调配各地，其中杜如晦被调任陕州长史。秦王李世民见羽翼被削，内心十分忧虑。房玄龄对李世民说：“府中幕僚虽被调走许多，但都不值得惋惜。只是杜如晦聪明识达，乃王佐之才也。如果大王甘心作藩臣，那杜如晦也没什么用处；如果大王您要一统天下，经营四方，那非此人不可。”秦王李世民一听大惊失色，惊呼道：“你要是不说，我险些失去此人哪。”于是，李世民上奏唐高祖李渊，请将杜如晦留在秦王府做事，李渊答应了。杜如晦后来在帮助李世民夺取皇位和辅政治国方面，发挥了重要作用，成为一代名臣。

类似的事件也曾发生在张之洞身上。清朝两广总督张之洞，十三岁中秀才，十五岁中第一名举人，名噪京师。从政期间，整顿吏治，荐举人才，奖励农工，减免苛税，请洋人讲授科技知识，征聘新式人才创办洋务大业，是当时著名的洋务派官僚。当时，法国侵略者企图吞并越南，张之洞深知前广西提督、老将冯子材是位难得的治军人才，奏请朝廷启用冯子材，协同广西巡抚潘鼎新入越抗法。潘鼎新畏敌不前，不战而退，镇南关陷入敌手，潘鼎新却将败退的罪名加给冯子材。昏庸的清政府不辨真伪，责备冯子材“可恨已极”，并威胁说：“倘再拖延，即照军法处置！”张之洞闻讯，立即上奏朝廷为冯子材辩冤，“并非冯、王不听调度，实由潘抚调度无方而致”，清廷这才再次下旨，剥夺潘鼎新的官职。冯子材受命帮办广西军务，统军赴镇南关迎击法军。冯子材到镇南关后，调兵遣将，积极备战。1885年3月24日，法军猛攻清军阵地，冯子材对众将士说：“若法军再入关，我们有何脸面见父老乡亲。”年逾七旬的冯子材持矛杀敌，清军将士无不同仇敌忾，拼死杀敌，法军溃败，清军乘胜收复谅山，扭转了整个中法战争的局势。

而在荐才时特别值得称道的是那些“内举不避亲，外举不避仇”的人。而且，尤其值得我们重视的是，这样的例子在中国历史上是经常出现的。

西汉的三杰之一的萧何向来与曹参关系不睦。萧何病重的时候，汉惠帝亲自到相国府邸去探望他，而且问道：“您百年之后，谁可以代替您相国的职务呢？”萧何回答说：“了解臣下的莫过于君主。”汉惠帝说：“曹参怎么样？”萧何叩头说：“陛下得到新相国了！我死也没有遗憾了！”曹参代替萧何为相后，凡事都遵从萧何在位时的规定，不做变更。汉惠帝埋怨曹参不治理政务，就找来他的儿子，令他回家探问一下。曹参得知此事十分生气，打了自己儿子二百鞭子，说：“天下大事哪里有你说话的份儿！”汉惠帝知道后对曹参更加不满，当朝责问曹参。曹参免冠谢罪说：“陛下您觉得和高祖皇帝比较，哪一位更圣明？”惠帝说：“我哪里敢与先帝相比！”曹参又说：“陛下您认为我与萧何比起来，谁更贤达？”惠帝说：“你似乎不如萧何。”曹参说：“陛下说得很对。高祖与萧何平定天下，制定了严格的法令。现在陛下得以垂衣拱手而治，像我们这些人谨守职责，遵守旧制而不去破坏它，就完全可以了。”汉惠帝认为曹参说得很对。当时的民谣唱道：“萧何为法，讲若画一，曹参代之，守而勿失。”使汉初政策得以保持和连续，为后来的“文景之治”奠定了基础。

三国时吴国大将吕蒙，曾因军营之事被江夏太守蔡遗所举报，但胸襟宽大的吕蒙，对蔡遗并没有怨恨的意思。豫章太守顾邵死后，孙权向吕蒙询问由谁接任，吕蒙就举荐了蔡遗，称他是一位奉公尽职的官吏。吴主孙权笑着说：“你想做祁奚吧？”于是尊重吕蒙的举荐，由蔡遗出任豫章太守。

吴国勇将甘宁，性情火爆，好轻易杀人，而且经常违忤吕蒙的命令，甚至连孙权的命令也时有违犯，孙权对甘宁颇为恼火，而吕蒙却经常开导孙权，说：“天下尚未安定，像甘宁这样能征善战的勇将，实属难得，对他最好能宽容些。”于是， 孙权消了怒气，善待甘宁。甘宁在同曹军作战中屡立奇功。有一次，甘宁仅率百人夜闯曹营，斩敌而还，使曹军惊骇鼓噪。孙权对这员勇将倍加喜爱，高兴地说：“孟德有张辽，我有甘宁，足以相匹敌了。”

而明代的刘伯温在这方面也存有古贤之风。

朱元璋拜刘伯温为军师之后，得到许多计谋，因此，刘伯温成了朱元璋的信臣，这样就引起了丞相李善长的嫉妒。李善长曾隐藏过一个罪犯，被刘伯温搜出后斩了。于是，李善长更怀恨在心，经常在朱元璋面前诬蔑刘伯温，还密谋除掉他。

李善长自恃功高，专横跋扈，犯了过失，朱元璋决定罢了他的职务。刘伯温听说此事后，急忙劝阻朱元璋说：“李善长虽有过失，但他是个功劳显赫的老臣，在朝廷有很高的威望，为了顾全大局，还是不要罢免他为好。”

朱元璋觉得很奇怪，问他：“李善长几次想加害于你，你为何还为他讲情？”

刘伯温坦率地说：“我与李善长不和，那是私人的事，罢免丞相，可是国之大事啊！”

朱元璋听了点头称是，继续任用李善长为相。

李善长年老辞官之后，朱元璋找刘伯温商量说：“你的朋友杨宪很有才干，可以为相。”

刘伯温说：“杨宪的确有丞相之能，但没有做丞相的肚量。 作为丞相应胸怀宽广，豁达大度，处理国事时，不掺杂个人好恶，这些都是杨宪所不具备的，望另选他人。”

朱元璋又问：“胡惟庸如何？”

刘伯温明确地回答：“此人居心叵测，不可为相。”

朱元璋说：“看来，只有先生您才是最好的人选啦。”

刘伯温连忙摆手道：“我也许强些，但我对别人短处看得过于严重，又不善处理复杂事务，勉强担当有恐有负你所委托。人才总是有的，请皇上再留心吧。”

朱元璋没有听刘伯温之言，而让胡惟庸做了丞相。果然不出刘伯温所料，胡惟庸野心勃勃，阴谋篡位。要不是及早发现，险些吃大亏。事后，朱元璋感慨地说：“伯温知人之深，料事如神，我不如他啊！”

曾国藩在举荐人才方面也继承了先贤的优良传统，能做到不因私废公，直抒己见。咸丰十年十月十四日，曾国藩在一份《历陈前湖北抚臣胡林翼忠勤勋绩折》中这样向朝廷推荐胡林翼：

前湖北抚臣胡林翼，由翰林起家，历次在京外任职。咸丰五年三月，承蒙先皇帝识才重用，任贵州道员，任期还不到半年，调任湖北巡抚。当时，武汉三镇已三次失陷，湖北的州县也大半沦陷，各路兵勇也溃散殆尽，胡林翼被困于金口、洪山一带，深思熟虑，劳身焦思。不单单无兵无饷，也无官无僚，自两司到州县的佐员，都在远隔北岸数百里之外。一钱一粮，都亲笔书函，向人借贷，情深词恳。然而残破之余，几乎没有响应。于是他就散发他益阳私家的谷子来充济军粮，士卒为之非常感动。正好遇上湘军从江西援助湖北，于是军威日振。咸丰六年十一月，攻克武汉，依次又光复了黄州等郡县。我原以为身为湖北巡抚的他可以稍作休息，而胡林翼并没有一点巩固自己的迹象，他的军队进入越境，围攻九江，又分兵先救下瑞州。于是督抚以全力援剿邻省，从湖北开始了。九江围剿了一年多，双方相持不下，中间石达开从江西窥视湖北，陈玉成从安徽进犯湖北三次，胡林翼也最终不肯撤九江之围来回救本省之急。他或亲自统帅一军，肃清蕲、黄，或分派诸将，收归安徽、河南，最终攻克收复了九江，几乎将乱贼斩尽，使东南局势大为好转，接着又奏明以全湖北的力量惩办安徽北部的乱贼。等到李续宾在三河镇全军覆没，胡林翼因为母亲病故先归故里，百日丧期未满，得到信后急起痛哭，誓师讨贼，不入衙署，直接进驻黄州。论者又认为李续宾良将刚刚逝去，元气没有恢复，只可姑且保住自己的范围，不宜兼顾邻省。胡林翼则不以为然，惊魂未定，即派重兵跨越二千余里援助湖南。援助湖南的军队还没有返回，又计议大举进攻安徽。当时，臣国藩正奉命人蜀，胡林翼挽留臣共商克皖大计，主张先灭乱匪，保住三吴的财富，为天下报仇雪恨。他绘了数十张图纸，分别送到臣和其他诸路将领手里，不分昼夜地询问计策。咸丰十年春天，大战于潜山、太湖，并相继攻克。于是他又制订出围攻安庆的计策，亲自驻守太湖督办剿匪之事。本年五月，又回师援助湖北省，病中还屡次给微臣写信，力陈不要撤去对安徽的包围，而致力于剿灭援贼。所以，安庆的攻克， 微臣在前面奏请推胡林翼为首功，这并非微臣的私下计议，而是其丰功伟绩为文武所共知，也是圣上所洞察的。

大凡良将相聚到一块就好发生意见分歧，或者自恃功高，义重气盛，或是自负自大，而不免被人小看，一言不合，就大动干戈。近世的将才，以湖北为最多。如塔齐布、罗泽南、李续宾、都兴阿、多隆阿、李续宜、杨载福、彭玉麟、鲍超等， 胡林翼都把他们当作国士相待，倾心接纳，使他们人人都能欢心，有时他还分出私财来惠恩他们的家室，寄一些珍贵的药品来安慰他们的父母。身处前敌的诸军，夜以继日地竭力寻求粮饷，寻求支援，信使往来、馈赠物品，不绝于道。自咸丰七年以来，每逢遇到有捷报的奏折，胡林翼都不一一奏来，而推到官文和微臣处主稿。偶有出奏，则盛称诸将的功劳，却不提及自己。他的心时时刻刻都想着推让同僚朋友，扶植忠良。外省都盛传楚军内部非常和谐，亲如骨肉，而这些都是和胡林翼的苦心调理分不开的，我们都不得而知。这些让微臣自愧现在赶不上，恐怕今后更难继承。

自兴兵以来，各省都焦虑粮饷不足，湖北三次失守，百物涤荡殆尽，乙卯、丙辰之际，已经穷困窘迫非常。自从荆州催盐，各府抽出厘金，湖北中部稍稍可以自存。胡林翼乃绝世的人才，每于理财之时，常常暗中督察百官。咸丰三年，部定漕米变价，每石折合白银一两三钱。可是各省的州县却照旧浮收，加到数倍，湖北省竟有每石十数钱的，上到朝廷下至平民都为此交困。胡林翼于咸丰七年春天，建议漕米减价，严厉裁减冗费。先皇帝批下奖谕，说他不徇私情，不顾情面，摒弃百年来的积弊，实在可嘉。湖北降低漕米价格一项，每年为民间省钱一百四十余万串，为国库增加白银四十二万两，又节省了提存银三十一万余两。利国又利民，但不利于那些中饱私囊之徒。向来各衙门的陈规陋习、浮用的经费被革除殆尽。州县征收赋税不准多收一毫一厘，也不准以催科政诎为名，为奸官滑吏肥私。各卡的官员，每月每日都有训练，批答书函，可以娓娓千言。因为军民共仰，使端贾都能同仇敌忾，他就这样教人们忠诚；多入少出，使局员都知道洁己奉公，他就是这样提倡廉洁的。清白之士，可以得到重用；欺诈矫饰之徒，就要受到重重的谴责。所以，湖北贫瘠地区，养兵六万，月经费达四十万之多，而商民并不疲惫，吏治日益清明。这种精心管理，没有一定能力是很难做到的。

自八月以来，攻克安庆，江、鄂的残匪得以肃清，才庆幸全局振兴，便可长驱东下，大功告成。湖广督臣官文奏请优待抚恤胡林翼部，承蒙圣恩明鉴。微臣与该故抚共事时间长了，相知亦深。咸丰四年，曾奏推胡林翼的才干胜过微臣十倍。 近年来遇事询言，尤其叹服其道德的更加高尚。臣不敢夸大陈词，也不敢掩没其功勋。谨将该故抚的大略情形，据实来陈述，恳请付国史馆查照施行。

## 卷七　将才选将

【原文】

拣选将才，必求智略深远之人，又须号令严明能耐劳苦，三者皆全，乃为上选。

——引自《曾文正公全集》

【解读】

挑选将才，必须要找有深远智慧谋略的人，而且要号令严明，能耐劳苦，这三个条件都具备，才是最好的人选。

【详解】

曾国藩在此确定了将才的三个标准，这三个标准都是硬性的，而撇开了其他一些因素，如是否有道德、人际关系如何等等，这是很有见地的。因为从历史上来看，往往是“一将难求”，真正地将才决定着战争的胜负和国家的兴衰，所以不能苛求。

唐朝名相狄仁杰也以举贤荐能而名垂青史，尤其是他举用契丹降将的故事，更为时人所称许。李楷固、骆务整原为契丹大将，多次领兵侵扰唐朝边境，骁勇异常，深为唐军将士所忌恨。不久，李、骆两位因形势所迫，率军投降了唐朝。很多唐将主张斩杀二人，以扬国威。有人说：“这两名贼将历来以我朝为敌，为患边境，杀伤我军将士无数，不杀之，军心不服，朝野起怨。”狄仁杰却力排众议，他给朝廷上书说：“楷固、务整骁勇善战，颇具将才，若能恕其不死，再授其官爵，他们必将怀着感恩的心情，为我朝南征北战，将功补过。若不分青红皂白，乱杀降将，势必逼迫敌将死战，至死不再投降我朝。这样一来，就会增加我军克敌的阻力。”满朝文武都被狄仁杰说服了，于是委任两将以官爵。数年后，李、骆二将奉命领军北伐契丹，两将因熟悉敌情和战术，统率唐军势如破竹，大获全胜。武则天亲自在宫中设宴为两将庆功，此后，李、骆二将赤心效忠唐朝，屡立战功。

将才是战争胜利的重要基础，历史上因为择将不当而造成战争失败的例子也不胜枚举，而其中最有代表性的莫过于诸葛亮对马谡的误用。

马谡是诸葛亮好友马良的胞弟，任绵竹成都令、越太守，史称其人“才气过人”，因而深受诸葛亮的赏识，让他担任参军之职。马谡开始时也的确不负诸葛亮的倚重，在军事上曾屡有建树，如提出“攻心为上”的建议，为诸葛亮“七擒孟获”、顺利平定汉中立下了重大功绩。然而，他毕竟缺乏实践经验，又不听从诸葛亮的指挥，终于造成街亭惨败。

蜀汉后主建兴六年（公元228年），诸葛亮为了北定中原、光复汉室、统一中国，决定率师北伐。蜀汉大军出祁山，进展顺利，给曹魏政权造成很大的震动。魏明帝赶忙派遣宿将张前去阻击蜀军。

当时，马谡担任蜀军的先锋，兵据战略要地街亭（今甘肃省秦安县东北）。在张全力来夺街亭的形势下，马谡能否守住街亭，也就成了关系到北伐成败的关键。

诸葛亮深知街亭在整个北伐行动中战略地位的重要性，因此再三谆谆告诫马谡不可麻痹轻敌，命令他选择靠山近水的有利地形安营扎寨，以逸待劳，乘隙破敌。然而马谡在街亭实地布防时，却违背诸葛亮的命令，远离水源，将营寨扎在街亭附近的南山顶上。不久张率魏军进逼街亭，侦悉马谡舍水上山，就当机立断，将马谡所处的孤山团团包围，切断水源。蜀军在孤山上饥渴难忍，军心动摇，不战自乱。张乘势发起攻击，蜀军力不能支，“为所破，士卒离散”。魏军攻占了街亭，马谡大败而归。

有了这么多正反两方面的历史教训，曾国藩选起将来当然更会得心应手，尤其是曾国藩选将与他的相人术相结合，更是神乎其神。

清道光咸丰年间，曾国藩需要人才，有的是经人推荐，有的是自愿投效，曾国藩必定召见面试，谈话之后才决定是否启用。有一次，曾国藩约了三个人次日在会客室等候被召见，过了正午很久，尚未被召见，一人静坐沉思，一人走来走去，一人脸上十分生气，一副不耐烦的样子。到了傍晚时，曾氏派人告诉他们三个人，可以回家等候被用，不必见面了。有人不明白他为什么这样做，问他说：“三个人为何不用召见，就被录用？”曾国藩说：“此三人在屋内时，我已观察过了，那个沉思的人，心情不畅，活得不久，但为人却很稳重；来回踱步的，器度胆识不凡，刚强沉着，实在是不可多得之才；那个不耐烦的，英勇果敢，一定可败敌，然而有点心急，成功之后可能会殉国。这三人都是军中所需要的人才。”于是各自分配了他们的职责。后来的事实证明，沉思的人是王某，年余病发，功绩不显著。踱步的是彭玉麟，立军功建水师，官至兵部尚书，人们皆佩服他。不耐烦的是江忠源，勇敢好战，常常建立军功打胜仗，官至安徽巡抚，在庐州三河镇力战殉国，被追加封号为忠烈侯。于是大家都佩服曾国藩慧眼识人，确实不同凡响。

曾国藩遴选、培养的将才除了李鸿章、胡林翼等人外，值得一提的还有江忠源和罗泽南。

江忠源，字岷樵，湖南新宁举人。在北京时，郭嵩焘介绍他去见曾国藩。江忠源以“任侠自喜，不事绳检”著称。曾国藩初时只是和他谈些烦琐小事，酣笑移时，江忠源辞出，曾国藩目送之，回头向郭嵩焘说：“京师求如此人才不可得。”继而又说：“是人必立功扬名于天下，然当以节义死。”当时承平日久，闻者都很惊疑。从此二人交谊甚好。

有一天，江忠源告诉曾国藩说：“新宁有青莲教徒，天下将大乱了。”过了二年，江忠源又到北京，曾国藩问他：“你说教徒要肇乱，为什么现在没有动作呢？”江忠源说：“我在家的时候，已经把亲友丁壮都组织起来了，一旦有事，可以防御。”。道光二十六年（公元 1846 年），青莲教首领雷再浩果然聚众起事，江忠源率领乡人一战就把他扑灭了，因功授知县，擢任浙江。

道光二十九年（公元 1849 年），江忠源方在秀水县任上，天地会党人李沅发又在新宁举事，曾国藩写信去劝他弃官保家。但不久李沅发窜往广西境内活动，成了太平军起义的前驱者。

咸丰帝即位，曾国藩应诏保举贤才，江忠源为其中之一，曾国藩上疏说他“忠心耿耿，爱民如子”。可见江忠源是怎样的一个人物了。江忠源在被举引见后，丁忧回籍。不久，太平军攻桂林，赛尚阿奉命督师往剿，奏调江忠源赴营差委。他募集士兵五百人，称为“楚勇”，在桂林打了一次胜仗。但赛尚阿不采用他的战略，他就告病回家了。第二年，太平军由永安突围，又攻桂林，他招募一千人增援，又打了几次胜仗。太平军围攻长沙后，他从郴州往援，逼营督战，城得保全，太平军引而北去。这时他的楚勇已增到二千人，在长沙是很得力的队伍。他们不仅靖卫乡里，而且出援邻省，成为湘军的先导。

罗泽南，字仲岳，号罗山，与曾国藩为同县人。举孝廉方正，平时周游四方，赖教书度日。他非常有道德学问，有人称他是屈指可数的人物。他标榜宋儒，认为“天地万物，本吾一体，量不周于六合，泽不被于匹夫，污辱莫大焉”。他家境贫寒，岁饥常不能具食，母亲、哥哥都病死了，夫人又因连哭三天而失明。他“不忧门庭多故，而忧所学不能拔俗而入圣；不耻生事之艰，而耻无术以济天下”。

曾国藩对他很尊敬，常在书信中表示敬慕之意，称其为家乡的颜渊。后来湘中书生起兵拯难，立勋名于天下，大半都是他的学生，而且都是湘乡人。

曾国藩在北京时，曾致弟书说：“罗罗山兄读书明大义，乃我所钦仰，惜不能会面畅谈。”“陈尧农、罗罗山皆可谓名师，而六弟九弟又不善求益。”罗泽南当时还没有跟曾国藩见过面。后由于曾国华与曾国荃曾师从罗泽南，罗泽南又与曾国藩的父亲一起办团练，同曾家来往渐多，关系便越来越密切起来。不久，湖南巡抚张亮基调罗泽南等赴长沙。这一支乡勇，就成为曾国藩军最初的基本力量了。

第二部分：将才将德——带兵之人，须有忠义血性

【原文】

带兵之人，第一要才堪治民，第二要不怕死，第三要不急于名利，第四要耐受辛苦。治兵之才，不外公明勤。不公不明，则兵不悦服；不勤，则营务钜细，皆废弛不治，故第一要务在此。不怕死，则临阵当先，士卒乃可效命，故次之。为名利而出者，保举稍迟则怨，稍不如意则怨，与同辈争薪水，与士卒争毫厘，故又次之。身体羸弱者，过劳则病，精神缺乏者，久用则散，故又次之。

——引自《曾文正公全集》

【解读】

带兵的人，第一要有治理百姓的才能，第二要不怕死，第三要不急于求得名利，第四要不怕辛苦。治兵的才能，不外乎公明勤这三个方面，如果办事不公正，赏罚不明，士兵就不会心悦诚服；如果不勤于职责，军营里的大小事务便会堆积，难以处理。所以，最重要的就是要公正、勤快。不怕死，与敌人对阵时，才会身先士卒，士兵也才能为你所用。这是第二重要的方面。带兵之人，如果是为了自己的名利，那么保举功劳时稍不及时，官场稍不如意，便有怨恨之心，与同僚比薪水高低，与士卒斤斤计较，这是较下等的带兵之人。如果身体不健康，稍有操劳，便精神疲惫。稍有过度，就精疲力竭。这是更下等的。

【原文】

四者似过于求备，而苟阙其一，则万不可以带兵。故吾谓带兵之人，须智深勇沉之士，文经线纬之才。数月以来，梦想以求之，焚香以祷之，盖无须臾或忘诸怀。大抵有忠义血性，则四者相从以俱至，无忠义血性，则貌似四者，终不可恃。

带兵之道，勤恕廉明，缺一不可。

——引自《曾文正公全集》

【解读】

上面所说的四个条件，看来似乎过于求全责备，但如果缺其中的一条，便千万不能让他带兵。我认为带兵的人，必须是智勇兼备的有文韬武略的人。几个月来，我不仅梦中在寻求，还焚香祷告，没有一刻忘怀。大概一个人有了忠义血性，四个条件就都能够具备。没有忠义血性，即使表面上看来已具

备了这四个条件，最终仍是不可依赖的。带兵的道理，勤、恕、廉、明这四个方面，缺一不可。

【详解】

对曾国藩关于将德的论述，蔡锷有这样的评价：

古人论将有五德，曰：智信仁勇严。取义至精，责望至严。西人之论将，辄曰："天才"。析而言之，则曰天所特赋之智与勇。而曾胡两公之所同倡者，则以为将之道，以良心血性为前提，尤为扼要探本之论，亦即现身之说法。 咸同之际，粤寇蹂躏十余省，东南半壁，沦陷殆尽，两公均一介书生，出身词林，一清宦，一僚吏，其于兵事一端，素未梦见，所供之役、所事之事，莫不与兵事背道而驰。乃为良心血性二者所驱使，遂使其发展于绝顶，武功烂然，泽被海内。按其功事言论，足与古今名将相颉颃，而毫无逊色。

意思是：古人认为为将须有五德，即智、信、仁、勇、严。说得非常精要，要求非常之高。而西方人论将，往往说"天才"， 意思是上天特别赋予的智慧和勇敢。而曾国藩、胡林翼都主张为将的人要以良心与血性为前提，可谓抓住了为将之道的根本，同时也是他们现身说法。咸丰、同治之际，太平天国的军队攻陷了十多个省，东南的半壁江山，几乎都被占领了。他们本是一介书生，都是翰林出身，一个是清宦，一个是僚吏，对于统兵打仗，他们连做梦都没有想过。他们平时所干的事，也与行军打仗没有丝毫关系。只是有良心血性，才使他们的才干发挥得淋漓尽致，军功卓著，恩泽全国。他们的功勋、行事、言论，足可与古今的名将相媲美，而且毫不逊色。

这难道不是精诚所至，金石为开吗？假如他们二人的良心血性，与一般人并无二致，那么，他们最多也不过做一名显赫的官员，或者做一个小有名气的作家，随岁月的流逝而湮灭， 如何能够从军队中奋起，平定国难，建立旷世奇功呢？

# 卷八　将才能战

【原文】

治军之道，总以能战为第一义，倘围攻半岁，一旦被贼冲突，不克抵御或致小挫，则令望堕于一朝。故探骊之法，以善战功得珠。能受民为第二义，能和谐上下官绅为第三义。愿吾弟兢兢业业，日慎一日，到底不懈，则不特为兄补救前非，亦可为吾父增光于泉壤矣。精神愈用而愈出，不可因身体素弱，过于保惜；智慧愈苦而愈明，不可因境遇偶拂，遽尔摧沮。

——引自《曾文正公全集》

【解读】

治军以能战为最重要。倘若攻城攻了半年，不小心被敌人冲突，无法抵御或受了小的挫折，自己的名望就会毁于一旦。所以善战就是探骊得珠之法。能爱民是第二方面的重要内容，能让上下官绅都和睦是第三方面重要的事情。希望你兢兢业业，一天比一天谨慎，始终不懈，这样，不但是为我补救以前的过失，也可以为先父在九泉之下争光。精神是越用越多的，不能因为向来身体瘦弱，就过分注重保养；智慧在越是困苦的情况下就越明达，不能因为偶遭拂逆，就心情沮丧。

【详解】

从上文可见，曾国藩把“能战”作为治军的关键，可谓直截了当。我们现代人说实践检验真理，作为将才来说，就是要能作战，能取胜。而从曾氏兄弟的天京之战中，我们发现，这兄弟俩可谓是能战的将才。

清同治元年（公元1862年）春，曾国藩调动湘、淮军七万余人，分兵十路，包围天京。直到秋末，忠王李秀成在天王洪秀全多次严诏之下，率二十万太平军回救天京，激战四十五日，屡攻不利，仓促撤离，李秀成被“严责革爵”。不久，洪秀全责令李秀成领兵渡江，西袭湖北，以达到“进北攻南”之效。但李秀成迟至次年春才率主力渡江西进，途遭湘军阻截，于五月被迫从六安折返江南，调动湘军不成，反遭重大损失。二年冬，李鸿章所率淮军在“常胜军”（即洋枪队）支持下，自上海推进至常州城下。左宗棠部也进围杭州。曾国荃部湘军攻占天京外围各要点，逐渐缩小包围圈。三年正月，湘军合围天京。城内米粮日缺，洪秀全与将士以“甜露”（一种野草制的代食品）充饥，仍打退湘军多次进攻。

曾国荃自受任浙江巡抚以来，深感于朝廷破格擢升，想早日攻克南京，以报知遇之恩。但南京城为天国的京都所在，已达十二年之久，坚壁固守，实力不弱，虽已有大军三十余万，四周围住，快近三年，然如用强攻，就是用百万大军，也无从破入。因此与部将李臣典、萧孚泗几个商议，明里用大军不停地硬攻，暗里却挖掘地道，直达南京中心。

曾国藩自咸丰四年（公元1854年）以团练大臣的身份出征以来，历尽千辛万苦，如今兵临天京城下，他本应长吁一口气，放松一下已绷紧的神经。可是，此时曾国藩却不敢有丝毫的懈怠，他所面临的天京城，大且固，经验告诉他，想要在短期内攻克天京，剿灭太平天国，纯属天方夜谭。在经历了九江、安庆攻坚战后，曾国藩认为必须对天京实施持久战，即在对其包围的情况下，切断天京粮道，待其弹尽粮绝时，进行最后的攻坚。因此，攻击的重点就是控制水、陆运输线。

天京城大人众，靠陆路的肩挑人扛来送粮食，犹如杯水车薪，且不经济。长时期以来，天京城内大宗粮食主要靠水上运输线，以长江和内河为主。内河粮道是天京至高淳，“使苏浙之米，能由高淳小河通金陵”。自从曾国荃驻扎雨花台以后，彭玉麟就将内河水路完全切断。

九州之战以前，在长江水道上太平军仍然控制着九州、下关、燕子矶一带，因此一些外国商人为牟取暴利，不断偷运粮食，卖给坚守天京的太平军将士。九州之战以后，湘军水师先后占领了九州、下关，于是长江水道也为湘军所控制。此时，曾国藩一面高价买下外商所偷运的粮食，一面上书朝廷，通过总理各国事务衙门照会各国驻华公使。要求在攻克天京以前，严禁外国轮船停泊在天京城外，以杜绝天京的一切粮源。曾国藩在写给曾国荃的信中说：

合围之道，总以断水中接济为第一义。百余里之城，数十万之贼，断非肩挑陆运所能养活。从前有红革船接济，有洋船接济，今九州既克，二者皆可力禁，弟与厚、雪以全副精神查禁水路接济，则克城之期，不甚远矣。

对于此举，曾国藩甚为得意，在给沈葆桢的信中不无欣慰地写道：今大小河道皆为官兵所有，谷米日用之需，丝毫皆需肩挑入城，故贼大以为不便。因此，天京城内的太平军面临着粮食日渐告罄的严峻局面。

太平天国定都天京以后，东王杨秀清为提高天京城的防御能力，分别在九州、七里洲、中关、下关、雨花台、紫金山、秣陵关、江东桥、上方桥等处，严密筑垒，坚如城池，并掘宽壕与之相辅。曾国荃在力克雨花台后，又屡克数处，只有西南要隘江东桥、东南粮道上方桥还未攻克。

同治二年（公元 1863 年）七月二十日，曾国荃命萧庆衍率七营湘军，出印子山，向东迫近太平军营垒下寨，驻守上方桥及七桥瓮，太平军竭力抵抗，使萧庆衍七营只有招架之功，而无筑垒之力。曾国荃遂令总兵张诗日、李臣典等分军拦截太平军，使萧庆衍七营湘军得以筑成进攻上方桥的营垒。二十二日，又令李祥等军在萧庆衍军垒前又筑新垒，并以大炮日夜攻击上方桥太平军。二十九日，湘军与太平军交战，太平军被击败， 河下船只尽数丧失。深夜，萧庆衍偷袭上方桥、待太平军察觉，湘军已攻入垒中。次日，上方桥遂告陷落。江东桥是天京的西南要隘，十二日晨，江东桥被攻克。

天京城失去了上方桥和江东桥要隘后，天京城东南还有中和桥、双桥门、六桥瓮、方山、土山、上方门、高桥门及秣陵关、博望镇，作为天京城的屏障。九月二十二日，上方门、高桥门、双桥门石垒被萧庆衍、陈堤、彭毓橘等攻陷。军事要隘博望镇，上可以接应皖南水阳，旁可以控制芜湖金柱关。九月十九日驻守金柱关的湘军守将朱南桂会同朱洪章、武明良偷袭博望镇，取得成功。九月二十五日，陈堤、熊登武又攻陷了中和桥。既而，曾国荃又派赵三元、伍维寿夺取了秣陵关。至此，紫金山西南完全被湘军所控制。

曾国藩在天京城东南多处被收复的情况下，于九月二十七日率领萧庆衍、陈堤、彭毓橘、李臣典视察孝陵卫地势，伺机扩大战果。护王陈坤书等人自太平门、朝阳门出战，企图扼制曾国荃在天京城东的发展势头。无奈，被曾国荃击败，陈坤书也受了枪伤，不得不退回城里，萧庆衍乘机夺得孝陵卫。十月初五、初六两日，曾国荃又先后派军队将天京城东的淳化、解溪、隆都、湖墅、三岔镇等五个要隘攻克，使得天京城东百余里内无太平军立足之所。十月十五日曾国荃率军进扎孝陵卫。天京城渐被合围。

此时在南京近郊，各方征调的大军已达八十余万之多。曾国荃一再向江苏巡抚李鸿章请援，但李鸿章自攻克常州以后，即不再理会。至六月十五日那天，湘军所掘地道，长达十余里，已达南京中区了。曾国荃认为这条秘道即将大功告成，倘被天国识破，势必前功尽弃，因此下令加紧炮轰，免得掘地声给太平天国军队听到。这时李秀成正辅佐幼主，虽属智勇双全，忠心耿耿，但从前所占府县，既不能连贯一片，又不能统一攻守，因此后来被湘军分别击破，失地日增。在太平天国晚年，他已很悲观。至此际，虽能勉守南京，已无出击之力，此消彼长，彼此的形势已相差太远了。

这日未到午夜，湘军在地道终点，使用大量炸药，轰穿地面。轰隆巨响，好像天崩地塌，大队兵卒由李臣典等率领，涌出南京中心，一时间火烟遍地，喊声震天。太平天国军事先不防此变，倍觉慌张。急由洪宣娇等保卫幼主，李秀成、洪仁发、洪仁达、赖汉英、罗大纲、陈开、赖文鸿、吴汝孝、古峰贤、陈仕章、吉安瑾等各位将领，纷纷四出抵御。而由地道涌上的这批湘军，一部分四面作战，一部分已由中区攻向边区的城门，使守城的天国兵士前后受到夹击。顿时有几个城门被攻破，这时城外清军，如同黄河决口般地蜂拥而入，逾进逾多。李秀成、洪仁发等混战至将近天明，虽把清军悍将如李臣典等杀伤数人，但想到自己外无援军，人马越战越少，知大势已去，匆忙混乱之中，碰着几位将领，急忙率领残部，杀开一条血路，向西门突围。

清军当初既已密围南京，何以这时的天国将领还能向西门突围而出？原来曾国荃幕僚们早已计议妥善，认为地道妙计，攻克南京，已具把握。目的第一是在破城，硬要坚围，势必双方多伤人马。第二是天国失败以后，必求生路，如果困门，自己也死伤必多，因此有意留出西门。其实天国之地，倘若不是被从地道突破，守城实力还是足够。这时志在逃生，不管任何一个城门，也能突围冲出的。然而，曾国藩的湘军毕竟太庞大了，又早有准备，终使太平军惨败，天京陷落。

## 卷九　将才严明

【原文】

凡善将兵者，日日申诫将领，训练士卒；遇有战阵小挫，则于其将领，责之戒之，甚者或杀之。或且泣且教，终日絮聒不休。之所以爱其部曲，保其本营之门面声名也。不善将兵者，不责本营之将弁而妒他军之胜己，不求部下之自强而但恭维上司，应酬朋辈以要求名誉，则计更左矣。

——引自《曾文正公全集》

【解读】

凡是善于带兵打仗的人，会天天告诫将领要训练士卒；遇到打仗时有了小的挫折，就对手下的将领既责备又告诫，甚至有把他们杀了的。或者边哭泣边教训，整天喋喋不休。这么做，正是为了爱惜部下，保护自己队伍的门面和名声。不善于带兵的人，不责备自己所带队伍中的将士，而去妒忌别的队伍超过自己，不求让自己的部下自强而只是一味地恭维上司，与朋友们过多地应酬，以求得名誉，这样的想法就差得更远了。

【详解】

严格执行军中纪律，这是一个军队统帅必须具备的素质， 而吴王阖闾也正是从这一点见识了孙武的治军才能。

孙子名武，是齐国人，因懂兵法而受吴王阖闾接见。阖闾说：“你写的十三篇兵法，我都已看过了，可以试一下用它来操演军队吗？”回答说“可以。”阖闾问：“用它来操练女子也可以吗？”回答说：“可以。”于是就让孙子来试。于是清点宫中的美女，共一百八十名。孙子把她们分为两队，任命阖闾的两名宠姬为队长，让她们都持戟，命令她们说：“你们知道你们自己的心、左右手及背吗？”女子们说：“知道。”孙子说：“向前看，就是看心所对的方向；向左转，就是朝左手所在的方向转动；向右转，就是向右手所在的方向转动；向后转，就是向后背的方向转动。”女子们说：“行。”接着孙子就宣布了军法，设置了斧，并再三申明军法。接着，就击鼓让女子们向右转，女子们都大笑起来。孙子说：“军法不明，命令不熟，这是将的过错。”又再三申明军法，击鼓让她们左转，女子们又大笑。孙子说：“军法不明，命令不熟，过错在将；法令既明而不依法令行事，这就是士卒的过错。”于是就要斩左右两队的队长。吴王正在台上观看，看到要斩自己的爱姬，十分惊慌，派使者对孙子说：“我已知道将军能用兵了。我如果没有这二姬，饭都吃不香，请不要斩她们。”孙子说：“我既然已经受命为将，那么，将在军中，国君的命令有的可以不听。”就斩了两位队长以示众，另选了两人为队长。接着又击鼓，女子们左转、右转、向前走、向后转、跪倒、起立都符合规矩法令，再无一个人敢出声。于是孙子派使者报告吴王：“军队已经整齐，大王可以下来观看，只要是大王所想要的，即使让她们赴汤蹈火都可以。”

从此阖闾知道孙武能用兵，最终任他为将。后来吴国向西击破强大的楚国，占领了楚国的郢都；向北威震齐国、晋国，使吴国在诸侯中名声大振，孙子是有很大功劳的。

曾国藩治军严明则主要表现在对队伍的严加约束上，在这方面，曾国藩可谓六亲不认。如湘军初建时，纪律涣散。尤其是靖港之败，练勇大批溃散，即使在湘潭之役中获得胜利的水陆勇也到处抢劫，携私潜逃。曾国藩于咸丰四年四月二十日（公元 1854 年 5 月 16 日）在家书中就这点作过较为详细的记述："水勇于二十四五日自成章诏营内逃去百余人，胡维峰营内逃去数十人。二十七日，何南青营内逃去一哨，将战船炮位弃之东阳港，尽抢船中之钱米帆布等件以行。二十八日，各营逃至三四百人之多。初二靖江战败，而后又有一溃也。其在湘潭打胜仗之五营，亦但知抢分贼赃，全不回省，即行逃回县城。甚至将战船送入湘乡河内，各勇登岸逃归，听任战船漂流河中，丢失货物。彭雪琴发功牌与水手，水手见忽有顶戴，遂自言名册上姓名全是假的，应募之时乱捏姓名，以备将来稍不整齐，不能执册以相索云云。鄙意欲预为逃走之地，先设捏名之计。湘勇之丧心昧良，已可概见！"他们应募入伍，本来就是为了发财，所以不少人隐名埋姓，另捏假号。这些人的战斗力自然不可能很强。曾国藩对这点是看得很清楚的："若将已散者复行招回，则断难得力。"因此，他自岳州、靖港、湘潭之役后，立即着手整顿湘军，凡溃散之勇不再收回，溃散营哨的营官哨长也一律裁去不用。经过整顿，水陆各勇仅留五千多人。与此同时，他调罗泽南、李续宾带所率湘勇回长沙，又令英勇可靠的塔齐布、杨载福、彭玉麟等大量招募新勇，新增数营，湘勇很快又扩大到一万人。他还向广东、广西奏调水师兵勇，广东派山东登州镇总兵陈辉龙带水兵四百名、炮一百尊，广西派升用道员李孟群带水勇一千名，来湘会战。又在衡阳、湘潭分设船厂，新造战船六十多只。

湘军经过这次整顿之后，更加兵精械足，"规模重整，军容复壮"，水陆两师共达二万之众。

在当时的湘军中，以治军严明著称的还有彭玉麟，他可以说是得曾国藩严明之真传，以至民间有"彭打铁"之雅号。彭玉麟归隐后，以查江旧居已坏，在郡城东岸买小楼自居，题名曰："退省庵"。每日种树灌园，有终老之志。但自彭玉麟归隐，长江水师规制渐坏，弁勇横行抢掠，朝野有人认为水师可废。清廷下诏彭玉麟再次整顿水师。彭玉麟出山后即劾罢营哨官百八十二人，于是江湖肃然。尤其是不顾情面，弹劾名将黄翼升。彭玉麟勇于负责，有功不贪。常轻舟小艇，往来倏忽，不独将佐畏之如神，即地方官也望风震慑，民间不轨之徒敢作奸犯科者辄互相惊吓曰："彭宫保！"立即奔逃不敢出。威声震动数千里。朝廷对他倚任更重，凡有大事都交他处置，如两江总督左宗棠、刘坤一，湖广总督涂宗瀛，两广总督张树声，皆朝廷倚重大臣，经言官上奏，皆命彭玉麟查核。

彭玉麟刚介绝俗，颇有豪气，尤善饮，经常咯血而酒不废。中年黜妻屏子，没有姬侍，只有一二个老兵供事其旁。对待部下旧将如同布衣子弟，而纪律极严。他的弟弟长期客居州县，服食鸦片成瘾，正巧军中严禁食烟，旁人将此事告知，彭玉麟大怒，立杖四十，并斥之曰："不断烟瘾，死不相见。"他的弟弟感愧自恨，卧三日已濒死，竟绝不再服，复为兄弟如初。以旧习商业，令行盐，致资巨万，一无所取。其弟亦豪迈挥霍，恤贫笃人。

彭玉麟尤恶浮华，厌绝请送之类官场旧习。治军广东时，民士恐饷粮不继，共募银十七万两送军中，彭拒而不受。辞官之日，众以金排万人姓名于二伞上，价值万金，彭谕令各还其主，且戒其奢。断案严肃，恒得法外意，所杀必可以正民俗。 安庆候补副将胡开泰，召娼女饮酒作乐，而使妻行酒，其妻不从，遂抽刀割其腹，街巷汹汹，事情闹到院司，正聚议所以处置。彭赶至后，遣人招来，但询名姓居址，即令牵出斩之，民众大欢。忠义前营营官、总兵衔副将谭祖纶诱劫其友张清胜妻，清胜知悉后，秘密留居密室，出伪券索要偿债，但谭逃走，升营将。州县官因为在谭祖纶管辖地方，置之不问，因诉于彭玉麟。彭玉麟先闻黄州汉阳道路藉藉，欲治之无端，得清胜词，为移总督，先奏劾谭祖纶，且遣清胜赴武昌对质。朝廷下诏，令彭玉麟与总督即讯，谭祖纶令人将张清胜从轮船上挤下溺死。又行贿张妻父母及妾刘氏反其狱，忠义营统将方贵重用事，总督昌言诱奸无死罪，谋杀无据。彭玉麟知谭祖纶根据盘固，不可究诘。适总督监临乡闱，立即至武昌，檄府司提祖纶至行辕，亲讯，忠义营军倾营往观。祖纶至，装出若无其事的样子，等到公开他的罪行，支离狡诈，及谋杀踪迹，祖纶服罪，立即令就岸上正法，一军大惊。

湘军诸将正因为在曾国藩的严格教诲下，"虽离曾国藩远去，皆遵守约束不变"，这也符合曾国藩治军的特点。因为曾国藩在湘军中把封建伦理观念同尊卑等级观念结合起来，将军法、军规同家法、家规结合起来，用父子、兄弟、师生、朋友等亲友关系来掩饰、调剂、补充上下尊卑关系，以减少内部的摩擦与抵触，使下级与士兵乐于尊重官长、服从官长，为官长卖命。

# 卷十　将才忠义

【原文】

无兵不足深忧，无饷不足痛哭。独举目斯世，求一攘利不先，赴义恐后，忠愤耿耿者，不可亟得；或仅得之，而又屈居去下，往往抑郁不伸，以挫以去以死，而贪饕退缩者，果骧首而上腾，而富贵，而名誉，而老健不死，此其为浩叹者也。

——引自《曾文正公全集》

【解读】

没有兵不值得深深地忧虑，没有军饷也不值得痛哭。只是我举目望这世界，想找一见利不争先、赴义唯恐落后、忠心耿耿的人，却不能很快找到；即使能幸而找到一个，却又因屈居低位，郁郁不得志，最终因为遭受挫折而离去，并因此而死。而贪婪退缩的人，却能飞黄腾达，享受荣华富贵和美名，并且健康长寿，这真是令人深深叹息的事情。

【原文】

今日百废莫举，千疮并溃，无可收拾。独赖此耿耿精忠之寸衷，兴斯民相对于骨岳血渊之中，冀其塞绝横流之人欲，以挽回厌乱之天心，庶几万一有补。不然，但就时局而论之， 则滔滔者吾不知其所底也！

——引自《曾文正公全集》

【解读】

目前百废待兴，千疮已经溃烂，无法收拾。只有依赖自己的耿耿忠心，发动广大人民面对这骨山血渊，期望着以此塞绝横流的人欲，挽回厌倦混乱的天心，或许还有弥补的可能性。否则的话，仅就现在的局势而论，还不知要乱到什么时候才是尽头呢！

【详解】

古人云：臣待君以忠，君待臣以义。这忠义二字历来是密不可分的。战场形势瞬息万变，在君主与军队统帅、主帅与部帅之间，如果缺乏了这个忠义，那后果是不堪设想的。但是， 在对这忠义的运用上，首先是上位者要讲义，就是要在见识对方才能的基础上，用人不疑，待之以义，对方必会报之以忠。

南宋年间，名将宗泽领兵抗金期间，俘虏了金将王策。王策原是辽的将领，辽灭亡后成为金将。宗泽亲自为他松绑，劝他说："契丹本来与宋是兄弟之国，如今金掳掠我徽、钦二帝，又灭掉了辽国，我们应同心合谋报仇雪恨才是。"王策一听感动得落下泪来，表示愿意参加抗金战争，于是他们制订了大规模抗金的计划。宗泽又联络北方义军头领王善、杨进、等人，以及"八字军"、"忠义军"等，与他们协同作战，连连告捷，金兵闻风丧胆， 听到宗泽的大名都噤若寒蝉，称他为"宗爷爷"。

清太宗皇太极，是努尔哈赤第八子，努尔哈赤在位时，他战功卓著，兼辖正黄、镶黄两旗。努尔哈赤死后，他继位登基。为实现统一中国大业，积极招徕汉官汉民。皇太极为了招降明朝著名将领祖大寿，派人先将祖大寿的儿子及其他亲属接人清营，百般体贴照顾。当时，祖大寿统兵驻守大凌河城（今辽宁凌海市西南），皇太极围城百余天，派明朝降将张弘漠等人前去劝降祖大寿，祖大寿因内无粮草、外无救兵，决定诈降清军。皇太极表示："凡大凌河所降明朝将吏城民，（清军）不得杀戮，有违此盟者，天必遣之。"为使祖大寿能同妻子相聚，让他率二十余人返回锦州城，但祖大寿又统率明军同皇太极兵戎相见。皇太极对祖大寿的家属仍以礼相待，并致书祖大寿说："至于去留，终不相强。将军虽屡与我兵相角，为将固应尔， 朕决不以此介意。将军勿自疑。"直至1640年，皇太极指挥清军击败增援锦州城的明军，又招降了名将洪承畴，祖大寿无计可施，只好献城降清。皇太极大喜过望，立即召见祖大寿，对他抚慰道："你违约与我，是为了你的明主，为了你的妻子和宗室。我经常同内院诸臣谈及，祖大寿必不能死，以后再降，我也决不加诛。往事已毕，今后能竭力相助就行了。"并令祖大寿隶属正黄旗，授总兵职。此后，祖大寿忠心侍清，成为皇太极手下的一员得力战将。由于他熟知明朝军事，对皇太极入关灭明统一全国，贡献颇多。

正是这众多的历史事实启发了曾国藩，使他深深认识到忠义对战争取得胜利的重要性。对曾国藩的这一观点，蔡锷有这样的感慨："右列各节，语多沉痛，悲人心之陷溺，而志节之不振也。今日时局之危殆，祸机之剧烈，殆十倍于咸同之世，吾侪自膺军职，非大发志愿，以救国为目的，以死为归属，不足渡同胞于苦海，置国家于坦途。须其耿耿精忠之寸衷，献之骨岳血渊之间，毫不反顾，始能有济。果能拿定主见，百折不磨，则千灾百难，不难迎刃而解。若吾辈军人将校，则以居高位享厚禄安福尊荣为志，目兵则以希虚誉得饷糈为志，曾胡两公必痛哭于九泉矣。"

# 卷十一　将才军心

【原文】

古来名将，得士卒之心，盖有在于钱财之外者。后世将弁，专恃粮重饷优，为牢笼兵心之具，其本为已浅矣，是以金多则奋勇蚁附，　利尽则冷落兽散。

——引自《曾文正公全集》

【解读】

自古以来的名将，能够得到士卒的衷心拥戴，主要原因不在于依靠钱财。后世的一些将领，专门依靠粮多钱多来笼络士兵，这样其军心就不巩固，所以钱多人人奋勇归附，无利可图就会作鸟兽散。

【原文】

军中须得好统领营官，统领营官，须得真心实肠，是第一义。算路程之远近，算粮仗之缺乏，算彼己之强弱，是第二义。二者微有把握，此外良法虽多，调度虽善，有效有不效，尽人事以听天而已。

——引自《曾文正公全集》

【解读】

军中必须要有好的统领和营官，作为统领营官，最重要的是要有真心实肠，这是第一义。计算路程的远近，粮食和器械的多寡，敌我的强弱，这是第二义。这两点如没有什么把握，即使有许多好的办法，好的调度，也只能有时成功，有时失败，不过尽人事，听天命而已。

【详解】

治国须得民心，治军则须得军心，这是取得成功的千古不易之理，因此，蔡锷对曾国藩的这些论述评论道："带兵就像父兄带子弟"这一句话，最是仁慈贴切。有了这种思想，则古今带兵格言，虽千言万语，都可付之一炬。父兄对待子弟，担心他们愚昧无知，于是就谆谆地教诲他们；担心他们饥寒苦痛，则精心爱护他们；担心他们放荡，没有好的品行，就严厉地惩罚责备他们；担心他们没有好的前途，就加意培养他们。无论是宽还是严，是爱还是憎，是喜欢还是讨厌，是奖赏还是惩罚，　全都出于至诚，没有丝毫虚伪，因此做起来至公无私。如果能做到这些，那么，部下爱戴长官，也肯定与子弟爱戴他们的父兄一样。

## 卷十二　将才评将

【原文】

窃疑古人论将，神明变幻，不可方物，几于百长并集，一短难容。恐亦史册追崇之词， 除非预定之品要。以衡才不拘一格，论事不求苛细，无因寸配而弃连抱，无施数罟以失巨鳞，斯先哲之恒言，虽愚蒙而可勉。

——引自《曾文正公全集》

【解读】

我私下里怀疑古人评论将才时，往往称他们神明变幻，超乎想象，几乎要把所有的优点都集中在一人身上，一点短处都不能容忍。这恐怕是史书上的溢美之词，并不是选拔将才之初就定下的标准。其实，选拔将才时要不拘一格，评论事情不过于苛求，不能因为一点点短处就不用极有才干的人，不能因为结细密的渔网就漏掉了大鱼。这才是从前圣贤常常说的话，即使是很愚昧的人，也可以此来勉励。

【详解】

中国人有这么一个习惯，如说一个人好，则什么都好；如说一个人不好，则什么都不好。对此，曾国藩并不苟同。他从长期的领兵打仗的实践中知道，千军易得，一将难求，而将亦是人，难以十全十美，作为统帅，决不可因此就加以抛弃。曾国藩的这一观念，无疑是十分中肯的。而在中国历史上，这样的例子也是很多的。如民族英雄岳飞在公元 1122 年应募投军，初任秉义郎（低级武官名），隶属名将宗泽。一次，秉义郎岳飞触犯军法将受处罚，宗泽一见便深感他超群不凡，说：“这正是做将领的人才啊！”这时正值金兵攻打汜水关，宗泽便把五百名骑兵交给岳飞，要他立功赎罪。岳飞果然不负所望，得胜而归，宗泽大喜，提升他为统制。岳飞从此名震遐迩。宗泽极为欣赏岳飞的才智，对岳飞说：“你的智勇才艺，古代的良将也比不上你，只是你喜欢野战，这可不是领兵打仗的万全之计啊！”于是，宗泽把行军、交战、驻营等作战经验传授给他，岳飞认真研习，颇有心得，说：“兵法体现了作战的规律，深刻领会了，就能灵活巧妙地运用。”宗泽肯定了他的见解，并对自己为国家发现了这样一位大可造就的将才而深感欣慰。

# 曾文正公奏稿

## 卷一　备陈民间疾苦疏

咸丰元年十二月十八日

奏为备陈民间疾苦，仰副圣主爱民之怀事。

臣窃闻国贫不足患，惟民心涣散，则为患甚大。自古莫富于隋文之季，而忽致乱亡，民心去也；莫贫于汉昭之初，而渐致乂安，能抚民也。我朝康熙元年至十六年，中间惟一年无河患，其余岁岁河决，而新庄高堰各案，为患极巨；其时又有三藩之变，骚动九省，用兵七载，天下财富去其大半，府藏之空虚，殆有甚于今日。卒能金瓯无缺，寰宇静谧，盖圣祖爱民如伤，民心固结而不可解也。我皇上爱民之诚，足以远绍前徽。特外间守令，或玩视民瘼，致圣主之德意不能达于民，而民间之疾苦不能诉于上。臣敢一一缕陈之：

一曰银价太昂，钱粮难纳也。苏、松、常、镇、太钱粮之重，甲于天下。每田一亩，产米自一石五六斗至二石不等。除去佃户平分之数与抗欠之数，计业主所收，牵算不过八斗。而额征之粮已在二斗内外，兑之以漕斛，加之以帮费，又须各去米二斗。计每亩所收八斗，正供已输其六，业主只获其二耳。然使所输之六斗，皆以米相交纳，则小民犹为取之甚便。无如收本色者少，收折色者多。即使漕粮或收本色，而帮费必须折银，地丁必须纳银。小民力田之所得者米也。持米以售钱，则米价苦贱而民怨；持钱以易银，则银价苦昂而民怨。东南产米之区，大率石米卖钱三千，自古迄今，不甚悬远。昔日两银换钱一千，则石米得银三两。今日两银换钱两千，则石米仅得银两五钱。昔日卖米三斗，输一亩之课而有余。今日卖米六斗，输一亩之课而不足。朝廷自守岁取之常，小民暗加一倍之赋。

此外如房基，如坟地，均须另纳税课。准以银价，皆倍昔年。无力监追者，不可胜计。州县竭全力以催科，犹恐不给，往往委员佐之，吏役四出，昼夜追比，鞭朴满堂，血肉狼藉，岂皆酷吏之为哉！不如是，则考成不及七分，有参劾之惧，赔偿动以巨万，有子孙之忧。故自道光十五年以前，江苏尚办全漕，自十六年至今，岁岁报歉，年年蠲缓，岂昔皆良而今皆刁！盖银价太昂，不独官民交困，国家亦受其害也。

浙江正赋予江苏大略相似，而民愈抗延，官愈穷窘，于是有"截串"之法。"截串"者，上忙而预征下忙之税，今年而预截明年之串。小民不应，则稍减其价，招之使来。预截太多，缺分太亏，后任无可复征，使循吏亦无自全之法，则贪吏愈得借口鱼肉百姓，巧诛横索，悍然不顾。江西、湖广课额稍轻，然自银价昂贵以来，民之完纳愈苦，官之追呼亦愈酷。或本家不能完，则锁拿同族之殷实者而责之代纳。甚者或锁其亲戚，押其邻里。百姓怨愤，则抗拒而激成巨案。如湖广之耒阳、崇阳，江西之贵溪、抚州，此四案者，虽闾阎不无刁悍之风，亦由银价之倍增，官吏之浮收，差役之滥刑，真有民不聊生之势。臣所谓民间之疾苦，此其一也。

二曰盗贼太众，良民难安也。庐、凤、颍、亳一带，自古为群盗之薮。北达丰、沛、萧、砀，西接南、汝、光、固，此皆天下腹地。一有啸聚，患且不测。近闻盗风益炽，白日劫淫，掟人勒赎，民不得已而控官。官将往捕，先期出示，比至基地，牌保辄诡言盗遁。官吏则焚烧附近之民房，示威而后去；差役则讹索事主之财物，满载而后归，而盗实未遁也。或诡言盗死，毙他囚以抵此案，而盗实未死也。案不能雪，赃不能起，而事主之家已破矣。吞声饮泣，无力再控。即使再控，幸得发兵会捕，而兵役平日皆与盗通，临时卖放，泯然无迹；或反借盗名以恐吓村愚，要索重贿，否则，指为盗伙，火其居而械系之；又或责成族邻，勒令缚盗来献，直至缚解到县，又复索收押之费，索转解之资。故凡盗贼所在，不独事主焦头烂额，即最疏之戚，最远之邻，大者荡产，小者株系，比比然也。往者嘉庆川、陕之变，盗魁刘之协者，业就擒矣，太和县卖而纵之，遂成大乱。今日之劣兵蠹役，豢盗纵盗，所在皆是，每一念及，可为寒心。臣在刑部见疏防盗犯之稿，日或数十件，而行旅来京言被劫不报，报而不准者，尤不可胜计。南中会匪名目繁多，或十家之中，三家从贼，良民逼处其中，心知其非，亦姑且输金钱，备酒食以供盗贼之求而买旦夕之安。

臣尝细询州县所以讳盗之故，彼亦有难焉者。盖初往踩缉，有拒捕之患；解犯晋省，有抢夺之患；层层勘转，道路数百里，有繁重之患；处处需索，解费数百金，有赔偿之患；或报盗而不获，则按限而参之，或上司好粉饰，则目为多事而斥之。不如因循讳饰，反得晏然无事。以是愈酿愈多，盗贼横行，而良民更无安枕之日。臣所谓民间之疾苦，此又其一也。

三曰冤狱太多，民气难伸也。臣自署理刑部以来，见京控、上控之件，奏结者数十案，咨结者数百案。惟河南知府黄庆安一案、密云防御阿祥一案，皆审系原告得失，水落石出。此外各件，大率皆坐原告以虚诬之罪，而被告者反得脱然无事。其科原告之罪，援引例文，约有数条：或曰申诉不实，杖一百；或曰蓦越进京告重事不实，发边远军；或曰假以建言为由，挟制官府，发附近军；或曰挟嫌诬告本管官，发烟瘴军。又不敢竟从重办也，则曰怀疑误控，或曰诉出有因。于是有收赎之法，有减等之方，使原告不曲不直，难进难退，庶可免于翻案；而被告则巧为解脱，断不加罪。

夫以部民而告官长，诚不可长其刁风矣。若夫告奸吏舞弊，告蠹役作赃，而谓案案皆诬，其谁信之乎？即平民相告，而谓原告皆曲，被告皆直，又谁信之乎？圣明在上，必难逃洞鉴矣。臣考定例所载，民入京控，有提取该省案卷来京核对质讯者，有交督抚审办者，有钦派大臣前往者。近来概交督抚审办，督抚发委首府，从无亲提之事；首府为同寅弥缝，不问事之轻重，一概磨折恫喝，必使原告认诬而后已。风气所趋，各省皆然。一家久讼，十家破产，一人沉冤，百人含痛。往往有纤小之案，累年不结，颠倒黑白，老死囹圄。令人闻之发指者。臣所谓民间之疾苦，此又其一也。

此三者皆目前之急务。其盗贼太众，冤狱太多二条，求皇上申谕外省，严饬督抚，务思所以更张之。其银价太昂一条，必须变通平价之法。臣谨胪管见，另拟银钱并用章程一折，续行入奏。国以民为本，百姓之颠连困苦，苟有纤毫不得上达，皆臣等之咎也。区区微诚，伏乞圣鉴。谨奏。

## 卷二 谢署吏部左侍郎恩疏

咸丰二年正月二十五日

奏为恭谢天恩事。

本月二十四日内阁奉上谕："吏部左侍郎着曾国藩兼署。"钦此。窃臣材本疏庸，识尤浅陋。秩宗襄事，愧典礼之未娴；司寇摄官，更刑名之莫晰；乃复仰荷恩纶，兼权吏部，自维愚昧，深惧弗胜。惟当谨慎自持，涓埃勉效，凡事必求其实，常存此冰渊惕厉之怀，片念不敢自欺，冀无负君父生成之德。所有微臣感激下忱，谨缮折恭谢天恩，伏乞皇上圣鉴。谨奏。

谢放江西正考官恩折

咸丰二年六月十三日

奏为叩谢天恩事。

本月十二日内阁奉上谕："江西正考官，着曾国藩去。"钦此。窃臣秉质庸愚，未谙学术，曾持衡于西蜀，又襄校于宫南，沐豢养于两朝，得幸跻乎九列。毫无报称，时切悚惶。兹复仰荷恩纶，俾持文炳，自维浅陋，深惧弗胜。惟当以勤补拙，借公生明，采桢干于大邦，冀撷彭蠡、匡庐之秀，竭愚诚于方寸，稍酬高天厚地之恩。所有微臣感激下忱，谨缮折恭谢天恩，伏乞皇上圣鉴。谨奏。

再，臣自道光十九年来京供职，迄今十有四年，未能告假省亲，又未能迎养。顷因粤匪窜入湖南，臣南邻近衡阳，办理团练，各乡警惧。臣念切桑梓，乌乌私情，日夜悬悬。兹幸仰沐天恩，奉使江西。伏查由江西袁州一路至臣家，程途不过八日。谨援上年吕贤基、何凡彤云之例，仰恐皇上天恩赏假二十日，俾臣于九月发捞之后，回籍省亲，合家沾戴皇恩，实无既极。如蒙俞允，臣即由长沙取道湖北还京。不胜悚惕待命之至。谨附片请旨。

请假回籍省亲片

咸丰二年六月十三日

再，臣自道光十九年来京供职，迄今十有四年，未经告假省亲，又未能迎养。顷因粤匪窜入湖南，臣家邻近衡阳，办理团练各乡警惧。臣念切桑梓，乌乌私情，日夜悬悬。兹幸仰沐天恩，奉使江西。伏查由江西袁州一路至臣家，程途不过八日，谨援上年吕贤基、何彤云之例，仰恳皇上天恩赏假二十日。俾臣于九月发榜之后，回籍省亲，合家沾戴皇恩，实无既及。如蒙俞允，臣即由长沙取道湖北还京，不胜悚惕。待命之至，谨附片请旨。

## 卷三　敬陈团练查匪大概规模折

咸丰二年十二月二十二日

奏为遵旨帮办团练查匪事务，敬陈现办大概规模，仰祈圣鉴事。

本月十三日准湖南巡抚咨称，承准军机大臣字寄：咸丰二年十一月二十九日奉上谕“前任丁忧侍郎曾国藩，籍隶湘乡，闻其在籍，其于湖南地方人情自必熟悉，着该抚传旨，令其帮同办理本省团练乡民、搜查土匪诸事务。伊必尽力，不负委任。”等因。钦此。又于十五日接巡抚函称：武昌省城被贼攻陷。闻信之下，不胜愤憾。贼势猖獗如此，于大局关系匪情！念我皇上宵旰南顾，不知若何焦灼。臣虽不才，亦宜勉竭愚忠，稍分君父之忧，即于十七日由家起程，二十一日驰抵省城，与抚臣面商一切，相对感欷。

伏惟圣谕团练乡民一节，诚为此时急务。然团练之难，不难于操习武艺，而难于捐集费资。小民倚财为命，即苦口劝谕，犹迟疑而不应；若经理非人，更哗然而滋扰，非比嘉庆川楚之役，官给练费，不尽取之民也。臣此次拟访求各州县公正绅耆，以书信劝谕，使之董理其事，俾百姓知自卫之乐，而不复以捐资为苦，庶几有团练之实效而无扰累之流弊。

至圣谕搜查土匪一节，前日抚臣张亮基曾有一札，严饬各州县查拿土匪痞棍。令州县力能捕者自捕之，力不能者专丁送信至抚臣署内，设法剿办。现在各州县遵札办理，屡破巨案，业有成效。臣又以信谕绅耆，令其留心查察，本团之匪徒断不能掩本团绅耆之耳目，绅耆密告州县，州县密告抚臣，即日派人剿捕，可期无案不破。

抑臣又有请者，逆匪既破武昌，凶焰益炽，如湖南、安徽、江西毗连之省，皆为其所窥伺。长沙重地，不可不严为防守。臣现来省察看，省城兵力单薄，询悉湖南各标兵丁多半调赴大营，本省行伍空虚，势难再凋；附近各省又无可抽调之处，不足以资守御。因于省城立一大团，认真操练，就各县曾经训练之乡民，择其壮健而朴实者招募来省，练一人收一人之益，练一月有一月之效。自军兴以来二年有余，时日不为不久，糜饷不为不多，调集大兵不为不众，而往往见贼逃溃，未闻有与之鏖战一场者；往往从后尾追，未闻有与之拦头一战者；其所用兵器，皆以大炮、鸟枪远远轰击，未闻有短兵相接以枪靶与之交锋者，其故何哉？皆由所用之兵未经训练，无胆无艺，故所向退却也。今欲改弦更张，总宜以练兵为务。臣拟现在训练章程，宜参访前明戚继光、近人传鼐成法，但求其精，不求其多；但求有济，不求速效。诚能实力操练，于土匪足资剿捕，即于省城防守，亦不无裨益。臣与抚臣熟商，意见相同。谨将现办情形，敬陈大概，伏乞皇上圣鉴训示。谨奏。

附陈办团稍有头绪即乞守制片

咸丰二年十二月二十二日

再，臣在京师十有四年。往年入京供职之时，臣之祖父母及父母皆在堂。今岁归来，祖父祖母之墓已有宿草，臣母亦殁。其时长沙尚未解围，风鹤警报，昼夜警惶，即将母棺仓促权厝，尚思另寻葬地，稍展孝思。臣父已老，久别乍归，亦思稍尽定省之仪。今回籍未满四月，遽弃庭闱，出而莅事，不特臣心万分不忍，即臣父亦慈爱难离。而以武昌警急，宵旰忧劳之时，又不敢不出而分任其责。再次思维，以墨绖而保护桑梓则可，若遂因此而夺情出仕，或因此而仰邀恩叙则万不可。区区愚衷，不得不预陈于圣主之前，一俟贼氛稍息，团防之事办有头绪，即当专折陈情，回籍守制。乌鸟之私，谨乞圣上矜全。所有微臣下情，谨附片奏闻。

## 卷四 严办土匪以靖地方折

咸丰三年二月十二日

奏为严办土匪以靖地方，恭折奏闻，仰祈圣鉴事。

正月初九日，准湖南巡抚咨称，咸丰二年十二月三十日奉上谕："湖南筹办拨兵募勇各事宜，即着责成张亮基、潘铎会同在籍侍郎曾国藩妥为办理。"钦此。又于二月初一日，准署理湖南巡抚咨称："咸丰三年正月初三日奉上谕："朕思除莠即以安良，即有会匪地方，亦莠民少而良民多。封疆大吏，惟当剪除百恶，即可保卫善良。所有浏阳、攸县各处匪徒，即着该署督抚等认真查办，并着会同在籍侍郎曾国藩，体察地方情形，应如何设法团练以资保卫之处，悉心妥筹办理！"等因。钦此。

仰见我皇上南顾焦虑，无时或释。去年臣初至省城，抚臣张亮基调拨湖南外营兵一千名，招募湘乡练勇一千名来省防御。至正月初间，粤匪东窜，武昌业已收复，长沙即可解严。署督臣张亮基、署抚臣潘铎皆与臣商，所有留省之云南、河南各兵，即行分别撤回；新旧招募之勇，亦即分别裁汰；共留兵勇三千余人，已足以资防守；即间有土匪窃发，亦足以资剿办。至于团练一事，臣前折略除大概，曾言捐钱敛费之难。近来博采舆论，体察民情，知乡团有多费钱文者，亦有不必多费钱文者。并村结寨，筑墙建碉，多制器械，广延教师，招募壮士，常操技艺。此多费钱文，民不乐从者也。不并村落，不立碉堡，居虽星散，闻声相救，不制旗帜，不募勇士，农夫牧竖，皆为健卒，耰锄竹木，皆为兵器。此不必多费钱文，民所乐从者也。多费钱文者，不免于扰累地方，然以之御粤匪，则已仍不足；不必多费钱文者，虽未能大壮声势，然以之防土匪，则已有余。今粤匪全数东下，各县乡团专以查拿土匪为主。臣是以剀切晓谕，令其异居同心，互相联络，不多费钱，不甚劳力，以冀百姓之鼓舞而听从。

湖南会匪之多，人所共知。去年粤逆入楚凡入添弟会者，大半附之而去。然尚有余孽未尽。此外又有所谓串子会、红黑会、半边钱会、一股香会，名目繁多，往往成群结党，啸聚山谷，如东南之衡、永、郴、桂，西南之宝庆、靖州，万山丛薄，尤为匪徒卵育之区。盖缘近年有司亦深知会匪之不可遏，特不欲其祸自我而发，相与掩饰弥缝，以苟且一日之安，积数十年应办不办之案，而任其延宕；积数十年应杀不杀之人，而任其横行，遂以酿成目今之巨寇。今乡里无赖之民，嚣然而不靖，彼见夫往年命案、盗案之首犯逍遥于法外；又见夫近年粤匪、土匪之肆行皆猖獗而莫制，遂以为法律不足凭，官长不足畏也。

平居造作谣言，煽惑人心，白日抢劫，毫无忌惮。若非严刑峻法，痛加诛戮，必无以折其不逞之志，而销其逆乱之萌。臣之愚见，欲纯用重典以锄强暴，但愿良民有安生之日，即臣身得残忍严酷之名亦不敢辞。但愿通省无不破之案，即剿办有棘手万难之处亦不敢辞。署督臣张亮基、署抚臣潘铎，皆思严厉整顿，力挽颓风，时时相与筹商，誓当尽除湖南大小各会匪，涤瑕去秽，扫荡廓清，不敢稍留余孽，以贻君父之忧。其匪徒较多之地，如东南之衡、永、郴、桂，臣当往衡州驻扎数月，就近查办。

西南之宝、靖各属，臣当往宝庆驻扎数月，就近查办。所至常带兵勇数百、文武数员，以资剿捕之用。联络本地之乡团，使之多觅眼线，堵截要隘，以一方之善良，治一方之匪类，可期无巢不破，无犯不擒。此臣拟办会匪之大概情形也。至于教匪、盗匪，与会匪事同一律。三者之外，又有平日之痞匪，与近时新出之游匪。何谓游匪？逃兵、逃勇奔窜而返，无资可归，无营可投，沿途逗留，随处抢掠，此游匪之一种也。粤寇蹂躏之区，财物罄空，室庐焚毁，弱者则乞丐近地，强者则转徙他乡，或乃会聚丑类，随从劫掠，此游匪之一种了也。大兵扎营之所，常有游手数千随之而行，或假充长夫，或假冒余丁，混杂于买卖街中，偷窃于支应局内，迨大营既远，辗转流落，到处滋扰。此游匪之又一种也。

臣现在省城办理街团，于此三种游匪，尤认真查拿。遇有形迹可疑，曾经抢掠结盟者，即用巡抚令旗，恭请王命，立行正法。臣寓馆设审案局，派委妥员二人，拿获匪徒，立予严讯。即寻常痞匪，如奸胥、蠹役、讼师、光棍之类，亦加倍严惩，不复拘泥成例，概以宽厚为心。当此有事之秋，强弱相吞，大小相侵，不诛锄其刁悍害民者，则善良终无聊生之日。不敢不威猛救时，以求于地方有益。所有臣遵旨会商拨兵募勇各事宜，及现拟查办匪徒规模，谨陈大概，伏求皇上训示。至臣移驻衡、宝各郡，容俟长沙办有头绪，另行专折奏请。伏乞圣鉴。谨奏。

## 卷五　特参副将清德折

咸丰三年六月十二日

奏为特参庸劣武员，请旨革职，以肃军政，而儆疲玩事。窃维军兴以来，官兵之退却迁延，望风先溃，胜不相让，败不相救，种种恶习，久在圣明洞察之中。推原其故，总由平日毫无训练，技艺生疏，心虚胆怯所致。湖南经去年贼匪围城，坚守八十余日之久。臣等惩前毖后，今年以来，谆饬各营将弁认真操练，三、八则臣等亲往校阅，余日则将弁自行操阅。惟长沙协副将清德，性耽安逸，不遵训饬，操演之期，该将从不一致，在署偷闲，养习花木。今春由岳州回省，旋至常、澧一带查办土匪，所过地方，虽经贼匪蹂躏之区，尚复需索供应，责令所属备弁，购买花盆，装载船头；一切营务武备，茫然不知，形同木偶。

现值粤贼窜逼江西，楚省防堵吃紧之际，该将疲玩如此，何以督率士卒！相应请旨将长沙协副将清德革职，以励将士而振军威。谨会同湖广总督张亮基恭折参奏，伏乞皇上圣鉴训示。谨奏。

## 卷六　保参将塔齐布千总诸殿元折

咸丰三年六月十二日

奏为武臣堪膺重任，恭折保奏，仰祈圣鉴事。窃为粤寇未灭，土匪蜂起，军威不振，饷项支绌，当此之时，求足以稍纾君父之忧者，盖莫先于得人。而得一文臣，尤莫如得一武将。臣到省以来，留心察访大小将弁，求其临阵不怯，为士卒所信服者，实难其人。惟查升用游击署抚标中军参将事塔齐布，忠勇奋发，习劳耐苦，深得兵心。臣今在省操练，常倚该游击整顿营务。臣每于三、八日校阅，该游击则日日常阅，大约十日之中不过间断二三日，军士皆乐为之用。又有准补千总武举诸殿元，精明廉谨，胆勇过人，管带辰勇百人，操练日久，各有兼人之艺。塔齐布统领辰勇，与该武举同心努力，皆思尽忠报效。谨将二人履历开单进呈，伏乞皇上天恩，破格超擢。当湖南防堵吃紧之际，奖拔一人，冀以鼓励众心。如该二人日后有临阵退缩之事，即将微臣一并治罪。除因案保叙各员由抚臣另行会奏外，臣谨具折密保。区区愚忱，伏乞圣鉴。谨奏。

## 卷七　请将副将清德交刑部治罪片

咸丰三年六月十二日

再：长沙协副将清德行耽安逸，不理营务。去年九月十八日贼匪开挖地道，轰陷南城，人心惊惶之时，该将自行摘去顶戴，藏匿民房；所带兵丁，脱去号褂，抛弃满街，至今传为笑柄。今春该将自岳州回省，旋至常、澧一带查办土匪，所过地方，虽经贼匪蹂躏之区，尚复苛索供应，责令各属备弁，购买花盆，装载船头。臣到省半年，每逢三、八之期，督率弁兵，齐集校场操阅，该将并未到过一次，突出情理之外。臣面商抚臣骆秉章、函商督臣张亮基，本拟会参请旨将该将革职。惟思此等恶劣将弁，仅予革职，不足蔽辜。现在逆匪围逼南昌，湖南已调兵数百，拟往救援。臣两次接江忠源书函，嘱添募楚勇三千，现已次第募到，拟令升任知县朱孙诒及江忠源之弟江忠浚等管带，于日内启行，星驰赴援。湖南本省防堵，亦在十分吃紧之际，惟将士畏葸，疲玩已成锢习，劝之不听，威之不惧，竟无可以激励之术。相应请旨将长沙协副将清德革职，解交刑部，从重治罪，庶几惩一儆百，稍肃军威而作士气。臣痛恨文臣取巧，武臣退缩；致酿今日之大变，是以为此激切之请。若臣稍怀私见，求皇上严密查出，治臣欺罔之罪。谨奏。

## 卷八　暂缓赴鄂并请筹备战船折

咸丰三年十月二十四日

奏为武昌现已解严，微臣暂缓赴鄂，并请筹备战船，合力堵剿，恭折奏闻，仰祈圣鉴事。十月十七日准湖南巡抚咨称，承准军机大臣字寄，十月初二日奉上谕："前因江西贼匪窜扰湖北，逼近武昌省城，当经谕令骆秉章、曾国藩派拨兵勇船炮，驶赴下游会剿，谅已遵照筹办矣。现在台涌所带官兵及咨调江西官兵，未知何日赶到？武昌兵单，实恐不敷剿捕，曾国藩团练乡勇，甚为得力，剿平土匪，业经卓有成效，着即酌带练勇，驰赴湖北，合力围攻，以助兵力之不足。所需军饷等项，著骆秉章筹拨供支。两湖唇齿相依，汉、黄一带，尤为豫省门户，该抚等自应不分畛域，一体统筹也。将此由六百里谕令知之。钦此。遵旨寄信前来。

臣正具折复奏间，旋于二十日又准湖南巡抚咨称，承准军机大臣字寄，咸丰三年十月初五日奉上谕：昨因武昌兵单，不敷剿办，谕令曾国藩即酌带练勇，驰赴湖北，并著骆秉章筹拨军饷，谅该抚等接奉谕旨，即遵照办理矣。本日据江忠源、唐树义驰奏田家镇兵溃之后，贼匪连陷黄州、汉阳，贼船现又上驶，武昌被围。现在收集残兵，先援汉阳等语。武昌省垣情形万分危急，江忠源尚须先赴汉阳，以图收复，未能即抵武昌。现已谕令吴文镕等悉力坚守，并令台涌即日拨兵前往救援。第兵力仍虞单弱，着曾国藩遵照前旨，赶紧督带兵勇船炮，驶赴下游会剿，以为武昌策应。所需军饷等项，著骆秉章即设法供支，以资接济，毋稍延误。将此由六百里加紧谕令知之。钦此。遵旨寄信前来。

臣前奉派兵救援湖北之旨，即经函商抚臣，派令候补知府张丞实、候选同知工鑫管带湘勇三千，前赴湖北，尚未起行。又奉两次谕旨，令臣亲带练勇前往。臣理应遵旨即日起程。惟连日接准抚臣来函，及各处探报，均称贼船于十月初五以后，陆续开赴下游，近已全数下窜，汉阳府县业经收复，江面肃清，武昌解严等语。据此，则援鄂之师，自可稍缓。因思该匪以舟楫为剿穴，以掳掠为生涯，千舸百艘，游弈往来，长江千里，任其横行，我兵无敢过而问者。前在江西，近在湖北，凡傍水区域，城池莫不残毁，口岸莫不蹂躏，大小船只莫不掳掠，皆由舟师未备，无可如何。兵勇但保省城，亦不暇兼顾水次，该匪饱掠而去，总未大受惩创。

今若为专保省会之计，不过数千兵勇，即可坚守无虞。若为保卫全楚之计，必须多备炮船，乃能堵剿兼施。夏间奉到寄谕，饬令两湖督抚筹备舟师，经署督臣张亮基造船运炮，设法兴办，尚未完备。忽于九月十三日田家镇失守，一切战船炮位，尽为贼有，水勇溃散，收合为难。现在两湖地方，无一舟可为战舰，无一卒习于水师。今若带勇但赴鄂省，则鄂省已无贼矣；若驰赴下游，则贼以水去，我以陆追，曾不能与之相遇，又何能痛加攻剿哉？再次思维，总以办船为第一先务。

臣现驻衡州，即在衡城试行赶办。湖南木料薄脆，船身笨重，本不足以为战舰。然就地兴工，急何能择，止可价买民间钓钩之类，另行改造，添置炮位，教练水勇。如果舟师办有头绪，即行奏明，臣亲自统带驶赴下游。目下武昌无贼，臣赴鄂之行，自可暂缓。未敢因谕旨严催，稍事拘泥，不特臣不必遽去，即臣与抚臣商派援鄂之湘勇三千，亦可暂缓起程。行军三千，月费将近二万，南省虽勉强应付，鄂省实难于供支，不能不通盘筹划。

臣已咨明抚臣，饬令带勇之张丞实、王鑫，毋庸起行。如使炮船尚未办齐，逆船仍复来鄂，则由臣商同督、抚，随时斟酌，仍专由陆路先行赴援，断不敢有误事机。军情变幻，须臾百出，如有万分紧急之处，虽不奉君父之命，亦当星驰奔救。如值可以稍缓之时，亦未可轻干一行，虚糜饷项。所有微臣暂缓赴鄂，并筹备战船缘由，恭折由驿五百里复奏。伏乞皇上圣鉴训示。谨奏。

## 卷九　请提用湖南漕米片

咸丰三年十一月二十六日

再，臣闻湖北以下沿江市镇，逃走一空，千里萧条，百货俱无可买。臣此次一出，必须将米盐油薪等物多为贮备，用船装载，即以水次为粮台，使兵勇无患食之患，庶无溃散之虞。查今年湖南漕米，虽有改征折色之议，而州县仍谨遵谕旨，照旧征收。相应奏明请旨，准臣提用漕米二三万石。事关紧急，臣一面具奏，一面咨商督抚酌提旁水州县之漕米，赶紧交兑。俟兑定后，某县实交若干石，再行开单咨明户部查照办理。谨附片奏闻。

朱批："户部知道。用之于军需，固不为浪费，尤须迅速咨部，勿稍合混。"钦此。

## 卷十 请捐输归入筹饷新例片

咸丰三年十一月二十六日

再，现在经费支绌，民力艰难，即捐输一事，亦无裨益。臣来衡两月有余，仅劝捐钱二万串有奇，再三劝输，终不踊跃。缘此次系开城工劝输之局，向例由城工报捐者，须俟修城完毕后奏明议叙，始给予吏部执照。核计自上兑之日起，至发给部照之日止，相隔常在三四年以外。乡民无知，往往因部照未到，疑经手者或有情弊，故捐生愈观望不前。相应奏明请旨饬下该部查照，此次臣经手由城工例报捐者，仍准归入筹饷新例之内，由臣开单咨部，随时发给部照。嗣后臣行营所至，如湖北、安徽等省，准令随处劝捐，一例咨部，仍随时发给部照。目下南省纷扰，士民情殷报效，愿给虚衔者多，愿授实职者少，诚能如此通融办理，于朝廷之名器无损，而于军营之接济不无小补。伏乞圣恩俯准饬下该部查照办理。谨附片请旨。

朱批："该部知道。"钦此。

# 卷十一　沥陈现办情形折

咸丰三年十二月二十一日

奏为沥陈现办情形，微臣愚见恭折奏明，仰祈圣鉴事。窃臣前月复奏赴皖援剿，俟张敬脩解炮到楚，乃可成行一折，于十二月十六日奉到朱批："现在安省待援甚急，若必偏执己见，则太觉迟缓。朕知汝尚能激发天良，故特命汝赴援，以济燃眉。今观汝奏，直以数省军务，一身克当，试问汝之才力能乎，否乎？平时漫自矜诩，以为无出己之右者，及至临事，果能尽符其言甚好，若稍涉张皇，岂不贻笑于天下？著设法赶紧赴援，能早一步，即得一步之益。汝能自担重任，迥非畏葸者比。言既出诸汝口，必须尽如所言办与朕看。"钦此。仰见圣谕谆谆，周详恳至，见臣之不事畏葸而加之教诲，又虑臣之涉于矜张而严为惩戒。跪诵之下，感悚莫名。惟现办之情形与微臣之愚见，恐我皇上尚有未尽知者，不得不逐条陈明，伏候训示。

一、起行之期，必俟张敬脩解炮到楚。查张敬脩在广东购炮千余尊，分为十起运解来楚。现在头起业经到衡，仅八十位。其后九起，尚无信息。臣屡次咨催，又专差迎催。本月十六日永兴境内又有匪徒，道路阻梗，实为十分焦急。臣所办之战船，新造者九十号，改造者百余号，合之雇载者共四百号，可于正月中旬一律完毕。自兴工之日起，统计不满八十日，昼夜催赶，尚不迟缓。惟炮位至少亦须八百尊，乃敷分配。前此钦奉谕旨令，广东购办炮位千余尊，限三个月解楚。计算正月之末，总可陆续解到。纵不能全到，稍敷配用，即行起程。

一、黄州以下，节节有贼，水路往援之兵，不能遽达皖境，前两奉援鄂之旨，命臣筹备炮船，肃清江面。后两奉援皖之旨，命臣驶入大江，顺流东下，直赴安徽等因。查现在黄州以下，节节被贼占据，修城浚濠，已成负隅之势，与前月情形又已迥殊。若舟师东下，必须克复黄州，攻破巴河，扫清数百里江面贼，乃克达于皖境，此则万难之事，微臣实无把握。万一黄州、巴河之贼亦如扬州、镇江之坚守抗拒，则臣之到皖无期。现在安徽待援甚急，前次江忠源之戚刘长佑带楚勇千余，自湖北前往，又令其胞弟江忠浚带勇一千，自湖南继往；又有滇兵一千，自湖南拨往。计湖南由陆路援皖之兵，已三千余矣。臣奉命由水路前往，阻隔黄州一带，何能遽行扫清，直抵安徽？目前之守候船、炮，其迟缓之期有限，将来之阻隔江面，其迟剿之期尤多，昼夜焦思，诚恐有误皖省大事，不能不预行奏明。

一、现在大局，宜堵截江面，攻散贼船，以保武昌。今年两次贼舟上窜，湖南防堵耗费甚多，湖北、江西亦各耗费数十万。三省合力防堵之说，系臣骆秉章与臣函内言之；四省合防之说，系臣江忠源与臣函内言之；待南省船炮到鄂，即与北省水师合力进剿，系臣吴文镕与臣函内言之，是以臣前折内声叙。兹奉到批谕："今观汝奏，直以数省军务，一身克当，试问汝之才力能乎、否乎等因。臣自度才力实属不能。而三臣者之言，臣以为皆系切要之务。该逆占据黄州、巴河一路，其意常在窥伺武昌。论目前之警报，则庐州为燃眉之急；论天下之大局，则武昌为必争之地。何也？能保武昌则能扼金陵之上游，能固荆、襄之门户，能通两广、四川之饷道。若武昌不保，则恐成割据之势，此最可忧者也。目今之计，宜先合两湖之兵力，水陆并进，以剿为堵，不使贼舟回窜武昌，乃为决不可易之策。若攻剿得手，能将黄州、巴河之贼渐渐驱逐，步步进逼，直至湖口之下，小孤之间，与江西、安徽四省合防，则南服犹可支撑。臣之才力固不能胜，臣之见解亦不及此，此系吴文镕、骆秉章、江忠源三臣之议论。然舍此办法，则南数省殆不可问矣。臣此次东下，拟帮同吴文镕照此办理，前折未及详叙，故复缕陈之。

一、臣所练之勇，现在郴、桂剿办土匪，不能遽行撤回。湖南土匪惟衡、永、郴、桂最多，臣二月一折，八月一折已详言之。自驻扎衡州以来，除江西之匪窜入茶陵、安仁一起外，其余本处土匪，窜扑常宁、嘉禾、蓝山等县城及盘踞道州之四庵桥，经臣派勇随处攻剿，先后扑灭。昨十二月十五日，又有一股窜入永兴县城，亦经派勇往剿。现在臣之练勇在桂属者，尚有千余人，在郴属者八百人。昨十二日奉到谕旨：曾国藩着仍遵前旨，督带船勇，速赴安徽江面。至湖南常宁一带土匪，即责成骆秉章迅即妥办等因。目下桂属正在搜捕之际，未便遽行更换；郴州、永兴正在危急之际，不能不星速进剿。且待船将办齐，炮将到齐，再将各勇撤回，带赴下游。如尚未剿毕，则由省城调兵前来更换。

一、饷乏兵单，微臣竭力效命，至于成效，则不敢必。臣以丁忧人员，去年奏明不愿出省办事，仰蒙圣鉴在案。此次奉旨出省，徒以大局糜烂，不敢避谢。然攻剿之事，实无胜算。臣系帮办团练之人，各处之兵勇既不能受调遣，外省之饷项亦恐不愿供应。虽谕旨令抚臣供支，而本省藩库现仅存银五千两，即起程一月之粮，尚恐难备。且贼势猖獗如此，岂臣区区所能奏效。兹奉批谕：平时漫自矜诩，以为无出己之右者，及至临事，果能尽符其言甚好，若稍涉张皇，岂不贻笑于天下。言既出诸汝口，必须尽如所言办与朕看等因。臣自维才智浅薄，唯有愚诚不敢避死而已。至于成败利钝，一无可恃。

皇上若遽责臣以成效，则臣惶悚无地。与其将来毫无功绩，受大言欺君之罪，不如此时据实陈明，受畏葸不前之罪。臣不娴武事，既不能在籍终制，贻讥于士林；又复以大言偾事，贻笑于天下。臣亦何颜自立于天地之间乎！中夜焦思，但有痛哭而已。伏乞圣慈垂鉴，怜臣之进退两难，诫臣以敬慎，不遽责臣以成效。臣自当殚竭血诚，断不敢妄自矜诩，亦不敢稍涉退缩。以上五条，皆臣据实直陈，毫无欺饰，伏乞皇上圣鉴训示。谨奏。

## 卷十二　衡永一带剿匪未毕折

咸丰三年十二月二十一日

奏为衡、永、桂阳一带，尚有一股会匪，剿捕未毕，恭折奏明，仰祈圣鉴事。窃照湖南上四属土匪繁多，臣屡次具奏在案。十月二十七日，土匪窜入常宁县城，经臣派令千总周凤山、臣弟曾国葆带勇往剿，于初一日在洋泉地方开仗，毙贼二百余人。十一月十四日，该匪窜入嘉禾县城，十九日围逼蓝山县城。臣派令候选训导储玫躬、军功魏崇德带勇往剿，于二十四日在古城地方开仗，毙贼七百余人。二十八日窜据道州之四庵桥，经臣派候选知府张荣组、监生邹寿璋及周凤山、储玫躬等带勇往剿，于十二月初八日在教头坪地方开仗，毙贼三百余人。此三战者，所获旗帜大小一百余面，及腰牌、伪示、令箭、逆书、图记等件，一概解送衡州。

臣逐件亲验，实是一股会匪，与金陵之粤匪相通。前在常宁拿获之要犯吴玉老十解来衡州，臣亲自研讯，亦称此股会匪勾结甚多，其大头目为道州之何贱苟，自称为伪普南王。今年永州、广西两次拿获，皆非正身也。

其散头目则有唐定其、霍德滔等，其巢穴则常宁之五洞、桂阳之白水洞、道州之岩头村、宁远之癞子山等处、勾结十余州县到处发牌、吊码，入会者约四五千人。

初八日教头坪一战，即杀毙长发贼三人在内。十五日，又有土匪四五百人窜扑永兴县城，现经派勇飞速进剿，尚未查明，未知即是此股分支窜扰否。统计常宁、蓝山、道州，虽经三次获胜，歼毙千余，而余党尚多，首犯何贱苟未获。此股会匪实为湖南之巨患。

臣现函商抚臣拟于臣出征之后，择一贤干之员，带精壮兵勇千余，驻扎衡州，随时剿捕，无使其蔓延日盛，不可收拾。除俟商定妥员，再行会奏外，臣奉命查办土匪，于此股剿除未毕，是臣经手未完之件，不敢不据实陈明，伏乞皇上圣鉴训示。谨奏。

## 卷十三　厘正衡清二县保甲片

咸丰三年十二月二十一日

再：臣到衡以来，拿获衡、清二县斋匪一案，会匪一案。斋匪聚于衡阳四十都等处，与永兴、祁阳之匪相通，现仅获屈太岷、陈青长等八人。会匪聚于清泉江东岸等处，与常宁之匪相通。起获一簿，载明六十六人，现仅获汪兴生、许兴千等五人。此二案踪迹诡秘，坚不认供。未获之犯甚多，亦是臣经手未完之件。今欲杜绝后患，必须保甲团练认真稽查。已入会者，纵不能尽获，未入会者尤可以渐少。复查衡清二县保甲，近来专管包征钱粮，反置查匪事件于不问。推原其始，由于道光十五年前任衡阳县沈洽轻改章程，既未奏明，亦未禀知抚、藩，辄将衡阳钱粮概归保甲征收，清泉亦随同办理。厥后弊端丛生，保甲弱者则不胜垫赔之苦；强者则勾结蠹役，借票浮勒。甚至痞棍冒充，领票讹索小民，浮收数倍，名曰“包保”“包甲”。以致保甲一项，专管催征钱粮，而查团之事，置之不理。匪徒充斥，毫无稽查，实为两县一大弊政，不可不急为更改。查道光三十年九月，御史吴若准条陈积弊，言及“催征为差役之责，诘盗为保甲之责”。钦奉上谕“假催科为名，扰及保甲，若不严行申禁，何以靖闾阎而肃吏治？着各督抚饬地方官严行惩办”等因通谕在案。衡、清二县尚未遵旨更正。今会匪、斋匪如此之多，自应立即改正，以催科责成差役，严比抗户；以查匪责成保甲，并饬团总。如地方有会匪煽惑，不行查出送官者，将该团总、保甲等一并严惩。如该县因循不改，仍将钱粮事件扰及保甲者，亦即从严参处。除分咨及札饬外，相应奏明请旨饬下督抚，严禁二县保甲收饷之弊，实于团务大有关系。谨附片奏闻。

## 卷十四　请派大员办捐济饷折

咸丰四年二月十五日

奏为请派大员办理捐输以济军饷事。窃臣于二月初二日，在衡山舟次具报起行日期，恭折奏明在案。其时，臣但知督臣吴文镕黄州接仗，官兵失利。近日连接北抚臣崇纶、南抚臣骆秉章来函，知贼船已由济阳上窜京口及新堤等处。陆路兵溃散极多，水路之师竟至全数溃散。唐树义业已殉难，船只炮械尽为贼有。

东南大局，真堪痛哭。从此湖、广、江、皖四省，止有臣处一支兵勇较多，若臣再有坐失，则后此更不堪设想。臣所以招练万余人，盖欲以收涣散之人心，而作积弱之士气。惟人数众多，每月需饷银八万两，本省难尽供支，邻省亦难协济，专恃劝捐一途，以济口食之需。但劝捐非有大员专办，则畏难避怨，无人肯独任其责者。

现在湖南、江西、四川较为完善之区，臣于此三省中，各择官绅数人：湖南则择署盐道新授四川盐茶道夏廷樾、翰林院编修郭嵩焘；江西则择前任刑部侍郎黄赞汤、升用知府郴州直隶州朱荪贻；四川则择按察使胡兴仁，前翰林院编修李惺。此数人者在官则素洽民心，居家则素孚乡望，应请旨饬谕各该员办理捐输，以专济臣军之用。伏查上年户部议准颁发职衔封典各执照，交各藩司填给；又议每省派捐监生，预将空名部、监二照，发各藩司，转发各州县。此二事人所乐从，实为劝捐良策。应请饬下户部、国子监印发空白执照四千张，内职衔照一半，监照一半，分派三省。其大小职衔，均匀搭配，及核减银数，俱照原案办理。以一千张封发臣军营中，以一千张封发湖南交夏廷樾经收，以一千张封发江西交黄赞汤经收，以一千张封发四川交胡兴仁经收。其部、监各照未到之先，恭请特旨谆谕各该员先行筹办，随时解赴臣军，不作别用。

现在师过长沙，搜括省城库项，仅供一月之需。抚臣骆秉章以此事昼夜焦灼，是以奏请川、广二省协济臣军。伏念臣此次成军以出，已属竭力经营。若因饷项不继，饥疲溃散，则从此更无望矣。世小乱则督兵难于筹饷，世大乱则筹饷更难于督兵。臣于万难设措之中，为此接济目前之计，伏乞圣慈垂鉴，特降谕旨，专饬诸臣认真督办，不胜迫切待命之至。谨奏请旨。

## 卷十五　留胡林翼黔勇会剿片

咸丰四年二月十五日

再：贵州黎平府知府升用道胡林翼，前经督臣吴文镕奏调湖北差遣。该员自带练勇六百名，由黔赴鄂，于正月下旬驰抵金口，适值黄州师溃，贼上窜。该员所募黔勇，系山民不习水战，又兼无饷、无夫、无火药锅帐，不能前进。迭据该员具禀南抚臣暨臣行营，请支给口粮军械在案。臣与抚臣函商，派员解送火药、帐篷拨银两千两往资接济。臣拟先遣陆勇与该员会合援鄂，又值贼匪窜扰岳州、湘阴，道路阻隔，委员仍行折回。臣思岳州一带既被贼扰，自当先攻克岳州，不使南北梗死，方能全师东下。现拟札饬该员暂驻岳州附近地方，臣迅即东下，与该员督勇先行会剿。理合附陈。谨奏。

## 卷十六　贼踪退出南省现驻岳州折

咸丰四年三月初五日

奏为贼踪全数退出南省，微臣现驻岳州，搜捕湖汊，并就近剿办崇、通股匪，恭折奏闻，仰祈圣鉴事。窃臣于二月二十四日，会同抚臣将分途剿贼获胜各情由具报在案。自靖港、宁乡、新康三获胜仗后，臣即传令各陆营驰赴湘阴，并派水师山西候补知府褚汝航、候补守备诸殿元、千总杨载福、文生彭玉麟四营，各带水军齐赴湘阴截剿。贼闻官兵水陆大至，当即退出湘阴。据褚汝航禀报，二十三日辰刻，探明西湖口贼船尚多，当派五品翎顶张宏邦等驶驾炮船迎击，轰毙贼匪数十名，生擒唐兴道等七名，烧贼船十余号。诸殿元等三营共夺获贼船八只。又据勇目黄忠等禀，在团山地方夺获贼船，砍毙然炮贼匪二名，生擒贼匪萧茂瑞等五名，泅水贼吕金富等三名，讯明正法。

逆匪迭经惩创，全数窜逃，岳州亦已退出。臣前派之陆路各营，均于二十六七等日先后抵岳，分驻城乡，搜捕余匪。臣亦督带水军于三月初二日行抵岳州。查洞庭一湖，周回近八百里，为资湘沅澧诸大川所汇，小港支汊纷歧至数十处，最易藏奸。全湖入江之所名曰荆河口，上游为监利、荆州，其虎渡河等处多与湖水相通。屡获贼探，均供称贼踪内则藏湖汊，外则窜伏荆河，俟我军东下，再在上游滋扰等语。臣现驻岳州，多派哨船分巡，内则哨探湖中港汊，外则哨探荆河以上，必须逐处搜查，上游肃清，然后一意东下，乃无后路邀截之虞。至陆路各军，屡据禀报，崇阳、通城先后失守，臣已札饬贵东道胡林翼、前平江县知县林源恩，带勇千余前往剿办。若能趁臣在岳时就近将崇、通股匪办有头绪，则驰赴下游，庶无彼此牵掣之患。所有贼踪全数退出南省，微臣现驻岳州搜捕湖汊，并就近剿办崇、通股匪各缘由，恭折由驿五百里具奏。伏乞皇上圣鉴训示。谨奏。

## 卷十七　岳州战败自请治罪折

咸丰四年三月二十日

奏为岳州陆军败溃，水军小胜，贼匪大股全数上窜，现带水陆各营回保省城，请旨将臣交部治罪，仰祈圣鉴事。窃臣于三月初五日在岳州舟次报西路搜查湖汊，东路剿办崇、通股匪，恭折奏闻在案。维时臣已札饬贵东道胡林翼、前平江县知县林源恩，前往平江防剿崇、通贼匪。

随又派副将塔齐布、守备周凤山带勇直捣通城。旋据林源恩会同平江县知县汪敩灏及胡林翼等先后禀报，初二初六两日，与贼接战，迭获胜仗，前后共计杀毙贼匪千余，阵斩伪副丞相林大旺、伪检点陈六辅、伪司马黄奇瑜，阵毙土匪伪王廖六胖等，及不知姓名，黄衣、红衣贼目数十名，长发贼数十名，夺获抬枪鸟枪刀矛旗帜各数十百件。贼匪连夜狂奔，由通城窜回崇阳。此二股均经抚臣会奏在案。又据塔齐布禀称，初五日自岳起程，途间闻白港地方有贼匪沿村掳掠。初七日督勇自石南桥进剿，毙贼四十余人，生擒二十二名，夺获器械旗帜号衣多件。初八日驰赴通城，收复县城。此剿办平、通股匪叠获胜仗之实在情形也。至岳州一城，前经抚臣札饬升用知府朱孙诒，带勇六百人在此追剿，又札升用同知王鑫，率勇二千余人在此扼防。

臣随身又带有陆勇一千六百人，兵力本不为单薄。因崇、通股匪过多，王鑫亦于初六日自岳起程，取道蒲圻继进。初七日至临、蒲交界之羊楼司地方，适与贼遇，前锋受挫，王鑫率勇踵至，杀贼百余。贼众伪败，王鑫率勇穷追。忽大股贼匪分四面抄出，众勇势难抵御，纷纷溃散。初八日仍回岳城。初十日早，贼大队即来犯岳。王鑫之勇因新在羊楼司败归，不能出队开仗。时官军仅二千人，朱孙诒所带之南勇先获小胜，各营俱有斩获，计毙贼百数十人。而贼集愈众，东门外山冈约十里许，皆黄旗红衣贼队布满，官军见寡不敌众，势难抵御，各营以次奔溃，竟不能止。

惟监生邹寿章一营五百人毫无惊怖，自辰至酉，血战数时之久，贼众数千人层层围住，各勇并力苦战，更休迭进，卒得冲围而出，杀贼极多，积尸满地，我勇伤亡亦众。各勇有退回城内者，贼匪即乘势围城，周城三面皆系贼队，惟西南滨湖一门无贼。城内居民早空，无米无盐，士卒已不食二日，势极危险。臣当遣大小战舰驶赴西门开炮环击，共毙贼百数十人，贼势稍却，各勇即乘隙缒城而出，船上炮勇亦阵亡数人。此岳城陆路战败，水军小胜之实在情形也。臣奉命赴下游会剿，舟次岳州之南津港，原饬水陆各勇俱于岳州会齐。原拟俟各勇毕集，誓师东下，为肃清江面之计。不料后帮陆勇二千、水师二千，皆以阻风洞庭，不克依限抵岳，而前帮陆勇又已先遣一千八百人至平、通矣，臣随身止有陆勇一千六百人，猝遇金口大股贼匪数万来犯，遂至溃败。陆路既已失利，水军亦无固志。初七大风以后，各船损坏，力难应敌，诚恐轻于一掷，或将战船洋炮尽以资贼，则臣之罪戾尤重。适因贼水陆大队全数南窜湘省，臣遂乘风上驶，退保省城。但冀保此船炮，留为将来殄寇之资，则臣虽蒙耻获罪，亦不敢惜。至臣奉命会剿，尚未出境，即有此挫，皆由臣调度乘方所致。深负鸿慈委任，惭憾忧郁，莫可名言。谨据实直陈，请旨将臣交部治罪，以昭大戒，不胜悚惶之至。谨奏。

## 卷十八　邹国彪阵亡请恤片

咸丰四年三月二十日

再，三月初五日，有贼船扮作民船在西湖经过，派令战船前往查拿，开炮轰击，夺获三十余只，获犯五十四名。其中有靖如邦，襄阳人，供称“授伪职师帅”，又有张三、蒙百鲜供系贼目，其余或供认从贼，或实系客船，分别正法、释放在案。

惟查拿之时，众舟勇敢向前，贼以火球掷入我舟，适中入药桶内。登时桶热火燃，烧伤伪千总一人邹国彪，旋予初七日身故。又烧伤水勇十余名，烧毙九名。

初七日未刻，北风大作，湖中巨浪如山，臣之战船在城陵矶守卡者，打沉五只，撞损十余只；泊岳阳楼下者，打沉十一只，撞损二十余只；中帮水师二营及后帮陆勇二千雇民船来岳者，在鹿角一带遭风漂沉战船八只，撞损者无数；水陆各勇溺毙者亦多，尚未确切查明。

本拟在岳州大加修葺，旋因贼匪大股来岳，城内搬徙一空，城外四五十里并无居人，所需工料，无从取办。而贼之水陆两股上窜南省，不得已仍回省河。一面修理战船，一面召集溃卒，严汰慎选，与抚臣力筹堵剿。除初五日被火烧毙之勇、初七日被风溺毙之勇，由臣照例给恤外，所有卫千总邹国彪因打仗受伤，二日身故，应请交部照阵亡例议恤，谨附片具奏。

朱批：“何事机不顺若是！另有旨。”钦此。

## 卷十九　探明前路贼踪片

咸丰四年三月二十日

再：臣自去冬以来，常以重金募人，深入贼巢，侦察消息。迄今数月，回者寥寥。近有数人回营及连日在岳探得贼情数端，谨开列附陈以闻：一、陈陵矶之下四十里名白螺矶，北堤内六十里有里河名朱家河。其地有土匪名张台元，于咸丰二年往从粤贼，去年曾经回籍一次，复去在伪指挥费姓属下。昨三月初二日，张台元乘轿回朱家河，自称已封伪军师，劫抢当铺七家，环围五六十里，掳人船银米罄尽。北省之沔阳州、监利县皆系张台元滋扰失守。张台元新招之匪不过千余人，而伪指挥费姓所属则老贼颇多，有窥伺华容、澧州、荆州之意。一、贼在汉阳东门外筑一曲尺土城，西门外筑一圆土城，极坚极险；龟山之上筑一望楼，而汉阳所存之贼甚多。贼众皆聚于汉口，有伪将军赖姓守汉口，彭姓守汉阳。二十九日，贼大队上窜，坐船至金口。由金口登陆至咸宁、蒲圻。初七在羊楼司开仗，初十早即至岳城开仗。一、此来自汉口大队上窜之贼，系伪丞相林姓总其事。又为伪十七指挥黎姓，伪十一指挥沈姓；又有伪侍卫李八，安仁人也。所带贼众，前十一军六千余人，中十军七千余人，后六军一万余人，约计三万余人，湖南老贼居多。一、崇阳土匪最多，有头目廖姓，系本邑累次严拿之犯，上年从贼。今春廖姓至汉口带老贼六百人，至崇阳召集崇、通土匪，已二万人。该匪自誓必招满三万之数。现在胡林翼、塔齐布等剿崇、通之匪，与自金口窜岳、窜湘之贼另是一股。一、贼在汉阳管水军者，系伪翼王之兄弟，贼中称为国宗兄，其船旗以绣花别之；其有洋炮之船，以白旗别之。臣在岳时，探得下游之毛埠口、倒口、金口皆停泊贼船甚多。又探得西湖之明山、围山尚有贼船数十号。本拟先清湖面，再行肃清江面。不料初七日大风坏船；初十日陆路战败；臣耿耿微忱，遂不能展布丝毫，实堪愤恨。初三日遣六十人至西湖巡哨，至今未归，不知下落。现在贼船由临资口入益阳河者，已有五六百号之多。

## 卷二十　报崇通剿匪胜仗折

咸丰四年三月二十二日

奏为崇、通剿匪续获胜仗二次，恭折奏报，仰祈圣鉴事。窃臣与抚臣先后札饬贵东道胡林翼，升用副将塔齐布，升用同知林源恩，千总周凤山，军功倪长浩，前往平江北路，剿办崇、通股匪。初三日林源恩开仗获胜，初六日胡林翼在上塔市开仗大胜，初七日塔齐布在江南桥开仗小胜，均经奏报在案。

旋据胡林翼禀称，十二日派黔勇二百人，塔齐布派楚勇五十人，放哨行至石水塘地方，距通城三十里，有贼二千余人先匿该处民房，踪迹甚秘，忽于我兵路过之后，突起接仗，截住街口，层层围逼，断我兵归路。黔勇奋力冲杀，毙贼匪五十余人，抢出街口。贼匪大聚，黔勇整队上山，施放枪炮，打毙贼匪二百余人，刀矛并举，又毙百余人，又割尺余长发者首级三十六颗，二三寸长发者首级四十二颗，夺获伪春官副丞相熊、伪司马李，大黄旗杆及风帽红巾刀矛等件。又据塔齐布禀称，十四日巳刻，贼众万余人由沙坪一路进犯通城，我军出队迎剿，把总李松龄等带兵由东路、把总郭涣浜带宝勇由西路，塔齐布自带勇由中路迎杀。贼匪枪炮如雨。我兵伏地前进，及至近贼，三路兵勇始放枪炮，击毙贼匪二百余名。贼势大败，兵勇追奔十余里外，又杀毙贼匪三百余名，并杀毙执旗贼首二十余名，生擒六十二名。正在撤队之际，贼匪又分三路，约共三千余人，由岭上直趋城边，尽先守备周凤山、军功倪长浩，蓝翎千总唐得升分途堵截力战，又杀毙执黄旗贼目二三十名，杀毙贼匪四百余名，生擒七十余名，贼匪纷纷远窜。由巳至申，鏖战最久，夺获大小黄旗刀矛枪炮贼衣贼帽红巾数百件、贼轿一乘，骡马十八匹，火药枪子火箭甚多各等因。伏查崇、通两县，向为匪徒啸聚之区。自正月以来，居民畏贼，多已蓄发，乐为贼用。其旁近州县，如通山、蒲圻、大冶、兴国，咸宁、嘉鱼等属，皆已为贼所踞，官兵到境，无土人为之向导，无米盐可供买办，人心之坏，实堪痛恨。自初六日胡林翼上塔市一战，十四日塔齐布沙坪一战，又有初二、初七、十二等日三战，贼势始就衰挫，人心亦渐有转机。本拟再加兵勇二三千人，痛剿崇、通一股，即可直抵鄂省，以资救援。不谓岳州陆勇一败，金口大股之贼全数上窜，不特不能加兵再剿崇、通，且须酌撤通城之兵回保长沙。此皆臣调度乘方，不谙军旅所致。若仗皇上天威，岳州上驶之匪攻剿得手，即日下窜，则陆军仍须由崇、通一路痛加剿洗，乃能与鄂省文报相通。其崇、通屡次获胜，在事尤为出力之员弁，可否开单保奏，出自皇上天恩。所有崇、通剿贼续获胜仗缘由，谨会同湖南巡抚臣骆秉章，恭折由驿六百里驰奏，伏乞皇上圣鉴。谨奏。

## 卷二十一　会奏湘潭靖港水陆胜负情形折

咸丰四年四月十二日

奏为官军击贼靖港，互有胜负，贼由陆路攻陷湘潭，官军水陆夹击，大获胜仗，巨股剿灭，克复县城，恭折由驿驰奏，仰祈圣鉴事。窃逆贼大股水陆并进，逼近省城。陆路之贼先散据岳州、湘阴各境，贼船分布临资口、樟树港、乔口、靖港等处。连日北风甚劲，大雨经旬，水军不能进剿。北路水陆各贼并聚泊靖港港外，环列战船，坚筑炮台，为负隅观衅之计。三月

二十四、五日，狂飙稍息。

臣曾国藩饬水师各营驶赴靖港，更番迭击，上下往复，周而复始，共毙船中岸上之贼约二百余名，击沉贼船三只，烧贼火药船一只。贼洞知省城水陆防剿甚严，不敢闯入，思由陆路绕越宁乡、径扑湘潭。臣曾国藩先遣湘勇营官伍宏鉴、魏崇德、郭鸿翥率湘勇千八百人扼要立营，防贼侵轶，并饬该营官以贼势方盛，宜谨守营垒，固无与战，俟副将塔齐布兵到，再筹追剿。二十五日，贼分三股齐扑魏崇德等营盘，湘勇在营内施放枪炮，毙贼数十。既而大股贼匪麇聚，约分十余路，四面围逼。该勇等奋力冲突，杀贼百余；贼来益众，势不可支，湘勇阵亡数百，遂纷纷溃败。二十六日，塔齐布带兵勇一千三百余名驰赴援剿，贼已于是日卯刻卷甲疾趋，由间道直赴湘潭。塔齐布、周凤山等探知，亦即绕道前进，二十八日驰抵湘潭县城外四、五里高岭地方，贼前队于二十七日已到。

署湘潭知县刘建德督带团勇，于城外响水坝、沙子岭一带地方堵御。贼已由西路暗袭县城，分遣死党四出掳掠民船。一在城北竖立木城，意图阻遏援师，为久据计。塔齐布以该逆频年猖獗，每用以守为战，反客为主之法，若不及时速剿，俟贼营垒既定，攻克为难。即于二十八日未刻，同周凤山督带弁兵壮勇，分路进攻。贼营枪炮如雨，塔齐布令兵勇闻炮即伏，炮止即进，数伏数起，直逼贼营。各兵勇奋不顾身，闯入贼营，施放火箭火弹，杀贼五百余名，烧毙无算，生擒三十余名，夺获贼马六匹，抬枪、鸟枪二十余杆，火药五桶，铅弹三百斤，旗帜刀矛无数，木城全毁。

臣等即饬国子监学正衔候选训导江忠淑带楚勇一千三百名，都司李辅朝带楚勇八百名，守备张正扬带镇筸绥靖兵丁五百名先后继进。复挑选得力水师五营，交委员候补知府褚汝航管带驶往湘潭，乘逆贼甫掳民船，尚未成列，迅速追剿。二十八夜，贼匪仍于原处竖立木城。二十九日卯刻，塔齐布、周凤山、李辅朝等，督饬兵勇，分两路进剿。贼分五路蜂拥而前，塔齐布亦分五路迎敌，贼匪亡命猛扑。塔齐布手执大旗，麾各路兵勇奋勇向前，周凤山严督后队继进，手刃临阵退缩之勇七人，塔齐布与周凤山纵横血战，立斩该逆伪统领先锋六名，伪都督元帅三名，毙贼五百余名，贼匪纷纷败溃，各路兵勇蹑踪紧追，毙贼无数，仍将木城烧毁。夺获紫金冠一顶，红巾、黄巾无数，贼马数十匹，伪印一颗，抬炮四十八杆，旗帜刀矛无数。巳刻始行收队。兵勇甫回营造饭，贼忽分两路前来扑营。塔齐布令兵勇伪退，诱贼逼近，从营后绕出，枪炮齐施，轰毙贼匪五百余名。且退且杀，至岭下塘边，四面围逼，贼匪无路逃窜，淹死不计其数。此三月二十八、二十九两日，塔齐布、周凤山督率陆路兵勇，三获大胜之实在情形也。

委员褚汝航、候选知县夏銮、千总杨载福、附生彭玉麟、邹世奇等，于二十九日管带水勇战船，甫抵湘潭，贼匪已掳上游民船数百号，顺流而下。四月初一日辰刻，褚汝航等督率各营水师，分队进剿，长龙在前，舢板左右斜出，载炮轰击；夏銮、彭玉麟、杨载福各选派劲勇，飞驾快蟹，直扑贼船。贼匪开炮还击，火弹、火箭齐发，烟焰弥漫，兵贼莫辨。该营官等饬令各勇挽舵速居上风，施放火具。各队分左、右翼，飞驰疾进。炮毙红衣贼目十数名，火器飞入贼船，遇船即着，顷刻燃烧。逆贼情急跳上小船，辄被兵勇擒斩。生擒长发贼共一百二十余名，大小船六十余号，夺获旗帜、号衣、黄巾、黄马褂、枪炮、刀矛、火药、铅子、伪书、名册，等件无算，戌刻始行收队。是日陆路之贼，仍在北城外高垒木城四座。

塔齐布、周凤山督带兵勇，三路进剿；李辅朝带楚勇在后接应。逆渠因连次败北，尽选长发老贼居先，分三路迎敌。塔齐布督率兵勇，奋迅向前。身先士卒，誓不与贼俱生；兵勇感激思奋，俳力鏖战，往来冲突，杀毙长发老贼约数百人，黄巾、红衣狼藉道路，被逼溺毙者无算。后队兵勇乘机抛掷火器，烧毁贼据房屋，毙贼亦无算。生擒长发老贼六十余人。逆贼退至城根。兵勇三路合队，尽锐冲杀，毙贼数百，焚烧木城四座，望楼一座，夺获二百斤重大炮三尊，旗帜、抬炮、抬枪、数百余件，此又初一日水陆大获胜仗之实在情形也。塔齐布以连日血战，士卒疲劳，传令暂歇一日。是夜四更，水路贼匪从上游烧放火船数只，顺流而下；小船载油灯无数随之，意欲惊扰我军。兵勇乘坐舢板，将贼所放火船撑开，洄聚一处，任其自烧，各船无恙。初二日辰刻，水师褚汝航督率快船，擂鼓督战，广东外委罗管全、哨官张宏邦、区联彪、吕胜等，齐施枪炮，继以火箭、火罐焚烧贼船。罗管全生擒红衣长发贼目一名；哨官薛飞雄、外委施成任、把总陈武龙、何卓然等连环攻击，自辰至午，击沉贼船八十余只，毙贼二百余名；从九品区本昌、候补千总戴兆熊分途烧毙红衣贼目一名，登岸追获贼马一匹。复抢上贼船夺获伪前十一营师帅黄大旗一杆，红缎风帽、黄绫帽、逆匪名册等件；褚汝航亲开大炮，轰毙红巾贼匪十数名；长龙、舢板等船鼓舞争先。

自午至申，又烧毁贼船二百余只，轰毙水陆逆贼三百余名，夺获大小旗帜十五杆，生擒长发老贼二名，逆船三十只，米三白石，火药四百斤，大小铅子九桶，衣帽、器械无算。营官彭玉麟、杨载福亲坐舢板小艇往来督战，炮声如雷，湘波鼎沸；杨载福身受枪伤，尚复指挥鏖战。自辰至酉，烧毁贼船三百余号，烧毙红衣长发逆贼三百余名，生擒长发贼匪十三名，短发贼匪四十余名；着船之火，燃烧岸上街市房屋，百里外遥见火光烛天。岸上之贼烧毙者，实亦无数可记。夺获旗帜器械无算。潭城贼船，仅剩文昌阁上三十余只，余悉烧毁净尽。此初二日水师大获全胜之实在情形也。

臣曾国藩以潭城逆贼被水陆官军痛剿，专盼靖港之贼救援，亟应乘机攻剿，俾逆贼首尾不能相顾。明知水师可恃者均已调赴湘潭，陆路除塔齐布、周凤山两营正在潭城剿贼，升用同知林源恩一营驻防平江，此外岳州、宁乡两次失利，阵亡湘勇约七八百名，又淘汰遣散湘勇已千余名，现存营者仅仅千名，难期得力。而事机所在，又不敢不急切图之。是日卯刻，亲率大小战船四十余只，陆勇八百，驰赴靖港上二十里之白沙洲，相机进剿。

午刻，西南风陡发，水流迅急，战船顺风驶至靖港不能停留，更番迭击，贼逆炮台开炮，适中哨船头桅，各水勇急落帆收泊靖港对岸之铜官渚。贼众用小划船二百余只，顺风驶逼水营，水勇开炮轰击，炮高船低，不能命中。贼船被毁十余只，随风飘散，各水勇见势不支，纷纷弃船上岸，或自将战船焚毁，恐以资贼，或竟被逆贼掠取。臣曾国藩在白沙洲闻信，急饬陆勇分三路速赴靖港贼营，冀分贼势。陆勇见水勇失利，心怀疑怯，虽小有斩获，旋即却退。臣曾国藩见水陆气馁，万难得手，传令撤队回营。此又初二日靖港剿贼失利之实在情形也。初三日，塔齐布侦贼在潭城窖湾地方高竖望楼，逆贼散处潭城总市，将由水路逃窜；乃知会水师，迅速兜剿。一面于辰刻分兵勇四路，进扑城市，生擒贼匪十余名，杀毙四十余名，贼已败退。忽巳刻大雨如注，官军绳药均湿，遂撤队回营。该逆忽蜂拥追来，兵勇折回截杀，署绥靖守备张万邦单骑冲入贼队，手刃数贼，登时阵亡。额外童添云、四川咨记把总岳炳荣向前抢护，各受重伤。塔齐布指挥兵勇分投痛剿，贼仍败退回巢。

是夜四鼓，逆贼所掳上游大船数百只，驶至窖湾城市，各贼纷纷上船，希图乘风上窜。彭玉麟商同杨载福即于初四日卯刻，督率两营战船，跟帮紧追，午刻行抵下摄司，贼船樯帆林立，彭玉麟、杨载福分坐快蟹一只，舢板一只先进，贼开炮抵拒；水勇开放大炮，轰毙贼匪百数十人，贼船四向散驶。彭玉麟、杨载福乘势急进，遇船即烧，船上马匹及所掳财物甚多。彭玉麟、杨载福令众勇毋许上船掠取，专意射火焚船。是时北风甚劲，顺风纵火，遇船即着。自卯至未，烧贼船六七百只，长发、短发逐浪漂流，红巾，黄巾随波上下。其中船户、水手，难以分辨搭救，岸赭水温，同归浩劫！事虽惨而功则奇，水战火攻，未有痛快如此者。当烧船紧急时，逆贼抛衣登岸，折回潭城。管带楚勇委员江忠淑侦知，商同署湘潭县刘建德觅熟悉本处路径，已选安徽从九王炳元、六品军功武生黄德均带楚勇数十，悄伏潭城西北角。俟贼架梯出入时，即夺梯直亡。

楚勇严阵以待。寅刻，果见逆贼由西门缘梯而下。伏勇将贼砍毙，乘势夺梯而上，登城大呼："官兵上城！"逆贼不辨我兵多少，仓促缘城窜逸。该勇即将城门洞开，江忠淑带勇直入县城，塔齐布督兵勇继至，分门搜剿，当毙长发、短发二百余名，生擒长发六十余名，内一贼腰牌上写春官副侍卫书士汪秉义，安徽人；一伪司马王玉春，一伪司马洪大贵，皆广西人；一头戴胎金双龙大纱帽，身穿黄缎马褂，下穿红缎绣龙腿裤，背负令旗，自称五军统领大元帅罗，口音似广东人，问其名坚不吐实，桀骜万状，当即斩决。其日又搜获身穿黄马褂十三人，以追贼在即，未及起解，概予骈诛，将该逆衣服剥下呈验。夺获大小黄旗一百零一面，大炮三尊，战鼓三面，抬枪五十四杆，鸟枪六十九杆，马骡三十五匹，黄龙金帽二顶，火药六桶，铅子四桶，红衣、黄巾、刀矛、器械无算。此初四日水师追剿大获胜仗、初五日卯刻克复城池之实在情形也。现在贼匪纷纷窜逸，有上窜者，有下窜者，有径回靖港者，皆零星逃窜，不复成军。已饬塔齐布分投追剿，并札饬各道府州县四处搜拿。

管带湘勇已革升用同知直隶州知州王鑫，追贼至云湖桥，杀贼四十二名。初六日设伏于鲁家坝，杀贼三百余名，生擒二十余名。又一股由渌口窜至醴陵市界，约人数百，将窜入江西萍乡，臣等飞咨江西抚臣速饬堵剿。此次逆贼大举南犯，多曾经百战凶悍之徒，意图窃据湘潭，与靖港之贼互为首尾，倘不及早扑灭，不仅省城孤注，难以图存，即衡、永、郴、桂及两粤匪党闻风响应，从乱如归，东南大局不堪设想。幸仗皇上威灵，八日之内，水陆十获大胜，全股扫荡，贼胆已寒。讯自贼中逃出者，皆云："粤、楚满发老贼及皖、鄂新附贼党，经此番屡次痛剿之后，相向痛哭，群起怨尤。老贼恶新贼之不为尽力，新贼疑老贼之暗泄军情，彼此猜忌。

初二、初三两日败回收队之后，在潭城分党械斗，自相屠戮者约计数百之多。"皆臣意想所不到。此次痛剿，毙贼近万，所获旗帜器械无算，凶渠、伪目除阵斩外，或毙于水，或毙于火；为数极多。被掳解散之人约以万计，逆贼实已闻风丧胆。现在靖港一股，亟应回军剿办，俟水陆兵勇调回，即行相机攻剿。补用副将塔齐布，忠义奋发，勇敢当先，士卒乐为之用。通城剿贼已获大胜，此次复著奇功，实属武员中杰出之才。前剿办江西土匪案内，请旨赏换花翎，以副将补用，尚未接准部复，应仍请赏换花翎，加总兵衔，并赏给勇号。

蓝翎守备周凤山，饶有胆略，深得士心。上年冬间在常宁县洋泉、道州四眼桥，本年正月在道州岩岭村，屡次带勇剿匪，迭著战功，拟以都司保奏。三月十四日随同塔齐布进剿崇、通贼匪，大获胜仗。此次奋勇当先，克获全胜，应请旨以游击升用，先换顶戴，并赏换花翎。委员山西升用知府即补同知褚汝航，熟悉水战情形，才优胆壮，调度有方，请旨免补同知，以知府归原省优先补用，并赏加道衔。

委员即选知县夏銮，督勇力战，胆识俱壮，应请旨以同知升用，先换顶戴，蓝翎千总杨载福，以陆路武弁，督带水师，被贼枪伤左肋、右腿数处，裹创血战，奋不顾身，陆续烧毁战船四百余艘。请以守备留于本省补用，并请赏换花翎。六品军功附生彭玉麟，书生从戎，胆气过于宿将，激昂慷慨，有烈士风。臣曾国藩前在岳州派往西湖搜查贼船，该生带水勇三十余名，分坐两小舟，周历重湖，沿途搜剿，杀毙长发贼匪三十余名，夺获贼船数只，拟以县丞府经保奏。此次力疾带勇，犹会同杨载福亲坐小船，焚剿贼船六七百只，免致他窜，厥功甚伟，应请旨以知县归部遇缺即选。分带水勇哨官张宏邦，奋勇当先，抢上贼船，生擒黄巾贼目，并焚烧贼船数十，身受重伤，应请旨以千总归于广东拔补。国子监学正衔，候选训导江忠淑，系前安徽巡抚臣江忠源胞弟，督带楚勇，首先登城，立将城池克复，甚合机宜，应请旨赏加五品衔。此外各员弁兵勇，奋勇出力者尚多，俟即核明劳绩最著者，开列名单，吁请皇上恩施，加以鼓励。阵亡员弁兵勇，俟该将等查明，分别奏请赏恤。庶才杰进用，而廓清可期；拔擢有真，而群才竞奋。所有水陆胜负实在情形，谨据实由驿驰奏，伏乞皇上圣鉴，训示施行。谨奏。

## 卷二十二　靖港败溃自请治罪折

咸丰四年四月十二日

奏为靖港战败，水师半溃，请旨将臣交部从重治罪，并现在急筹补救，吁请特派大臣总统此军，恭折奏祈圣鉴事。窃臣自三月十四日回泊省河，二十四、五等日派水师剿贼靖港，两获胜仗；二十八、九及初一、初二、初三，初四，等日派水陆各营在湘潭连获大胜，杀贼近万人，烧船千余号，大股歼灭，克复县城，现已会同抚臣另折具报。惟初二日靖港水勇溃败，实由微臣调度乘方，有不忍不直陈于圣主之前者。

自去冬钦奉谕旨，速援皖鄂、两省之盼望既殷，微臣之求效愈急，而其办理亦愈乖谬。臣之所以失者，约有数端：征战之事，论胆技或兵不如勇，论纪律则勇不如兵。募勇万余人，必须有大员协同管带，又须有文武员弁及得力绅士一二百人节节统辖，乃足互相维系。我皇上前次谕旨即已预虑及之。臣先时未能奏请大员帮同管带，又未尝多调文武员弁分布各营。每营仅一二官绅主之，纪纲不密，维系不固，以致溃散，其谬一也。靖港之战，臣因湘潭水陆大捷，意欲同时并举，破贼老巢，使贼首尾不能相顾。是日风太顺，水太溜，进战则疾驶如飞，退回则寸步难挽，逮贼舟来逼，炮船牵挽维艰，或纵火自焚，或间以资贼，战舰失去三分之一，炮械失去四分之一。是日但知轻进之利，不预为退败之地，其谬二也。水勇无曾经行阵之人，不得已召集船户、水手编派成军，训练未及一月。陆勇虽曾经训练，亦须随同久经战阵之兵接仗一两次，乃可期得力。今驱未经战阵之勇，骤当百战凶悍之贼，一营稍挫，全军气夺，非真勇不可用，乃臣不善调习而试用之故，其谬三也。

臣整军东下，本思疾驱出境。乃该逆大举南犯，臣师屡挫，鄂省危急不能速援，江面贼氛不能迅扫，大负圣主盼望殷切之意。清夜以思，负罪甚大，愧愤之余，但思以一死塞责。然使臣效匹夫之小谅，置大局于不顾，又恐此军立归乌有，我皇上所倚以为肃清江面之具者，一旦绝望，则臣身虽死，臣罪更大，是以忍耻偷生，一面俯首待罪，一面急图补救。现在臣处一军，除溃败及汰遣外，水师仅留湘潭大胜五营二千余人，陆路仅存战胜湘潭与留防平江之勇二千余人。若率以东下，太觉单薄。而大小战船自洞庭遭风，靖港退败以后，存者须加修葺，失者仍须添造。臣前于二月初五在湘潭时，察知水勇未必可恃，当即咨商广西抚臣劳崇光代募曾经战阵之水勇一千名。旋准咨覆，已在浔、梧一带如数招募，委知府李孟群管带。臣已叠次咨催，令其迅速前来。又臣于三月初七日在岳州遇风坏船，回省时即派人往衡州续造大快蟹船二十号。又准两广督臣叶名琛咨称，现派总兵陈辉龙督水师二百六十名，解炮一百位，已于二月二十五日起程前来。此时尚未见到，亦已咨催。合此三者，又将水手认真挑换，一两月间水师当有起色。但微臣自憾虚有讨贼之志，毫无用兵之才，孤愤有余，智略不足，仰累圣主知人之明，请旨将臣交部从重治罪，以示大公。并吁恳皇上天恩，特派大臣总统此军。臣非敢因时事万难，遂推诿而不复自任，未经赴部之先，仍当竭尽血诚，一力经理。如船只已修，水勇可恃，臣亦必迅速驶赴下游，不敢株守片刻。所有微臣办理错谬，据实直陈，自请治罪，并请特派大臣缘由，恭折由驿具奏，伏乞皇上圣鉴训示。谨奏。